수용자 진화

신기술과 미디어 수용자의 변화

나남
nanam

나남신서 1714

수용자 진화

신기술과 미디어 수용자의 변화

2013년 9월 25일 발행
2013년 9월 25일 1쇄

지은이 · 필립 M. 나폴리
옮긴이 · 백영민 · 오현경 · 강남준
발행자 · 趙相浩
발행처 · (주) 나남
주소 · 413-120 경기도 파주시 회동길 193
전화 · (031) 955-4601 (代)
FAX · (031) 955-4555
등록 · 제 1-71호(1979.5.12)
홈페이지 · http://www.nanam.net
전자우편 · post@nanam.net

ISBN 978-89-300-8714-8
ISBN 978-89-300-8001-9 (세트)

책값은 뒤표지에 있습니다.

나남신서 · 1714

수용자 진화

신기술과 미디어 수용자의 변화

필립 M. 나폴리 지음

백영민·오현경·강남준 옮김

나남

nanam

Audience Evolution
New Technologies and
the Transformation of Media Audiences

by Philip M. Napoli

한국어판
머 리 말

반드시 국제적일 필요가 없는 학문을 연구하는 사람은 그 학문이 국제적인 수용자들에게 반향을 불러일으킬지, 혹은 얼마나 그러할지 결코 알지 못한다. 나는《수용자의 진화》가 번역될 가치가 있을 만큼 한국의 수용자들에게 충분히 의미 있는 학문적 내용을 담고 있다고 판단 받았다는 소식을 들었을 때 영광이라고 생각했고 몹시 행복했다.

전 세계를 여행하며 다른 나라 출신의 학자들 및 업계 전문가들과 교류하면서 내가 점차 명확히 깨닫게 된 사실은, 미국의 매체 수용자들에게 영향을 미치고 있는 변화과정이 여러 다른 선진국의 미디어 시장에서도 영향을 미치고 있다는 점이다. 물론 이 과정은 다양한 국가마다 그 발전단계가 각기 다르지만, 핵심은 장소가 미국이건, 한국이건, 유럽이건 간에 매체 수용자에 대한 제도화된 개념화는 명백한 불확실성 및 변화의 시기 한가운데 놓여 있다는 사실이다.

나의 소망은 이러한 변화의 원인 및 발생 가능한 결과에 관해 더 심층적인 이해를 추구하는 사람들에게 이 책이 유용하다고 밝혀져서, 한국 미디어 시스템의 독특하고 중요한 맥락 내에서도 이 책에서 보여준 작업을 바탕으로 이 작업을 확장하고 비평하는 학문에 영감을 주고 영향력을 행사하는 것이다.

물론 미디어 시스템의 기술적·경제적 기반에 대해 다루는 학문의 경우에는 그

환경이 순식간에 변할 수 있다. 결과적으로 이런 책들은 출판되자마자 곧 유효기간이 지난 것처럼 느껴질 수 있다. 따라서 최근의 발전에 관한 나의 최신 분석을 읽는 데 관심이 있고 영어에 익숙한 독자들이라면 나의 《수용자 진화》 블로그(http://audienceevolution.wordpress.com)를 참고하기를 바란다.

2013년 3월 9일

필립 M. 나폴리

옮긴이 머리말

최근의 웹 2.0 논의와 관련하여 인터넷 혹은 웹에서의 사람들 활동에 대한 연구가 늘고 있다. 기존 미디어 연구의 경우, 수동적 의미인 수용자(*audience*)라는 용어가 정착되어 있던 반면 웹 연구자들은 수용자라는 말 대신 적극적 함의를 갖는 이용자(*user*)라는 용어를 선호하는 것 같다. '이용자'로 대표되듯 상당수의 사회과학 논의들이 웹을 사용하는 사람들의 자발적 행위에 초점을 맞추고 있었는데, 번역자의 입장에서는 이러한 연구경향들이 어느 정도 과장된 것이 아닐까 의구심이 들었다. 우선 웹을 이용하는 활동들의 대부분은 무엇인가를 즐기는 것이 대부분이며(유튜브에서 비디오를 보듯), 능동적이라고 언급되는 '웹 사용자의 정보추구 행동'인 '검색'의 경우도 주어진 정보를 취사선택하는 것이 대부분이다. 또한 웹에서의 집단지성(*collective intelligence*)의 예로 주로 언급되는 위키피디아(wikipedia. org)의 경우에도 콘텐트를 공급하는 사람은 그다지 많지 않다.

실제로 번역자의 경우 2012년도 봄에 2012년도 가을학기의 개설과목 이름을 '웹 이용자 연구'라고 할지 '웹 수용자 연구'라고 할지 매우 고민하고 있었다. 이러던 와중에 공역자이신 서울대 강남준 교수님께서 이 책을 권해 주셨다. 웹 사용자를 '이용자'가 아닌 '수용자'라고 이름 붙여야겠다는 결심을 굳히게 된 것도 이 책을 접한 결과이다. 또한 공역자인 오현경 씨의 경우 이 책의 저자인 필립 나폴리 교수의 석사 지도학생이다. 저자의 머리말에서 나폴리 교수가 밝히고 있듯이 책을 저술하던 시점의 연구조교로 책이 저술된 이론적, 그리고 산업적 맥락이 무엇인지 잘 알고 있었다. 번역을 하면서 많은 부분을 배울 수 있었던 점이 행복한 일이었다.

이 책은 주로 급변하는 미디어 (혹은 커뮤니케이션) 시스템 속에서 수용자에 대한 이해의 방식이 어떻게 달라지고 있는지, 그리고 수용자의 관심(*attention*)을 측정하는 방식이 미디어 시장에 어떠한 변화를 가져오고 있는지를 서술한다. 아울러 이러한 경제 · 사회 · 정치적 과정 속에서 수용자 산업의 이해 당사자들이 어떻게 서로 갈등 · 대립하며 협력 · 교섭하는지 미국 사례들을 통해 흥미진진하게 보여준다. 으레 그러하듯, 신기술이 등장하면 낙관론과 비관론이 갑론을박을 벌인다. 인터넷, 혹은 웹의 경우도 마찬가지다. 인터넷이 더욱 평등한 소통구조를 가져올 것이며 더 나아가 평등한 사회를 이루는 데 도움이 될 것이라는 낙관론이 있는 반면, 디지털 격차 그리고 소통의 피상성을 지적하면서 사회 불평등이 심화되고 공동체 의식이 파괴될 것이라는 비관론이 대두되기도 한다. 최근 등장하고 있는 소셜 미디어, 즉 SNS(*social networking sites*)도 이러한 논란에서 자유롭지 못하다. 신기술을 둘러싼 논란은 미디어 정책 영역에서도 그대로 발생한다. 이른바 '최진실법'이라고 불리는 일련의 논란들 그리고 게임 셧다운제에 대한 논란 등 미디어를 둘러싼 갈등이 이에 해당된다.

이 책의 매력은 미디어를 둘러싼 사회적 논란의 근저(根底)를 파악하는 데 있다. 미디어 수용자가 어떻게 이해되고 거래되는가의 바탕을 이루는 수용자 정보시스템(*audience information system*)이 바로 그것이다. 새로운 미디어로 인해 촉발되는 논란은 단순히 해당 미디어의 기술적 특성에만 국한되지 않으며, 사회 · 경제적 이해관계 속에서 다양한 세력들이 서로 갈등하고 대립한다. 이 책의 제 4장 '경쟁하는 수용자들'에서 좋은 예들을 볼 수 있으며, 법률소송에서 드러나는 갈등의 핵심은 바로 수용자 이해(*audience understanding*), 즉 수용자는 어떠해야 하며, 수용자의 어떤 속성을 파악하고 정량화시킬 것인가의 문제이다.

우리의 경우도 미국과 유사한 상황이다. 지상파의 시청률은 지속적으로 감소하고 있다. 특히 대안적 형태의 미디어, 특히 웹 수용자의 성장은 미국과 비슷하거나 혹은 능가할지도 모른다. 많은 양의 미디어 콘텐트들이 이미 웹을 통해 소비되고 있다. 지하철이나 버스에서 종이신문을 읽는 사람은 보기 어려우나 스마트폰이나 태블릿 PC 등을 통해 뉴스를 접하는 사람을 보기는 점점 쉬워지고 있다. 공항에서도 종이책을 보는 사람은 점차 감소하지만 이북(*e-book*)을 보는 사람은 증가하고 있다. 지상파를 통해 방송되는 프로그램들도 마찬가지다. 실제로 2009년 방영됐던 드라마 〈아이리스〉의 경우 시청자 7명 중 1명은 텔레비전이 아닌 플랫폼을 통해서 드라마를 보았을 정도이다. 예능 프로그램 중 〈무한도전〉을 '본방사수'하는 시청자는 과연 얼마나 될까? 또한 〈무한도전〉을 둘러싼 팬들의 열기는 어떻게 측정해야 하는가? 이러한 상황에서 셋톱박스에 설치된 피플미터를 통해 수집되는 지상파 텔레비전의 시청률은 얼마나 의미가 있을까?

미국의 상황과 마찬가지로 한국의 미디어 측정사업 역시 변화의 소용돌이에 놓여 있다. 이미 지상파 방송사들의 경우 이른바 '통합시청률'이라는 새로운 지표를 제시함으로써 지상파 텔레비전 플랫폼이 아닌 여타의 플랫폼들을 통해서 소비되는 미디어 콘텐트 노출치를 정량화하려고 시도하고 있다. 또한 새로운 미디어로 인해 측정이 가능해진 파트, 즉 어떤 부분이 편집되어 비디오 클립으로 올려지는지(속칭 '짤방') 또 어떤 콘텐트가 지속적·반복적으로 소비되는지를 어떻게 계량화할지 그리고 이것이 어떤 상업적 의미가 있는가에 대한 탐색도 이루어지고 있다. 그리고 SNS의 경우 버즈(*buzz*) 분석 등을 통해 어떤 회사 브랜드 혹은 상품이 웹상에서 어떻게 이해되는지에 관한 정보를 제공하는 상업적 서비스도 시작되고 있다.

우선 기술개발의 최첨단에 있는 사람들은 이 책을 통해 '기술이 사용되는 사회적 맥락'에 대한 함의를 얻을 수 있을 것이다. 인터넷, 스마트폰 등의 보급률과 관련하여 한국은 그 어떤 선진국에도 뒤지지 않는다. 기술개발이라는 측면에서, 미디어 측정사업의 새로운 가능성이 한국에서 나오지 말라는 법은 없을 것이다. 현재는 페이스북이 SNS의 대명사가 되었지만, 사실 싸이월드나 아이러브스쿨 등의 한국 서비스들의 시도는 페이스북을 훨씬 앞선 것들이었다. 정말로 아쉬운 것은 우리의 방식으로 새로운 수익모델을 주도하지 못했다는 것이다. 왜 초창기 시도들이 실패했는가에 대해서는 여러 주장들이 있을 수 있지만, 이 책의 내용에 기대어 말하자면 새로운 '수용자 정보시스템 구축'에 실패해서 그런 것은 아니었을까? 이 책의 내용대로 기존 미디어에 최적화된 수용자 정보시스템은 새로운 미디어가 보여주는 기술적 가능성과 갈등하기 마련이다. 어쩌면 신기술 개발자들의 경우 신기술의 기술적 가능성만을 바라보지 않았을까? 기존의 수용자 정보시스템을 지지하는 이해당사자들과 어떻게 대결할지 혹은 어떻게 교섭할지를 깊게 고려했다면 새로운 수익모형 창출이 가능하지 않았을까?

기술개발의 영역과 달리 미디어 정책을 구상하고 집행하는 사람들의 경우 제 5장 '수용자 진화와 그 함의'를 통해 많은 영감을 얻을 수 있을 것이다. 특히 미디어 정책의 핵심은 사회적 가치를 구현하는 것과 동시에 미디어 산업을 유지・발전시키는 것이다. 사회적 가치와 산업계의 논리가 반드시 대치(對峙)될 필요는 없을 것이며, 반드시 일치(一致)되어야 할 이유도 없을 것이다. 사실 이 부분과 관련해서는 이 책의 5장은 물론 나폴리 교수의 《커뮤니케이션 정책의 기초》(*Foundations of Communications Policy*)가 큰 도움이 될 것이다.

방송 혹은 뉴미디어를 연구하는 학자들도 이 책에서 얻을 것이 많을 것이다. '융합'이라는 키워드가 대두되고 있지만, 학제 간 연구에는 현실적 어려움이 많은 것이 사실이다. 심지어 같은 분과 내부에서도 관점의 차이, 혹은 방법론의 차이로 서로 반목하고 갈등하는 경우를 심심치 않게 볼 수 있다. 언론학의 경우 제 5장에서 언급된 질적 방법을 주로 이용하는 연구자와 양적 방법에 의존하는 연구자 사이에 교류는 그다지 많지 않다. 또한 방법론이 같더라도 수용자를 바라보는 시각에 따라 연구자 사이의 반목과 갈등을 관찰하는 것도 어렵지 않다. 이 책은 — 적어도 번역자가 보기에 — 이른바 비판이론가적인 연구결과 [스마이드의 수용자 상품론(*audience commodity*)]는 물론 닐슨이나 아비트론 등의 회사 등에서 출판한 보고서, 청문회 자료나 사법부의 판결, 광고학 관련 학회의 문건들, 심지어 SNS와 관련된 전산학과 혹은 통계물리학과의 연구결과까지도 포괄하여 연구문헌들의 범위, 방법론의 다양성이라는 측면에서 엄청난 성과를 거두었다. 비록 언론학의 관점에서 다른 분야의 연구들을 살펴보았지만, 학제 간 연구의 장점을 잘 보여주었다는 점에서 일독할 가치가 있다고 생각한다.

흔한 말이기는 하지만, '번역(飜譯)은 반역(叛逆)'이라는 말이 어떤 의미인지 번역을 해 보니 실감할 수 있을 것 같다. 영어 원문을 읽어 보면 자연스러운 표현인데, 막상 번역을 하고 읽어 보면 너무도 자연스럽지 않은 모습을 보면서 번역자의 실력 부족을 실감할 수밖에 없었다. 특히 나폴리 교수의 저술 스타일이 관계대명사를 많이 쓰는 편인데, 한국어로 번역을 하면 지나치게 문장이 번잡해지는 문제가 있었다. 또 영문과 국문의 순서가 서로 다르기 때문에 대명사를 번역하면서, 대명사가 지칭하는 명사 혹은 문장이 얽히는 경우가 많았고 이로 인해 뜻이 불분명해지는 경우도 적지 않았다. 가능하면 원문의 의미를 훼손시키지 않기 위해 지나친 의역은 피하려 했으나, 관계대명사가 포함된 영어문장은 여러 개의 한글문장들로 분해하여 번역하였다. 또한 대명사로 번역하면 의미가 모호해지는 경우는 대명사 대신 대명사가 지칭하는 명사로 바꾸어 분명한 의미를 가지도록 번역하였다. 한국어 표현에 가깝도록 바꾸면서 의도치 않게 원문의 의미를 반영하지 못한 것이 있다면, 이 모든 오류는 번역자가 미숙하기 때문에 발생한 것이다.

번역용어 선택과 관련하여 몇몇 용어들의 경우 번역자들 간 논란이 되기도 하였다. 가장 논란이 되었던 용어는 바로 'post-exposure'라는 표현이었다. 'post-'라는 표현은 사회과학 문헌에서 많이 쓰이는 용어이며 한국어로 번역할 때 ① 후기(後期) ② 탈(脫)의 두 가지 중 하나로 번역된다. '후기'라는 표현은 주로 연속성(*continuity*)을 강조할 때 많이 쓰이며, '탈'이라는 표현은 단절(*discontinuity*)을 표현할 때 이용된다. 흔히 가령 'post-industrial society'라는 표현이 나올 때, 이를 후기산업사회라고 번역하면 산업사회의 원리들이 유지되지만 그 양태가 바뀐 사회라는 의미를 뜻한다. 만약 탈산업사회로 번역되면 현재의 혹은 미래의 사회에서는 더 이상 산업사회의 기본원리들이 유지되지 않는다는 의미가 강하다. 이 책의 경우, 맥락에 따라 '후기'의 의미가 강할 때도 있지만, 어떤 경우는 '탈'이라는 의미가 두드러지기도 하였다. 강남준의 경우 '탈'이라는 의미가 더 적절하다고 생각한 반면, 백영민의 경우 '후기'라는 의미가 더 적절하다는 의견을 밝혔다. 비록 번역문에서는 '후기'라고 번역하였지만, 맥락에 따라 '탈'이라는 의미가 두드러지는 것 또한 사실임을 밝혔다.

구체적으로 다음과 같이 《수용자 진화》를 번역하였다. 우선 서두와 1~3장은 백영민이, 4~5장의 경우 오현경이 초벌 번역하였다. 이후 강남준이 모든 내용을 일람한 후, 용어의 통일성과 번역의 원칙을 재정립한 후 초벌 번역본을 우리말에 가깝게 가다듬었다. 이러한 과정을 거친 후 3명의 번역자들이 전체 책의 내용을 다 읽고 토론하는 방식으로 총 4차에 걸친 독회(讀會)를 실시하였다. 독회를 거친 후 최종적으로 백영민이 책 전체를 정리하였고, 독자들의 이해를 돕고자 필요한 부분에 역주를 달았다.

이 번역본으로 독자들이 새로운 미디어의 등장과 수용자의 미디어 이용행위, 미디어 시장, 미디어 측정산업, 그리고 미디어 규제를 둘러싼 사회·정치적 갈등이 어떻게 얽혀 있는가를 이해하는 데 기여할 수 있기 바란다. 또한 척박한 출판환경에서 좋은 책을 향해 오롯이 정진하시는 나남출판사에 진심으로 감사드린다.

2013년 8월
번역자를 대표하여 백영민 씀

머리말

2003년도에 《수용자 경제학》(*Audience Economics*)을 출판한 지 얼마 지나지 않았을 때다. 나는 기술적 변화가 미디어 수용자의 시장에 미치는 영향을 고려했던 그 책의 마지막 장(章)이 그 자체로 완전한 책 한 권으로 확장될 수 있다는 것을 깨달았다. 《수용자 경제학》이 출판되고 난 후 7년 동안 미디어 시스템의 역사에서는 다음과 같이 가장 극적인 기술적 및 경제적 변화들이 몇 가지 일어났다. 소셜 네트워킹 사이트의 등장은 가장 보편화된 온라인 활동이었던 전자메일을 잠식할 정도였다. 아이팟, 아이패드, 아이폰, 킨들(Kindle)과 같이 소형 휴대용 기기들이 갈수록 정교하게 개발되었다. 블로그 및 기타 형태의 이용자제작 콘텐트(*user-generated content*)가 이들을 전파시키는 (유튜브와 트위터 같은) 플랫폼과 더불어 폭발적으로 증가하였다. 방송은 디지털 오디오 및 비디오 방송으로 전환되었다. 디지털 비디오 녹화기가 등장하였다. 끝으로 종이신문, 잡지, 공중파 텔레비전과 같이 전통적 미디어 영역은 불황과 연관된 극심한 경제난을 겪고 있다. 이러한 모든 발전으로 인해 미디어와 수용자 사이의 관계가 극적으로 재구조화되고 있다.

그러나 이러한 변화를 일으키는 또 다른 수준의 발전은 일반인들에게 잘 보이지 않는다. 이러한 발전은 미디어 조직과 광고주들이 자신의 수용자에 관하여 배우기 위해, 이들의 행동을 측정하기 위해, 미래행동을 예측하기 위해, 그리고 다양한 수용자 집단에 가치를 부여하기 위해 활용하는 시스템을 중심으로 진행되고 있다. 이러한 측정시스템은 광고기반 미디어의 생명줄이다. 또 측정시스템은 매우 극적으로 변하고 있으며, 이러한 변화는 대부분 앞에서 언급한 수많은 기술적 변화에 의해 일어나고 있다. 최근 몇 년간 우리는 텔레비전과 라디오 수용자를 측정하기 위한 새로운 시스템의 발주, 인터넷 수용자를 측정하기 위한 새로운 시도, 그리고 미디어를 소비하기 위해 여러 가지 새로운 플랫폼에 걸쳐 있는 수용자 흐름을 효과적으로 파악하기 위해 계속해서 진행중인 일련의 노력을 목도하고 있다.

미디어 산업이 수용자를 이해하고자 하는 방법을 살펴볼 때마다 나는 언제나 이러한 산업들이 수용자를 더 심층적으로 이해하기 위해, 그리고 어떻게 산업들이 우리의 미디어 시스템에 공급되는 콘텐트를 생산하고 배급하려는가에 관한 흥미롭고 유용한 연구 계획을 느낄 수 있었다. 나는 (몇몇 사람들은 위기라고 말하는) 현재 벌어지고 있는 급박한 전환의 시점에서 이러한 방식의 연구문제에 뛰어드는 것에 특별한 흥미를 느꼈다.

그러므로 나는 이 책에서 내가 《수용자 경제학》에서 제기하였던 연구문제를 확장시키려고 시도했다. 즉, 이번에는 신기술이 어떻게 수용자 시장에 영향을 미치는가에 관한 주제에만 온전히 집중하기 때문에 《수용자 경제학》이 저술되던 시점보다 이 주제를 훨씬 더 깊이 다룬다. 그러나 머리말에서는 오늘날 이루어지는 발전을 이해하는 데 기여하는 동시에 미래에 일어나게 될, 그리고 과거에 이루어진 발전들을 이해하기 위한 유용한 분석틀(*framework*)을 만드는 분석을 제공하는 것이 내가 바라는 것임을 명백히 밝힌다.

이번 프로젝트는 현실화시키는 데 상당한 시간이 걸렸다. 나는 이 책에 포함된, 다소 설익은(*half-baked*) 초창기의 생각에 대한 발표를 지켜보아 준 수많은 동료들에 감사한다. 미시건대학 커뮤니케이션학과와 메딜(Medill) 저널리즘 스쿨의 교수들은 초창기 이 책의 발상들을 애정 어린 비판과 함께 수용해 주었다. 또한 나는 국제 커뮤니케이션 협회(International Communication Association)의 2008년 및 2009년 학회, 미디어와 커뮤니케이션 연구 국제협회(International Association for Media and Communications Research)의 2008년 학회, 매사추세츠 기술연구소(Massachusetts Institute of Technology)의 미디어 인 트랜지션 6(Media in Transition 6) 학회, 마이애미대학의 수용자와 소비자 측정에서의 발전(Advances in Audience and Consumer

Measurement) 학회뿐 아니라 뉴욕에 위치한 핀란드 총영사관저에서 미디어 전문가 집단 등 학술적인 수용자 집단을 상대로 이 프로젝트의 일부를 발표할 수 있는 기회가 있었던 것에 감사드린다. 미디어 경영 및 변화 연구소(Media Management and Transformation Centre)의 로버트 피카드(Robert Picard)와 후반에 나를 받아 준 마이애미대학의 월터 맥도웰(Walter McDowell)에게도 감사드린다.

내가 속해 있는 커뮤니케이션 및 미디어 경영 분과(Communications and Media Management Area)의 장(長)인 에버릿 데니스(Everette Dennis)와 경영대학원의 학장인 하워드 터크만(Howard Tuckman)에게도 감사드린다. 그리고 포드햄(Fordham)대학의 교무처는 매기스 교수지원정책(Magis Professorship)을 통해 나의 3년간 교수(敎授) 업무를 경감시켜 주었고, 따라서 내가 이번 연구에 더 많은 시간을 쏟을 수 있게 하여 책을 예상보다 훨씬 더 빨리 마무리할 수 있게 해준 것에 감사드린다. 뉴욕시의 중심부에 위치한 포드햄대학은 이번과 같은 연구 프로젝트를 실시하기에 더할 나위 없이 호의적이고 힘을 실어 주는 훌륭한 연구환경을 내게 제공해 주었다.

수많은 대학원 및 학부 연구조교들이 이번 프로젝트를 완성하는 데에 많은 도움을 주었다. 이들은 커트 앤드루스(Kurt Andrews), 애드리엔 쉬프만(Adrienne Shiffman), 재키 제이(Jackie Jay), 쉬아 시블리스(Sheea Sybblis), 안나 홀리건(Anne Halligan), 제시카 크로웰(Jessica Crowell), 아만다 트로칸(Amanda Trokan), 아드바이다 아룬쿠마(Advaitha Arunkumar), 오현경 (Hyun Kyung Oh),[1] 제레미 브로치너(Jeremy Brotchner), 아드리엔 하르쓰(Adrienne Harth), 타인 벤스키(Taryn Bensky), 리 로젠버그(Lee Rosenberg) 그리고 린지 코프먼(Lindsay Kaufman) 등이다. 혹시 잊은 사람이 없길 바란다.

노스웨스턴대학(Northwestern University)의 짐 웹스터(Jim Webster), 조지워싱턴대학(George Washington University)의 패트리샤 팰런(Patricia Phalen), 버수스(Versus)의 조 브라운(Joe Brown), 닐슨 IAG(Nielsen IAG)의 매튜 페이건(Matthew Pagen), 미디어측정위원회(Media Ratings Council)의 데이비드 건저래스(David

1 [역주] 이 책의 공역자이다.

Gunzerath), 헬싱키대학(University of Helsinki)의 미나 아슬라마(Minna Aslama), UCLA의 가브리엘 로스만(Gabriel Rossman, 로스만은 전자메일로 지난 2년간 수많은 유용한 정보들을 내게 제공했다), 그리고 (예전 닐슨에 있었던) 폴 라브라카스(Paul Lavrakas) 등 수많은 동료학자들과의 대화도 이 책의 여러 부분들을 구체화시키는 데 모두 도움을 주었다. 이들이 시간을 할애하여 나와 이야기를 나누어 준 것에 대해 감사드린다.

이 연구 프로젝트에 관심을 보이며 출판과정 전반에 걸쳐 안내해 준 컬럼비아대학 출판부(Columbia University Press)의 필립 레벤탈(Philip Leventhal)과 책을 전문적으로 편집해 준 케리 콕스 설리번(Kerri Cox Sullivan)에게 감사드린다. 익명의 세 심사위원들은 이 책의 제안에 대해 유용한 피드백을 제시해 줌으로써 중요 사안들이 누락되지 않도록 확실히 하는 것은 물론, 이 프로젝트의 초점을 다듬는 데 도움을 주었다. 또 이 책의 초고에 대해 피드백을 제공한 익명의 두 심사위원들은 내가 몇몇 핵심사항을 다듬고 일부 모호한 부분들을 개선할 수 있도록 도움을 주었다. 이러한 심사위원들의 조언으로 이 책은 훨씬 개선되었으나, 아직도 남아 있는 문제점들은 전적으로 나의 책임이다.

언제나 나의 학문적 관심을 지원해 주신 부모님께 감사드린다. 그리고 마지막으로 특별한 동반자로서의 역할보다 이 책을 쓰는 데 며칠 밤을 지새웠던 남편에게 너무 화내지 않았던 내 아내 앤(Anne)에게 감사한다.

나남신서 · 1714

수용자 진화

신기술과 미디어 수용자의 변화

차 례

04 • • •

경쟁하는 수용자들

05 • • •

수용자 진화와 그 함의

서 두

최근 미디어 환경은 다양한 방식으로 급속한 변화를 겪고 있다. 일례로 우리는 웹사이트들이 폭발적으로 증가하고 텔레비전 채널이 급증하며, 또한 새로운 콘텐트 전달 플랫폼들 — 휴대용 기기(*hand-held device*), 위성라디오, 주문형 상호작용 텔레비전 서비스 등에 걸쳐 — 이 등장하는 것을 알고 있고, 이 모든 것이 미디어 환경의 세분화(*fragmentation*)를 기하급수적으로 증가시키는 데 기여한다. 또한 뉴미디어 기술이 미디어 수용자들에게 미디어 소비과정에서 전례가 없었던 통제력을 부여하고 있다. 디지털 비디오 녹화기(DVR: *digital video recorder*)의 시간대 이동(*time-shifting*), 광고 건너뛰기(*commercial-skipping*) 기능에서부터 개인화된 온라인 뉴스 사이트 이용과 휴대용 기기가 부여해 준 새로운 콘텐트 휴대기능에 이르기까지, 사람들은 자신들이 언제, 어떻게, 그리고 어디서 미디어를 이용할 것인가에 대해 지속적으로 증가하는 통제력을 향유할 수 있게 되었다. 그리고 아마도 이 중에서 가장 극적인 것은 점차로 뉴미디어를 통해 수용자가 콘텐트를 창조하고 배포하는 능력을 보유할 수 있게 되었다는 사실이다. 그 결과 현재 이용자제작 콘텐트(*user-generated content*)는 수용자의 관심을 놓고 전통적 미디어 콘텐트와 경쟁하고 있다(Berman et al., 2007).

그러나 새로운 미디어 환경의 변화 안에서 미디어 조직들이 상정하는 수용자들의 모습이 어떠할지에 대한 질문은 제대로 주목받지 못했다.[1] 이러한 환경변화를 연구하는 것은 다음 질문에 대답하는 것이다.

첫째, 시간의 흐름에 따라 미디어 조직의 수용자에 대한 인식이 변화하는 것은 우리에게 무엇을 말해 주는가? 둘째, 이러한 변화들이 미디어 수용자를 끌어들이고 상업화시키는 것에 개입하는 다양한 이해당사자들의 복잡한 역학관계 속에서 어떻게 교섭되고 있으며 또 어떻게 거부되고 있는가? 그리고 마지막으로 미디어 수용자를 개념화하는 데 이러한 변화가 일으키는 더 넓은 의미의 사회문화적 함의는 무엇인가?

이러한 질문에 답하려면 다소 색다른 분석적 입장에서 보아야 한다. 특히나 이 질문은 미디어 산업형태를 특징짓는 특별한 관행들, 수용자의 행동적 패턴들, 그리고 분석적 방향들과 우선순위들에 걸쳐 개념화된 수용자 모습에 집중할 것을 요구한다. 본질적으로 이러한 접근은 아마도 에트마와 위트니(Ettema & Whitney)가 "제도적으로 효과적인"(*institutionally effective*)[2] 수용자라고 이름 붙인 **제도화된 수용자**

---

1 예외로는 로스코(Roscoe, 1999)와 시아페라(Siapera, 2004)를 보라.

2 [역주] 여기서 "효과적"(*effective*)이란 의미는 어떠한 형태의 담론적 정의(*discursive definition*)가 제도적으로 의미 있게 받아들여지는 현상을 묘사하는 말이다. 예를 들면, 출생신고가 되지 않은 어린아이는 생물학적으로는 누군가의 자녀이며 사람이겠지만, 사회적으로는 존재하지 않는다. 즉, 그 어린아이는 사회제도적으로 어떠한 '효과도 없다'라고 볼 수 있다. 어떤 사람이 사회적으로 의미 있는 존재가 되기 위해서는 그 사회가 규정하는 방식의 담론 체계에 포섭되어야 하며, 이렇게 포섭이 되었을 때에만 그 사람은 사회적 효과를 가질 수 있게 된다.

(*institutionalized audience*) 개념으로 가장 잘 설명할 수 있을 것이다.

미디어 연구의 관점에서 **제도**라는 용어는 두 가지의 상호 연결된 의미를 갖는다(Moe & Syvertsen, 2007). 첫 번째 의미는 매체(*media outlets*; Gans 1979/2005; Gitlin, 1983/2000), 정부기관(Bimber, 1996; Napoli, 1998b), 광고회사(Hackley, 2002; Laird, 1998) 혹은 수용자 조사회사(Beville, 1988; Buzzard, 1990) 등의 구체적 조직들에 대한 분석을 포함한다. 이 책에서 **미디어 조직**(*media organizations*)이라는 용어는 이들이 채택하는 기술 그리고 미디어 시스템을 운영하고 구성하는 환경 속에서의 규제와 연계하여 언급되는 다양한 조직 범주들을 포괄하여 약칭하는 용어이다.

두 번째 의미는 정착된 규범, 공식적 처리과정 및 관행들에 초점을 맞춘다(Leblebici, Slancik, Copy & King, 1991 참고). 이는 여러 가지 방식에서 결혼, 종교 혹은 법률과 같은 개념들에 적용되는 제도라는 용어처럼 보다 전통적 의미에 주목한다. 예를 들어, 이러한 맥락에서 저널리즘의 관행은 일종의 제도로 파악될 수 있으며 많은 연구들이 이 저널리즘 관행을 연구대상으로 삼아왔다(Cook, 2005; Weaver et al., 2006; Winfield, 2008 참고). 유사하게 '할리우드'도 제도의 일종으로 생각해 볼 수 있으며, 실제로 이런 관점에서 분석된 바 있다(Baumann, 2007; Scott, 2005). 특히 이러한 분석 맥락에서 수용자는, 미디어 조직의 공식적 처리과정과 관행에서 어떻게 수용자가 구성되어 왔는가 하는 분석을 위주로 할 때, 제도로도 파악될 수 있다(Ang, 1991; Bermejo, 2007; DeWerth-Pallmeyer, 1997; Ettema & Whitney, 2004; Hagen, 1999; Oswell, 2002; Webster & Phalen, 1997 참고).

모우와 시버첸(Moe & Syvertsen)은 첫 번째의 접근을 '구체적 조직'으로 제도를 파악하는 것으로, 그리고 두 번째 접근을 '영역'(*spheres*)으로 제도를 파악하는 것으로 구별하였다(2007: 150). 그러나 특별히 중요하게 강조되어야 하는 것은 두 가지 분석 프레임 간의 상호연관성이다. 그 이유는 구체적 조직을 살펴보는 것은 때때로 이러한 조직들이 작동하는 더 넓은 영역을 이해할 수 있도록 하며 그 반대도 가능하게 만드는 중요한 연구방법이기 때문이다. 예를 들자면, 뉴스 매체들이 어떻게 신기술들을 채택했는지를 연구하는 것은 어떻게 신기술이 저널리즘이라는 제도를 변화시키는가를 이해하는 데 유용한 방법이 된다(Boczkowski, 2004b 참고). 역으로, 저널리즘이라는 더 넓은 영역이 어떻게 변화하고 있는가를 이해하는 것은 개별적 뉴스 매체들 내부의 조직 역학을 이해하기 위해 필수적이다(Cook, 2005 참고).

이 책은 미디어 제도를 연구하면서 이와 같은 통합적 접근방법을 취하고 있다. 이 책은 미디어 조직의 경제적 그리고 전략적 필요성을 반영하기 위해 수용자라는 개념이 어떻게 구성되고 정의되는지를 보여주며, 넓은 의미에서 이러한 구성의 사회적·정치적 영향력을 검토하는 선행 연구들을 토대로 쓰였다. 이러한 많은 연구들의 밑바탕에는 제도화된 미디어 수용자가 전반적으로 사회적으로 구성된 현상이라는 공통된 시각이 깔려 있다(Ang, 1991; Meehan, 1984 참고). 피터 달그렌(Peter Dahlgren)이 지적하듯, "'수용자'는 언제나 **최소한 부분적으로나마** 담론적 구성물이며, 이는 제도적 필요성과 담론적 영역에 의해 형성된 것"이다(1998: 307; 강조는 저자).[3] 이러한 지적은 미디

3 더 나아가 오스웰(Oswell)은 "수용자는 만들어졌다(2002: 2)"라고 주장한다. 브라티치(Bratich)는 수용자를 '담론적 구성물'이라고 말하기도 한다(2005: 243). 비슷하게 알로(Allor)는 "수용자는 어디에도 존재하지 않는다. 수용자는 어떠한 실체적 공간에 거주하지도 않으며, 오로지 분석적 담론 내부에서만 위치하고 있다"라고 주장한다(1988: 228). 알로의 주장에 대한 대안적 관점들에 대해서는 하틀리(Hartley, 1988)와 룰(Lull, 1988)을 참고하라.

어 조직이 자신들의 필요와 이해를 반영하는 분석적 도구와 관점을 통해 수용자를 특정한 방식으로 규정짓는다는 사실을 반영한다. 이것이 에트마와 위트니(Ettema & Whitney)가 말하는 "제도적으로 **효과적인** 수용자(1994: 5; 강조는 저자)"라는 용어의 의미이다. **효과적인** 수용자는 미디어산업 경제학에 효율적으로 포함된 개념이다.

이러한 근본적 제약 조건을 고려할 때, 미디어 수용자의 일원이 된다는 것이 의미하는 여러 중요한 영역들이 간과되는 경향이 있다(Ang, 1991 참고). 제도화된 수용자는 수용자라는 개념에서 가능한 여러 관점들 중 하나에 불과하지만, 실질적으로 문화적·정치적 영향력을 행사하는 다양한 정보·오락물들의 제작, 배급 그리고 전시(展示)에 엄청난 파급효과를 갖고 있다는 점은 반드시 강조되어야만 한다.

이 책은 주로 제도화된 수용자를 대상으로 한다. 즉, 여기서는 미디어 산업과 광고업자, 그리고 이들과 연관되어 있는 수용자 조사회사들에 의해 사회적으로 구성된 수용자를 분석대상으로 한다. 따라서 시간의 흐름에 따라 미디어 수용자라는 사회적 구성작업들이 어떻게 변하고 있는가, 기술적 그리고 제도적 원인(*force*)이 어떻게 그러한 변화에 영향을 미치는가, 그리고 그러한 변화가 어떻게 미디어 수용자를 끌어들이고 상업화시키는 데 관여하고 있는 이해당사자들에 의해서 교섭되고 저항되는가에 대하여 더 깊이 연구하는 것에 초점을 맞추었다. 그리고 마지막으로, 이 책은 그러한 변화들의 더욱 넓은 사회문화적 함의들이 미디어 수용자의 사회적 구성작업 속에서 현재 어떻게 펼쳐지고 있는가를 다루었다.

미디어 진화에서 수용자 진화로

현재 우리가 미디어 수용자의 진화과정 속에 있다는 것이 바로 이 책의 핵심적 주장이다. 미디어 제도를 분석할 때 이러한 생물학적 은유를 사용하는 것은 낯선 일이 아니다. 예를 들자면, 점점 더 많은 연구들이 어떻게 미디어 산업이 변화하는 환경조건에 생태학적으로 대응하는가를 보여주고 있다(Dimmick, 2002, Lehman-Wilzig & Cohen-Avigdor, 2004; Noll, 2006 참고). 미디어 진화 연구는 어떻게 미디어 산업이 사회경제적 조건의 변화, 규제환경, 혹은 (이 책에서 가장 중요한) 새로운 경쟁 뉴미디어의 등장 등과 같은 기술적 변화나 환경변화에 대응하는지를 보여준다. 또한 이러한 일련의 연구들은 시간이 지나면서 뉴미디어 기술이 현존하는 미디어 시스템과 상호작용하면서, 또한 통합되면서 어떻게 진화하는지 살펴본다(Cheong & Leckenby, 2003 참고). 이 연구들에서 계속 등장하는 주제는 바로 다양한 제도적 이해와 압박이 진화적 과정의 속도와 방향에 빈번하게 영향을 끼치는 신기술에 대한 여러 형태의 저항으로 어떻게 이어지는지에 관한 것이다(Jackaway, 1995; Winston, 1999 참고).

기본적으로 똑같은 분석틀을 미디어 수용자 분석에도 이용할 수 있다. 미디어 산업이 환경변화에 대응하며 진화하듯, 미디어 조직이 개념화하는 수용자 역시 환경변화에 대응해 진화한다. 오늘날, 기술적 변화로 인해 미디어 산업체들은 수용자를 다르게 이해하도록 압박을 받으며, 이는 기존에 사용된 개념적 그리고 분석적 접근법을 잠식하는 동시에 대안적 접근법들의 가능성을 열어준다. 구체적으로, 어떤 면에서는 기술적 변화가 수용자에 대한 기존의 접근법을 붕괴시키는 반면, 다른 면으로는 미디어 수용자의 측정, 수용자의 피드백 수집, 그리고 수용자의 취향과 선호(選好)를 예측하는 뉴미디어 신기술들로

〈그림 1-1〉 수용자 진화과정

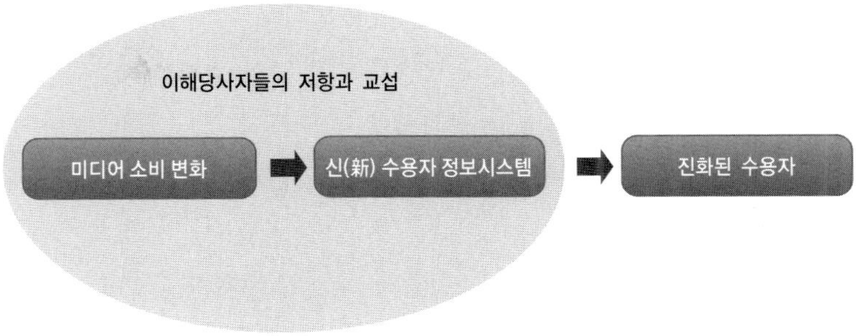

인해, 미디어 산업이 수용자들에게 의미하는 바가 무엇인지, 그리고 어떻게 미디어 수용자들이 미디어 산업경제와 경영전략에 포함되고 있는지에 관한 근본적인 재정의가 가능해졌다. 이러한 역학관계는 〈그림 1-1〉에 도시(圖示)되어 있으며 구체적인 설명은 다음과 같다.

미디어와 수용자의 세분화가 미치는 영향

현재 수용자 진화를 촉진하는 첫 번째 요인은 수용자가 어떻게, 언제 그리고 어디서 미디어를 소비하는지를 다양하게 바꿔 주는 기술적 변화라고 할 수 있다. 이러한 변화가 가져온, 그리고 이에 따라 미디어 산업의 수용자 재개념화(*reconceptualization*)에 필수적으로 포함되어야 하는 두 가지 핵심적 현상은 바로 미디어와 수용자의 **세분화**(*fragmentation*)와 **수용자 자율성**(*audience autonomy*)이다(Napoli, 2003a 참고).

많은 연구자들이 늘어난 콘텐트 배급 플랫폼들과 증가된 일련의 콘텐트 옵션을 제공하는 미디어 환경의 지속적인 세분화에 대해서 언급하였다(Neuman, 1991; Turow, 1997). 이미 사용되고 있는 기술들에 기반한 휴대용 기기와 상호작용 텔레비전 서비스와 같은 신기술들에 의해 콘텐트가 수용자들에게 도달할 수 있는 수단[4]이 점차 늘어나고 있다. 동시에 이렇게 수많은 배급 플랫폼들 내부에서도 더 많은 선택[5]들이 공급될 수 있기에 극적인 팽창은 계속되고 있다(Anderson, 2006; Napoli, 2003a 참고). 즉, 케이블 텔레비전과 인터넷과 같은 기술들은 각각 콘텐트 공급기능을 계속해서 증가시키고 있다는 것이다. 이러한 현상들은 기존의 '대중'(*mass*) 수용자의 지속적 분화와(Neuman, 1991), 최근 대두되고 있는 '긴 꼬리' 현상을 초래한다. 이 '긴 꼬리' 현상이란 수용자의 관심이 몇몇 소수의 콘텐트 옵션들로 제한되지만, 긴 꼬리부분에 위치한 여타의 수많은 콘텐트 옵션 하나하나는 소수의 수용자들에게 이용되고 그 총합은 '히트한 콘텐트들'(*hits*)의 수용자를 능가하는 현상을 말한다(Anderson, 2006).

이러한 미디어와 수용자 세분화 과정의 핵심적 함의는 미디어 수용자를 개념화하는 기존의 방식이 어느 정도 약화되고 있는가 하는 문제와 관련이 있다. 기존의 접근은 미디어 콘텐트에 대한 수용자의 노출(*exposure*)을 위주로 수용자를 개념화하는 데 집중해왔다. 전통적으로 미디어 전략의 이상(理想, *Holy Grail*), 특히 광고를 기반으로 하는 미디어 활용전략은 가능하면 많은 '시선'(*eyeballs*)을 이끌어내는 것이었다. 그러나 최근으로 오면서 점차 가장 이상적인 시선들을 이끌어내는 것, 즉 광고주들이 더 원하는 사람들의 시선을 중시하는 방향으로 활용전략이 바뀌고 있다(Turow, 1997). 이는 전반적으로 18~49세 수용자들의 시선을 끄는 데 중점을 두는 것이며, 상대적으로 이보다 어리거나 나이 많은 사람들은 중요하게 보지 않는 것을 말한다(Gabler, 2003; Napoli, 2003a). 그러나 아직도 주된 관심은 얼마나 많은 사람들

---

4 [역주] 이는 배급 플랫폼을 의미한다.

5 [역주] 이는 채널을 의미한다.

이 콘텐트에, 혹은 콘텐트와 같이 제공되는 광고에 노출되는가에 있다(Webster & Phalen, 1997). 결과적으로, 미디어 산업 대부분의 영역에서 채택되고 있는 통화(*currencies*)는 다양한 수용자 계층에서 얼마나 많은 사람들이 콘텐트의 특정부분에 노출되는가 하는 기본문제를 중심으로 진화한다(Webster, Phalen & Litchy, 2006).

반대로 수용자들이 인지적으로(*cognitively*) 혹은 행동적으로(*behaviorally*) 콘텐트에 어떻게 반응하는가 하는 문제는 기껏해야 수용자 시장의 주변부에 머무르는 실정이다. 이상적 수용자 집단의 노출을 극대화하려는 미디어 산업 내부의 이러한 우선순위 매김은, 수용자의 관심을 이끌어내는 것이 성공의 핵심이라고 주장하는 **관심경제**(*attention economy*)[6]에 대한 논의가 점차 늘어나고 있다는 점에서 여실히 드러난다(Davenport & Beck, 2002; Goldhaber, 1997; Lanham, 2006). 이러한 노출 우선순위를 바탕으로, 신생 혹은 기존 미디어 모두에서 미디어 수용자를 측정하는 대부분의 상업적 시스템들은 일반적으로 어떤 종류의 그리고 얼마나 많은 사람들이 콘텐트에 노출되었는가 하는 근본적 문제에만 완전히 매달려 있다(Webster, Phalen & Lichty, 2006 참고).

오늘날 미디어와 수용자 세분화가 확대되면서 기존의, 즉 오랜 기간 수용자 시장의 기본 작동원리로 작용했던 노출에 기반한 수용자 접근법이 제한되고 잠식되고 있다(Ephron & Philport, 2005; Webster, 2008 참고). 일반적으로 이러한 접근법은 체계적인 측정과정에 참여하는 작

6 [역주] 뒤에서 다시 설명되지만, 간략하게 설명하면 다음과 같다. 흔히 경제학에서는 자원(*resource*)을 한정된 것으로 간주한다. 일반경제와는 다르게 미디어 경제에서의 한정된 자원은 바로 수용자가 미디어 콘텐트에 보이는 관심(*attention*)이다. 즉, 관심경제에서는 수용자가 어떤 콘텐트에 관심을 갖고 얼마나 그리고 어느 정도의 열의를 통해 해당 콘텐트를 시청하는지가 가장 중요한 핵심이다.

지만 아마도 대표성 있는(*small but presumably representative*) 수용자 표본으로부터 수집된 데이터에 의존하고(Webster, Phalen & Lichty, 2006), 이 표본에 기반하여 이들의 미디어 소비형태에 관한 데이터가 수집된다. 이러한 데이터가 광고주지원 텔레비전, 라디오, 신문 그리고 온라인 미디어 경제를 움직이는 동력이 되는 시·청취율, 판매부수, 그리고 고유 방문객(*unique visitors*)의 숫자정보를 만들어낸다.

그러나 오늘날 수용자들이 더 광범위한 콘텐트 옵션들에 그리고 수많은 배급 플랫폼에 걸쳐 얼마나 퍼져 있는지를 알아보기 위해서는 좀 더 큰 수용자 표본을 사용해야 한다. 그래야만 정확하고 믿을 수 있는 수용자 관심 분포를 알아낼 수 있다(Napoli, 2003a 참고). 온라인 미디어이든, 텔레비전 혹은 라디오든 비용과 방법론적 어려움으로 인해서 미디어 수용자를 측정하는 조직들이 이러한 수용자 세분화 과정을 따라가는 것이 쉽지 않다. 결과적으로 기초적 노출 데이터의 부정확성은 증가하고, 데이터에서 예측 불가능한 변동 또한 늘어만 가고 있다(Kirkham, 1996). 특히 이는 상대적으로 소수의 수용자들이 이용하는 콘텐트일 경우에 더 심하다(Napoli, 2003a).[7] 새로운 그리고 엄청나게 세분화된 미디어 환경에서 이러한 특성은 개별 웹사이트로부터 개개의 텔레비전 혹은 라디오 프로그램에 이르는 가용한 콘텐트 대부분에

---

7 나폴리(Napoli, 2003a)는 수용자 연구에서 흔히 발견되는 작은 규모의 수용자를 갖는 콘텐트는 이러한 작은 규모의 수용자 충성도가 그다지 높지 않은 경향이 있어 복합적 문제를 가진다는 '이중 위험효과'(*double jeopardy effect*)를 언급하였다. 나폴리는 작은 규모의 수용자를 끌어들이는 콘텐트에 대한 수용자 데이터는 전반적으로 큰 규모의 수용자를 끌어들이는 콘텐트에 비하여 정확도와 신뢰도가 더 낮다는 사실이, 틈새를 노리는 콘텐트 제공자들에게 또 하나의 문제점이라는 사실을 보여주며 '삼중 위험효과'(*triple jeopardy effect*) 개념을 도출했다(2003a: 90).

적용된다(Anderson, 2006). 이러한 특징들로 인해 기존의 노출 데이터가 지녔던 기술적(記述的, *descriptive*) 그리고 분석적 (즉, 미래의 수용자 행위를 예측하기 위한) 효용성이 감소되고 있다(Kirkham, 1996).

최근의 산업분석 보고서는 "지난 15년에 걸친 미디어 지형의 변화 규모는 과거 어느 때보다 수용자 측정의 중요성에 더 많은 중점을 두게끔 만들고 있다"고 주장한다(Harris & Chasin, 2006: 3). 다른 보고서는 '노출의 종말'(*fall of exposure*)을 선언한다(Jaffe, 2005: 172). 즉, 콘텐트에 얼마나 노출되었는가에 중점을 두는 미디어 수용자 접근법은 과거보다 훨씬 측정하기 어려워지고 있으며 궁극적으로는 실현 불가능한 과제가 되고 있다. 기존의 수용자 측정시스템에 대한 강조는 광고주와 미디어 판매자 그리고 콘텐트 제공업자들로부터 상당한 우려와 불만을 자아낸다(Harris & Chasin, 2006; Starkey, 2002). 스타키가 말하는 것처럼 "미디어 산업이 (수용자) 데이터에 불만을 갖고 영업을 하기보다는 만족하면서 일하는 데 익숙하다. 보통의 경우 제 3자가 이러한 데이터에 대해 신뢰성을 부여하기 때문에, 그들은 선택의 여지가 없다(2004: 12)"[8]는 점을 고려할 때, 현재 상황은 특히 의미심장하다.

지금까지 제도적으로 효과적이었던 수용자는 본질적으로 그 효용성을 잃어가고 있다. 미디어 수용자를 개념화하는 기존의 노출기반(*exposure-based*) 접근방법이 알맞지 않다고 생각하는 다양한 이해당사자 집단들 사이에서 또 다른 합의로 향해가고 있는 현재와 같은 발전상황을 볼 때(Kim, 2006 참고), 현재의 제도적 조건은 진화적 변화가 일어나기에 적절한 상황이다.

---

8 [역주] 번역으로 의도가 전달되기 까다로운 문장이다. 해당 인용문의 의도는 다른 사람들이 미디어 측정치를 신뢰한다면, 미디어 산업 종사자들이 아무리 그 측정치에 대해서 불만이 있어도 그것을 신뢰할 수밖에 없는 상황임을 보여주기 위해서이다.

수용자 자율성의 효과

수용자 자율성은 현재 진행중인 수용자 진화과정에 핵심적인 미디어 소비역학의 두 번째 변화이다. 이 경우 **수용자 자율성**이라는 용어는 상호작용에서 이동성, 주문형 기능(*on-demand functionality*), 그리고 이용자가 만들어내는 콘텐트에 대한 수용능력 증대까지 미디어 환경의 현재 상황 모두가 수용자의 미디어 소비과정에 대한 통제범위를 증가시키는 데 기여한다는 것을 의미한다.

점차 세분화되는 미디어 환경으로의 변화 같은, 보다 상호작용적인 이러한 변화 역시 미디어 수용자에 대한 기존의 분석적 접근법을 잠식하고 있다. 가장 기초적인 수준에서, 온라인상의 팝업 차단장치이든 아니면 디지털 비디오 녹화기에 연계된 빨리감기(*fast-forwarding*)[9] 기능이든, 수용자가 광고를 차단하거나 건너뛰게 만드는 다양한 기술들이 주로 광고물에 대한 수용자의 노출량에 근거하는 수용자 측정 시장을 방해하고 있다. 더 넓게 볼 때, 어떤 연구는 "수동적 미디어에 맞추어서 설계된 기존의 측정치들은 상호작용 커뮤니케이션에 대한 중요하고 차별화된 측면들을 담아내지 못하고 있다"라고 지적한다(Stewart & Pavlou, 2002: 382). 즉, 미디어 수용자에 대한 기존의 접근법들은 미디어와 수용자의 관계가 본질적으로 더 상호작용적일 때 드러나는 수용자 행위의 중요한 측면들을 담아내지 못한다.

점점 더 상호작용적으로 변하는 미디어 환경에서, 이렇게 개념화된 수용자는 더욱 강력한 통제력을 가지며, 본질적으로 다차원화된다. 노

9 [역주] 디지털 비디오 녹화기의 경우 문자 그대로의 '빨리감기'는 불가능한데, 그 이유는 '빨리감기'란 말이 VHS 비디오테이프에서 비롯되었기 때문이다. 그러나 이 책에서는 'fast-forwarding'을 '빨리감기'로 번역했는데, 그 이유는 해당 번역어가 이미 널리 퍼져 있기 때문이다.

출을 기반으로 하는 분석적 접근법은 결국 이러한 수용자상을 잡아내는 데 실패하고 있다. 노출기반 분석적 접근법은 미디어 소비의 더 수동적인 요소, 즉 기본적 노출만을 강조해, 미디어 조직들에 실제적으로 경제적 전략적 가치를 제공하는 좀더 적극적 요소들을 무시하게 된다.

그러나 미디어 환경변화에 의해서 촉진되는 수용자 자율성은 보다 수동적인 노출을 강조하는 수용자 개념화의 효용을 잠식하는 만큼, 기존에 중요시 되지 않았던 미디어 수용자의 다른 측면들을 또한 강조한다. 뉴미디어 환경은, 콘텐트를 검색하는 기초적 수준에서든 아니면 피드백이나 영향력 있는 결과물들이나 광고 메시지에 대한 직접적 반응, 혹은 유사한 콘텐트의 제작 등과 같은 더 발전된 수준에서든, 수용자들이 미디어와 상호작용할 수 있는 수많은 기회들을 포함한다(Spurgeon, 2008; Svoen, 2007 참고). 뉴미디어 환경의 이러한 다양한 상호작용 요소들은 과거 수용자 연구에서 밝혀지지 않았던 측면들을 보여주며, 이 중의 많은 수가 중요한 가치를 지닌다고 판단된다.

신(新) 수용자 정보시스템의 등장

뉴미디어 환경의 상호작용에 대한 수용능력은 수용자 행위에서 기존에 밝혀지지 않았던 측면들에 관한 정보의 체계적인 수집, 합산, 그리고 분석을 촉진시키고 있다. 즉, 이렇게 새롭게 밝혀지는 수용자의 측면들은 계량화와 상업화(*monetizable*)가 가능하다(Rohle, 2007; Spurgeon, 2008). 수용자들의 미디어 소비습관, 콘텐트 선호, 참여도(*degree of engagement*), 흥미도(*level of interest*), 그리고 수용자들이 소비하게 될 콘텐트에 대한 기대(*anticipation*)와 평가(*appreciation*)에 관한 새로운 일련의 데이터들이 수집되고 분석될 수 있다. 수용자 행위의 이 모든 측면들은 기존의 노출량 측정과는 본질적으로 다르다. 흥미와 기대 같은 것들은 실제로 노출로 이어진다. 비록 인과관계가 복잡해 보여도, 참여와 평가 같은 것들은 본질적으로 노출의 결과물이다. 예를 들어, 가장 많은 시청자를 확보하는 텔레비전 프로그램이 반드시 수용자들이 가장 적극적으로 참여하는 혹은 좋은 평가를 하는 프로그램이라고 볼 수 없는 경우도 있으며, 가장 높은 수준에서 수용자들의 평가를 보여주는 프로그램이 아닐 수도 있다(Gunter & Wober, 1992; Menneer, 1987; Mitgang, 2002 참고).

현재 뉴미디어 환경에서 수용자의 참가, 평가, 피드백 등의 다양한 측면들은 상업적, 학술적 수용자 연구자들 모두가 접근할 수 있는 그리고 이미 접근하여 분석하고 있는 온라인 환경 속에서 매우 공개적인 형태로 표현된다(Harris & Chasin, 2006; Livingstone, 2003; Lotz & Ross, 2004). 최근 산업체의 한 연구에서는 "우리들은 … 기술발전으로 인해 어떠한 것이라도 바로 측정할 수 있다(Harris & Chasin, 2006: 18)"라고 이야기한다. 상업적 맥락에서 텔레비전에서 잡지, 웹사이트에 걸쳐 존재하는 미디어에 대해 닐슨,[10] 시몬스,[11] 그리고 옵티미디

10 [역주] 닐슨(Nielsen)은 텔레비전 시청률 조사회사로, 피플미터(*people meter*)라는 프로그램을 TV에 설치해 시청자들의 시청행위를 측정하고 분석한 것으로 유명하다. 실제로 닐슨은 1929년에 수립되었는데, 이때는 수용자 조사가 아닌 시장 조사를 했다. 1936년이 되면서 닐슨은 오디미터(Audimeter)라는 라디오 청취 측정도구를 이용하여 라디오 청취율 조사를 실시했고, 1950년부터는 다이어리 방식을 이용하여 텔레비전 시청률 측정을 시작하였다. 유명한 피플미터는 1985년부터 이용됐으며, 기계에 기반하여 미디어 노출을 자동적으로 분석하는 닐슨의 방식은 시·청취율 조사의 기본모델이 된 것은 물론, 인터넷 이용률의 측정에서도 응용되어 사용될 정도로 파급력이 크다. 닐슨은 한국에도 지사를 두고 있다(닐슨컴퍼니코리아). 닐슨컴퍼니코리아 관련정보는 http://kr.nielsen.com을 보라.

어[12] 등과 같은 수용자 조사회사들은 온라인 포럼에서 수집된 데이터를 이용하여 체계적이며 판매가능한(*syndicated*) 연구 결과물들을 제공한다(ARF, 2006b; Vasquez, 2008a).

결과적으로, 미디어 조직은 얼마나 많은 사람들이, 예를 들어, 특정한 텔레비전 프로그램을 시청하였는가(텔레비전이든, 온라인이든 아니면 DMB 또는 휴대전화를 이용하였든지) 하는 기본적 문제를 뛰어넘고 있다. 또한 미디어 조직은 프로그램 방영 후 인터넷 토론방과 블로그 등을 올린 온라인 의견작성자(*chatter*)들을 분석함으로써 얼마나 많은 수용자가 그 프로그램을 즐겼는지 역시도 파악한다(Vasquez, 2008a; Russell & Puto, 1999 참고). 더 나아가 이러한 정보는 아직 출시(出市)되지 않은 새로운 미디어 결과물에 대한 기대수준을 결정하는 데에도 이용된다. 예를 들면, 텔레비전 프로그램 제작자들, 영화제작사, 광고주들은 동원가능한 수용자 규모의 예측치를 구하기 위해 방영예정인 영화나 텔레비전 프로그램에 대한 온라인 의견작성자들에 대한 분석을 시작하고 있다.

여기서 핵심은 수용자 행동의 이러한 대안적 측면들과 관련한 일련의 새로운 데이터들이 완전히 새로운 수용자 측면을 이해하기 위한 관문인 수용자 정보시스템의 기초가 된다는 것이다. **수용자 정보시스템**(*Audience Information System*)이라는 용어는 이 책 전체에서 미디어 산업과 광고주들이 미디어 콘텐트에 대한 수용자 노출을 측정하는 것은 물

---

11 [역주] 시몬스(Simmons)는 1977년부터 라디오 청취자를 조사하기 시작한 시·청취율 조사업체다. 자세한 회사 소개는 http://www.simmonsmedia.com을 보라.

12 [역주] 옵티미디어(Optimedia)는 2008년에 설립된 회사로, 기업들의 브랜드 마케팅 관련 서비스를 제공한다. 자세한 회사 소개는http://www.optimedia-us.com을 보라.

론이며 콘텐트 선호, 소비패턴의 측정, 특정한 수용자 집단을 위한 콘텐트 대상설정(*target*), 그리고 콘텐트에 대한 수용자의 반응과 행동적 대응 등의 정보수집을 포괄하는 광범위한 데이터 수집과 피드백 메커니즘에 관한 것들을 의미한다. 이 용어는 더 옛날에 쓰였던 더욱 좁은 의미의 용어, 즉 콘텐트에 대한 수용자 노출을 측정하는 시스템과 주로 관련되어 기존에 사용되었던 용어인 수용자 측정(*audience measurement*)을 벗어나 그 의미를 확장시키려는 의도를 갖고 있다(Balnaves & O'Regan, 2002). 전반적으로 이러한 수용자 정보시스템은 미디어 조직이 현재 작동하고 있는 시장에 대한 인식을 형성하도록 하는 주요 메커니즘으로 존재한다(Anand & Peterson, 2000). 오스웰(Oswell)이 묘사하는 것처럼 수용자 정보시스템은 "수용자에 관한 지식의 제도적 결과물(2002: 11)"을 위한 메커니즘이다.

수용자에 대한 정보를 수집한다는 관점에서, 어떤 시장 관계자는 인터넷과 같은 뉴미디어를 다음과 같은 말로 묘사한 바 있다. "〔뉴미디어는〕 전례 없을 정도로 세부적 수준에서 개별 소비자에 대한 데이터를 기록할 수 있게 하였다(Mullarkey, 2004: 42)." 시장 분석가는 더 나아가 다음과 같이 인터넷을 묘사했다. "지나칠 정도로 측정할 수 있다. … 수용자의 이동까지 측정할 수 있다. 수용자들의 상호작용을 측정할 수 있다. 거래 / 투자회수 영역(*transactional / ROI front*) 조차도 측정할 수 있다(Jaffe, 2005: 113~114)." 이러한 진술은 여기서 다음과 같은 핵심을 보여준다. 즉, 수용자들이 미디어와 상호작용하는 다양한 방식들이 통합되고 분석되며 많은 경우 상업화가 가능한 어떠한 형태로 존재하는데 이러한 측정가능한 데이터의 흔적을 남기는 매우 상호작용적인 미디어 환경을 통해서 촉발되는 새로운 측정기법들을 이용하면 노출이 아닌 수용자의 다른 측면들을 측정할 수 있음을 의미한다(Carlson, 2006 참고).

수용자 이해를 발전시키기 위해 채택된 이러한 분석적 도구의 본질을 이해하는 것은 특히 중요한데, 그 이유는 이러한 도구들이 문화적 생산 시스템에 참여하는 조직들이 수용자들을 어떻게 바라보며 결국 이들의 의사결정에 영향을 미치는 수용자에 대한 인식을 형상화시키는 인식틀(*lens*)이 되기 때문이다(Anand & Peterson, 2000).[13] 그러므로 현재의 제도화된 수용자 역학을 이해하기 위해서는 어떻게 수용자가 미디어를 소비하는가 하는 극적이고 역동적 변화를 고려하는 것은 물론 어떻게 미디어 조직들이 수용자에 대한 정보를 수집하는가 하는 역동성 역시도 고려하여야만 한다. 미디어 기술의 영역에서, 수용자 이해를 도모하기 위해 미디어 조직과 광고주들이 채택하는 메커니즘에서 급진적 변화가 일어나고 있다. 중요한 것은 수용자를 이해하기 위한 이러한 도구가 변화하면서, 이들 도구들이 만들어내는 수용자의 모습(*portraits of the audience*)에도 변화가 나타나고 있다는 점이다(Anand & Peterson, 2000; Napoli, 2005). 이러한 변화들은 파격적이며 미디어 조직에서는 중요한 행동의 변화와 전략적 반응을 이끌어낸다(Barnes & Thomson, 1988; 1994; Napoli, 2003a; Peterson, 1994).

미디어 수용자에 대한 정보를 수집하고 분석하는 이러한 메커니즘

---

13 아난드와 피터슨(Anand & Peterson, 2000)은 기업들이 자신의 경쟁 환경을 이해하기 위해 사용하는 다양한 환경감시 도구들 — 수용자 데이터원(源)을 포함해 — 과 관련해 **시장 정보체제**(*market information regimes*)라는 용어를 사용한다. 그러므로 〈빌보드〉(*Billboard*) 음반 판매량부터(McCourt & Rothenbuhler, 1997) 텔레비전과 라디오의 시·청취율(Webster, Phalen & Lichty, 2006), 출판계의 베스트셀러 리스트(Andrews & Napoli, 2006; Korda, 2001), 월별 상위 100개 웹사이트 보고서(Bermejo, 2007) 등에 이르는 모든 것들은 산업체의 의사결정자들이 환경을 평가하고 환경변화에 적절히 반응하는 데 이용되는 근본적 시장정보체제를 대표한다.

모두는 지속적인 수용자 이해의 합리화(*rationalization of audience understanding*)라는 특징을 갖는다. 즉, 미디어 산업의 수용자 인식은 점점 더 과학적으로 변해가며, 점점 더 데이터에 기반(*data-driven*)하게 되면서, 수용자를 이해하는 보다 인상비평적(*impressionistic*) 혹은 직관적(*instinctive*) 접근은 더 이상 발전하지 못하고 있다. 영화제작사 중역들, 텔레비전이나 라디오 방송국의 프로그램 편성책임자들, 잡지나 신문의 편집장들이 무엇이 성공하고 무엇이 실패할까에 대한 주관적 평가에 기반해서 의사결정을 내리던 거의 대부분은 수용자의 취향, 선호, 그리고 과거 관행의 행동패턴들의 광범위한 분석에 기반한 새로운 의사결정 환경으로 대치되었다(Ahlkvist, 2001; Andrews & Napoli, 2006 참고). 그러므로 이렇게 진행중인 수용자 진화는 미디어 수용자에 관한 더 넓은 의미의 역사적 합리화 패턴과 잘 맞아떨어진다.

허물어지는 콘텐트 제공자-수용자의 경계 구분

또한 수용자 자율성은 뉴미디어 환경에서 증가된 상호작용 능력이 콘텐트 제공자와 수용자들을 분리시킨 기존의 경계들을 허무는 데 기여하는 것과 같은 방식으로 수용자의 진화에 기여하고 있다(Stewart & Pavlou, 2002; Svoen, 2007 참고). 로스코(Roscoe)는 "수용자라는 아이디어는 생산자 대(對) 소비자, 더 자세히는 제작자, 제공자, 콘텐트 전달자 대 해당 콘텐트를 시청하고 웹서핑을 하며 소비하는 수용자라는 이분법적 대립을 전제한 것(1999: 678)"이라고 지적한다. 이와 같은 명확한 구분은 더 이상 불가능하다. 예를 들어, 온라인에서는 콘텐트를 받아볼 수 있는 사람이면 거의 누구나 콘텐트를 생산하고 배급할 수 있는 능력도 가지고 있다(Berman et al., 2007; Springel, 1999

참고). 당연한 것이겠지만, 이것은 미디어와 수용자의 역학관계에서, 예를 들자면 완전하게 일방향 미디어였던 텔레비전 방송과는 다른, 근본적 변화이다. 코버(Cover)의 말처럼, "상호작용성은 … 주로 작가와 수용자의 차이를 허무는 방식으로 작가-텍스트-수용자 사이에 새로운 긴장을 불러왔다(2006: 140)." 마찬가지로 수용자 연구자인 소니아 리빙스턴(Sonia Livingstone)은 이러한 기술적 변환의 결과는 수용자를 "가상세계의 수동적 관람자에서 능동적 참여자로(2003: 338; Svoen, 2007 참고)" 변화시킨다고 주장한다. 리빙스턴(2003)은 이러한 진화적 과정의 함의가 잠재적으로 수용자라는 개념의 종말을 뜻하는 것으로까지 확장될 수 있다는 주장으로 한 걸음 더 나아가고 있다. 하지만 이 책에서의 주장은 수용자 개념의 종말을 고하는 것이 아니라 단지 진화하고 있다는 것이다.

이런 측면의 수용자 진화과정에서 특히 흥미로는 사실은 어떤 점에서는 매스미디어 시대 이전에 지배적이었던 수용자의 개념화로의 회귀를 보여준다는 것이다. 수용자 연구 역사에 관한 문헌들은 종종 초기의 수용자들이 매우 적극적으로 참가하였고 상호작용하였음을 보여준다(Billings, 1986; Butsch, 2008; Harrison & Barthel, 2009). 예를 들어 극장 관람자(*theater audience*)는 한때 노래를 부르는 것부터 요구사항을 소리치거나 배우를 향해서 욕을 하고 심지어 서로 싸우기까지 하는 등의 아주 다양한 행위들에 참여하였다. 영화와 라디오(물론 그리고 나중에 등장한 텔레비전)와 같은 전자매체인 매스미디어가 등장하고 난 이후에서야 콘텐트 제공자와 수용자 사이의 역학관계는 점차로 일방향적으로 변했다.

그러나 이러한 매스미디어가 등장하던 초창기만 하더라도, 참여적이고 능동적인 수용자의 모습은 파편적으로나마 존재하였다(Griffin-Foley, 2004; Newman, 2004 참고). 이를테면, 로스(Ross, 1999)는 다양한 노동자 조직 구성원들은, 영화에 반(反) 노동운동 메시지가 있음을 인식하여 불만을 토로하였으며, 자신들이 영화제작을 시작하였고 자체 제작한 영화를 배급하기도 했다는 20세기 초창기의 '노동자 영화운동'의 연대기를 기록하였다. 라디오 산업 초창기에, 수용자들(주로 팬레터 위주의)은 라디오 프로그램의 발전에 중요한 역할을 담당하였고, 제작자와 작가들은 종종 수용자로부터 받은 제안을 프로그램 대본에 반영하였다(Razlogova, 1995). 그러나 이러한 미디어 내부에서 콘텐트 제공자-수용자의 역학관계가 우리에게 좀더 익숙한 일대다(一對多, *one-to-many*)의 하향적(*top-down*) 방식으로 빠르게 제도화되었다(Butsch, 2000; Razlogova, 1995).[14] 또한 흥미롭게도 이러한 역학관계는 본질적으로 이전에는 더 참가적이었던 과거 수용자 행태까지 변화시켰다. 예를 들어, 극장의 배우나 주변 관람자들에게 소리치고 물건을 던지는 행위들은 전반적으로 유행에 뒤떨어지는 것이 되었다.

혹자는 수용자라는 아이디어를 거의 확정짓는 요소인 수동성에 대한 이러한 경향을 들어 매스미디어가 수용자를 침묵하게 하는 데 기여했다고 주장한다(Butsch, 2008 참고). 앵거스(Angus)의 주장처럼, 인터넷의 광범위한 확산 이전에 가장 성행했던 커뮤니케이션 시스템 성향이 사회적 지식을 생산하고 유통시키는 능력이 부족한 수용자를 만들었다(1994: 233). 혹은 매스미디어 체제로의 전환은 수용자 집단의 많은 측면들을 관찰하기 어렵게 만들었거나, 또는 이렇게 됨으로써 미

14 일례로 라즐로고바(Razlogova)는 1940년대까지 미국의 상업 라디오 산업이 판매되는 프로그램 청취율과 연관하여 아주 제한된 형식을 제외하고는 수용자의 반응이나 피드백을 대체로 무시하는 "폐쇄적인 형식적 과정"(*closed formal process*)을 취했다고 기록한다(1995: 3). 마찬가지로 빌링스(Billings, 1986)도 "〔수용자의〕 목소리 잠재우기(*silencing of* 〔*the audience's*〕 *voice*)"가 미국과 영국의 연극, 그리고 영화산업에서 나타난다고 밝혔다.

디어 제도는 단지 수용자를 더욱 수동적으로 개념화하도록 만들었다고 말하는 것이 더 맞을지 모른다.[15] 리빙스턴에 따르면, "생기 있는 수용자들의 시각적·청각적 참여를 없애는 변환으로 인해, 새로이 형성된 매스미디어에 맞는 수용자들의 활동은 급격히 내면화(*interiorized*)되었고 따라서 연구자가 접근하기 어려워졌다(2003: 17)." 리빙스턴의 언급은 제도화된 미디어 수용자의 근본적 측면, 즉 미디어 산업 내부의 개념화와 적용방식이 수용자를 쉽게 측정할 수 있는 측면들과 근본적으로 연결되어 있다는 점을 잘 보여준다.[16]

이 책에서 보여주듯, 현재 급속히 진행되는 미디어 기술 발전을 통해서, 20세기에 걸쳐 기존의 매스미디어가 성장하는 동안에 나타났던 미디어와 수용자의 관계에 대한 일방향적 접근이 해체되고 있다. 코버에 따르면, 새로운 미디어 기술은 "현시점에서 고대 그리스 극장에서의 수용자 커뮤니케이션 형태와 같은 능동적이고 창조적인 참가와

15 이러한 관점에서, 여러 다른 미디어에서 혹은 여러 시점들에 걸쳐 수용자를 특징짓는 데 사용됐던 전통적 수동-능동의 이분법은 일종의 '역사적 오류'(*historical fallacy*)로 간주되거나(van Dijck, 2009: 43; Andrejevic, 2008; Griffen-Foley, 2004 참고) 혹은 실제 수용자 행동의 직접적 재현이라기보다 주로 수용자의 제도화된 표현(*institutionalized manifestations of the audience*)의 반영으로 파악되어야 한다.

16 그러나 미디어 수용자 역사에 대한 수많은 논의들이 미디어와 수용자 사이의 관계가 수용자 측면에서의 수동성의 점차적 증가라는 일반적으로 받아들여지는 관점과 대립된다는 것을 강조해야 한다(Black, 2005; Peters, 1996; Shimpach, 2005). 이러한 논의는 "수용자를 능동적이고 사회적이며 문화적 수용자로서 노동에 참여하려는 활동(*work*)을 강조하며 권리와 주체성을 띤 수용자를 낳는, 대안적이지만 마찬가지로 가능한 수용자 구성"을 제안하며, "현재 수용자에 대한 지배적 구조들을 구성해내는 지식과 간섭을 받는 무기력한 대상에 대한 대안"으로 제시되고 있다(Shimpach, 2005: 349).

똑같은 방식으로 수용자가 참가할 수 있는 능력을 실질적으로 회복시켰다(2006: 150)". 이러한 방식으로 수용자 진화의 여러 측면들은 일정 정도 순환적이라 볼 수 있다.[17]

변화를 유발하는 환경적 조건들

현재 진행중인 수용자 진화에서 강조되어야 하는 핵심 측면은 부상하고 있는 기술의 변화가 기존의 노출모형을 잠식시키는 동시에 수용자 행동의 대안적 측면들을 관찰하고 평가할 수 있는 능력을 향상시킨다는 점이다. 즉, 현재 미디어 환경의 세분화로 기본적 노출수치(*exposure metrics*)를 측정하기가 점점 더 어려워지고 있으며, 해당 수치의 해석은 점점 더 믿을 수 없어지는 반면에, 뉴미디어 환경의 자율성과 상호작용성은 기본적 노출정보 이상으로 수용자 행동의 여타 측면들을 보여준다. 이러한 수용자에 대한 새로운 정보들이 신 수용자 정보시스템 속에서 점차로 등장하는 피드백 메커니즘과 데이터 유통을 촉진하고 있다.

단순한 미디어 노출수치의 중요성이 본질적으로 점점 위축되는 환경 속에서, 콘텐트가 광고된 제품의 태도에 미치는 영향력의 정도, 혹은 콘텐트가 기존의 브랜드 정체성(*brand identity*)에 미치는 영향 등과 같

---

17 일례로 방송사(史)에서 "수용자 참여의 재등장 사이클"(*recurring cycles of audience participation*)에 관한 라즐로고바(Razlogova)의 논의를 보라(1995: 262). 코버는 "미디어와 커뮤니케이션의 역사를 텍스트에 대한 상호적 참여 그리고 텍스트 서사(*textual narrative*)에의 합작(*co-creation*)을 둘러싼 갈등으로 파악하는 것이 가능 — 혹은 최소한 특별한 시각을 제공 — 하다"고 제안한다(2004: 180).

은 기준들이 점차로 이용 가능한 대안들이 되고 있는 실정에서, 새로운 수용자 시장에서 성공하기 위해, 점점 더 단순 노출수치(종종 매우 작은)를 본질적으로 극복하려고 시도하는 케이블 네트워크, 잡지, 웹사이트 등에 관한 새로운 시도가 미디어 거래와 관련된 출판물들에서 넘치고 있다(Crupi, 2008a, 2008b; Story, 2008a 참고). 몇몇 연구자들은 '연계도'(*connectedness*), '참여'(*engagement*) 혹은 '경험'(*experiences*) 등과 같은 개념구성물에 대한 체계적 측정 가치를 주장하면서, 이러한 개념구성물들이 수용자 시장에서 다양한 참가자들이 이용하며, 판매하는(*syndicated*) 기존의 수용자 연구 결과물과 서비스들 목록에 포함되어야 한다고 제안한다(Calder & Malthause, 2005; Russell & Puto, 1999 참고). 라디오와 텔레비전 산업에 대한 최근의 한 연구는 "왜 시·청취율은 더 이상 중요하지 않나(Pilotta, 2008)"라는 도전적 타이틀을 제시하기도 한다. 다시 반복하지만, 여기서의 핵심은 뉴미디어 환경에서 얻을 수 있는 새로운 수용자 정보와 결합됨과 동시에, 기존 단순노출을 기본으로 하는 수용자 측정 모형을 대체하려는 압박이 현재의 수용자 진화과정을 유발시키고 있다는 것이다.

이 책이 주장하는 관계는 본질적으로 인과관계이다. 즉, 미디어 조직과 광고주가 노출을 넘어서는 현재 이용할 수 있는 기회들이 있음에도 불구하고, 노출모형에 심각하게 문제가 있지 않는 한, 노출모형을 포기하는 일은 일어나지 않는다. 수용자 이해의 합리화 역사를 보면 우리가 다양한 기술적 방법론적 기회를 통해 노출모형을 벗어나는 것이 가능해졌다고 해도, 해당 이해당사자 집단 사이에서 현 상황에 대해 어느 정도의 만족이 존재하거나 또는 새 정보시스템에 대한 다양한 형태의 제도적 저항이 있으면 쉽게 받아들여지지는 않는다는 것을 잘 알 것이다. 오로지 변화의 기회가 현 상황의 생존가능성에 대한 상당한 의문이 제기될 수밖에 없을 정도로 몰아붙일 때만 수용자 진화과정이 일어난다.

오늘날의 상황은 우리의 미디어 시스템이 **후기노출**(後期露出, *post-exposure*)[18] **수용자 시장**(*audience marketplace*)으로 옮겨가고 있다. 기존 수용자 시장에서 독점적 교환 화폐 역할을 했던 노출 측정치가 새로운 수용자 시장에서는 그 지배적 위치를 잃어가고 있다. 뉴미디어 환경에서 더 잘 나타나고 수집할 수 있는 수용자 행동의 다른 측면들이 현재 노출 측정치를 보완한다. 후기노출 미디어 환경으로의 변화는 문화적 생산과정에 극적인 함의를 가지며, 미디어 생산물의 성공지표 역시 제도화된 수용자의 진화에 발맞추어 근본적으로 변화될 것이다.

수용자 진화 속의 저항과 동의

앞에서 지적했듯, 미디어 진화과정과 수용자 이해의 합리화 과정에는 관련 이해당사자 집단으로부터의 다양한 저항들이 수반된다. 따라서 이러한 이해당사자들의 저항은 수용자 진화과정에 두드러지게 녹아 있다. 진행중인 수용자 진화과정은 본질적으로 다양한 방식으로 많은 미디어 산업 영역들에서 작동하고 있는 통화(*currency*)가 무엇인가에 대한 재정의(*re-definition*)를 포함하고 있다. 이러한 재정의 작업을 위해서는, 다양한 이해당사자들로부터 일정 정도의 전환에 대한 지지가 필요하다. 어떠한 통화이든지, 이에 대한 수용과 효율적 이용 모두

---

18 [역주] 흔히 사회과학문헌에서 'post-'는 '후기'(後期) 혹은 '탈'(脫)로 번역된다. 여기서는 '후기'(後期)를 해당 번역어로 채택하였는데, 그 이유는 저자의 연구관점을 따른다면 노출이 완전하게 버려진 개념이 아니기 때문이다. 이 책의 곳곳에 나와 있지만, 노출은 여전히 중요한 수용자 측정수치들 중의 하나이며 결코 포기된 개념이 아니다.

통화가치에 대한 상호합의에 바탕을 두고 있다.

이러한 관점에서 수용자의 미디어 소비와 수용자 정보시스템에 영향을 끼치는 기술적 변화는 진화적 과정에 영향을 미치는 활동의 일환이거나 혹은 진화적 과정 자체를 막으려는 다양한 이해당사자들의 이해관계 그리고 압력들을 포괄하고 있는 더 넓은 제도적 맥락에서 파악될 필요가 있다(〈그림 1-1〉을 보라). 사실 수용자에 대한 지배적 개념화는 흔히 미디어 회사들과 광고주, 수용자 측정회사, 그리고 정책결정자와 시민사회 집단들도 포함하는 핵심적인 제도적 이해당사자 집단들 사이의 합의된 결과임을 숙지하는 것이 중요하다(Napoli, 2005; Oswell, 2002).

이러한 분석 맥락 속에는, 문제가 되는 저항의 핵심은 미디어 소비의 역동성을 변환시키는 기술적 과정 혹은 신 수용자 정보시스템이다. 예를 들어 우리는 수용자-콘텐트 제공자 관계의 재조직을 제한시키려는 미디어 조직들에 의한 여러 형태의 시도들에서 이러한 저항을 확인할 수 있다. 공정사용권(*fair use*)[19]과 저작권(*copyright*)을 둘러싸고 현재 진행중인 법정 다툼은 이러한 저항의 핵심적 요소를 보여준다. 코버가 지적하듯, 저자-텍스트-수용자의 관계 속의 긴장이 "지적 재산권 관리나 디지털 프로그램 보호, 제한되거나 유도된(*channeled*) 혹은 인정된 형태의 상호작용 등을 통해 텍스트에 대한 작가의 '순수성'이나 '작가성'을 통제하려는 것에 대한 저항을 낳는다(2006: 140)." 본질적으로 기존의 송신자-수신자 역학관계를 보존하기 위한 전략으로 온라

19 [역주] 1976년 미국의 저작권법에 의해서 성문화된 권리로서 '이용권'으로 번역되기도 한다. 만약 비상업적 목적을 가지며 저작권자의 이익을 침해하지 않는다면, 저작권자의 허락(*permission*)이 없어도 저작물을 이용할 수 있다는 것이 요지이다. 한국의 2009년도 저작권법의 28조가 공정사용권의 일반조항이 될 수 있다는 법조계의 주장이 있다.

인을 통해 다운로드하는 속도에 비해 업로드 속도를 낮게 제한시키는 광대역 접속망 제공방법들을 통해 기존의 수용자-콘텐트 제공자 관계가 붕괴되는 것을 막아왔다. 기존의 미디어 콘텐트 소비관행과는 달리 단지 수용자의 자율성을 증가시키는 것이 목적인 기술과 관련해서도 비슷한 산업계의 저항이 등장하고 있다. 과거의 예를 들면, 디지털 비디오 녹화기(DVR)가 등장하였을 때, 여러 영역의 미디어 산업들은 처음에는 소송을 통한 위협과 같은 방식으로 상당기간 동안 저항하였다. 이러한 저항은 광고주지원 미디어의 수용자가 상업광고에 노출되는 것을 막을 수 있어 노출모형의 근본적인 힘을 잠식하는 디지털 비디오 녹화기 기술력에 대한 반응이었다(Carlson, 2006 참고).

신 수용자 정보시스템에 대한 저항이라는 측면에서, 현재 가장 두드러지는 모습을 아마도 미디어 소비 그리고 소비자의 인구학적 특성에 관한 데이터를 수집하면서 나타나는 새로운 프라이버시 이슈들에 대한 정책결정 영역에서 발견할 수 있다. 이러한 초창기 예(언급되고 있는 현재의 전환과정에 대해)로는, 티보[20] 가입자의 개인확인 정보(*personally*

20 [역주] 티보사(TiVo, Inc.)가 개발한 디지털 비디오 녹화기이다. 1999년에 처음으로 시장에 등장했다. 티보는 보고 싶은 프로그램들이 동시간대에 방영될 때(이를테면 MBC와 KBS에서 동시간대에 방영하는 프로그램을 둘 다 보고 싶을 때), 프로그램들의 순위를 결정하면 첫 순위에 방영되는 프로그램을 실시간으로 녹화하여 보존하고, 두 번째 순위의 프로그램은 재방송 때 녹화하여 보존한다. 또한 시청자들의 시청행태에 기반하여 유사한 프로그램을 추천하는 기능도 갖고 있다(이를테면 시청자가 드라마 장르에 대해서 높은 평가를 해 두었다면, 시청자가 좋아할 수도 있는 유사 드라마들을 추천해 준다). 기타 여러 흥미로운 기능들이 있지만, 최근에는 프라이버시 침해 논란을 불러오기도 했다. 티보가 디지털 기기라는 점에서 거의 모든 시청행태들(채널, 시간, 빈도 등의 기존의 피플미터에서 파악이 가능했던 시청행태는 물론 녹화시간, 녹화프로그램, 그리고 심지어 어느 부

identifiable information)[21]와 연동된 폭넓은 텔레비전 시청 데이터들을 수집하는 디지털 비디오 녹화기 제작사인 티보의 프라이버시 실태에 관한 미국연방통상위원회(FTC: Federal Trade Commission)의 조사를 언급할 수 있다(Carlson, 2006 참고). 최근에 FTC는 바로 앞에서 언급한 기존의 노출 측정치를 넘어서 다양하게 확장할 수 있는 수용자의 온라인 미디어 소비에 관한 정교한 형태의 온라인 데이터 수집, 통합, 그리고 분석을 포함하고 있는 '행동기반 광고'(*behavioral advertising*)의 본질이 무엇인가 조사하고 있다(Federal Trade Commission, 2007 참고). 놀라울 것 없지만, 이 이슈는 다양한 미디어 산업의 거래집단들 그리고 공익조직 및 시민사회 조직들 사이의 갈등을 일으키는 중요한 분야가 되었다(American Advertising Federation, 2008; Consumer Federation of America, 2008 참고). 이러한 사례들이 보여주듯, 저항과정은 때때로 산업체의 이기심으로부터 더 넓은 의미의 공익에 이르기까지 다양한 이해관계들에서 원인을 찾을 수 있지만, 이러한 이해관계는 종종 잘 해소되지 않는다.

분에서 빨리감기, 되감기 등을 했는지 여부마저도 포함되는)이 기록되며 또한 인터넷을 통해서 티보사에 다시 재전송된다. 일례로 2004년 미국의 미식축구 경기 축하공연 당시 자넷 잭슨(Janet Jackson)의 가슴이 생방송으로 노출되는 사건이 발생했는데, 티보사는 얼마나 많은 사람들이 이 가슴노출 부분을 되감아서 반복시청 했는지를 발표하여, 세밀한 측정기술에 대한 감탄과 프라이버시로 볼 수 있는 개인 시청행위가 너무도 상세히 감시되고 있다는 우려를 동시에 자아내었다. 현재 티보사는 티보를 통해서 추출한 데이터를 수집 및 가공하여 광고주에게 판매하고 있다.

21 [역주] 한국의 주민등록번호가 대표적인 예이며, 미국에서는 사회보장번호(*social security number*), 혹은 운전자 등록번호 등이 개인확인 정보로 이용된다. 요즘에는 전자메일 계정이나 본인으로 등록된 휴대전화 번호를 개인확인 정보로 이용하기도 한다.

궁극적으로 수용자 시장이 제대로 작동하려면, 어떻게 수용자를 정의할 것인가에 대한 적절한 수준의 합의가 필요하다(Napoli, 2003a). 그러나 특별한 방식의 수용자 재개념화는 어떤 이해당사자에게는 득이 되지만 다른 당사자들에게는 해가 되는 일이 종종 있다. 그러므로 중요한 제도적 행위자들을 둘러싼 권력 역학이 수용자의 재개념화에 중요한 역할을 수행한다. 이러한 역학을 이해하는 것은 수용자 진화의 정치경제학(*political economy*)적 기본 골격을 형성하는 것을 포함한다(이 책의 제 5장을 볼 것).

어떠한 경우라도 미디어 수용자를 유의미하게 재개념화해야 한다는 시각은 현재 아주 강한 움직임을 보여준다. 또한 우위를 점했던 기존의 노출모형은 점점 더 위험한 것으로 여겨지고 있다. 이는 노출이 수용자 시장에서 통화(通貨)로서 존재하지 말아야 한다고 주장하는 것은 아니며, 단지 그 중요성이 줄어들면서 수용자를 이해하는 다른 측면들과 비슷한 위치를 차지하게 될 것이라고 주장하는 것일 뿐이다. 이러한 다양한 이해당사자들 간의 저항과 교섭의 과정이 수용자 진화과정에서 어떠한 종류의 제한을 가하는가에 대해서는 아직 정확하게 드러나지 않는다. 미디어 역사를 살펴보면 우리는 일반적으로 현상유지를 꾀하는 이해당사자들은 비록 현상유지에 실패한다고 하더라도, 이해당사자들 간의 저항과 교섭과정을 통해 기술적 혁신이 급격하게 현존하는 제도적 구조와 과정을 변화시키는 것을 억제하려는 경향이 있음을 알 수 있다(Winston, 1999 참고). 예를 들어, 오늘날의 디지털 비디오 녹화기는 수용자들이 녹화된 분량 중 텔레비전의 상업광고를 건너뛰게 해줄 수 있는 기능이 있지만, 이 기능은 실제 제공되지 않는다. 대신 수용자들은 광고들을 빨리감기(*fast-forward*) 할 수 있는데, 물론 적당한 시간에 맞추어서 빨리감기를 멈추려면 빨리 지나가는 광고 이미지에 최소한 어느 정도의 관심을 부여할 수밖에는 없을 것이다(Donaton, 2004; Notkin, 2006; Piccalo, 2004). 디지털 비디오 녹화기는 이용자들이 상호 간에 녹화된 프로그램들을 공유할 수 있는 DVR 서비스를 짧은 기간이나마 제공하였으나, 이 기능은 현재 사용이 불가능하다(Carlson, 2006).

수용자 진화에 대한 더 폭넓은 함의

수용자에 대한 제도화된 관점, 현대 작동중인 진화과정, 그리고 여기에 영향을 미치는 요인들을 이해하는 것은 몇 가지 이유에서 중요하다. 첫째, 수용자에 대한 제도화된 관점이 문화적 생산과정에 핵심적인 요소이기 때문이다. 미디어 조직과 광고주들이 수용자들을 어떻게 인식하는가는 자연스럽게 그들이 어떠한 종류의 콘텐트를 생산하고 어떤 미디어 판매망을 통해 광고할 것인가에 대한 의사결정에 영향을 미친다. 문화생산과 연관된 조직 내 과정에 대해 많은 연구문헌들이 있는데,[22] 이런 문헌들의 상당수에서 수용자에 대한 인식이 음악(Ahlkvist, 2001; Anand & Peterson, 2000), 도서(Andrews & Napoli, 2006), 텔레비전 프로그램(Ang, 1991; Eaman, 1994), 동영상(Austin, 1989; Handel, 1950), 그리고 예술전시와 라이브 퍼포먼스(*live performances*) 등(DiMaggio & Useem, 1979; O'Regan, 2002) 여러 종류의 문화생산 과정과 관련된 의사결정에 영향을 미치는 중요한 요인들을 살펴본다. 문화 생산자가 수용자(유식한 수용자이거나 무식한 수용자이거나, 혹은 관심의 폭이 넓은 아니면 좁은 수용자이거나)에 대해서 갖고 있는 인식은

22 이들 문헌에 대한 개괄을 위해서는 피터슨과 아난드(Peterson & Anand, 2004)를 보라.

수용자의 어떤 흥미가 잘 만족되었는지 또한 어떤 것이 그렇지 못한지에 대한 평가는 물론, 어떠한 종류의 콘텐트가 성공하고 어떠한 종류의 콘텐트가 실패할지에 대한 판단에 자연스럽게 영향을 미친다.

물론 미디어 콘텐트 — 수용자가 이용할 수 있는 모든 뉴스, 정보, 그리고 오락미디어라는 의미로 정의 내려지는 — 는 문화적 그리고 정치적 영향력이 있는, 뚜렷한 힘을 갖는 상품이다. 많은 연구들이 미디어 효과 문제에 관해 연구하였고, 이러한 문헌들은 오랫동안 정치적 태도 믿음, 그리고 문화적 가치와 사회적 문제 더 나아가 다른 사회적 집단들에 대한 인식에 이르는 영역에까지 커다란 영향을 미친다는 것을 보여주었다(Bryant, 2008 참고). 더 나아가 이러한 영향력의 본질적 특성은 콘텐트의 생산, 배급 그리고 전시에 관한 결정이 어떠한 과정에서 이루어지며, 해당 결정에 투입되는 요소를 이해하는 것이 중요하다는 것을 잘 보여준다.

그러므로 핵심적 질문은 후기-노출 미디어 환경에서 새롭게 수립된 성공의 기준에서 성공하였다고 평가받는 미디어 생산품의 타입들이 과거의 기준 아래서 만들어진 것들과 같은지 아니면 다른지를 알아보는 것이다. 이러한 새로운 성공의 기준들은 더 '양질'의 콘텐트 생산을 촉진시킬 것인가? 새로운 성공의 기준들은 다양한 수용자의 흥미를 충족시키는 데 기여할 것인가? 혹은 새로운 성공의 기준들이 생산된 콘텐트의 범위를 어떻게 축소시킬 것인가? 아니면 콘텐트의 특정 측면을 과도하게 반영하도록 촉진할 것인가? 미디어 시스템과 미디어 수용자는 이러한 수용자 진화과정의 결과로 질적으로 향상될 것인가? 우리는 이들 연구문제에 대해 어느 정도 정보에 기반하는 답안을 발전시켜야 하는 시점에 이르렀다.

또한 이렇게 진행중인 수용자 진화과정은 몇 가지 미디어 정책 문제들을 제기한다. 예를 들면, 이러한 수용자 진화과정으로 야기된 어떠한 사회적 문화적 이슈들이 제도화된 미디어 수용자의 구성과 관련된 유관(有關) 조직들에 대한 더 구체적인 정부통제를 정당화하는가? 혹은 이와 같은 정부의 개입은 유관조직들이 미디어 수용자를 자기들의 방식으로 묘사한 것(*representations*)을 자유롭게 구성(*construct*)하고 전파시킬 수 있는 권리를 보장한 미국 수정헌법(First Amendment) 1조에 의해서 불가능한 것인가? 이러한 질문들은 논쟁의 여지가 아주 크다. 또한 제도적 커뮤니케이터(*communicator*)와 사적 발화자(*individual speaker*) 사이의 경계가 허물어지고, 기존의 미디어 조직이 더 이상 중요한 관심사가 되지 못하면서 미디어 정책결정에 기초를 이루었던 분석적 기준과 규범적 목표를 완전하게 재조직하도록 강제하고 있는 듯하다. 그러나 몇몇 학자들은 미디어 산업과 수용자 사이의 이렇게 변화된 역동성이 저널리즘과 같이 중요한 미디어 제도가 지속적으로 생존하는 데 근본적 위협을 가한다고 평가한다(Starr, 2009 참고). 이러한 염려는 기존의 미디어 조직을 보존하는 메커니즘을 유지하도록 하는 미디어 정책이 필요한가 하는 문제를 제기한다.

그리고 마지막으로 이렇게 진행중인 수용자 진화과정은 미디어 연구에 함의를 갖는데, 특히 미디어 수용자에 초점을 맞추는 연구분야에서 두드러진다. 제도화된 미디어 수용자가 본질적으로 변화한다는 것이 학계의 수용자 연구자들에게, 그리고 미디어 산업계의 연구자들 간의 관계설정에서 의미하는 바가 무엇인가? 수용자 진화의 과정은 연구의 특정 경향이 쇠퇴하고 활성화되는 것을 보여줄 수도 있으며, 아마도 가장 흥미로운 것은 학술적 전통들 사이 및 학계의 연구자와 산업계의 연구자들 사이에 존재한 간극(間隙)을 메워 주는 계기가 될 수도 있다는 사실이다.

데이터 및 방법

이 모든 이슈들을 탐구하기 위해, 이 책에서는 광범위한 1차 자료들을 이용했다. 다양한 미디어 및 광고 산업 관련 학회와 심포지엄에서 2006년부터 2009년까지 수용자 측정과 관련 광고연구재단(ARF: Advertising Research Foundation)에서 지원을 받은 연례학회들, 2007~2008년 광고연구재단의 연례 협의회, 2009년 수행한 수용자 측정 360일 워크숍(360 Measurement Day Workshop), 2008년 디지털 미디어 포럼, 닐슨이 지원한 온라인 세미나, 그리고 MIXX[23] 2008년 학회를 비록 상호작용 광고조사기구(IAB: Interactive Advertising Bureau)가 주관한 학회들을 위주로 (하지만 여기에만 국한되지는 않았다) 참여관찰을 실시하였다. 이러한 행사들로 다양한 미디어 및 광고 산업의 이해당사자들이 미디어 산업에서 일어나는 변화에 어떻게 대처하는지 유용한 통찰력을 얻을 수 있었다. 이들 행사들은 관심 있는 다양한 이해당사자들이 제도화된 수용자를 재정의하며 토론하고 교섭하는 중요한 맥락을 보여주었다. 이들 중 많은 행사들에서 이슈들과 문제, 그리고 해당업계의 전문가들이 품고 있는 우려들을 더 깊이 이해하기 위해 참여자들과 비공식 인터뷰도 진행했다. 또한 이러한 행사에서 나온 다양한 판촉, 마케팅, 그리고 연구자료들은 분석을 위한 많은 귀중한 자료를 포함했다. 미디어 및 광고 산업에서 거래를 다루는 간행물들은 진행중인 미디어 수용자 진화의 역동성을 이해하기 위한 다른 형태의 일차 데이터 자료였다. 이러한 분석을 위해 관심 있게 지켜본 출판물들은 〈미디어 위크〉(*Media Week*), 〈애드위크〉(*Adweek*), 〈미디어 라이프〉

23 [역주] MIXX는 IAB가 주관하는 디지털 시대 광고기법, 조사, 효과 등에 대한 컨퍼런스로 마이크로 소프트(Microsoft)가 후원하고 있다.

(*Media Life Magazine*), 〈방송과 케이블〉(*Broadcasting and Cable*), 〈광고시대〉(*Advertising Age*), 〈미디어 데일리 뉴스〉(*Media Daily News*) 등이다.

미디어, 광고, 수용자 측정 산업체가 발간한 백서(*white paper*), 연구보고서 등 역시 이 책의 분석에 핵심적 역할을 했다. 이들 중 상당수는 상호작용 광고조사기구(IAB), 전미 케이블 통신협회(National Cable and Telecommunications Association), 전미 방송인협회(National Association of Broadcasters) 등의 산업관련 협회들 혹은 관련된 상업광고 회사 등에서 나오는 정보들은 닐슨, 아비트론,[24] 그리고 컴스코어[25] 등과 같은 조사회사의 웹사이트에 대한 정기적 점검을 통해 얻어졌다. 전 세계 여론 및 마케팅 연구 전문가 협회(ESOMAR)[26]에서 2006~

---

24 [역주] 아비트론(Arbitron)은 라디오 수용자 관련 데이터를 수집 조사하는 회사이다. 1949년에 제임스 세일러(James Seiler)의 ARB(American Research Bureau)에서 시작하여 1960대에 들면서 아비트론으로 이름을 바꿨다. 초창기에는 아비트론 북(Arbitron Book)이라고 불린 라디오 다이어리를 통해 청취자료를 수집했지만, 2007년부터 휴대용 피플미터(PPM: *portable people meter*)를 이용해 자료를 수집하기 시작했고 점차 대상지역을 넓히고 있다. 회사관련 정보는 http://www.arbitron.com 참고하라.

25 [역주] 컴스코어(comScore)는 1999년에 수립된 인터넷 이용측정 조사업체이다. 컴스코어는 대표성 있는 이용자들을 표본으로 선택하여, 그들이 이용하는 컴퓨터에 감시프로그램을 설치한 후, 이들의 인터넷 이용기록을 컴스코어 회사의 서버로 이송하는 방식으로 사람들의 인터넷 이용기록을 수집하고 분석한다. 표본 수는 약 200만 개인데(2012년 3월 8일 현재), 표본의 추출은 무작위 표집이 아니어서 대표성 확보에 문제가 있는 것으로 알려져 있다. 이러한 대표성 문제를 해소하기 위해서 센서스 자료에 기초, 가중치를 부여하는 방식으로 대표성을 확보한다. 자세한 회사 소개는 www.comscore.com을 통해서 확인할 수 있다.

26 [역주] ESOMAR는 European Society for Opinion and Market Research의 약칭이다. 1948년에 학회가 설립되었을 때 유럽에 국한되었으나, 현재

2009년 동안 주관했던 수용자 측정학회(Audience Measurement Conference)는 특별히 중요한 가치가 있었다. 여기서 발표된 논문들은 수용자 측정의 최신기술을 보여줬고 미디어 영역에서 일어나는 기술변화의 핵심 로드맵이 무엇이며, 수용자를 측정하는 영역에서 어떻게 변화와 보조를 맞추고 있는지를 알려주었다.

끝으로 수용자 진화과정이 야기하는 다양한 공공정책에 관한 우려들을 살피기 위해, 이 책의 분석은 다양한 의회의 청문회, 규제기구 및 법원의 결정, 그리고 하원의원들과 산업체 대표, 그리고 미국연방통상위원회(FTC)와 미국연방통신위원회(FCC: Federal Communications Commission) 등의 정부기구들 사이에 오고 간 서신 등의 일차적 정부자료에도 많이 의존했다. 산업협회와 공익추구 시민사회 조직이 발표한 관련 연구들과 성명서들도 이 같은 이슈들을 탐구하는 데 유익했다.

뉴미디어 기술에 관련된 문헌들, 특히 뉴미디어 기술에 대한 제도적 반응에 초점을 맞춘 문헌들을 비롯해 마케팅, 광고, 커뮤니케이션 및 미디어 연구, 문화연구 영역들에서 광범위하게 찾을 수 있는 수용자 행동 및 수용자 측정에 관한 학술문헌들은 이 책의 분석에 참고한 2차적 자료였다. 이 책에서 다루는 다양한 관점에서의 분석에서 명백하게 나타나겠지만, 미디어와 수용자에 관한 연구는 본래 학제 간 사업이다.

는 전 세계에서 학회원을 받고 있다. 이 학회의 한 가지 흥미로운 점은 현재 산업체 종사자는 학회원에서 배제된다는 점이다.

이 책의 구성

제 1장에서는 미디어 진화 및 수용자 이해의 합리화 과정에서 이 책의 중심 주제인 수용자 진화과정의 맥락을 설명하였다. 관련된 이들 현상들에 대한 토론과 분석은 다음에 제시될 분석들의 역사적 그리고 이론적 맥락을 제공하기 위함이다. 제 1장에서 보여주듯, 미디어 진화에 관한 문헌은 수용자 진화의 개념을 발전시키기 위한 유용한 디딤돌이다. 또한 제 1장에서는 어떻게 미디어 조직들이 자신들의 수용자를 개념화시키는가에 대한 역사적 진전 과정을 분석하였고 이러한 수용자의 진화가 현재 진행중인 발전들에 대해 어떤 맥락을 갖는지를 제시하였다. 또한 이러한 수용자 합리화 과정에 대해 다양한 영역에서 제기되어 오는 비판과 우려를 보여주었다.

제 2장은 미디어 소비역학에 영향을 미치는 기술의 변화 및 수용자 진화과정에 대한 그 함의들이 무엇인지 다루고 있다. 제 2장에서는 현재 벌어지는 미디어 환경의 세분화와 이러한 세분화가 오랜 기간 동안 수용자 시장을 특징지었던 미디어 수용자에 대한 기존 접근방법을 어떻게 변화시키고 있는가에 대해 특별한 관심을 기울였다. 이러한 분석에서의 핵심은 흔히 논란이 되고 있는 '긴 꼬리' 현상이다(Anderson, 2006). 긴 꼬리에 대한 대부분의 연구들이 광고주지원 미디어에 대한 자세한 논의들을 소홀히 하는 반면, 미디어 콘텐트의 소매 혹은 대여와 관계된 산업들(이를테면, 온라인 소매상인 아마존[27]이나 넷플릭스[28])에 대한 함의가 무엇인지에 초점을 둔다. 제 2장에서는 뉴미디어

27 [역주] 아마존(Amazon)은 1994년 설립된 전자상거래 회사이다. 흔히 온라인 서점으로 매우 유명하다. 초창기에는 책만을 거래했지만, 현재는 CD, DVD, 비디오 게임, 전자기기, 그리고 일상용품 등 거의 모든 물건들을 거래한다. 자세한 정보는 www.amazon.com에서 확인할 수 있다.

환경의 증진된 자율성(특히 뉴미디어 환경이 촉진시킨 증가한 상호작용이란 측면에서)은 미디어 수용자에 대한 기존의 접근법을 약화시키고 대안적 접근법의 등장을 촉진하고 있다고 설명하였다. 이 문제를 언급하면서, 제 2장에서는 콘텐트 제공자와 수용자 관계에 대한 과거의 구분이 붕괴되는 것에 특별히 관심을 기울였다.

제 3장에서는 미디어 기술에서 발생하는 변화, 그리고 수용자 정보시스템 영역에서 일어나는 변화를 논의한다. 제 3장에서는 점점 더 상호작용적으로 변해가는 미디어 환경에 대한 반응으로 등장한 다양한 신 수용자 정보시스템을 설명하였다. 제 3장이 명확하게 보여주듯, 이러한 신 수용자 정보시스템은 과거에는 대규모로 측정하기가 불가능했던 수용자 행동의 측면을 밝혀주는 데 도움이 된다. 또한 3장은 새롭게 발견되는 수용자 행동의 측면들에 경제적 가치가 부여되는 방식을 밝히는데, 이렇게 새로운 정보에 경제적 가치를 부여하는 것이 수용자 진화과정에 대해 근본적 영향력을 행사하는 원천이 된다.

제 4장에서는 수용자 진화과정에 영향을 주기 위해 혹은 진화적 과정의 발생을 막기 위한 다양한 이해당사자들의 이해와 압력들이 행사되는 더 넓은 제도적 상황 속에서 미디어 기술과 수용자 정보시스템의 변화를 설명하였다. 이러한 진화과정에서 제도적 압박과 이해관계의 역할과 효과에 초점을 맞춤으로써, 제 4장에서는 어떻게 수용자에 대한 지배적 개념화가 미디어 회사, 광고주, 수용자 측정회사, 그리고 정책결정자와 시민사회 집단들을 포괄하는 주요 제도적 이해당사자들 간의 교섭된 결과인지를 밝혀준다. 제 4장에서는 정책결정자들이

---

28 [역주] 넷플릭스(Netflix)는 1997년 설립되었고 DVD를 우편으로 대여하는 회사로 유명하며, 현재는 온라인 영화를 스트리밍 형식(실시간으로 데이터를 전송받는 형태)으로 제공하기도 한다. 자세한 정보는 www. netflix. com에서 확인할 수 있다.

뉴미디어 기술과 신 수용자 정보시스템을 둘러싼 제도적 역학관계에 빠져 들어가는지에 대한 사례들에 특별히 주목한다.

제 5장은 이 책에서 제시된, 그리고 제 2장부터 제 4장에 걸쳐서 설명된 수용자 진화과정의 광범위한 함의를 제 1장에서 토론된 더 넓은 맥락에서의 미디어 진화와 수용자 이해의 합리화 속에서 고려한다. 또한 제 5장은 제도화된 미디어 수용자의 진화가 문화적 생산에 어떠한 영향을 미칠 수 있는지에 주목하면서 미디어 소비의 변화와 문화생산과 관련된 좀더 넓은 맥락 속의 수용자 정보시스템의 변환과 관련된 이슈들을 고려한다. 또한 제 5장에서는 특히 미디어 생산자와 미디어 소비자 사이의 구분이 점차로 허물어지고 있는 미디어 환경에 대한 더욱 넓은 정책적 함의라는 관점에서 수용자 측정산업에 대해 고려하고 있는 정부규제의 적절성 논의에 초점을 맞추며, 이 책에서 언급된 이슈들의 미디어 정책적인 함의를 탐색한다. 또한 이러한 논의는 미디어 정책 이슈들과 불가분의 관계로 엮여 있는 수정헌법 1조에 기반한 중요한 사회적 우려를 다루었다. 끝으로 제 5장에서는 특히 학계와 산업계의 수용자 연구자 간에 증가하고 있는 괴리(乖離, *divides*) 그리고 학술분야로서 수용자 연구 조직이라는 관점에서 미디어 학술연구를 위한 수용자 진화과정이 갖는 함의가 무엇인지를 다루었다.

01
수용자 진화 맥락의 이해

비록 이 책이 미디어 수용자 진화를 둘러싼 현재의 역동성을 다루고 있지만, 수용자 진화는 (적절한 상황에서라면) 미래에도 존재할 수 있으며 과거까지도 포함하는 진행과정임을 인식할 필요가 있다. 제 1장에서는 미디어 수용자 진화 속에서 현재의 발전을 이해할 수 있는 이론적·역사적 맥락을 제공하기 위해 과거를 살펴보았다.

이를 위하여 기존에 흔히 같이 다루어지지 않는 두 갈래의 문헌들을 통합하였다. 한 갈래의 문헌은 미디어 진화에 관한 문헌이다. 이 경우 미디어 진화(*media revolution*)란 본질적으로 미디어 산업이 변화하고 있는 환경적 조건들(기술적이거나 경제적, 문화적 혹은 규제와 관련된 모든 것들을 포괄한다)에 반응하면서 시간의 진행과 함께 본질적으로 진화한다는 사고방식을 의미한다. 이러한 진화 패턴을 기록하고 진화 반응을 유발하는 핵심적 환경변화가 무엇인지 확인하는 문헌들은 점점 늘어가고 있다. 이 책의 목적과 관련하여, 미디어 진화라는 이론적 구성물은 이 책이 발전시키고 있는 수용자 진화와 아주 밀접하게 관련된 개념을 분석하는 단초를 제공한다는 점에서 유용하다. 실제로 이 책에서는 비슷한 분석틀을 미디어 수용자에게 이용할 수 있다고 주장할 것이다. 즉, 미디어 산업이 어떻게 수용자를 개념화하는가에 영향을 미치는 환경적 조건들이 광범위하게 변하고 있다. 결과적으로 수용자에 대한 종래의 개념화는 새로운 개념화로 점차로 대체될 수 있다.

미디어 진화와 수용자 진화라는 개념 간의 이러한 관계는 우리가 이 책에서 이름 붙인 수용자 이해의 합리화(*rationalization of audience understanding*)를 포괄하는 이 책의 분석적 맥락을 이해하기 위해 이용되는 두 번째 갈래의 문헌을 고려할 때 명백해지기 시작한다. 해당 문헌들은 미디어 산업이 수용자 이해를 탐색하는 과정을 설명한다. 최소 1930년대로 거슬러 올라가 당시의 문헌들을 전반적으로 살펴보는 것으로 미디어 산업의 수용자 개념화 방식이 시간이 흐르면서 어떻게 진화했는지 더 잘 이해할 수 있다. 용어의 단어에서 잘 나타나듯,[1] 수용자 진화과정은 미디어 수용자를 이해하려는 활동들이 점차로 과학적이며 데이터에 바탕을 두는 더욱 증진된 합리화의 한 형태이다. 두 번째 갈래의 문헌은 수용자 진화 모형연구에 대한 현재의 연구들이 기초하는 역사적 그리고 이론적 토대가 무엇인지에 관한 본질을 보여준다.

미디어 진화

미디어 제도와 기술에 대한 다양한 연구들이 보여주듯, 진화적 분석 관점을 통해서 미디어 시스템과 미디어 산업을 점검하는 것은 아주 유용하다. 이 관점을 통해 우리는 미디어 산업영역이 외부의 환경변화

1 [역주] 수용자 이해의 합리화를 뜻하고 있다.

에 대응하며 구체적인 진화 패턴을 밟아가는 경향을 확인할 수 있다(Dimmick, 2002). 뉴미디어가 방향을 설정하고 기존 미디어 시스템에 통합되면서(Bolter & Grusin, 2000; Cheong & Leckenby, 2003; Greenberg, 2008), 새로운 대체기술의 등장과 같은 환경변화에 대응하는가 하는 관점에서 진화적 분석관점은 뉴미디어와 기존 미디어 모두에 적용할 수 있다(Boczkowski, 2004b 참고).

예를 들어, 연구자들은 식자율(識者率)의 증가, 1인당 소득의 증가 등과 같은 사회문화적 조건들의 변화가 특정 미디어의 이용량은 물론 해당 미디어의 이용방식과 제공되는 콘텐트의 본질에도 어떠한 영향을 끼칠 수 있다는 점에서 미디어를 둘러싼 환경조건을 변화시킨다는 것을 밝히고 있다. 일례로, 식자율의 증가로 인해 서적 출판산업은 오직 고등교육 수료자들을 대상으로 콘텐트 출판하며 이들만을 상대했던 산업에서 다양한 수용자의 관심을 충족시킬 수 있는 산업으로 변화했다. 마찬가지로 인터넷도 주로 정부나 학술연구단체들의 요구에 부응하던 공간에서, 보다 넓은 범위의 사람들의 관심과 필요를 충족시키면서 많은 사람들과 함께할 수 있는 공간으로 진화하고 있다(Abbate, 2000). 라디오나 텔레비전 등의 다른 미디어들에서도 잘 드러나는 이러한 패턴은 미디어 진화에서 '엘리트에서 민중/대중(*popular/mass*) 변화단계'란 용어가 뜻하는 바를 잘 보여준다(Merrill & Lowenstein, 1971).

또한 기술변화, 특히 이용 가능한 미디어 기술의 변화는 미디어 진화의 근본적 동력이었다. 기술변화는 매우 빈번하게도 미디어를 민중/대중의 단계에서 '전문화(*specialized*) 단계'로 변화하게 만드는 데 중요하다(Lehman-Wilzig & Cohen-Avigdor, 2004; Napoli, 1998a 참고). 여기서 전문화 단계란 더 오래된 미디어 기술이 뉴미디어와 경쟁에 직면하여서도 살아남기 위해서 애쓰는 단계라고 이름 붙일 수 있겠다. 일례로 텔레비전의 등장으로 영화산업은 청소년 및 젊은 성인 수용자들(이들은 영화를 보기 위해 집에서 나오겠다는 지속적으로 강한 열정을 보이는 집단이었다)에게 더 확실하게 집중하는 방식으로 근본적 변화 과정을 밟았다. 또한 텔레비전의 등장으로 영화산업은 그 당시의 텔레비전이 보여주는 콘텐트와 효과적으로 차별화된 방식으로 영화 콘텐트를 변형시키면서 변화하였다. 결과적으로 영화산업은 특수효과, 섹스, 폭력, 그리고 비속어 등의 콘텐트 측면의 요소들을 더욱 강조하게 되었다. 이러한 요소들은 규제로 인해 텔레비전 방송에서는 쓸 수 없거나 초창기 텔레비전 시기의 작은 흑백 화면에서는 구현되지 못했다(Napoli, 1998a).

이러한 상황에서 나타나는 패턴은 보통 차별화(*differentiation*) 혹은 적응(*adaptation*)이며, 기존의 미디어 산업 영역은 기존 미디어의 수용자와[2] 수익을 흡수하는 새로운 경쟁적 위협에 대응하여 생존을 지속하려고 시도하게 된다(Stober, 2004). 디믹(Dimmick, 2002)은 이 과정을 '경쟁적 대체'(*competitive displacement*)라고 부른다. 일례로 오늘날 다양한 온라인 뉴스 정보원들에 대처하기 어려울 정도로 경쟁상태에 놓인 종이신문(*printed newspaper*)이 직면한 도발적 미래에 대해 많은 논의가 있다(Carr, 2008a; 2008b; Kinsley, 2006; Kuttner, 2007). 이러한 논의는 종이신문이 실질적으로 온라인 경쟁자와 자신을 차별화시킬 수 있는 현실적 방안〔독자들을 위한 새로운 범주(範疇, *categories*)의 뉴스기사를 개발한다든지 더 넓은 맥락에서 종이신문의 역할과 기능이 무엇인지 재정의한 후 어떻게 적절히 콘텐트를 바꿀 것인지〕이 무엇인지에 대해 초점을 맞춘다. 따라서 현재 많은 신문들이 주식시세, 구인광고 및 해외뉴스 등과 같은 기존의 신문 콘텐트 범주들을 피하는 대신, 소비

2 [역주] 여기서 조사 '와'는 원문의 'and / or'를 번역한 것이다. 엄밀히 이야기하면 '수용자와 수익' 그리고 '수용자 혹은 수익'의 두 상황을 다 포괄한다.

자와 오락적 요소가 가미된 정보를 제공하는 것에 더 중점을 둔다(Project for Excellence in Journalism, 2008; Saphir, 2008 참고). 몇몇 다른 신문들은 영화나 텔레비전, 예술 그리고 음식, 비평 등의 비중을 줄이거나 없애고 있다. 이 같은 축소·폐기는 부분적으로 웹에서 더 쉽게 접속할 수 있는 수많은 의견종합(*opinion aggregation*) 사이트들을 통해 더욱 효과적인 대체재(代替財, *substitute*)를 발견할 수 있다는 전제가 바탕이 된 것이다. 이 사이트들은 수용자들에게 더 광범위한 의견들을 찾을 수 있게 해주는 것은 물론 수용자들이 자신의 의견을 개진하는 것 역시도 가능하게 만들어 준다(Carr, 2008a).

이 책과 밀접하게 관련되어 있는 미디어 진화의 한 측면에서 미디어 수용자에 관한 정보의 본질적 변화는 이 과정에 영향을 미치는 여러 방식들에 포함되어 있다. 따라서 예를 들어 반스와 톰슨(Barnes & Thomson, 1988; 1994)은 성능이 좋아지고 활용도가 높아지고, 더 널리 이용되는 컴퓨터 능력에 주목한다. 반스와 톰슨에 따르면 전통적인 '대중' 미디어가 이해당사자들이 더욱 세밀하게 정의된 틈새 수용자들을 끌어들이는 상업화된 미디어로 변화시키는 핵심적 역할을 컴퓨터가 하게 된 것이다. 본질적으로, 미디어 수용자에 대해 더 구체적인 데이터를 수집하고 분석하는 능력을 통해 광고주가 원하는 수용자를 파악하는 훨씬 특화된 접근법이 가능해졌다. 따라서 특화된 접근법이라는 유인을 통해 잡지사들은 더 섬세하게 특화된 수용자에게 다가갈 수 있는 방식으로 방향을 재설정하도록 유도된 것이다(Wehner, 2002 참고). 그러나 이러한 새로운 분석적 도구는 잡지 수용자에 대한 개념화로 잡지 출판의 역학을 근본적으로 바꾸고 변화하여 나가도록 만드는 (비록 충분한 조건은 아니라고 하더라도) 중요한 조건인 듯하다. 또한 이러한 새로운 분석적 도구가 발전하였던 시기에는 텔레비전의 급속한 확산으로 과거 대중적 매력을 지닌 잡지를 실질적으로 변화시켰던 사례를 발견할 수 있다(Barnes & Thomson 1988; 1994). 즉, 텔레비전이 광고주가 대량의 차별화되지 않은 수용자들에게 도달할 수 있는 주요 메커니즘이 되면서, 잡지는 더 특화된 수용자들을 위한 미디어로 변화했다. 여기서의 핵심은 수용자 진화과정의 분석을 논의할 때 언제나 등장하는데, 현재의 상태를 변화시킬 수 있는 분석도구의 개선과 기술적 변화는 모두 미디어 진화과정이 시작되는 필요조건이라는 것이다.

마지막으로 미디어 진화과정은 상당한 제도적 저항을 수반함을 인식하는 것이 중요하다. 미디어 산업의 여러 영역들은 자신들의 기존 위치를 사수하기 위해 법적, 경제적 수단을 이용하거나, 새로이 위협이 되는 미디어의 특성들을 수용하는 방식 등의 다양한 활동들을 전개한다(Lehman-Wilzig & Cohen-Avigdor, 2004). 그러므로 라디오에서 케이블 텔레비전, VCR, 파일공유 서비스, 그리고 온라인 비디오 통합 서비스(*online video aggregation service*), 그리고 디지털 비디오 녹화기와 검색엔진에 이르는 여러 뉴미디어 기술들은 새로이 등장하는 경쟁적 위협을 막거나 제거하는 것을 목표로 하는 기존의 미디어로부터 다양한 방식의 공격을 받았다. 위협을 막는 사례들에서 나타나는 저항활동들은 소송(訴訟)의 형태를 보이기도 한다. 할리우드 영화제작사가 미국 대법원에 대해 VCR 금지를 노골적으로 촉구하려고 가능한 모든 노력을 추구했던 사례나(Greenberg, 2008; Lardner, 1987), 음반사들이 다양한 음원파일 공유서비스들의 창업자들은 물론 해당 서비스의 열성적 이용자들마저도 소송하는 사례가 여기에 해당된다(Bhattacharjee et al., 2006; Waterman, Ji & Rochet, 2007).[3]

3 [역주] 가장 잘 알려진 사례가 바로 미국의 냅스터(Napster, Inc.)와 한국의 소리바다의 폐쇄이다. 냅스터는 숀 패닝(Shawn Fanning)이 1999년에

위협을 제거하려는 사례들에서의 저항은 위협적인 뉴미디어가 원하고 있는 자원들(대개의 경우 콘텐트)에 접근을 할 수 없게끔 하는 연합형태를 취하는 활동으로 나타난다. 이를테면, 신문산업은 초창기 라디오산업이 신문에서 보도하는 기사들을 송출하는 것을 막기 위해 엄청난 노력을 기울이기도 하였다(Chester, 1949; Jackaway, 1995 참고). 한때 영화산업은 영화의 라이선스(*license*)를 새로이 등장하는 텔레비전 산업에 부여하는 것을 거부하기도 하였다(Napoli, 1998a). 더 최근의 예로, 바이어컴[4]과 같은 멀티미디어 콘텐트 제공자는 자신들이 보유한 콘텐트가 유튜브(YouTube)와 같은 인터넷 서비스를 통해서 접근되는 것을 막기 위해 매우 공격적인 모습을 보이기도 했다(Viacom v. YouTube, 2007).

기존의 미디어는 이러한 저항 전략과 함께 뉴미디어로 사업을 다각화하려는 모습을 보이기도 하였다. 실제로 얼마 지나지 않아 신문은 라디오 방송국에 기사를 판매하기 시작했고, 영화산업은 결국 텔레비전 산업의 프로그램들을 공급하는 주요 공급원이 되었으며, 텔레비전 프로그램 편성책임자와 영화제작사는 자신들의 콘텐트를 배급할 수 있는 온라인 플랫폼의 개발 및 출시에 적극적으로 임했다.

만들어 서비스를 실시했고, 법원에 의해서 2001년 7월에 강제로 폐쇄되었다. 현재 운영중인 냅스터(www. napster. com)는 Private Media Group이라는 사기업(私企業)이 2002년에 경매를 통하여 확보한 브랜드에 불과하며, 초창기의 냅스터와 이름이 같을 뿐이다. 한국의 소리바다의 경우 2000년에 서비스가 실시됐지만, 법원의 명령에 의하여 2002년에 폐쇄되었다. 두 사례에서 모두 P2P방식으로 음원파일을 공유하는 새로운 미디어는 기존의 음반업체의 저작권 위반 고소사건을 겪으면서 실질적으로 폐지됐다.

4 [역주] 바이어컴(Viacom)은 1971년에 창립된 엔터테인먼트 회사이다. 산하에 있는 파라마운트 픽처스(Paramount Pictures), 엠티브이(MTV) 등이 유명하다. 자세한 회사 소개는 http://www. viacom. com을 참고하라.

윈스턴(Winston, 1999)의 연구가 잘 보여주듯, 저항과 다각화라는 이들 전략은 뉴미디어의 현실파괴 효과[5]를 상당히 감소시킬 수 있었다. 결과적으로 뉴미디어의 효과는 극적이며 혁명적이기보다 순차적이고 진화적이며, 기존의 미디어는 뉴미디어의 발전에 외적으로(즉 저항을 통해) 그리고 내적으로(즉 다각화를 통해) 영향력을 행사할 수 있었다. 뉴미디어에 관해 윈스턴(Winston, 1999)은 '급진적 잠재력의 억제법칙'(*law of the suppression of radical potential*)을 주장하였다. 윈스턴의 연구는 수용자와 콘텐트 제공자가 어떻게 기술 그 자체를 사용하는가의 측면은 물론, 넓은 의미에서 미디어 시스템 내부에 존재하는 기존의 행동적 패턴과 경쟁적 역학에 어떻게 극적인 영향을 미치는가의 측면에서, 기존의 제도적 이해관계와 구조가 뉴미디어 기술의 혁명적 가능성의 완전한 실현 가능성을 제한하고 있는가를 설득력 있게 보여준다. 일례로 케이블 텔레비전은 그것이 가진 혁명적 가능성에 대한 초창기의 수식어에도 불구하고(Smith, 1972 참고), 기존의 텔레비전 방송과 비슷한 방식으로 발달하였으며, 기존의 상업 텔레비전 산업의 역학관계에 멋지게 포섭되었다(Mullen, 2003). 마찬가지로 VCR 시장 역시 주로 할리우드 제작사가 확장되는 형태로 발전했다(Greenberg, 2008). 현재 디지털 비디오 녹화기와 유튜브와 같은 뉴미디어 상황 속에서도 비슷한 패턴이 작동중임을 살펴볼 수 있다(제 4장 참고).

이 책의 후반부에 명확해지겠지만, 이러한 저항의 역학은 미디어 진화과정의 핵심적 요소이며, 또한 수용자 진화과정의 핵심적 역할을 한

---

5 [역주] 원래의 표현은 안정성 파괴효과(*destabilizing effects*)이다. 여기서 효과(*effect*)란 기존 미디어가 현재의 미디어 상황(저자의 표현을 빌리면, 수용자 정보시스템)에서 기대할 수 있는 제도적 효과(*institutionalized effect*)를 의미하며, 안정성 파괴(*destabilizing*)란 앞에서 언급된 제도적 효과가 뉴미디어로 인해서 그 안정성이 파괴될 수 있음을 의미한다.

다(제 4장 참고). 저항의 역학을 통해서 우리는 현상을 유지시키려는 제도적 이해관계가 신기술로 인해 잠재적으로 촉발될 수 있는 변환적(*transformative*) 효과를 어떻게 제한하는지 다시 한 번 확인할 수 있다.

수용자 이해의 합리화

합리화는 이론적으로나 경험적으로 여러 맥락들에서 다양하게 해석되어온 개념으로, 흔히 사회학자인 막스 베버(Max Weber)의 작업과 연결된다. 추상적으로 말하면 베버(Weber, 1978)는 합리화 과정을 전통으로부터의 분리를 수반하는 역사적 과정으로 정의한다. 보다 구체적으로 합리화는 관료제적 조직에 더 의존하며 계산(*calculation*)과 전문화된 지식의 생산과 활용을 중요시하는 과정과 연관되어 이해되곤 한다. 합리화의 결과에 대한 연구에서는 다음과 같은 합리화 과정의 4가지 핵심요소를 제시한다(Brubaker, 1984).

① 계산 기술의 향상
(*refinements of techniques of calculation*)
② 전문화된 지식의 증가
(*enhancement of specialized knowledge*)
③ 자연 및 사회적 과정에 대한 기술적 통제의 확장
(*extension of technically rational control over natural and social processes*)
④ 사회적 관계의 탈(脫)인간화
(*depersonalization of social relationships*)

이러한 합리화 과정은 여론조사(Herbst, 1995; Herbst & Beniger, 1994; Igo, 2007), 마케팅(Turow, 2006) 및 광고(Laird, 1998) 등의 언

론학 관련 연구분야들은 물론 조직관리(*management*, Beniger, 1987), 공공정책 결정(*public policymaking*; Stone, 2001) 등의 다양한 학문영역에서 적용되었다.

나중에 자세히 설명하겠지만, 합리화 과정의 이 모든 요소들은 수용자 이해에 대한 미디어 조직들의 접근법의 역사 속에서 두드러진다. 실제로 합리화는 "조직에 대한 제도적 이론의 핵심요소(Townely, Cooper & Oakes, 1999: 3)"로 묘사되며, 미디어 조직이 어떻게 수용자를 개념화하는지에 대한 이해를 높이기에 아주 적합한 개념이다. 합리화와 미디어 조직의 수용자 개념화 간의 연관성을 밝힌 것은 1957년 미디어 시장 연구자인 레오 보가트(Leo Bogart)까지 거슬러 올라간다. 보가트는 미디어 영역에서의 합리화 경향은 "프레더릭 테일러(Frederick Taylor) 이래 여러 세대에 걸쳐 산업적 효율성 전문가들을 배출해낸 동일한 합리화 물결의 일부분으로 출현했다고 볼 수 있다"고 파악했다(1957: 133; Bogart, 1986b 참고).

미디어 조직과 미디어 수용자의 맥락에서 수용자 이해의 합리화라는 관점을 통해 수용자 행동의 여러 측면들을 이해하는 과정에 대해 더 많은 경험적 연구와 (대체적으로) 정량적(*quantitative*) 방법들을 도출하려는 여러 노력들이 전개되었는데(Bogart, 1957; Carey, 1980; Maxwell, 2000), 이러한 분석은 수용자의 행동에 대해 더 엄밀한 예측력과 더욱 강력한 통제가 가능하게 된다는 가정 아래 이루어졌다(Ahlkvist, 2001; Rossman, 2008 참고). 이러한 노력들은 분석 전문가들과 점차로 전문화되는 기술들의 발전, 그리고 다양한 형태의 (대개는 정량적인) 데이터들의 수집을 포괄하는 방식으로 추진되었다.

그러나 수용자와 관련된 지식, 예측력, 그리고 통제를 증진시키려는 이러한 노력들은 역사적으로 합리화 과정과 관련되었던 여러 종류의 분석적 간소화(*analytic simplification*)들과 병행됐다. 베니거(Beniger,

1987) 가 지적하듯, 합리화 과정의 핵심인 향상된 정보처리 능력은 대개 정보과잉 (*information overload*) 을 피하기 위해 데이터 수집 시스템을 구조화하며 수집된 자료들의 핵심적 사항들을 극도로 선별 처리하는 방식으로 달성될 수 있었다. 또한 합리화 과정은 관찰되는 특정한 사회 현상에 대한 가능한 인식 혹은 분석방향을 제한한다.

합리화 과정이 관측자와 관측대상 사이의 양(兩) 방향 커뮤니케이션과 관련된 메커니즘에 어느 정도 의존한다는 것은, 이 책에서 특히 중요하다(Beniger, 1987). 분석과 예측 노력을 향상시키기 위해 연구되는 대상(이 책의 경우 수용자)에 대한 정보수집에 이러한 상호적 커뮤니케이션은 필수적이다. 그러므로 미디어 조직과 수용자 사이에서 커뮤니케이션의 더 적극적인 상호작용을 촉진시키는 발전들은 수용자 이해에 대한 합리화를 심화시키는 잠재력을 가질 수 있다.

초창기 수용자 이해에 대한 직관적 모형

미디어 산업의 다양한 영역 내에서 벌어지는 수용자 이해의 진화에 대한 수많은 역사적 연구들은 아마도 **직관적 모형** (*intuitive model*) 이라고 명명하는 것이 가장 적합한, 초창기 모형의 중요성을 강조한다. 직관적 모형에서는 수용자의 취향, 선호, 반응과 관련된 콘텐트 생산자, 배급자, 전시자의 주관적인 — 대개는 본능적인 — 판단들이 조직 내 결정을 이루는 일차적 메커니즘을 구성한다. 영화, 서적, 그리고 신문 등의 초창기 매스미디어들에 대한 역사적 연구들은 흔히 이러한 분석적 접근을 취한다(Eaman, 1994; Hagen, 1999; Handel, 1950; Powell, 1978; Silvey, 1974 참고). 일례로 오스틴(Austin) 은 "영화의 성공을 예측하는 '바보라도 할 수 있는'(*foolproof*) 방법이 있다. 만약 영화를 보면서 엉덩이가 들썩거리면 그 영화는 실패다(*If my fanny squirms, it's bad*). 만약 영화가 상영되는 내내 엉덩이를 꼼짝하지 않고 볼 수 있다면, 그 영화는 성공이다(*If my fanny doesn't squirm, it's good*)"라는 말을 남겼던(1989: 1) 1930~1940년대 컬럼비아 픽처스(Columbia Pictures)의 사장이었던 해리 콘(Harry Cohn)의 이야기를 들었다. 또한 신문산업에 대한 연구들도 역사적으로 뉴스 콘텐트와 관련된 의사결정이 현실과 동떨어진 추상화된 상태의 수용자 이해를 통해 저널리스트와 편집자의 직업적 관점에서 도출된 뉴스 가치(*news values*)와 편집자의 주관적 판단을 적용하는 방식으로 대부분 진행되었다는 사실을 강조한다(DeWerth-Pallmeyer, 1997; Min, 2004; de Sola Pool & Shulman, 1959; Sumpter, 2000 참고).

종종 직관에 의존하는 초창기 모형의 접근은 콘텐트와 수용자 간에 나타나는 상호작용의 본질에 대한 정보진공(*information vacuums*) 상태를 야기한다. 예를 들어, 당시의 한 연구에서는 "주요 회사들의 영상제작 부서들은 '우리가 만든 영상들로 인해 어떤 일이 벌어지는지'에 대해서 일말의 관심도 없었으며, 영화감독들은 '왜 어떤 영화는 남부에서 실패하고, 왜 어떤 영화들은 영국에서 시들하며, 독일에서는 상영되지 않는지'에 대한 이유를 알아보려 하지 않는다(Maltby, 1999: 23)"고 한탄하는 1920년도의 영화감독의 관찰을 소개하였다.

몇몇 분석가들은 이러한 초창기 매스미디어의 경쟁적 상황들이 상대적으로 순조로웠다는 사실 때문에 전략적 의사결정의 지침이 될 수 있는 더 엄밀하고 경험적인 분석에 대한 수요형성으로 거의 이루어지지 않았다고 주장한다(Austin, 1989; Bakker, 2003 참고). 예를 들어, 초창기 영화 수용자를 연구했던 레오 헨델(Leo Handel)은 "새롭게 팽창하는 시장은 선도업체들을 위해서 엄청나게 많은 양의 사업들을 제공할 수 있는 정도로 활성화되어 있었기 때문에, 연구 프로젝트를 발주할 수도 있었을 초창기 산업들은 연구에 대한 동기부여의 기회가 거의 없었다. 대부분의 영화사 경영진들은 소비자와 직접적으로 대면하기보다 대중(*the public*)들이 원하는 것에 대한 자신들의 직관적 통찰력에 의존하여 생산물의 향상이나 판매정책을 결정하는 데 만족한다(1950: 3~4)"고 평가하였다.

직관적 모형을 넘어서려는 초창기 시도들

위의 모형을 통해 초창기 미디어 조직들이 수용자들에 대한 정보가 완전히 부족했다거나 미디어 조직과 수용자 사이의 관계가 순수하게 일방향적 혹은 일대다의 성격을 지녔다고 말하려는 의도는 없다. 박스오피스(*box office*)에서의 총수입, 매출, 판매부수 등의 수치들로 수용자를 이해하려는 분석의 한계는 대개의 경우 명확하다고 하겠으나, 이들 기본 데이터들은 이용 가능한 것이었다. 예를 들어 초창기 영화 수용자 연구들에서는 박스오피스의 수치를 순수하게 수용자의 영화에 대한 선호지수로 해석하기 어렵지만, 이러한 수치들을 광고나 프로모션 전략 등과 같은 다른 요인들의 함수로 이용할 수 있음을 잘 인식하였다(Handel, 1950 참고). 결과적으로 이러한 상황은 수용자의 선호를 명시적으로 측정하는 도구로써의 또한 미래의 생산 결정을 안내하는 도구로써의 박스오피스 수치들의 분석적 효용성을 잠식했다. 게다가 박스오피스 수치들이 배급사나 영화관의 협력에 완전하게 의존하고 있었던 시기여서 (박스오피스 총수입의 발표라는 점에서), 배급사나 영화관들의 발표가 정확한가에 대한 의문이 제기되었고, 따라서 이러한 수치들의 분석 가치는 제한적이었다(Fiske & Handel, 1946).

콘텐트 제공자들과 수용자 간의 서신교환과 같은 여타의 피드백 메커니즘은 그 역사가 길다(Lenthall, 2007; Newman, 2004; Razlogova, 1995; Turow, 1977/1978 참고). 이러한 서신교환은 영화, 신문, 잡지 그리고 궁극적으로는 방송 등과 같은 초창기 매스미디어 전반에서 수용자 평가 및 전략적 의사결정에 이용되었다(Ohmer, 2006; Silvey, 1974 참고). 예를 들어 영화제작사는 연기자들이 받은 팬들의 편지의 양을 측정하고 평가함으로써 "편지의 양의 증감에 기초하여 편지를 받는 사람들의 인기가 상승하는지 몰락하는지를 추정"하였다(Handel, 1950: 10). 대부분의 영화 제작사는 팬들이 헌신적으로 보낸 편지를 수집하고 집계하는 담당부서가 있었으며, 심지어 편지를 보낸 사람들의 연령, 성별, 그리고 지역적 위치 등에 따라 편지를 분류하기도 하였다(Bakker, 2003).

수용자를 더 엄밀하게 측정하는 초창기의 노력들은 아마도 초창기 방송 영역에서 가장 두드러졌을 것이다. 미국을 비롯한 여러 국가들에서 주로 광고에 의존하는 매체인 방송의 등장은 영화나 신문 등의 기존 미디어와는 맥락이 달랐기 때문에, 방송의 경제적 모형은 수용자에 대한 보다 합리적인 이해 — 최소한 라디오 프로그램과 라디오 프로그램에 들어간 광고 메시지가 도달할 수 있는 수용자의 크기를 정량화한다는 점에서(Silvey, 1974) — 에 대한 즉각적이고 강력한 유인(誘引)을 제공하였다. 이러한 역동성에 덧붙여, 본질적으로 인쇄매체나 영화 수용자 — 이들의 행동은 최소한 인쇄물을 구입하거나 티켓을 구매하는 등의 구체적 행위로 표현이 가능하다 — 보다 훨씬 구체화하기가 어려운 방송 수용자의 단발적 특성(*ephemeral nature*)으로 인해 수용자 이해에 대한 새로운 시스템을 발전시킬 필요성이 더욱 강조되었다(Socolow, 2004 참고).

결과적으로, 초창기 라디오 방송 시기에, 방송국들은 광고주들에게 수용자 예측치를 제공해 주기 위한 다양한 접근들을 시도했다. 한 가지 방법은 전체 인구수와 인구학적 데이터 대비(對比) 방송국의 방송 지역을 계산하는 것이었다(Chappell & Hooper, 1944; Kingson, 1953). 가청(可聽) 지역 내 판매된 라디오의 수에 관한 데이터를 수집하는 것도 다른 한 가지 방법이었다(Chappell & Hooper, 1944; Kingson, 1953). 물론 이러한 접근은 방송사와 광고주 모두에게 **라디오의 실제 수용자**(*actual audience*)의 정확한 수(數)와 구성에 대한 구체적인 정보를 제공하지 못한다. 대신 이러한 접근은 라디오 프로그램에 대한 **잠재적 수용자**(*potential audience*)에 대한 대략적인 예측치를 제공할 뿐이다. 그럼에도 불구하고 광고주지원 방송의 경제적 모형은 이러한 부정확한 수치뿐인 환경 속에도 충분히 뿌리내릴 수 있었다.

영화와 신문들의 경우와 마찬가지로, 방송사들이 받은 편지들은 라디오 수용자를 이해하려는 초창기 노력들을 잘 보여주며(Chappell & Hooper, 1944 참고), 때때로 프로그램 편성책임자의 의사결정에 영향을 주기도 하였다(Razlogova, 1995). 영국의 수용자를 연구한 로버트 실비(Robert Silvey, 1974)는 초창기 방송 담당자들이 BBC의 수용자 연구사에서 피드백 메커니즘의 일환으로 수용자의 편지를 어떻게 다루었는가에 대해 더욱 구체적으로 논의한 바 있다. 실비에 따르면, BBC 내부에서는 "대부분 다수를 차지하는 편지들은 중산층 청취자들이 보냈다는 점, 몇몇 이슈들은 다른 이슈들에 비해서 더 많은 편지를 유도한다는 점, 비록 많은 편지들이 '예전에 저는 BBC에 편지를 보낸 적이 없었습니다만'으로 시작되지만 다른 많은 편지들은 BBC 펜팔(*pen friends*)이라고 불릴 정도로 자주 편지를 쓰는 사람들이 보낸 것이라는 점 등"이 명백히 나타나면서 수용자가 보낸 편지의 분석적 가치에 대한 '의심의 단초'(*seeds of doubt*)가 빠르게 형성되었다. "한마디로, 어느 누구도 어떤 편지 혹은 편지 뭉치들이 무엇의 표본인지 알고 있지 못했다(1974: 28~29)." 1955년에 BBC는 조지 오웰(George

Orwell)의 소설 〈1984〉를 방송한 후 설문조사를 실시하여 수용자들이 보낸 편지를 평가하기에 이르렀다. 이 조사에서는 실제 방송을 보았던 수용자를 상대로 한 더 넓은 표본에서 추출한 의견의 분포와 수용자들에게서 받았던 편지들에 나타난 의견의 분포를 대조했다. 그 결과 두 집단별로 방송에 대해 호의적인 수용자와 호의적이지 않은 수용자의 비율은 유사했지만, 실제 수용자를 대상으로 한 서베이 표본보다 다채로운 수용자의 관점을 확인할 수 있었으며, 이들은 방송에 대해 강하게 호의적이거나 강하게 비호의적인 극단적 의견을 보이지는 않았다(Silvey, 1974).[6]

합리화의 초창기 단계

많은 연구들에서 1930년대는 흔히 수용자 이해에 대한 더 합리화된 접근을 증진시키는 중요한 시초가 등장한 시기로 지적된다(Hurwitz, 1984; Ohmer, 1999 참고). 이 시기에 나타난 몇 가지 점들은 주목할 만하다. 대공황(*the Depression*)이라는 경제적 어려움이 시장과 광고, 수용자 연구의 발전에 중요한 원동력이었음이 수많은 역사적 사례들에서 확인되고 있으며, 마케팅 종사자, 광고주 그리고 궁극적으로는 미디어 조직들은 자신들이 가진 자원의 배분에서 효율성을 극대화하며 돈이 논리적이고 실질적으로 쓰이는지에 대한 '구체적' 증거를 제공하라는 강한 압박을 받게 되었다(Kreshel, 1993; Lenthall, 2007; Ohmer, 2006). NBC 경영자였던 E. P. H. 제임스(E. P. H. James)는 1937년 이렇게 말한 바 있다. "대공황이 닥치자 광고주와 광고대행사들은 즉각적으로 자신들의 광고비용을 점검하기 시작했고 사용하는 모든 금

6 팬 편지와 다른 형태의 수용자 데이터 사이의 분리를 보여주는 초창기 연구들에 대한 논의로는 소콜로(Socolow, 2004)를 보라.

액에 대한 정당성을 요구하였다. 광고주들과 대행사들은 각각의 광고 미디어의 지속적 이용을 정당화하기 위하여 매출과 현재 광고가 이루어지는 미디어를 연계시키거나, 혹은 다른 증거들을 최선을 다해 수집하였다(p. 141)."

대공황과는 함께 많은 학자들은 20세기 초반에 일어난 **생산문화**(*production culture*)에서 **소비문화**(*consumption culture*)로의 변환을 중요한 문화적 변환으로 지적한다(Lenthall, 2007; Strasser, 1989 참고). 소비문화로의 문화적 변환이 일어나자, 상품 생산자들은 어떻게 하면 자신들의 잠재적 소비자를 더 많이 알 수 있을지, 또 어떻게 해야 해당 소비자를 확인하고 그들에게 다가설 수 있으며, 그들의 마음을 사로잡을 수 있을지에 관한 최선의 방법을 찾아야 할 필요성이 생겼다(Buzzard, 1990; Ward, 1996). 〈마케팅연구지〉(*Journal of Marketing*)와 〈계간여론〉(季刊輿論, *Public Opinion Quarterly*)이라는 두 학술지가 1930년대에 발행되기 시작했다는 점은 주목할 만한데(둘 다 1936년에 첫 호가 출간되었다), 이는 시민으로서 그리고 소비자로서 대중(*the public*)[7]을 이해하는 더 합리화된 분석적 접근에 내재된 지적 토대가 제도화되고 있던 규모를 보여주는 지표이다(Boggart, 1957 참고).

다수의 역사적 연구들은 수용자 이해에 대한 더욱 심화된 합리화의 동인으로서 산업별 독특한 요인들을 지적했다. 예를 들어, 영화산업에 대한 연구는 제작비의 상승, 영화스타들과의 더 세밀한 계약조건, 수용자 연구를 더 적극적으로 받아들이기 위한 할리우드 내부의 핵심적인 동기적 요인으로서 고정가 제도(*fixed fee*)에서 퍼센트 기반 임대

7 [역주] 사회과학 문헌에서 'public'은 '공중'(公衆)으로 번역되고 'mass'가 '대중'(大衆)으로 번역된다. 그러나 여기서는 공중이란 용어 대신 대중이란 용어를 '의도적으로' 채택했다. 그 이유는 공중의 '공'(公, *publicness*)이란 말이 소비라고 하는 사적(私的) 세계에서의 행동과 조화되기 어렵기 때문이다.

계약 제도(*percentage-based rental contract*)[8]로의 변화 등을 지적한다(Bakker, 2003). 이후, 텔레비전의 등장은 영화산업의 경쟁적 상황을 극적으로 변화시켰으며, 박스오피스 수입을 극대화시키기 위한 노력의 일환인 수용자 연구의 효용을 더욱 강조하면서, 영화제작사들은 영화산업에서 감소하고 있던 수용자를 유지할 수 있도록 도와주는 정보를 갈구하게 되었다(Austin, 1989). 게다가 당시 영화는 1회 상영으로 그 생존주기(*life-cycle*)가 상대적으로 짧았기 때문에 제작사는 소비자의 선호를 더 적극적으로 추적하게 되었다(Bakker, 2003).

앞에서 언급하였듯이, 미국의 경우 1927년 라디오 법(Radio Act)이 통과된 후 라디오 산업이 전반적으로 상업화되었다(McChesney, 1993 참고). 이로 인해, 라디오 프로그램 제작자와 광고주들은 라디오 산업 운영의 핵심인 상업광고 모형을 수립할 수 있게 해 주는 수용자 관심(*audience attention*)을 거래하는 과정에서 필요한 객관성과 경험적 엄밀함을 제공하는 체계적인 청취율 서비스에 적극적으로 투자하고 이를 지탱하며 활용하는 데 특히 강력한 동기를 부여받았다. 청취자 기반(*subscription-based*) 접근처럼 대안적으로 고려할 수 있었던 자금조달 시스템들이 광고주지원 모형을 선호하면서 거부되었다는 사실(McChesney, 1993 참고)은 라디오 프로그램을 지탱하는 광고주들의

---

8 [역주] 고정가 제도는 개봉관에 영화를 고정된 가격으로 한 번에 거래하는 제도를 의미하며, 퍼센트 기반 임대계약 제도는 영화의 흥행수익에 맞게 임대하여 거래하는 제도를 의미한다. 고정가 제도는 퍼센트 기반 임대계약 제도에 비하여 위험(*risk*)이 상대적으로 크다. 예를 들어 〈블레어위치〉(*Blair Witch Project*)와 같은 예상외의 수익을 올린 저예산 영화의 경우 고정가 제도에 기반했을 경우는 기대보다 높은 수익을 올릴 수 있지만, 〈단적비연수〉와 같이 초호화 스타를 투입해 상당한 수익을 올릴 것으로 예상했던 영화가 흥행에 실패하였을 경우는 엄청난 손해를 감수할 수밖에 없다.

필요와 이해를 아주 강하게 고려하는 특별한 방식에 한정될 수밖에 없는 수용자 이해에 관한 접근법을 형성하게 만드는 동기가 되었다.

전문화된 지식과 기술의 통합

수용자 이해에 대한 합리화는 새로운 타입의 전문가들 — 탄탄한 연구능력과[9] 정량적 분석기법을 확실하게 갖고 있는 — 을 미디어 조직 운영과정에 합류시키는 것도 포함한다.[10] 뉴먼(Newman)은 이들 새로운 전문가들을 "수용자를 연구하는 지식인"(*audience intellectual*)이라고 묘사하며 이들의 등장과 1930년대 상업 라디오 산업의 출현을 연결시켰다(2004: 8). 일례로 광고대행사 작업들에 심리학이 점차로 통합되었다(Balnaves & O'Regan, 2008; Kreshel, 1993; Socolow, 2004; Turow, 2006). 여론조사업자로 아주 유명한 조지 갤럽(George Gallup: 갤럽은 심리학 전공자다)은 신문 수용자 연구로 자신의 경력의 초반부를 장식했다(Chaffee, 2000; Wood, 1962). 갤럽의 작업은 그의 박사학위 논문에서 출발했는데, 논문제목은 "신문 독자의 흥미도를 측정하기 위한 객관적 방법들에 대한 새로운 기법"("A New Technique for Objective Methods for Measuring Reader Interest in Newspapers", Gallup, 1928)이었다. 갤럽은 나중에 영화 수용자를 연구하는 분야로 옮겨갔으며 이 분야에서 개척자적 인물이 됐다(Handel, 1950; Ohmer, 1999; 2006). 로이드 워너(Lloyd Warner)와 아이라 글릭(Ira Glick)과 같은 사회학계

---

9 [역주] 여기의 조사 '과'는 and/or의 번역어이다.

10 보가트는 라디오의 등장에 대처하는 광고 그리고 미디어 구매의 진화를 설명하면서, "광고의 등장과 미디어 선별의 경영은 더 복잡해지고, 기술적이 되었으며, 전문화되었고, 그에 맞게 업체들의 구조도 변해갔다"라고 기록한다. 결과적으로 "연구를 위해, 업체들은 판촉을 위해, 거래를 위해, 홍보를 위해 특화된 부서를 개발시켰다(1988/1989: 50)."

에서 유명한 '시카고학파'(Chicago School)의 여러 학자들은 다양한 형태의 수용자 연구에 깊이 의존했고, 뉴스 컨설팅(*news consulting*) 분야의 확립에 핵심적 역할을 수행하였다.

아마도 사회학자인 폴 라자스펠트(Paul Lazarsfeld, 1939)야말로 수용자 연구에서 가장 큰 영향력을 발휘했던 인물일 것이다(실제로 라자스펠트는 수학 전공자였다). 라자스펠트는 라디오와 텔레비전 프로그램에서 영화에 이르는 미디어 결과물에 대한 수용자의 평가 데이터를 수집하고 통합하는 기구(*device*)였던 라자스펠트-스탠턴 프로그램 분석기(Lazarsfeld-Stanton Program Analyzer, Levy, 1982)[11]를 이용한 연구들은 물론 자신의 서베이 연구기법을 통해서 상업적 수용자 연구의 많은 영역을 발전시키는 데 핵심적 역할을 수행하였다. 또한 라자스펠트는 1930년대와 1940년대에 자신의 응용사회조사국(Bureau of Applied Social Research)에서 수행한 광범위한 라디오 수용자 연구를 통해 상업 수용자 연구의 발전에 엄청난 영향을 끼쳤다(Morrison, 1978; Lenthall, 2007; Newman, 2004; Lazarsfeld & Field, 1946 참고).

방법론적 발전

이 시기에 우리는 수용자에 대한 체계적이며 경험적인 평가에서 몇 가지 진보적인 점들을 확인할 수 있다.[12] 예를 들면 잡지출판의 경우, 기

---

11 [역주] 라자스펠트-스탠턴 분석기는 영화를 시청하는 동안 영화 수용자들이 어떤 부분에 대해서 긍정적 혹은 부정적이었는지를 기록하는 기계이다. 비록 오래된 기계이기는 하지만 이 분석기에 내재된 기본 아이디어는 실시간으로 수용자 혹은 인터넷 이용자의 반응을 수집, 저장, 분석하는, 현재 기술적으로 가장 발달된 형태의 수용자 측정과 결코 다르지 않다.

12 이 부분에서는 미디어 조직이 수용자를 이해하기 위해 채택한 방법들 중에서 중심적이었던 몇몇 발전만을 다루고 있다. 다양한 미디어들 그리고 국

본적인 판매부수 통계를 넘어 잡지 독자들의 인구학적 그리고 행동적 특징을 포함하는 구체적인 독자층 연구보고서가 작성되기 시작하는 것을 확인할 수 있다(Ward, 1996). 또한 이 시기 동안에 우리는 음반의 인기를 체계적으로 정리하고 발표하기 시작하는 것을 확인할 수 있다(Hesbacher, Downing & Berger, 1975).

아마 우리가 가장 중요하게 볼 수 있는 것은 라디오에서 청취율 서비스가 판매되기 시작했다는 점일 것이다(Beville, 1940; Buzzard, 1990; Karol, 1938). 초창기 기록이 보여주듯, "한때 팬들의 편지가 방송인의 인기를 측정했다. … 이 같은 행복하고 순진무구했던 시기는 〔라디오 수용자 측정의 선구자인〕 아키발드 크로슬리(Archibald Crossley)가 편지를 쓰지 않는 일부의 수용자들도 계산에 포함하는 과학적 수용자 측정시스템을 선포하면서 그만 갑작스럽게 종말을 맞이했다(Kingson, 1953: 291)." 라디오 수용자를 측정하려는 초창기의 방법론적 접근법들에는 '무작위 전화걸기'(*telephone coincidentals*: 가정에 전화를 걸어 현재 듣고 있는 라디오 프로그램이 무엇인지 물어보는 방식), 미터기(라디오에 부착된 전자식 기기), 그리고 종이식 청취 다이어리(*paper listening diaries*)도 포함된다. 마지막 방법은 라디오 수용자를 측정하는 표준적 접근으로 등장하였고(Beville, 1988; Buzzard, 1990 참고), 비록 더 이상 주된 방법은 아니지만, 현재까지 중요한 라디오 수용자 측정방법으

가적 상황들에 따른 수용자 측정방법론들과 그러한 방법론들이 시간이 지나면서 어떻게 진화했는가에 관한 좀더 구체적이고 다양한 논의들도 가능하다. 이를테면 다음의 문헌들을 보라. Balnaves & O'Regan, 2002; Banks, 1981; Bermejo, 2007; Beville, 1988; Buck, 1987; Buzzard 1990; Chappell & Hooper, 1944; Eaman, 1994; Handel, 1950; Hurwitz, 1983; Kent, 1994; Klopfenstein, 1990; Meehan, 1993; Starkey, 2004; & Webster, Phalen & Lichty 2006.

로 계속 이어져오고 있다.[13]

라디오의 맥락에서 미디어 연구자인 레오 보가트는, 청취율 시스템으로의 변환은 "라디오 기기의 수나 방송국에 보낸 편지 같은 구체적인 것들을 측정하는 대신 구체적이지 않은 '라디오 청취 경험'(*the listening experience*)을 추정하는 것으로 이루어져 있었다(1966: 48)." 이와 같은 활동들은 결국 텔레비전으로 옮겨져 기초적 노출 측정치를 형성시키는 핵심이 됐으며(Hurwitz, 1983; Banks, 1981 참고), 오늘날까지 대부분의 미디어 조직, 광고주, 그리고 마케팅 담당자들이 수용자를 어떻게 개념화할 것인가 하는 문제에서 중심적 위치를 차지한다.[14]

광고주지원 방송에서 엄밀한 수용자 데이터에 대한 더욱 큰 수요가 존재했다는 것은 다른 영역에 비해 이 영역에서 수용자 합리화가 더욱 빨리 진전되고 있었음을 뜻한다. 라자스펠트는 영화와 라디오 수용자 연구를 비교하였던 초창기 분석에서 다음과 같이 언급한다.

> 영화연구의 상황은 두 가지 측면에서 〔라디오의 그것과〕 약간 다르다. 첫째, 영화산업은 이용 가능한 지수(指數)로 박스오피스 수익을 보유한다. … 박스오피스 수익이 존재한다는 사실을 통해 다른 미디어만큼

---

13 오늘날 종이식 다이어리는 미국 내 대부분 주요 라디오 시장에서 휴대용 피플미터로 대체되고 있다. 그러나 미국 내의 라디오 시장의 대다수는 종이식 다이어리를 통한 측정이 계속되고 있다(Arbitron, 2008). 다른 나라들의 경우도 마찬가지로 유사한 방식의 휴대용 피플미터가 종이식 다이어리를 교체하는 중이다(Mytton, 2007).

14 1940년대에 방송 연구자인 휴즈 M. 베빌(Hugh M. Beville)은 "수용자의 규모는 틀림없이 라디오와 같은 대중매체에서 가장 중요한 고려사항이다"라고 말하였다(p. 204). 그러나 동시에 여러 시기에 걸쳐 무엇이 노출을 결정하는가에 관한 정확한 기준은 논란의 대상이 되었다(Allen, 1965; Bermejo, 2007; Clancey, 1993 참고).

이나 영화산업에서 순수한 기술적(記述的) 수용자 연구가 등장하지 않았던 이유를 이해할 수 있다. 둘째, 영화산업은 광고를 판매하지 않는다. 박스오피스 수익의 분석이 영화라는 사업을 이해하는 데 매우 중요한 사실임에도 불구하고, 수용자의 규모에 대해 어느 누구에게도 설명할 필요가 없다(1947: 162).

그러므로 더 새로운 미디어임에도 불구하고, 라디오의 수용자 연구 전략과 기법이 곧이어 영화와 같은 좀더 오래된 미디어가 이용하는 전략과 기법에 영향을 주었다(Bakker, 2003).[15] 1950년에 출판된 영화 수용자에 관한 책의 서문에서, 레오 헨델은 폴 라자스펠트의 공적을 인정하면서, "라자스펠트가 라디오 연구에서 선구적으로 행했던 업적을 통해 내〔레오 헨델〕가 마찬가지 방식으로 영화 수용자를 연구할 수 있었다(1950, p. vii)"라고 밝혔다. 라디오 수용자 연구의 기법은 여러 영역에서 영화 수용자 연구에 중요한 것으로 드러났는데(Bakker, 2003), 아마도 동영상을 사전테스트(*pre-testing*)하는 데 발 빠르게 활용하였던 핵심도구인 라자스펠트-스탠턴 프로그램 분석기를 동영상 산업에서 채택하였다는 점에서 주목할 만하다고 할 수 있다(Fiske & Handel, 1947b). 이 프로그램 분석기는 영화산업에서 미래의 영화촬영 결정의 지침을 제공하기 위해 다양한 수용자 집단의 일반적 호불호(好不好)를 결정하는 것은 물론 영화를 재편집(*re-edit*)하는 데 이용되었다. 궁극적으로 설린반응그래프기계(Cirlin Reactograph, Cirlin & Peterman, 1947)처럼 기능이 확장된 라자스펠트-스탠턴 프로그램 분

15 베이커(Bakker)가 언급하듯, 초창기 영화 수용자 연구는 "라디오 산업에서 이해 개발되었던 방법과 가깝게 연결되어 있었다. 예를 들어, 컬럼비아대학의 응용사회조사국을 운영했던 라자스펠트는 주로 라디오를 연구했는데, 때때로 영화로 연구주제를 바꾸기도 했다(2003: 108)."

석기는 영화연구사무국(Motion Picture Research Bureau)과 수용자 연구사(Audience Research, Inc.) 등처럼 다양한 영화산업 연구조직에서 활용되었다(Bakker, 2003; Ohmer, 2006 참고).

1940년대까지 "과학적이고 객관적인 방법에 대한 강조"와 함께 "새로운 연구심리 풍토(*research-mindedness*)가 … 산업계 전체 부서들에 침투하게(Chambers, 1947: 170)" 되면서, 영화산업은 수용자 이해에 대한 다양한 방법론적 접근들을 채택하였다. 여기에는 편집이 끝난 영화에 대한 사전테스트 및 영화 제목과 콘셉트(*concepts*)들의 사전테스트, 영화스타들의 개별적 인기도를 점검하는 설문조사, 개봉될 영화에 대한 수용자의 인식과 기대를 측정하는 설문조사 등이 포함된다(Adams, 1953; Barker, 1998; Fiske & Handel, 1946; 1947a; 1947b; Handel, 1950; Ohmer, 2006 참고).

수용자 이해의 합리화 제2단계

1930년대를 수용자 이해에 관한 합리화 과정의 근본적인 첫 시기라고 파악한다면, 1970년대는 합리화 과정에서 두 번째로 중요한 시기라고 할 수 있다. 미디어 산업에 대한 많은 역사적 연구들은 1970년대를 합리화 과정으로의 확고한 독려가 일어났던 핵심시기(*pivotal point*)라고 지적한다(Balnaves & O'Regan, 2002; Hesmondhalgh, 2007; Schultz, 1979 참고). 영화산업의 역사가들은 할리우드가 1930년대와 1940년대에 처음으로 다양한 수용자 정보시스템을 받아들인 이후, 이를 완전하게 받아들인 시기가 1970년대라고 말한다(Austin, 1989 참고). 음반산업에 대한 연구 역시도 1970년대를 전략적 의사결정이 직관에 근거한 접근보다, 매출을 감시하는 시스템에서부터 라디오 청취율 데이터에 이르기까지 다양한 수용자 데이터 정보원들에 훨씬 의존하기 시작한 시대로 파악한다(Negus, 1999).

이러한 분석적 전환에 대한 평가들은 컴퓨터 시스템의 가격인하 및 성능증가 등을 가능하게 했던 요인들에 초점을 맞추는데, 이러한 컴퓨터 시스템의 등장하면서 대용량의 통계적 데이터의 수집 및 분석능력이 향상되기 시작했다(Buzzard, 2003a; Goss, 1995; Hesmondhalgh, 2007; Starr & Corson, 1987; Wehner, 2002). 지금은 대용량의 데이터를 적시(摘示)에 수집하고, 도표화하고 분석하는 것이 가능해진 것은 물론 (퍼스널 컴퓨터와 데이터 분석 소프트웨어의 확산으로) 이러한 정보를 분석하는 도구들 역시 더욱 광범위하게 이용되고 있다(Balnaves & O'Regan, 2002; Barnes & Thomson, 1994; McKenna, 1988). 이러한 발전들로 인해 조직관리와 의사결정에 있어 보다 정량화된 방향의 '과학적' 접근들의 채택이 촉진됐으며 또한 장려되었다(Bogart, 1986b; Starr & Corson, 1987).

텔레비전의 경우 수용자 측정은 수용자 데이터의 일별 흐름은 물론 (종이식 다이어리가 제공하는 더 느리고 간헐적으로 제시되는 데이터의 흐름과는 달리) 개별 프로그램에 대한 수용자의 구성에 대한 더 구체적인 인구학적 정보들을 제공하는 셋톱미터[16]의 등장으로 훨씬 더 합리화되었다(Buck, 1987; Buzzard, 2003a; Wilcox, 2000 참고). 뉴스 컨설팅(*news consulting*) 또한 이 시기에 확고하게 제도화된 관행으로 정착되면서(Allen, 2007), 텔레비전의 뉴스보도(*news outlets*)가 보다 많은 수용자를 끌어들이기 위한 노력의 일환으로 뉴스 콘텐트와 방송

16 [역주] 셋톱미터(*set-top meter*)는 텔레비전 수상기(受像機)에 부착된 측정 도구로 현재 텔레비전 수용자가 시청하는 채널이 무엇인지를 측정하고 기록한다. 닐슨사의 피플미터가 유명하다.

중인 뉴스 직원(*news workers*)[17]을 측정하려고 점점 더 다양한 형태의 정량적 수용자 연구들에 의존하게 되었다. 이들 컨설턴트들은 텔레비전 뉴스보도의 형태와 구조를 바꾸는 데 엄청난 영향력을 발휘했다(Allen, 2007). 오락프로그램의 편성책임자들도 마찬가지로 방송국에서 방영을 고려중인 프로그램의 수용자 소구력을 예측하기 위해 훨씬 더 엄밀한 사전테스트를 실시하기 시작하였다(Gitlin, 1983/2000).

제임스 커리(James Carey, 1980)가 신문산업 진화의 맥락을 연구한 바에 따르면, 신문산업(다른 미디어 영역 역시 포함하여)을 특징짓는 합리화의 과정에서는 우선 수용자를 감지(感知)할 수 있고 측정할 수 있도록 대중(*mass*)이 구성되어 있어야 하는 것이 필수적이며, 다음으로 역사적으로 구성된 수용자의 특수한 측면, 특히 노출(*exposure*)과 관련하여 더 높은 수준의 구체성(*granularity*)과 포괄성(*comprehensiveness*)을 요구했던 마케팅 종사자와 광고주의 필요를 충족시키기 위해 대중을 구체적이고 동질적인 하위단위들로 묶는 과정이 필요하다(Bogart, 1956; Dimling, 1985; Ehrenberg, 1968; Keller, 1966; Politz, 1943; Sen et al., 1998; Smythe, 1986; Turow, 2006 참고).

이 과정의 핵심적 측면은 주요 분석단위가 '가구'(*household*) 대신에 더 구체적인 개인수준으로 옮겨갔다는 점인데, 개인은 다양한 인구학적 그룹으로 분리가 가능하다. 이렇게 되기 위해서는, 미디어 소비의 역학 변화 그리고 더 구체적인 수용자 데이터를 획득할 수 있는 수용자 정보시스템의 활용가능성 증가라는 두 가지 조건이 필요하다. 이동성이 좋은 트랜지스터 라디오(*transistor radio*)와 여러 대의 텔레비전을 보유한 가정의 증가에서 알 수 있듯이 기술적 진보가 미디어 소비에 있어서 기존의 가구단위 접근을 약화시키며 미디어 소비역학의

---

17 [역주] 뉴스 직원이란 여기서는 아나운서나 방송기자들을 의미한다.

변화에 대한 핵심 메커니즘으로 등장하였다(Balnaves & O'Regan, 2008). 이러한 진보들로 가구가 아닌 개인이 분석단위가 되면서, 개인 수준의 데이터를 포착할 수 있는 셋톱미터와 더 많은 데이터를 분석할 수 있는 컴퓨터 시스템 등과 같은 기술적 진보들이 함께 나타나고 있다(Buzzard, 2003a).

바로 기술적(技術的) 세분화의 증가가 미디어의 진화를 특징지어 왔다는 것(Neuman, 1991), 그리고 이러한 기술적 세분화의 극적인 증가가 1970년대에 시작되었다는 것(위성과 케이블 텔레비전 등의 기술 도래로 인하여) — 그리고 대부분의 기술적 세분화는 인터넷의 확산으로 인해 향후 몇십 년간 더 극적으로 확고해진 것 — 이 이 시기 발생했던 수용자 이해에 대한 합리화를 유발한 또 다른 중요한 요인임을 인식하는 것이 중요하다. 이러한 세분화는 많은 광고주들(그리하여, 광고주와 연계되는 콘텐트 제공자들)이 바라는 수용자 형성(그리고 수용자 데이터)에서 훨씬 더 큰 구체화를 촉진시켰다(Rubens, 1984; Sen et al., 1998; Turow, 1997).

또한, 온라인 영역에서 광고주지원 모형의 수용은 수용자 이해에 있어 보다 합리화된 접근법을 이끄는 훨씬 더 강력한 유인(誘因)을 제공했다. 우리는 기존의 미디어에서 발생했던 이러한 현상과 유사한 패턴을 현재에도 목도(目睹)하고 있다. 예를 들어, 인터넷의 지배적 사업 모형은 요금에 기반한 온라인 서비스들(예를 들어 프로디지,[18] 컴퓨서브[19] 그리고 초창기에 나타난 AOL[20])이 중심이었다는 점에서 인터넷의

18 [역주] 프로디지(Prodigy)는 1984년에 시작한 온라인 서비스 제공회사이며 구독자(*subscriber*)에게만 뉴스나 날씨, 그리고 기타의 정보 등을 유료로 제공하였다. 2011년 현재 더 이상 운영되지 않고 있다. 초창기 인터넷의 구독자기반 서비스의 실패사례로 볼 수 있다.

19 [역주] 컴퓨서브(CompuServe)는 1969년에 미국에서 최초의 상업적 온라인

개발과 대중화의 초기단계에서 수용자 연구에 대한 수요는 크지 않았다. 웹의 성장, 인터넷 서비스 제공자(ISP: *internet service provider*)에 의해 채택된 '통제된 환경에서 제공되는 서비스'(*walled garden*)의 감소, 광고지원에 의존하는 콘텐트 제공자의 유입 등으로 수용자 노출에 대한 데이터 수요는 만개(滿開)하기 시작했다(Coffey, 2001 참고). 이후 데이터 수요의 이러한 성장은 온라인 수용자 측정을 담당하는 여러 회사의 폭발적 증가 그리고 다양한 방법론적 접근의 등장으로 이어졌다(Bermejo, 2007; Mullarkey, 2004; Wenthe & Wenthe, 2001).[21]

이러한 관점에서, 수용자 이해에 대한 합리화 과정은 지속적으로 가속되면서, 뉴미디어의 영역으로까지 확장되었다. 현시점에서 점점 더 확실해지는 것은 뉴미디어 환경에서 미디어 조직들이 수용자를 이해하기 위한 노력의 일환으로 채택할 수 있는 분석도구가 더 광범위하게 넓어졌다는 사실이다(Davenport & Harris, 2009). 컨설팅 회사인 부즈 알렌 해밀턴[22]의 보고서에 따르면, 대용량 데이터에 대한 접근성과 유용성(*usability*), 그리고 이용가능성(*affordability*)의 증가는 미디어 지형에 영향을 끼치는 가장 중대한 변화였다(Rasmussen et al., 2007).

서비스를 실시한 회사이다. 프로디지와 마찬가지로 2011년 현재 더 이상 운영되지 않는다.

20 [역주] American Online의 약자이며, American Online은 AOL의 과거 회사명칭이다. 1983년 Control Video Corporation이라는 이름의 회사로 시작했으며, 1991년 American Online으로 이름을 바꾼 후 2006년 다시 AOL로 회사명을 바꾸었다. 자세한 회사정보는 http://www.aol.com을 참고하라.

21 인터넷 수용자 측정의 진화에 대한 구체적 논의를 위해서는 베르메조(Bermejo, 2007)를 보라.

22 [역주] 부즈 알렌 해밀턴(Booz Allen Hamilton)은 1914년에 설립된 컨설팅 기업이다. 자세한 회사정보는 http://www.boozallen.com을 참고하라.

관련연구들은 미디어 환경에서 세분화되고 복잡해진 수용자 데이터의 점진적 유입으로 미디어를 구매하고 구매를 계획하는 과정이 점점 더 세분화되고 있음을 보여준다(Ferrier, 2002 참고).

현재 진행중인 수용자 이해에 대한 합리화 과정에서 가장 최근 발전들은 또한 미디어의 엄청난 상호작용적 특징에 상당부분 기인하는데, 이는 더 넓은 범위의 정보수집의 가능성을 열어준다(제 3장 참고). 이러한 발전의 핵심에 존재하는 늘어난 상호작용은 관측자와 관측대상 사이의 양방향 커뮤니케이션의 강화된 메커니즘이 합리화 과정을 좀 더 촉진시킬 수 있는 방식을 통해 직접적으로 반영된다(Beniger, 1987).

저 항

이러한 수용자 이해의 합리화 과정이 부드럽게만 진행되어온 것은 아니다. 이 과정의 여러 지점에서, 저항들이 고조되었다. 뉴스룸(Berkowitz & Allen, 1996; Gans, 1979/2005), 예술조직(DiMaggio & Useem 1979; O'Regan, 2002), 영화제작사(Handel, 1953), 출판업자(Andrews & Napoli, 2006), 그리고 광고대행업(Kreshel, 1993) 등 다양한 미디어 조직 환경들에 대한 연구들은 수용자 이해의 과정을 더 합리화시키려는 노력들에 대하여 몇몇 이해당사자들이 드러낸 적대적 경향성을 확인한 바 있다.

때때로 이러한 저항은 전문가들 사이에서의 방침들에 따라서 나누어지는데, 한 편의 전문가 집단들은 합리화 과정에 저항하는 창조자적 위치(*creative positions*)[23]에 서 있으며, 다른 한 편의 전문가는 합리

23 [역주] 콘텐트 제작과정에서의 창조성을 중요시하는 입장에 서 있는 직군(職群)을 의미한다.

화 과정을 받아들이며 촉진하는 분석자적 위치(*analytic positions*)[24]에서 있다. 광고를 예로 들면, 20세기 초반 광고연구의 홍수는 카피라이터와 같은 창조적 작업자들의 반발을 불러왔지만, 미디어를 구매하는 일에 종사하는 작업자들에게는 수용되었다(Kreshel, 1993). 일반적으로 이러한 저항은 '경험, 직관, 상식' 등과 같은 속성들을 우위에 두는 것으로 나타났다(Kreshel, 1993: 61). 수용자 연구에 대한 할리우드의 초창기 저항을 평가하면서, 레오 헨델은 "대개 할리우드는 고급수준[25]의 수용자 연구에 대해서 저항했다. 직관과 IBM 기계 사이의 경쟁에서, 후자는 저열(低劣)한 2순위(*poor second*)였다. 영화산업에서 믿을 만한 수용자 연구를 받아들이기 꺼려한 이유들은 다양하다. 우리는 영화를 만드는 것은 기본적으로 예술가적 노력이라는 말을 가장 빈번하게 들었다(1953: 304)"라고 회상한다. 1950년대에 영화산업에서 수용자 연구가 처음으로 주목받고 영향력을 행사하면서, 배우와 작가 같은 창조적 작업자들은 그러한 연구가 "창조적 혁신을 질식시킬 것(Ohmer, 2006: 10)"이라고 결론 내렸다. 다른 반발들로는 어떤 영화사의 중역이 '여론의 변덕'(*whimsies*)이라고 묘사한 것에 기반하여 이루어진 어떠한 형태의 조직적 의사결정의 시장 생존가능성(*viability*)과 연구에 기초하여 내려진 의사결정에서 초래될 수밖에 없는 도전의식의 질식(*stifling of risk-taking*) 등이 포함된다(Ohmer, 2006: 152).

영화의 생산과 배급, 상영 등의 위치를 예술(*art*)로 잡을지 아니면 과학(*science*)으로 잡을지에 대한 영화산업 내부의 긴장은 1940년대와

24 [역주] 콘텐트에 대한 수용자의 노출과 평가에 대한 분석을 중요시하는 입장에 서 있는 직군을 의미한다.

25 [역주] 여기서 고급수준이란 직관이 아닌 분석적 기법을 통해 얻어졌음을 뜻한다.

1950년대를 거쳐 지속되었다(Ohmer, 2006). 1940년대까지 영화산업 내부에서 저항은 충분히 효과적이어서, 영화제작사들은 갤럽 수용자 연구소(Gallup's Audience Research, Inc.)와 이 분야에 기반을 둔 다른 회사들에 의해 수행된 연구에서 벗어나려 시도하기도 하였지만(Garrison, 1972; Handel, 1953; Ohmer, 2006), 1970년대에 들어서 분석적 전략으로 다시 돌아오게 되었다(앞에서 서술한 부분 참고).

역사적으로 체계적인 수용자 데이터에 의존하는 것이 적절한가에 대한 논쟁은 '교회'와 '국가'의 적정선을 어떻게 그을 것인가에 대해서 장기간 고민하기도 했던 저널리즘 집단 내부에서 특히 더 두드러졌다(Hujanen, 2008; McManus, 1994 참고). 수용자 연구의 활용과 관련된 의문점들은 저널리스트와 편집장들이 뉴스를 생산할 때 수용자 연구에 의존할 경우 저널리스트의 주관적 뉴스 판단은 물론 전통적인 뉴스 가치들이 잠식될 것이라는 우려를 표시하는 방식으로 발전하며 끊임없는 긴장을 보여주었다(Beam, 1995; DeWerth-Pallmeyer, 1997; MacGregor, 2007 참고). 어떤 연구는 수용자 연구에 대한 저널리스트의 저항이 다음의 4가지 요소들에서 비롯되었다고 주장한다(Gans, 1979/2005 참고).

① 대부분의 저널리스트들을 특징짓는 인문학적(*liberal arts*) 교육배경〔그리고 통계와 연관된 불쾌감(*discomfort*)〕
② 저널리스트 관점에서 수용자 데이터가 유용하다는 증거가 불충분하다는 점
③ 수용자 연구는 저널리스트의 뉴스 판단과 전문가의 자율성에 의문을 제기하게 될 것이라는 점
④ 수용자 연구가 너무도 빈번하게 비(非)저널리스트에 의해서 수행된다는 점

호주의 뉴스룸에 관한 한 연구도 '독자 수와 수용자 연구에 저항하는 방어적 문화'를 발견하였다(Green, 2002).

저항과 관련하여 언급할 다른 중요한 점은 상업 미디어와 공공 서비스 미디어의 구분이다. 공공 서비스 미디어(예를 들어, 공영방송)의 운영에 관한 많은 연구들은 이들 조직 내의 전문가들이 세련된(*sophisticated*) 수용자 연구를 수행하려는 그리고 이것에 의지하려는 압박에 어느 정도까지 저항하는지 — 비록 대부분의 경우 굴복하고 말지만 — 를 보여준다(Stavitsky, 1993; 1995).[26] 로버트 실비가 저술한 《BBC에서의 수용자 연구 역사》(*Who's Listening?: The Story of BBC Audience Research*)에서 밝히듯, "BBC는 공영방송사(*public corporation*)가 된 지 10년 만에야 체계적으로 시청자 대중(*public*)을 연구하기 시작했다(1974: 28)." 그러나 BBC에서 일단 합리화된 수용자 이해로 방향전환을 시작한 다음에는, 그러한 방향으로의 변환은 극적이었다. 몇몇 사람들은 이러한 BBC의 방향전환이 BBC의 의무와는 대치(對峙)되는 것으로 파악했다. 이를테면, 본(Born)은 BBC 조직문화 변화에 대해 연대기적 기록을 남겼는데, 여기에서 그녀의 말에 따르면 1980년대와 1990년대에 '신(新) 관리주의'(*new managerialism*)의 등장(2002: 69)으로 프로그램에 관한 의사결정에서 수용자 연구에 더 많이 의존하게 됐고 결과적으로 개별 제작부서들의 창조적 자율성에 대한 의존성이 줄어들게 됐는데, 이는 BBC 내의 상당한 긴장을 초래한 변환(*transition*)이었다.

---

26 다우닝(Downing)은 대안적 미디어(흔히 방향적으로 비상업적 성격인)의 다소 유사한 맥락을 살펴보면서 수용자 연구에 대해 저항적인 미디어 산출물(*outlets*)이 수용자에 대한 체계적 연구에 관여하지 못하도록 만드는 근본적인 자원의 부족은 물론 "상업적 이용자 연구 기풍(氣風)"에 저항하려는 욕구와 같은 요인들의 함수로 표현되는 유사한 패턴을 발견했다(2003: 627).

그리고 놀라운 것은 아니지만, 공공 서비스 미디어 영역이 많은 국가들에서 사유화(*privatized*) 되고 상업화(*commercialized*) 되면서 수용자 연구에 대한 수요와 활용도는 늘어만 갔다(Hagen, 1999). BBC 수용자 연구자인 로버트 실비의 말처럼, "물론 수용자 측정에 대한 수요는 비(非) 상업방송 시스템을 갖는 다른 국가에서는 훨씬 적었다." 비상업방송들은 광고시간을 구매하라고 납득시키고 설득해야 할 광고주가 없었다. 또한 매시간 수용자 측정을 해야 한다는 수요도 훨씬 적었는데, 왜냐하면 수용자 측정은 얼마나 많은 사람들이 광고에 접하게 될지를 알아야 할 필요성에서 도출되기 때문이다. 공공 서비스 방송이라는 맥락에서 수용자 측정의 필요성은 주로 "자신들이 제작한 방송의 패턴이라는(1974: 77)", 즉 소비의 효과를 측정하려는 프로그램 기획자들의 관심에서 나온다. 아르망 마틀라르(Armand Mattelart, 1991)는 영국, 캐나다, 브라질, 그리고 베네수엘라를 포함하는 여러 다른 나라들에서 이러한 패턴을 발견하였다.

미국의 공영방송 사업자들 역시 초창기에는 수용자 연구가 상업적 요구로 자신들의 공공 서비스 목표를 침식시키는 것을 표현한다는 이유로 이에 저항했다(Stavitsky, 1993). 그러나 연방기금의 감소는 점차로 운영자금의 중요한 원천이 되어가는 수용자를 더 잘 이해하기 위한 그리고 국회와 자선재단(*charitable foundations*)과 같은 잠재적인 기금보유자들에 대한 (수용자의 규모로 나타나는) 공영방송의 필요성을 알리기 위한 노력의 일환으로 이러한 기법들을 채택하려는 공영방송 사업자들의 자발적 의지로 이어졌다. 2009년 말에, PBS는 결국 (기본적인 월별 보고서 대신) 전 시간(*full time*) 닐슨 시청률을 구독하기 시작했는데, PBS 경영자는 "데이터에 대한 점차 증가중인 필요성"이라는 말로 이러한 움직임을 기술했다(Stelter, 2009c: 1).

비판들

이러한 수많은 저항의 사례들은 수용자 이해의 합리화[27]와 합리화가 특별히 지향하는 바와 관련하여 학계와 산업계 내부에서 여러 해 동안 나타났던 더 폭넓은 비판들을 보여준다(Buck, 1987; Doscher, 1947; Eaman, 1994; Meehan, 1984; Savage, 2006; Schiavone, 1988 참고). 시장 조사연구의 개척자였던 보가트는 자신이 '공식구상'(*formula thinking*)이라고 이름 붙였던 것, 즉 "판매가능한 형태의 조사연구라는 명목으로 '지나치게 기대되고 있는 응답자들'(*overloaded respondents*)로 구성된 단순한 표본에서 너무도 많은 마케팅과 미디어 관련 정보를 뽑아낼 것을 요구하고 있다(1986a: 102)"고 비판했다. 이러한 접근에 대해 보가트는 다음과 같이 말한다.

> 〔공식구상은〕 광고연구에서 커뮤니케이션 영역의 중요한 이슈들을 직면하는 것을 피하려는 경향이 있다. 대신에 공식구상은 데이터가 공표되는 순간에는 이미 의미가 사라져 버린 잠정적 데이터를 미련할 정도로 되새김질하곤 한다. 또한 공식구상은 마치 광고주가 '소시지 분쇄기'[28]의 투입구에 돈을 넣으면 출구에서는 입증된 효과가 나타나는 것처럼 가정하면서, 실적증거(*proof of performance*)에 대한 압박을 증가시킨다. 그리고 공식구상은 현실이 복잡하고 사물들이 공식구상에서 가정하는 것처럼 작동하지 않는다는 주장을 거부한다(Bogart, 1986a: 102).

이러한 비판들이 강조하여 보여주는 중요한 사실은, 수용자 이해의 합리화가 가능한 다른 경로들을 무시하면서 아주 특정한 방향으로,

---

27 [역주] 여기의 조사 '와'는 and/or의 번역어임을 밝힌다.

28 [역주] 시·청취율 자료를 넣으면 특정한 통계치를 뽑아 주는 자동적 장치로서의 공식(*formula*)을 은유하는 표현이다.

특히 광고주지원 미디어라는 맥락 속에서 진화해갔다는(Wehner, 2002) 것이다. 이러한 패턴은 합리화 과정의 핵심인 관측할 수 있는 현상을 단순화시키는 과정(Beniger, 1987)을 반영한다. 미디어 조직이라는 맥락에서 압도적으로 나타난 경향은, 수용자의 다른 측면들을 무시하면서, 수용자의 규모와 (더 나아가) 수용자의 구성을 정량화(*quantification*)시키는 것이었다. 라자스펠트가 1947년에 밝혔듯, "라디오 연구에서 사용되었던 취향(*preference*)을 묻는 질문은 실제 청취자 수를 선호하게 되면서 거의 버려지게 되었다. 그러나 이것이 반드시 최고의 해결책은 아니다. 심지어 어떤 사람이 라디오를 들을 수 없는 상황에 놓여 있을 때 어떤 프로그램이 방송된다고 해도, 그 사람이 해당 프로그램을 좋아하는가의 여부를 아는 것은 실제로 이 프로그램을 들었는가 만큼이나 중요하다(pp. 165~166)."[29] 라자스펠트에 의한 라디오 연구 프로젝트(Radio Research Project)의 초창기 수용자 연구의 대부분에서 라디오 프로그램 편성 측면에서 수용자 평가를 이해하려는 라자스펠트의 관심이 잘 드러났지만(Wiebe, 1939 참고),[30] 수용자에 대한 방송산업의 접근은 결국 아주 상이한 방향으로 나아갔다.

---

29 이 시기에 "숫자 외로는 청취자를 연구하지 못하는 것이 오늘날 수용자 연구의 근본적 약점이다. 사회적 상황 아래서, 측정, 그것 자체로 실용적 혹은 이론적 지식을 만들어내기 힘들다는 것은 심리학적 연구를 통해 오랫동안 알려져 있었다. 대부분의 의미 있는 사회-심리학적 지식은 통계적 연구와 동기(動機)에 대한 연구가 엮어지면서 만들어진다"고 주장한 유사한 비판이 있었다(Robinson, 1947: 50).

30 라디오 프로그램에 대한 수용자 평가에 초점을 맞춘 초창기 라디오 연구의 다른 사례들로는 코탄트(Coutant, 1939)와 롱스태프(Longstaff, 1939)를 보라. 라자스펠트의 영향력은 컬럼비아 대학의 응용사회조사국에서 실행된 후기 작업에서도 발견될 수 있는데, 후기 작업들에서는 초창기 텔레비전 수용자 역시도 살펴보았다(Steiner, 1963 참고).

수용자 연구 역사에서 이러한 비판은 더 일찍 찾아볼 수 있다. 1936년의 한 분석에서 지적하듯, "우리는 라디오 프로그램을 측정하려는 근본적 목적이 무엇인지 보지 못하고 있다. 우리가 진정으로 알고자 하는 것은 얼마나 많은 사람들이 프로그램을 듣는가가 아니라, … 우리가 원하는 진짜 정보는 탐구하고자 하는 그 프로그램이 얼마나 매출에 영향을 미치는가이다(Likert, 1936: 175)."

더 공익(公益)에 초점을 둔 염려들이 종종 미디어 산업들이 노출을 전통적으로 강조하는 것에 대한 이러한 비판의 밑바탕에 깔려 있다. 일반적으로 이러한 비판들은 노출에 초점을 둔 분석적 접근에서 드러나는 지나치게 협소한 수용자의 개념화와 이러한 접근이 수용자의 필요와 이해보다는 콘텐트 제공자와 광고주의 필요와 이해를 더 반영한다는 사실을 강조한다(Ang, 1991; Meehan, 1984).[31] 이러한 염려들은 공공 서비스 미디어를 위한 재원조달 및 조직관련 명령들과 관련된 미디어 정책과 연관된 맥락, 혹은 대중들의 미디어 이용을 이해하는 것이 정책결정에 대한 유용한 정보를 알려줄 수 있는 기타의 다른 맥락들에서 특히 강조된다(Napoli & Gillis, 2006; Raboy, Abramson, Proulx & Welters, 2001 참고). 여기서 수용자 연구가 본질적으로 공익을 측정하며 공익에 부응하는 결정을 내리기 위한 메커니즘으로 이용될 수 있다는 사실은 (수용자로서의) 대중(*public*)의 특징과 이들의 필요와 이해를 지나치게 단순화시키는 분석적 접근이 잘못된 정책결정을 낳을 수 있음을 시사한다(Eaman, 1994 참고).

이러한 염려들은 시민으로서의 수용자와 소비자로서의 수용자 사이

31 로스(Ross)와 나이팅게일(Nightingale)은 상업적 미디어 산업과 이들과 관계된 수용자 측정회사들 내에서 노출정보를 우선시하는 것을 공개적으로 비판하였던 주요한 비판점들을 자세히 정리했다(2003: 55~57 참고).

의 중요한 특징을 다루는 폭넓은 논의(*dialogue*)를 촉발시켰다(Butsch, 2000; Couldry, 2004; Livingstone, Lunt & Miller, 2007a; 2007b; Raboy et al., 2001; Syvertsen, 2004; Webster & Phalen, 1997). 예시하자면 미디어-수용자의 관계를 분석한 몇몇 연구들은 초창기 매스미디어가 수용자를 소비자보다 시민으로서 파악하는 아주 강력한 경향성을 보이고 있었으며, 따라서 제공되는 프로그램들의 선택지는 수용자에게 접근하고자 하는 광고주와 소비자로서의 필요(*needs*)보다는 시민으로서의 필요를 더 많이 반영하고 있었다고 결론지었다(Butsch, 2008). 다른 몇몇 연구들은 정책결정자들이 뉴미디어 기술을 어떻게 볼 것인지 고심하면서(Gandy, 2002 참고), 정책담론(*policy discourse*) 내에서 소비자 중심의 분석적 프레임이 시민 중심의 분석적 프레임을 잠식하고 있다는 결론을 내린다(Livingstone, Lunt & Miller, 2007a; 2007b). 미디어의 이용과 노출의 기본적 요소들을 설명하는 것과 또한 '복잡한 사회-경제적 위상을 갖는 개인'(*individuals with complex socio-economic positionings*)으로 파악되는 수용자에 대한 더 광범위한 개념화가 더 나은 미디어 정책결정과 더욱 공익에 봉사할 수 있는 미디어를 위해 필수적이라고 옹호되고 있다(Raboy et al., 2001: 101).[32]

이러한 논의들이 보여주듯, 수용자 이해의 합리화에 관한 수많은 역사적 순간들에서 학술적 그리고 산업적 영역 전반에 걸쳐 노출을 넘어서는 그리고 수용자 평가와 영향력이 같은 수용자의 다른 측면들을 포괄할 수 있는 수용자 정보시스템에 대한 요청이 계속되었다(Hoffman & Batra, 1991; Philport, 1993 참고). 그러나 수용자 정보시스템의 발전에

32 수용자에 대한 시민 중심적 접근과 소비자 중심적 접근 사이의 교차 영역과 이 둘 사이의 관계가 초창기 수용자 연구와 맺는 관련성에 대한 논의로는 글릭만(Glickman, 2006)과 슈드슨(Schudson, 2006)을 보라.

서 이러한 요청에 부응하려는 노력들은 역사적으로, 특히 광고주지원 미디어 영역에서 유지되지 못하였다. 킹슨(Kingson, 1953)은 쉐워린 리서치 사[33]가 시작한 초창기 라디오 수용자 측정서비스를 언급하는데, 이는 수용자 패널 그리고 수용자의 규모뿐 아니라 개별 라디오 프로그램에 대한 수용자의 반응도 측정할 수 있는 종류의 프로그램 분석기 타입도 포괄하는 서비스였다. 이 서비스는 곧이어 텔레비전으로 확장되었지만, 라디오와 텔레비전 영역에서 모두 노출에 기반한 기존의 시스템을 대체하는 데 실패하였다. 1980년대에 텔레비전 맥락에서 마클 재단[34]이 자금을 댄 기업인 텔레비전 수용자 평가 회사(Television Audience Assessment, Inc.)에서 실시한 유사한 활동 또한 계속되지 못하였다(Mitgang, 2002).[35] 광고 연구자인 조셉 필포트(Joseph Philport)는 비록 "이러한 활동들 각각은 유효한 상업적 응용 결과물로 진화하는 데에는 실패했지만(1993: RC-5)", 텔레비전과 라디오 산업 내의 다양한 요인들에 대한 '정성적 시청률 체계'(*qualitative ratings systems*)를 개발하려 했던 노력들을 기술하였다는 점에서는 의의가 있다.

이러한 시도들의 실패는 '시청률'(*rating*)이라는 용어에 대한 일반적 비판을 강조하는데, 이는 "시청률이 반영하는 모든 것이 현존하는 하

33 [역주] 쉐워린 리서치 사(Schewerin Research Corporation)는 현재에는 존재하지 않는 시장조사 회사인 듯하다.

34 [역주] 마클 재단(Markle Foundation)은 기술, 의료, 그리고 국가안보를 주제로 한 연구와 활동을 지원하는 비영리조직이다. 1927년 마클 부부(John & Mary Markle)가 설립했다. 이 조직에 관련된 상세한 정보는 www.markle.org을 보라.

35 다양한 국가적 맥락에 걸쳐 이루어진 미디어 콘텐트에 대한 수용자 평가와 관련된 학술적 그리고 상업적 연구시도들에 관한 자세한 소개는 건터와 워버(Gunter & Wober, 1992)를 보라.

나의 측정치가 되어 버릴 때 … 프로그램들에 대한 평가적 반응이라는 인상을 암묵적으로 그리고 왜곡되게 전달(Gunter & Wober, 1992: 101)"하는 것으로 묘사되기 때문이다. 보가트는 상황을 다음과 같이 요약한다. "읽는다는 경험(라디오를 듣는다는 경험도 마찬가지다)의 강렬함과 특성이 다양하다는 것은 광고를 사는 사람과 파는 사람 모두에게서 관습적으로 무시되어 왔다. 텔레비전의 등장과 성장은 겨우 잠재적으로 가장 많이 **노출된** 'TV 수상기' 숫자('*boxcar*' *figures*)에 대해 더 강조할 뿐이다"(1976: 110; 강조는 저자). 최근의 연구도 유사한 결론을 내린다. 수용자 측정의 역사는 "특정한 형태의 지식이 창출되지만, 버려지는" 역사이다(Oswell, 2002: 115).

기본적인 노출 측정치를 넘어 확장될 수 있는 형태로 수용자를 개념화하고 분석하려는 노력은 오로지 특정한 맥락에서만 의미 있게 받아들여지고 있다. 예를 들면, 방송조직의 목표가 수용자의 규모를 극대화시키는 것보다 수용자의 만족을 극대화시키는 것에 더 큰 비중을 두는 비상업적 방송영역에서 이러한 사례를 볼 수 있다(Emmett, 1968; Jeffrey, 1994; Keegan, 1980; Silvey, 1944; 1951; 1974). 제프리(Jeffrey, 1994)는 프로그램 **품질**(수용자들에 의해서 인식된)의 체계적 측정을 활용하는 캐나다 방송사(Canadian Broadcasting Corporation) 상황에서 진행되는 이러한 활동들을 예시하였다. 하나의 방식은 '향유지수'(*enjoyment index*)를 만드는 것인데, 이는 텔레비전 시청자들에게 자신이 시청한 프로그램을 향유한 수준을 5점 척도상에서 평가하도록 한 것이다(Eaman, 1994). 향유지수는 프로그램의 스토리, 대화상황(*dialogue*), 그리고 배경 등은 물론 개별 등장인물들의 평가를 포함하는 더욱 구체적인 분석에도 이용된다(Eaman, 1994).

유사하게 BBC 역시도 프로그램이 수용자의 필요와 욕구(*wants*)를 실질적으로 어느 정도나 만족시키는지를 측정하기 위해서 체계적인 노력을 기울이고 있다(Emmett, 1968 참고). 예를 들어 BBC의 수용자 연구자인 로버트 실비는 1940년대에 "적합하게 균형 잡힌 수용자 연구 용역에서는 청취량에 대한 지속적인 측정(각 프로그램의 수용자 규모의 결정)은 반드시 수용자의 반응에 대한 지속적 평가(청취자가 자신들이 듣는 프로그램에 대해 어떻게 느끼는가)로 보충되어야만 한다(1974: 113)"는 자신의 비전이 어떻게 실현되었는지 기록하고 있다. 이 관점에서, BBC는 수용자가 개별적인 방송 프로그램들을 얼마나 향유하였는가를 측정하는 문항으로 도출된 '평가지수'(*appreciation index*)를 개발했다(Silvey, 1974).

초창기에 BBC에서는 "상위 20개 프로그램(*top twenties*)은 수용자 규모의 현실적 중요성에 대해 전적으로 그릇된 인상을 조장한다. 모든 방송 프로그램은 같은 표적 — 전체 인구 — 을 대상으로 하며 프로그램의 수용자가 어느 정도나 그 목표에 접근했는가에 기반하여 평가되어야 한다. … 규모 그 자체는 가치가 없으며, 가장 중요한 것은 어떤 방송이 타당하게 기대할 수 있는 수용자를 끌어모았는지 여부이다(Silvey 1974: 185)"[36]라는 믿음에 기반하여 상위 20개 프로그램의 리스트를 발표하지 않기로 결정했다는 사실은 흥미로운 일이다. 이러한 결정은 텔레비전 시청률이 수용자의 규모와 소비된 콘텐트에 대한 수용자의 평가 강도(强度) 사이에 의미 있는 관계를 거의 보여주지 못했던 시절에 어느 정도는 연구결과에 대한 BBC 스스로의 자기반성으로 볼 수 있다(Silvey, 1951).

몇몇 소비자기반(*consumer-supported*) 미디어(이를테면 영화) 영역에서는, 수용자가 콘텐트와 어떻게 상호작용하는가에 대한 '정성적'

36 출판산업에서 베스트셀러 리스트를 공표하는 것과 관련된 유사한 염려들에 대한 논의는 코르다(Korda, 2001)를 보라.

측면을 탐색하는 것을 더욱 강조했다. 예를 들자면, 전통적으로 영화 연구들은 수용자들이 특정한 영화를 어느 정도나 즐겼는지, 그들이 영화를 향유하는 이유는 무엇인지, 그리고 영화에 대한 향유를 증가시킬 수 있도록 만드는 변화가 무엇인지 파악하고자 많은 노력을 기울였다(Doscher, 1947; Handel, 1950; Hayes & Bing, 2006 참고).

극단적인 경우, 역사적으로 합리화의 한 과정이었던 탈(脫)인격화(*depersonalization*)를 나타내는 내용 혹은 그 내용이 불러올 수 있는 수용자 소구력에 대한 주관적 평가를 명시적으로 회피하는 방식으로 수용자 이해에 대한 이러한 접근들이 시도되기도 했다. 라디오 프로그램 제작자들과 이들이 수용자들의 음악 선호를 측정하는 과정과 관련된 한 연구에서, 알크비스트(Ahlkvist)는 연구 중심적(*research-oriented*) 프로그램 편성 철학을 가진 프로그램 제작자들에게서 "이러한 프로그램 제작의 철학적 핵심은 음악을 듣는 것이 아니다. 제작자들은 곡(曲)이 청취자에게 어떻게 들리는가를 실제로 들어보는 방식[37]으로 곡의 가능성을 결정짓는 것보다 수용자 연구에서 나타난 '숫자'에 더 많은 관심을 가져야 한다(2001: 349; Ahlkvist & Faulkner, 2002 참고)"는 공통적인 주장을 발견하였다. 물론 여기서 가정은 '수용자 데이터로 훨씬 더 객관적이며, 따라서 일관적으로 더 정확한 개별 음악들의 가능한 소구력을 평가할 수 있다'는 가정이다.

더 폭넓은 그리고 아주 일반적인 비판은 수용자 이해에 대해 더욱 합리화된 접근법들이 미디어 콘텐트의 생산에서의 혁신, 위험감수, 그리고 다양성을 질식시킬 수 있고 대신에 모방, 반복, 그리고 동질화를 조장할 수 있다고 우려하는 것이다(McCourt & Rothenbuhler, 1997

37 [역주] 청취자가 곡을 어떻게 평가할지를 청취자의 입장에서 고려하는 제작자의 행동을 의미한다.

참고). 조지 갤럽과 영화연구의 발전에 대한 갤럽의 역할에 관한 연구에서, 오머(Ohmer, 2006)는 갤럽의 수용자 연구소(ARI: Audience Research Institute)가 실시한 연구가 영화제작사인 RKO[38]가 '고급영화(*prestige films*)와 예술영화(*artistic features*)'를 제작하려는 노력을 포기하고 보다 상업적 경향의 영화에 전적으로 집중하도록 만드는 데 어떻게 일조했는지 보여준다. 또한 오머(2006)는 스타들이 어떠한 역할을 맡아야 하는가에 대한 수용자의 생각을 조사한 ARI의 설문조사들로 인해 스타들은 기존 영화에서 보였던 성격(*persona*)을 다른 영화에서도 매우 일관되게 연기해야 한다는 결론을 내리는 경향이 있었다는 점도 보여준다. 오머에 따르면, "이러한 결과는 ARI의 방법으로 일부 설명 가능하다. ARI는 설문조사 응답자들에게 각 영화들에 대한 짧은 시놉시스(*synopsis*)와 함께 고를 수 있는 대상영화들의 리스트를 주었기 때문에, 영화관에 가는 사람들(*film-goers*)은 스타의 이전 역할과 유사한 이야기를 선택하려 하였다(2006: 143)."[39] 셀데스(Seldes)는 이러한 사전테스트 방법을 단순하게 "반복되는 … 공식들에 대한 정당화를 제시하는 것"이라고 말한다. 셀데스에 따르면 결과적으로 "양적으로 중복된 영화들이 늘어나게 되었다(1950: 223)."

유사한 발견들이 미디어 산업의 다른 영역에 대한 분석에서도 나타났다. 앞에서 언급하였듯이, 수용자 데이터에 대한 의존의 증대가 BBC 내 의사결정에서 어떠한 영향을 미쳤는가에 관한 본(Born)의 분석에 따르면, 창의력이 질식되고 방송인들의 "차별화된 콘텐트 제작 능력"(*capability for difference*)은 결과적으로 잠식되었다(2002: 86). 마찬가지로 알크비스트와 피셔(Ahlkvist & Fisher, 2000)가 수행한 라디

38 [역주] Radio Keith Orpheum의 약자이며, 미국 영화제작사의 이름이다.
39 ARI의 방법에 대한 동시대의 비판은 보네만(Borneman, 1947)을 보라.

오 산업 분석은 연구와 컨설턴트에 대한 방송국의 의존과 프로그램 제작의 표준화 경향 사이의 경험적 관계를 보여준다.

설 명

미디어 콘텐트의 대부분의 형태에 대한 수요와 소비를 가늠하는 데 엄청난 양의 불확실성이 포함되어 있다는 관점이야말로 수용자 이해의 보다 증가된 합리화 과정의 핵심이다(Hagen, 1999; Napoli, 2003a). 모든 미디어에서 수용자 선호라는 측면의 수용자 예측은 어렵기 때문에, 콘텐트의 성공과 실패를 예측하는 것은 믿기 어려울 정도로 어렵다(Bernt et al., 2000; Caves, 2000; McQuail, 1969). 영화작가(*screen-writer*)인 윌리엄 골드만(William Goldman)이 영화산업의 수용자 이해에 관해 남긴 유명한 격언 —"어느 누구도 아는 것이 없다(1983: 39)" — 은 영화산업의 맥락뿐만 아니라(De Vany, 2004), 다른 미디어 산업 영역에서도 경험적 지지를 얻고 있다(Bielby & Bielby, 1994; Caves, 2000; Gitlin, 1983 / 2000). 그럼에도 불구하고, 수용자를 대상으로 한 조직들은 수용자 선호를 예측하려는 시도를 해야만 하고, 예측에 걸맞은 결정을 내려야만 한다(Gitlin, 1983 / 2000; Maltby, 1999; Pekurny, 1982). 이러한 예측이 부정확할 때(수용자 수요를 과도하게 예측한다는 점에서), 미디어 생산품의 제작과 이와 관련된 많은 선불비용(*upfront cost*)을 회수할 수 없는 회사가 맞는 경제적 결과는 처참할 뿐이다(De Vany, 2004; Gitlin 1983 / 2000).

전통적으로 수용자 연구는 이러한 불확실성을 감소시키며, 좀더 유식한(*better-informed*) 의사결정을 촉진시킬 수 있는 핵심적 메커니즘으로 간주됐다(Anand & Peterson, 2000). 이상적인 수용자 데이터는 수용자의 행동과 관련된 불확실성을 감소시키고 더 효율적 예측을 촉진시키며, 결과적으로 더욱 효과적인 전략적 의사결정을 가능하게 만든다. 여기서의 과정은 과거에는 어느 정도 형태가 없었던 그 무엇(즉 미디어 소비)을 더 형태가 갖추어진, 따라서 일련의 역사적, 전략적, 그리고 예측적 분석을 촉진시키는, 안심할 수 있는 그 무엇으로 바꾸는 것이다(Napoli, 2003a 참고). 이 기법이 미래의 성공을 알아내는 데 특별히 효과적인 것이 아니라는 증거들이 존재한다는 사실에도 불구하고(Bielby & Bielby, 1994; Eastman, 1998; Knee, Greenwald & Seave, 2009), 수용자 행동에 관한 시계열적 동향분석은 수용자 선호를 예측하기 위해 종종 사용되었다(Bielby & Bielby, 1994; Hirsch, 1972).[40]

그럼에도 불구하고 통제(실제적이든 아니면 인식된 것이든)[41]는 이러한 합리화 과정에 놓여 있는 핵심동기로 파악되곤 한다(Ang, 1991; Beniger, 1987; Kreshel, 1990; McCourt & Rothenbuhler, 1997; Wehner, 2002). 미디어 수용자라는 맥락에서, 수용자 데이터에 대한 엄밀한 수집과 분석에서 도출되는 예측력의 증가는 길들일 수 없고 예측하기 어려운 수용자라고 파악되는 그 무엇에 대한 통제력의 증가로 이어진다(Carlson, 2006; Rohle, 2007). 여기서의 가정은 이러한 지식이 행동에 영향을 주는 방식으로 혹은 최소한 행동을 예측할 수 있는 방식으로 이용될 수 있다는 것이다. 그러나 이러한 가정을 비판하는

---

40 수용자 이해의 합리화 초창기부터, 몇몇 비판론자들은 "자신들의 연구들은 문화영역에서는 적용될 수 없다는 것을 깨닫지 못한" 수용자와 시장 연구자들에 의한 수용자의 취향과 선호를 경험적으로 측정하고 예측하려는 것은 헛된 노력이라고 평가하였다. "명백하게 상당히 지속적이며 객관적으로 검증 가능한 욕구를 가진 안정적 수용자라는 가정은 문화영역에서는 적용되지 못한다. 경제학에서 문화로 바뀌면서, 이러한 가정은 인간지능의 자유로운 작용(*free play*)에 대해 명백히 간섭하고 있다(Borneman, 1947: 33; Seldes, 1950 참고)."

41 [역주] 여기서의 '통제'란, 현상에 대한 통제, 혹은 통제에 대한 믿음을 뜻한다.

사람들은 더 많은 지식으로 진정 더욱 강력한 통제가 가능하냐는 의문을 던진다.[42] 영국의 아동 텔레비전 수용자의 구성에 대한 분석에서, 오스웰은 '수용자에 대한 진실'은 수용자와 콘텐트 제공자 사이의 관계에 대한 확신과 통제를 증가시키는 데 기여하기보다 실제로는 불안감만을 증폭시킨다고 주장한다(2002: 116).

몇몇 연구들은 수용자 이해의 합리화에 대한 이러한 과정들은 불확실성의 감소 혹은 통제와 관련되는 것인 만큼 전문주의(*professionalism*)와 합법화(*legitimization*)의 상징적 지표(*symbolic indicators*)의 형성과 유지로 남게 될 (혹은 남게 되도록 지속될) 것이라고 암시한다(Kreshel, 1990, 1993; Schwoch, 1990). 일례로 오스틴(Austin, 1989)은 투자집단(*investment community*)의 시각에서 바라본 이미지 제고를 위한 영화산업의 욕구가 산업이 체계적 수용자 정보시스템을 채택하도록 만든 핵심 원동력이라고 파악하였다. 스타와 콜선(Starr & Corson)은 다양한 조직 맥락에서 데이터에 기반한 의사결정을 선호하는 광범위한 동향과 관련하여 추론하면서, "조직의 성과를 증진하기 위한 정확한 정보에 대한 합리적 필요에 의해서 어느 정도나 데이터에 대한 새로운 수요가 생기는지 그리고 조직 내부의 권력경쟁(*competition for influence*)에서 숫자라는 상징적 가치가 얼마나 되는지 말하기는 어렵다(1987: 422)." 이러한 관점에서 "의사결정에 대한 적절한 태도가 존재하도록 보장하는 의례적 보장(*ritual assurance*)"이라는 데이터의 상징적 가치는

---

42 수용자 행동의 영역에서 데이터와 통제 사이의 관계에 대한 비판적 관점은 여론조사연구원인 조지 갤럽과 영화 수용자 연구개발에서의 갤럽의 역할에 관한 수잔 오머(Susan Ohmer)의 연구에서 찾아볼 수 있다. 이 연구에서 그녀는 "숫자는 통제에 대한 감각을 생성시켰으며 경험의 모든 다중성(*multiplicity*)이 포함될 수도 있다는 환상을 촉진하였다"고 주장한다(2006: 7; 강조는 저자에 의함).

필요한 혹은 실질적으로 분석될 수 있는 것 이상으로 데이터를 수집하게 하는 강렬한 유인을 제공할 수 있다(Feldman & March, 1981: 177). 몇몇 비판론자들은 더 과감하게도 수용자 이해에 대해 더 합리화된 접근에 의존하는 것은 의사결정의 **공식화**(*formulation*)와는 별 관계가 없지만 의사결정의 **정당화**(*justification*)와 보다 관련되어 있다고 주장한다(Bielby & Bielby, 1994; Bogart, 1986b; Seldes, 1950). 이러한 관점에서 오늘날의 의사결정 상황에서는 관련된 수용자 데이터의 체계적 분석이 특정한 행동방침을 지지할 때 그 행동방침이 적절하다고 타인을 설득하는 것이 더 쉬워졌다. 마찬가지로 잘못되었다고 판명된 결정이라도 이러한 분석에 근거했다고 밝혀지면 좀더 쉽게 변호할 수 있다.

더 세부적으로, 우리는 왜 수용자 이해에 대한 합리화가 밟아왔던 특정한 경로를 따랐는가도 설명하고자 한다. 왜 수용자 행동의 특정한 요소들이 수용자 이해의 합리화 과정에서 핵심이 되는 반면, 다른 요소들은 변두리로 치부되는가? 특히, 왜 노출이 광고주지원 미디어에서 수용자 개념화의 강력한 핵심이 되었는가? 이러한 질문들에 답하려는 초창기 시도들 중, 보가트는 수용자와 콘텐트 사이 상호작용에서 보다 복잡한 측면들이 대체로 무시되어 왔다고 주장한다. 그 이유는 이러한 측면들이 "어렵고, 돈이 많이 들며, 다른 영향력들과 구별하는데 시간이 너무 많이 걸리기(1969: 5)" 때문이라고 한다. 결과적으로, "판매되는 연구(*syndicated research*) … 즉 과도하게 상품화된 연구(*over customized research*)의 경제는 단순한 이유로 광고주들이 동일한 데이터 자료에 의존하게 한다. 똑같은 공식을 적용하여 나온 똑같은 숫자는 유사한 전략과 의사결정을 만들어낸다(Bogart, 1976: 109)."[43]

---

43 보가트에 따르면, 메시지 효과 대비 수용자 규모의 강조는 "리스트 상위에 있는 미디어에 대해서는 맞지 않는 수요(*disproportionate demand*)를 그리고 낮게 위치해 있는 미디어에 대해서는 맞지 않는 불리한 조건(*dispropor-*

허르비츠(Hurwitz, 1988)는 초창기의 품질(*quality*)과 인기도(*popularity*)의 접합(接合, *conflation*)이 수용자의 연구에서 일어났다고 주장하였다. 벅스턴(Buxton, 1994)이 말하는 접합은 초창기 학술적 수용자 연구와 산업적 수용자 연구 사이에서 재빨리 등장한 간극(間隙, *fissure*)의 핵심이었다. 1930년대의 수용자 연구자인 해들리 캔트릴(Hadley Cantril)의 서신(書信)에 근거하여, 벅스턴(1994)은 초창기 방송 형성 시기에는 상업방송 사업자조차 수용자 연구에서 발견한 것들이 여러 가지 이유로 자신들의 이해(利害)와 맞지 않기 때문에, 수용자 측면의 매우 좁은 범위를 극복하려는 수용자 연구를 시도하거나 혹은 지원하는 것을 꺼려했음을 보여주었다. 대신 미디어 산업의 수용자 연구와 광고시장 연구 사이에는 초창기부터 매우 강한 연계가 구축되었다. 결과적으로, 광고시장 연구자들의 우선순위가 초창기 수용자 연구를 특징지었던, 어느 정도는 상이했던 우선순위들을 대개 잠식해 버렸다(Hurwitz, 1988). 많은 경우, 시장 조사연구와 수용자 연구(최소한 미디어 산업체에 의해서 실시되었던)의 이러한 '융합'(*convergence*)은 지속되고 있다(Wehner, 2002 참고).

이러한 비판의 핵심적 측면은 수용자 이해에 대한 제도화된 접근은 특히 수용자에 대한 더 전체론적(*holistic*) 접근을 발전시키는 비용과 관련해 최소 저항의 경로(*path of least resistance*)를 답습하려는 경향을 반영한다는 것을 어느 정도 보여준다. 이러한 경향은 수용자 진화과정의 근본적 요소를 대표하는데, 특정한 상황의 집합이 현상유지에서 근본적으로 벗어날 것을 반영하는 방식으로 최소 저항 경로를 재구성해야 할 경우가 돼서야 수용자 진화가 일어난다는 점이 다음에 제시될 것이다.

---

tionate handicap)"을 초래하기 때문에(1976: 109), 이러한 경향의 결과 자원들은 적절하지 않게 배치되기 쉬워진다.

02
미디어 소비의 변환

현재 미디어 환경이 극적으로 변화하고 있다. 언제, 어디서, 어떻게 미디어를 소비할 수 있는가에 대해 신기술들이 수용자들에게 더 많은 선택권과 통제력을 부여하고 있다. 또한 이러한 신기술들은 수용자와 미디어의 상호작용, 수용자가 제공하는 피드백, 최종 미디어 상품에 미치는 영향에 관해 더 많은 기회를 제공해 준다. 물론 오늘날의 미디어 소비자는 소비자 이상의 존재 — 미디어 소비자는 또한 콘텐트의 생산자이며 배급자이다 — 가 되고 있다는 사실 등은 아주 잘 알려져 있다. 제 2장에서는 이러한 기술변화의 기본적 윤곽들과 기술변화가 미디어 소비역학에 어떻게 영향을 미치는가를 제시하면서 시작하기로 한다.

그러나 여기에서의 일차적 목표는 단순한 관찰을 넘어서 이러한 발전들이 어떻게 미디어 산업이 수용자를 개념화하는 것에 영향을 끼치는지 그 의미를 살펴보는 것이다. 변화하는 미디어 소비의 역학은 수용자가 콘텐트 생산자와 배급자, 광고주, 미디어 구매자들에게 의미하는 바에 어떻게 영향을 미치는가? 미디어 소비의 이러한 변화들은 수용자에 대한 제도화된 개념화에 어떠한 부담으로 작용하는가? 이러한 진화상의 변화들은 제도화된 미디어 수용자를 재개념화하는 데 어떠한 기회들을 제공하는가? 이러한 질문들이 바로 이 장의 초점이다.

이번 논의는 현재의 미디어 환경에서 벌어지는 핵심적 변화를 포착하는 세분화(*fragmentation*)와 수용자 자율성(*audience autonomy*)라는 두 가지의 상당히 광범위한 개념들을 중심으로 구성되었다(Napoli, 2003a 참고). 세분화는 미디어 환경이 증가된 일련의 콘텐트 전달 플랫폼들의 규모, 미디어 콘텐트 그 자체가 분절되는(*disaggregating*) 정도, 수용자 관심이 늘어난 일련의 이용 가능한 콘텐트 옵션들에 분포하는 정도 등을 포괄한다. 수용자 자율성은 현재 미디어 환경이 수용자에게 이들이 어떤 미디어를 소비하는가는 물론 언제 어디서 어떻게 소비하는가에 관해서도 전례 없던 수준의 통제력을 제공해 주는 정도, 또한 점차 수용자들이 단순한 미디어 소비자 이상의 능력을 갖게 되면서 미디어 환경에 영향을 미치는 존재가 되어가는 정도 등을 포괄한다.

각각의 개념과 미디어 조직이 수용자를 어떻게 이해하는가에 대한 함의들이 곧 논의될 것이다. 이 장에서 명확하게 보여주겠지만, 뉴미디어 환경의 세분화와 수용자 자율성은 수용자 이해에 대한 기존 접근법을 무력화시키는 동시에, 대안적 접근법에 대한 기회들 역시 열어 둔다. 이러한 대안적 접근을 찾는 것이 바로 다음 장인 제 3장의 핵심이다.

세분화

앞에서 개요를 설명하였듯이(Napoli, 2003a 참고), 미디어 환경과 연계하여 세분화라는 개념은 미디어 세분화(*media fragmentation*)와 수용자 세분화(*audience fragmentation*)라는 두 가지 상호 관련된 요소들로 나누어 볼 수 있다. 이 두 요소들과 이들 사이의 관계는 〈그림 2-1〉에

〈그림 2-1〉 미디어 환경의 세분화

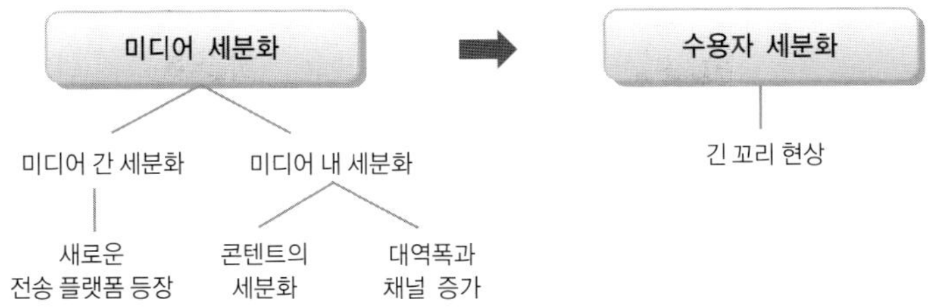

제시되어 있다. 이 경우 미디어 세분화는 미디어 소비자들에게 가용한 콘텐트 옵션들의 범위를 증가시키는 기술적 과정을 의미한다. 따라서 미디어 세분화는 추가적으로 더 나누어 볼 수 있다.

첫째, 우리는 미디어 간 세분화(*inter-media fragmentation*)를 생각해 볼 수 있는데, 이는 새로운 전달 플랫폼들의 증가를 뜻한다. 이러한 새로운 전달 플랫폼들은 추가적인 콘텐트 옵션들의 전달을 촉진시키는 것은 물론 개개의 콘텐트에 접근 가능한 플랫폼들을 확장시키기도 한다. 예를 들어, 오늘 지상파 방송에서 처음으로 방영한 텔레비전 프로그램의 특정 회차(回次)를 이용할 수 있는 플랫폼들로 지상파 방송(*broadcast network*), 케이블의 지상파 재방송(*cable network rerun*), 인터넷 스트리밍 서비스(*Internet stream*), 아이팟 다운로드(iPod *download*), 디지털 비디오 녹화기, 케이블 시스템의 주문형 서비스(*cable system on-demand service*) 등의 다양한 옵션들을 생각해 볼 수 있다(Lotz, 2007 참고). 마찬가지로 사람들이 〈뉴욕타임즈〉를 읽을 수 있는 가능한 모든 메커니즘들〔인쇄판, 아마존의 킨들과 같은 전자책, 휴대전화로 전달되는 온라인 등〕을 생각해 볼 수 있다. 마찬가지로 우리는 히트송(*hit song*)을 들을 수 있는 일련의 플랫폼들을 말해 볼 수도 있다. 한 개의 똑같은 콘텐트가 매우 많은 다양한 미디어 플랫폼들에 걸쳐 소비되기 때문에, 당연히 산업 영역들의 경계를 확실하게 나누는 것이 더욱 힘들어지고 있다. 특정한 전달 플랫폼이라는 관점에서 (즉, 텔레비전 산업 혹은 신문산업과 같은) 미디어 산업을 정의 내리는 것은 더 이상 타당하지 않은데, 그 이유는 개별적 콘텐트 타입들이 최초로 규정된 전달 플랫폼에 더 이상 얽매이지 않기 때문이다.

미디어 내 세분화(*intra-media fragmentation*)는 특정한 미디어 기술 내의 선택지들을 추가적으로 나누는 과정을 의미한다. 가장 구체적 수준에서 본다면, 미디어 내 세분화는 텔레비전과 라디오 방송은 물론 케이블, 위성 TV 그리고 온라인에도 해당되는 대역폭(*bandwidth*)과 채널용량(*channel capacity*)의 증대를 포괄한다. 예를 들면, 전미 케이블 통신협회에 따르면 미국에서 이용 가능한 케이블 텔레비전 네트워크의 가장 최근 집계는 585개라고 한다. 웹사이트의 전 세계적 성장을 고려할 때, 오늘날 운영중인 웹사이트들의 수를 정확하게 집계하는 것은 거의 불가능하겠지만, 최근의 예측치에 따르면 2008년 12월에 약 1억 8,700만 개에 달한다고 한다(Netcraft, 2009).

그다지 많이 연구되고 있지 않지만, 개별적 콘텐트가 더 작은 개별적 요소들로 분화되고 있다는 것도 미디어 내 세분화로 중요하다. 이러한 사례들로는 텔레비전의 전체영상보다는 일부(*clips*)[1]만을 온라인에서 볼 수 있는 것,[2] 혹은 음악 다운로드의 등장 결과 음반산업에서

1 2009년 플로리다 마이애미에서 개최된 수용자와 소비자 측정학회(Audience and Consumer Measurement Conference)에서 미디어 산업 연구자의 발표에 따르면(연구를 위해 참여관찰 방식으로 데이터를 모으기 위한 일환으로 저자가 다녀왔던), 온라인상에서 시청된 비디오의 평균 길이는 2.5분으로, 발표자는 이를 '식사'라기보다 '스낵'이라고 묘사했다.

2 [역주] 한국에서는 흔히 '짤방'이란 신조어로 표현되는 형식이다. 이를테면 프로그램의 특정부분을 편집하여 동영상 공유사이트(이를테면 유튜브)에 올리는 방식이다.

곡단위 모형(*singles model*)[3]이 재등장한 것(*return*) 등이 포함된다. 또한 당연하게도 사람들이 온라인에서 선호하는 섹션에만(심지어 선호하는 저널리스트에만) 초점을 맞출 수 있게 되면서, 많은 섹션들이 하나에 포함된 — 어떤 수용자에게 이 중 상당수는 별로 흥미롭지 않을 수도 있는 — 신문 전체를 구매하는 것은 점점 더 구시대적인 것이 되고 있다. 이러한 사례들 역시 미디어 내 세분화의 형태들이며, 콘텐트 단위 그 자체도 더 작은 단위들로 세분화되면서 기존의 통합된 전체로서의 콘텐트는 점점 더 사라지고 있다.

또한 콘텐트는 전통적으로 콘텐트와 같이 제공되었던 광고와 분리되고 있다. 본질적으로 이 문제가 신문산업을 붕괴시키고 있는데, 신문의 광고란(*classifieds*)과 같은 광고영역들이 일간신문들에서 완전히 분리되면서 크레이그리스트[4]와 몬스터[5]같은 무료 광고 서비스의 형

3 [역주] 곡단위 모형은 음악을 곡단위로 판매(이를테면 온라인에서 음원파일 — 이를테면 MP3 형식 — 을 다운로드 받음) 혹은 임대(음원을 스트리밍 형식으로 실시간 청취함)하는 방식으로 수익을 얻는 모형을 의미한다. 기존의 음악 수익모형은 10～15개가량의 곡들을 앨범이라는 패키지(*package*) 형식으로 판매하였다. 이를테면 카세트테이프나 CD의 경우 인기를 얻을 수 있도록 많은 노력을 기울인 1～2개의 곡들(흔히 타이틀곡이라고 불린다)과 기타 곡들로 구성되어 있다. 앨범단위 모형은 일종의 '끼워팔기'로 볼 수 있는데, 그 이유는 청취자가 원하는 1～2개의 곡들만을 구입하는 것이 불가능하며 별 관심이 없을 수도 있는 나머지 10개 남짓의 곡들도 항상 같이 구입할 수밖에 없기 때문이다.

4 [역주] 크레이그리스트(Craigslist)는 크레이그 뉴마크(Craig Newmark)가 1995년 시작한 온라인 광고 서비스이다. 1995년 당시에는 그가 살고 있던 지역인 샌프란시스코에 거주하는 자신의 친구들에게 지역의 소식을 광고하는 전자메일 기반 서비스였지만, 1996년 웹기반으로 탈바꿈하면서 본격적인 온라인 광고 서비스를 실시했다. 2000년부터는 미국 전역으로 그 서비스 범위를 확장했다. 자세한 정보는 www. craigslist. org를 참고하라.

태로 옮겨가고 있다. 대부분의 다른 미디어와는 달리 신문 수용자들은 신문에 속해 있는 광고에도 가치를 둔다. 다시 말해 광고 페이지와 판매량의 관계에 대한 분석에 따르면, 신문독자들은 신문에서 광고를 더 적게가 아니라 더 많이 보는 것을 선호하는 경향이 있다고 한다.[6] 이는 기존 신문에서 두드러지게 나타났던 광고의 수많은 타입들〔광고란, 구인광고(求人廣告), 자동차 광고 등〕이 왜 독자적 웹사이트로 옮겨가는가에 대한 설명을 보충해 준다. 다양한 형태의 광고가 사라진다는 것은 개별 신문들의 광고수익이 줄어든다는 것은 물론, 감소된 광고 콘텐트를 고려할 때 어떤 독자들에게는 매력이 떨어지는 상품이 되기 때문에 판매량도 줄어든다는 것을 의미한다.

여러 가지 방식을 통해 이와 같은 형태의 기존 미디어 콘텐트 단위의 분절은 오늘날 미디어 콘텐트 생산에 영향을 미치는 핵심적 위기를 대표한다. 그 이유는 이러한 형태의 분절이 오랜 기간 동안 미디어 콘텐트 생산의 핵심이었던 통합(*aggregation*) 및 지원(*support*) 시스템을

---

5 [역주] 몬스터(Monster)는 취업과 이직(移職) 등과 관련된 정보를 공유하고 소개할 수 있는 온라인 광고 서비스이다. 1999년에 서비스를 실시하기 시작했고, 2010년 현재 선두권에 있는 직업검색 사이트 중의 하나로 알려져 있다. 여기서는 몬스터 고용지수(*Monster Employment Index*)란 것을 발표하는데, 이는 온라인상에서 수집된 기업들의 채용계획(*recruitment*) 정보를 바탕으로 구성된 지수이다. 몬스터 고용지수는 채용계획과 실제 고용의 시간차가 약 1~2개월이란 점에서 고용시장을 전망하는 유용한 대리변수로 알려져 있다. 자세한 회사 소개는 www. monster. com을 참고하라.

6 이러한 관계는 "판매부수 나선"(*circulation spiral*) 문헌에서 확립되었는데, 여기서는 광고 페이지의 감소가 구독자 수의 감소로 이어지고, 그 결과 광고 페이지의 감소가 추가적으로 일어나며, 판매부수와 광고 페이지에서 지속적 하향 나선화를 일으킨다는 것을 보여준다(Furhof, 1973; Rosse, 1980 참고).

잠식하기 때문이다. 지금까지는 한두 개의 히트송이 앨범에 수록된 다른 12개의 곡들의 생산을 지원했다. 스포츠와 비즈니스 섹션 때문에 주로 신문을 구매했던 많은 사람들이 더 인기가 적은 섹션들의 생산을 지원하는 자금을 제공하였다. 케이블과 직접 위성방송(DBS: *direct-broadcast satellite*) 서비스 이용자들은 그들이 실제로 시청하지 않는 다른 수많은 케이블 네트워크의 운영을 지원했다. 그러나 콘텐트를 더 자잘한 형태로 소비할 수 있는 단위로 분화시킴으로써 이러한 통합과 지원의 메커니즘이 잠식당하고 있으며, 인기가 별로 없거나 상대적으로 값비싼 콘텐트들은 위기에 빠지게 되었다〔예를 들어 신문 산업에서 탐사 저널리즘(*investigative journalism*)의 미래에 대한 관심은 온라인으로 옮겨가고 있다〕(Starr, 2009 참고).

미디어 기술들이 콘텐트 옵션의 세분화 증가를 촉진시키듯, 수용자 관심의 분포 역시도 어느 정도 그러하며, 이는 수용자 세분화 관점으로 이어진다. 수용자 관심은 이제 전례 없이 다양한 콘텐트에 분포될 수 있다. 어떤 인터넷 수용자 측정회사의 중역은 이러한 세분화 과정을 "몇십만 단위의 수용자들이 몇백 단위로 존재하는 것이 아니라, 몇백 단위의 수용자들이 몇십만 단위로 존재한다"[7]라고 적절히 서술한 바 있다. '협송'(狹送, *narrowcasting*)이라는 개념을 넘어 '편송'(片送, *slivercasting*)이라는 용어가 확대된 수용자 세분화를 반영하기 위해 이용된다(Hansell, 2006; Smith-Shomade, 2004 참고).

〈와이어드 매거진〉(*Wired Magazine*)의 편집자였던 크리스 앤더슨(Chris Anderson, 2006)의 '긴 꼬리' 분석은 이러한 과정의 역동성과

---

7 이 진술의 출처는 뉴욕에서 있었던 IAB의 2008년 수용자 측정 리더십 포럼(Audience Measurement Leadership Forum)에서 실시한 참여관찰 연구 중에 받아 적은 필드노트(*field note*)이다.

〈그림 2-2〉 미디어 소비의 긴 꼬리 현상

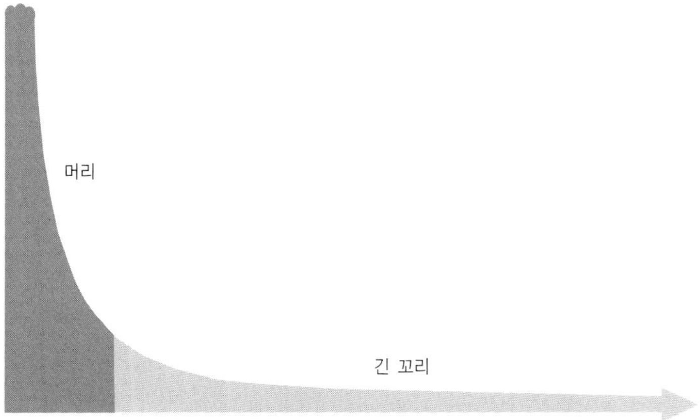

함의에 관한 가장 잘 알려진 연구이다. 애초에 긴 꼬리라는 개념은 잡지 기사들에 대해 시도됐으나(Anderson, 2004) 이후에는 도서(圖書)로 확장됐다(Anderson, 2006). 이 개념은 가용한 콘텐트 옵션들에 걸쳐 있는 극도로 세분화된 수용자 관심의 분포에서 지속적으로 관찰 가능한 패턴에 근거한다. 이 패턴은 〈그림 2-2〉에서 나타나는데, 여기서 우리는 수용자의 관심이 선별된 소수의 '히트'(*hits*, '머리') 들에 모아져 있지만 결국 넓은 영역의 틈새 콘텐트 선택지들(꼬리)에 걸쳐 빠르게 퍼진다는 것을 파악할 수 있다.[8] 흔히 이러한 패턴은 80/20 법칙(80/20 *rule*)으로 불리는데, 이 법칙에 의하면 수입의 80%가 이용 가능한 20%의 상품들에서 얻어진다〔또한 일반적으로 파레토 법칙(*Pareto Principle*)으로 불리기도 한다〕(Brynjolfsson, Hu & Simester, 2007 참고).

8 앤더슨의 '긴 꼬리' 시나리오는 상대적으로 짧은 기간 동안에 상당한 양의 학술적 연구에 영감을 주었다. 예를 들어, 애그랭(Aigrain, 2006), 브린욜프슨, 후, 스미스(Brynjolfsson, Hu & Smith, 2006), 그리고 힐선드(Hillesund, 2007)를 보라.

앤더슨(Anderson, 2006)이 강조하듯, 오늘날의 극심하게 세분화된 미디어 환경에서는 꼬리가 계속해서 길어짐에 따라 꼬리에 포함된 수용자 관심의 합이 '히트'에 속한 수용자 관심의 합들과 경쟁하거나 심지어 능가하기 시작했다. 그러나 앤더슨은 이러한 기본적 관찰에서 벗어나 뉴미디어 환경의 역동성이 히트시장에 대한 틈새시장 콘텐트의 중요성, 그리고 심지어 수익 가능성 또한 증가시키고 있다고 주장한다.

첫째로, 오늘날 수많은 미디어 콘텐트가 디지털 형식으로 저장되고 배급될 수 있기 때문에, 소비자에게 가용한 넓은 범위의 콘텐트의 제작비용이 감소되었으며 따라서 수용자들이 이러한 콘텐트[9]를 제공할 유인도 증가하고 있다(Anderson, 2006). 경제적 관점에서 볼 때 이러한 경향은 수많은 미디어 상품들이 '순수 공공재'(*pure public good*) 모형에 가까워지고 있음을 보여준다. 미디어 콘텐트는 일단 제작되고 난 후에는 추가적 비용이 거의 들지 않으면서 판매, 재판매될 수 있다는 점에서 경제학자들이 '공공재'라고 부르는 고전적 사례에 가깝다(Owen & Wildman, 1992). 영화, 텔레비전 프로그램, 혹은 책 등은 최초 생산물에 대해 추가적 제작비용을 상대적으로 거의 들이지 않으면서 몇십 년 동안 수익을 얻을 수 있다.

역사적으로 미디어 생산물과 같은 공공재의 배급과 판매에 관련되어 부가되는 유일한 비용은 공공재 배급을 촉진시키기 위해 공공재를 '사유재'(*private goods*)에 포함시키면서 발생하는 가격이다. 즉, 영화는 디스크(*disc*)나 비디오테이프에 담겨졌고, 노래는 카세트테이프나 CD에 담겨졌으며, 뉴스는 종이에 인쇄되어 담겨졌다. 공공재를 배급하기 위해 이러한 사유재를 활용한다는 것은 신문을 인쇄하여 도시 전역에 배달하는 비용부터 음반 가게, 비디오 가게, 혹은 서점을 운

9 [역주] 수용자 스스로가 제작한 콘텐트(이를테면 UCC)를 의미한다.

영하는 비용에 이르기까지 생산, 배급, 보관(*warehousing*), 전시 등에 걸쳐 비용이 발생함을 의미한다. 이러한 콘텐트가 디지털의 형태로 온라인 공간에 저장되고 배급되는 상황에서는, 이들 비용의 상당수가 없어지거나 혹은 상당히 감소하며, 과거에 비해 엄청난 양의 콘텐트를 잠재적으로 훨씬 더 많이 이용할 수 있게 하는 것이 가능해졌다. 온라인 쇼핑의 경우 기존 모형에 비해 엄청난 가격감소가 가능해지면서 저장과 배급의 중앙 집중화(*centralization*)가 촉진되고 있듯, 이러한 변화는 심지어 사유재에 포함된 공공재를 판매하던 기존의 저장 및 배급 과정들에도 영향을 끼친다〔예를 들어 아마존과 기존 서점들을 생각해 보라〕.

결과적으로, 기존 서점들, 음반 가게, 영화관, 케이블 시스템들이 가지고 있던 저장과 전시의 수용한계와 연관된 제약들이 아마존, 아이튠즈,[10] 넷플릭스, 디지털 케이블, 웹이라는 확장된 메뉴로 교체되면서 사라지고 우리는 전례 없던 다양한 미디어 환경에서 살게 되었다. 이러한 출처들을 통해 이용할 수 있는 대부분의 콘텐트는 매우 작은 규모의 수용자를 가지지만, 이러한 적은 수용자들이 합쳐지면 상당한 규모를 형성하게 된다.

앤더슨(Anderson, 2006)에 따르면, 현대 미디어 환경의 또 다른 핵심적 특징, 즉 수용자가 이렇게 선택지가 늘어난 미디어 공간을 탐색할 수 있는 다양한 도구들을 갖게 되었다는 점에서 '긴 꼬리' 현상의 중요성은 더 커지게 된다. 동료집단에 의한 추천(*peer recommendations*), 사이트 내 자체 추천(*site-generated recommendations*), 강력하고 다차원

---

10 [역주] 아이튠즈(iTunes)는 아이폰과 아이패드로 유명한 애플사가 만든 멀티미디어 플레이어이다. 2001년부터 출시되었고, PC 내의 음악 혹은 동영상 파일을 관리하거나 앱(*app*)을 통해서 동영상, 음악 파일을 구매할 수 있다.

적인 검색기능(*search features*) 등과 같은 도구들은 모두 수용자들이 자신에게 소구력이 있는 콘텐트가 무엇인지 더 쉽게 찾을 수 있도록 하며, 따라서 수용자들이 이렇게 풍성하게 늘어난 콘텐트를 더욱 쉽게 그리고 더 유용하게 이용할 수 있는 환경을 만들어 준다(Helft, 2009). 아마존, 아이튠즈, 유튜브, 넷플릭스 등과 같은 온라인 콘텐트 제공자의 영업에서 이러한 기능은 중요하다.

앤더슨(Anderson, 2006)은 온라인 환경의 분석에 초점을 맞추지만 우리는 텔레비전과 같은 미디어 맥락에서도 긴 꼬리를 탐색하는 유사한 도구 개발을 확인할 수 있다. 예를 들어 티보(TiVo)와 같은 고급 디지털 비디오 녹화기에 있는 추천기능을 생각해 볼 수 있다. 티보는 이용자가 보이는 시청행동을 학습하고 이용자의 과거 시청패턴에 기반하여 프로그램을 추천하거나 심지어 프로그램을 녹화할 수 있도록 설정되어 있다. 이러한 방식으로 티보 이용자들은 자신들이 심지어 존재하는지 알지 못했던 잊혀진 영화와 텔레비전 프로그램을 시청할 수도 있다. 마찬가지로 오늘날의 전자 프로그램 가이드(*guide*)[11]의 향상된 기능으로 선택 가능한 프로그램들을 (프로그램 타입, 장르, 스타 등의 기준들을 이용하여) 철저하게 찾아보는 것이 가능하다. 확실히 만약 오늘날의 텔레비전 시청자들이 흔히 받아 볼 수 있는 200개 이상의 채널에서 방송되는 프로그램들 중에서 무엇을 시청할지 결정할 때 과거와 같은 '채널서핑'(*channel surfing*)만 이용한다면, 수용자들이 채널의 분포에서 꼬리 끝에 위치해 있는 틈새(*niche*) 채널을 어떠한 방법으로든 선택할 확률은 엄청나게 낮을 것이다.

현재 시청중인 채널에 머문 채로 다른 텔레비전 프로그램 옵션을

11 [역주] 〈TV 가이드〉라는 인쇄된 형식의 TV 프로그램 안내책자와 비슷한 역할을 하나 전자전기 기술에 기반한 가이드란 점에서 사소한 차이가 있다.

아주 간단히 검색할 수 있는 혹은 특정 채널을 듣고 있는 상태에서 다른 위성 라디오 채널에서 흘러나오는 노래들을 아주 간단하게 살펴볼 수 있는 기능들은 점점 더 세분화되는 미디어 환경과 결부된 가치에 영향을 끼친다. 이러한 관점에서 세분화와 탐색가능성은 본질적으로 모든 뉴미디어에 대해서 서로 연관되어(*hand-in-hand*) 있다. 일반적 미디어 소비자가 계속 팽창하고 있는 콘텐트 옵션들의 범위 속에서 가치 있는 것을 찾아내기 위해서는, 필요한 도구들을 이용하여 이토록 복잡한 미디어 환경을 효율적이고 효과적으로 탐색할 수 있으며 그렇게 됨으로써 이렇게 추가된 콘텐트 옵션들을 제공받는 데 필요한 추가적 비용이 진정으로 가치 있다고 강하게 확신할 수 있어야만 한다. 또한 이러한 진술에서 알 수 있듯이, 이러한 상황은 세분화와 수용자 자율성(뒤의 설명 참고)의 과정이 근본적으로 연관되어 있음을 보여주는 핵심과정 중 하나이다.

앤더슨(Anderson, 2006)에 따르면, 인터넷과 같은 디지털화된 공간에서 엄청나게 확장된 콘텐트 저장능력과 인터넷이 제공해 주는 성능이 향상된 상호작용적 탐색도구가 결합됨으로써 전통적인 수용자 관심의 '멱함수 분포'(*power law distribution*)는 오프라인 세계에서 가능했던 것보다 훨씬 더 수익성이 높은 미디어 환경을 만들어내고 있다(Anderson, 2006). 즉, 20%의 콘텐트가 80%의 수익을 창출하던(그리고 어느 누구도 무엇이 인기 있는 20%에 속할지 알 수 없었던) (Napoli, 2003a 참고) 소비동력(*consumption dynamic*)은, '저장공간'(*shelf-space*)의 희소성이 감소하면서 배급비용이 저렴해지고, 소비자들이 다양한 탐색도구와 연계 시스템(*linking system*)을 통해 그토록 드넓은 저장공간을 효율적이고 만족스럽게 탐색할 수 있게 되는 환경에서 더 높은 수익성을 낼 수 있게 되었다. 앤더슨은 이렇게 요약한다. "우리의 문화와 경제는 상대적으로 수요곡선의 머리부분에 위치한 소수의 히트

(*hits*, 즉 주력상품과 시장)에 초점을 맞추는 것에서 벗어나 꼬리부분의 수많은 틈새시장으로 옮겨가고 있다. 물리적 저장공간의 제약과 배급의 병목현상이 존재하지 않는 시대에는 좁게 특성화된 상품과 서비스가 히트에서 얻어내는 금액만큼이나 경제적으로 매력적일 수 있다(2006: 52)."[12]

이러한 환경에서는 콘텐트 제공자는 모든 가능한 콘텐트를 열어 두기에, 소비자 취향에 관한 (때때로 잘못된) 예측에 기반하여 어떤 콘텐트를 내보낼지 혹은 어떤 콘텐트를 내보내지 말아야 할지에 대한 편집자적 판단(*editorial judgment*)을 할 필요가 없다. 또한 콘텐트 제공자는 수익의 상당수가 여전히 20%에서만 창출된다고 하더라도 모든 콘텐트가 최소한 어느 정도의 수익을 창출할 것이라고 확신할 수 있다. 이러한 모형은 다음의 사실들에 근거할 때 더 큰 성공을 거둘 수 있다.

① 콘텐트 제공자는 매우 성공적이라고 증명되는 20%의 콘텐트 옵션들을 가질 수 없게 된다는 걱정을 하지 않아도 된다.
② 남아 있는 콘텐트(긴 꼬리)는 충분히 저렴하게 저장되고 전시되기에, 그리고 소비자들은 충분히 쉽게 그 위치를 찾아 접속할 수 있기에, 이 또한 이윤의 중요한 원천이 될 수 있다.

아마도 긴 꼬리 개념에 대하여 가장 논란이 되는 측면은 수용능력과 뉴미디어 환경의 탐색가능성이, 수용자 시선의 분포라는 측면에서 이면(裏面)에 깔린 이와 같은 패턴의 경제가 단순히 바뀌는 것에 그치지 않고, 수용자의 관심이 분포되는 방식에 얼마나 실질적 변화를 포괄하는가에 관한 것이다. 즉, 탐색기능과 추천시스템과 같은 탐색도

---

12 앤더슨(2006)의 결론에 대한 비판으로는 엘버스(Elberse, 2008), 고메스(Gomes, 2006)를 보라.

구의 효용과 함께, 더 넓어진 범위의 콘텐트 옵션들의 효용이 미디어 소비를 머리부분에서 꼬리부분으로 이동시키는가? 수용자들은 훨씬 더 넓어진 선택지들을 더 쉽게 찾고 접근할 수 있게 된 환경 속에서 선택된 소수의 히트들에 더 초점을 두는 것을 멈추려고 하는가? 앤더슨(Anderson, 2006)은 더욱 많은 콘텐트 옵션들의 이용가능성이 본질적으로 꼬리를 늘리는 것은 물론 콘텐트에 접근할 수 있는 능력을 향상시켜 꼬리가 '두터워'(*fatten*)지게 할 것이며 동시에 머리가 짧아지게 할 것이라는 확신에 찬 주장을 펴고 있다.

위에서 언급하였듯이, 오랫동안 전통적 미디어를 특징지었던 것 중 하나는 긴 꼬리 현상이었다. 현재의 변화는 디지털 저장과 배급의 효율성으로 꼬리가 아주 길어질 수 있는 잠재력을 갖고 있다. 잠재적으로 다음의 두 조건들에 의해 꼬리는 길어질 수 있다.

① 머리나 꼬리의 다른 부분보다 더욱 극단적으로 꼬리의 방향으로 이동한 수용자 관심
② 이전의 경우에 비하여 현재 가용한 콘텐트 옵션들이 많아졌다는 사실의 결과로 파악될 수 있는 추가적 수용자 관심

조건 ②는 더 늘어난 수용능력, 더 저렴한 배급비용, 더 강력해진 탐색능력이라는 미디어 환경으로 옮겨지면서, 전반적인 소비자 복지가 증진되고 전반적인 미디어 소비가 도래할 것이라는 가능성을 인정할 필요가 있다는 사실을 반영한다. 여기서 말하고자 하는 것을 예로 들면, 비디오 가게보다 제한된 그리고 더 찾기 어려운 선택에 직면하는 상황보다 넷플릭스가 제공하는 쉽게 탐색 가능한 엄청난 콘텐트가 제공되는 상황에서 사람들이 더 많은 DVD를 보게 된다는 것이다.

조건 ①에는 긴 꼬리의 최소 몇몇 부분들이 두터워질 수 있는 잠재

력을 갖고 있다는 가정이 내포되어 있다. 이렇게 두터워진 꼬리는 탐색과 추천시스템에 의해 흥미로울 수 있으나 잘 알려지지 않았던 콘텐트를 좀더 쉽게 찾을 수 있게 된 미디어 환경에서 몇몇 콘텐트들이 과거에 가능했던 것보다 더 많은 수용자를 끌어들일 수 있다는 아이디어를 반영한다. 일례로 가정용 비디오를 예를 들어 보자. 비디오 가게 뒤편 선반에서 먼지를 뒤집어쓴 채로 놓여 있는 — 아마도 대부분의 비디오 가게에서는 구할 수조차 없는 — 〈히든〉(*The Hidden*)이라는 잘 알려지지 않은 1980년대 사이언스 픽션 영화(개인적으로 저자가 좋아하는 영화이다) DVD를 상상해 보자. 앤더슨의 논리에 따르면, 액션 영화 애호가는 넷플릭스나 아이튠즈 웹사이트에서 이용할 수 있는 다양한 검색 및 추천시스템 덕분에 이 영화를 더 쉽게 찾을 수 있을 것이다. 넷플릭스나 아이튠즈를 이용해 〈히든〉을 볼 수 있다는 사실 때문에 이 영화에 대한 수용자 규모가 증가될 수 있다. 그렇다고 한다면 아마도 만약 수용자 관심의 총량이 구(舊) 미디어 시나리오와 뉴미디어 시나리오에서 일정할(*constant*) 때, 수용자의 관심이 꼬리로 옮겨지는 것을 용이하게 만들어지면 머리부분은 축소되게 될 것이다. 물론 넷플릭스와 아이튠즈의 검색 및 추천시스템 덕분에 〈히든〉을 좋아할 것 같은 모든 신규 시청자 중에, 과거의 미디어 환경에서는 〈히든〉을 볼 것 같았던 몇몇 시청자들이 똑같은 검색 및 추천시스템 덕분에 더 잘 알려지지 않은 다른 사이언스 픽션 액션영화로 옮겨갈 가능성도 있다. 이러한 관점에서 볼 때, 특정 콘텐트에 미치는 새로운 미디어 환경의 전반적 효과를 확정짓는 것은 쉽지 않다.

이제는 수용자 관심의 총량이 두 시나리오들에서 일정하다고 했던 가정을 버려 보자. 대신에 검색 및 추천시스템을 이용으로 늘어난 다양성과 만족 덕분에 뉴미디어 환경이 수용자 관심을 전반적으로 증가시킨다고 가정해 보자. 즉, 내가 넷플릭스를 이용하면 나는 내가 블록버스터[13]에서 영화를 대여해서 볼 때보다 한 달 평균으로 더 많은 영화를 본다는 말이다. 이러한 모형에서, 긴 꼬리 분포곡선 아래의 전체 영역은 증가한다. 그렇다면 질문은 "어떻게 분포곡선의 전체 형태가 바뀌는 것일까?"이다. 앤더슨의 논리를 따른다면, 대부분의 새로운 수용자 관심은 꼬리부분에 있는 콘텐트로 향하게 될 것이다. 또한 수용자가 블록버스터 모형에서는 접근하기 어려웠던 콘텐트 옵션들에 비로소 접속할 수 있게 되면서 꼬리는 확실하게 더 길어지게 될 것이다. 그러나 꼬리(혹은 최소한 꼬리의 일부분들) 또한 두터워지게 될 것인가? 〈히든〉의 사례로 돌아가 보자. 이 시나리오에서 수용자를 늘릴 수 있는 〈히든〉의 잠재력은 수용자 관심의 양을 일정하게 두었을 때의 시나리오보다 더 증가한다. 이제 〈히든〉은 꼬리에 포함된 수용자뿐만 아니라 예전에 영화를 적극적으로 빌려 보지 않았던 사람들 중에서도 시청자를 끌어올 수 있게 된다. 꼬리가 보다 길어진 상황에서 이용할 수 있는 다른 콘텐트로 인해 시청자를 잃게 되는 가능성이 존재하지만, 지금 우리는 제로섬(*zero-sum*) 게임을 이야기하는 것이 아니기에, 〈히든〉이 이익을 얻게 될 가능성은 앤더슨의 긴 꼬리 시나리오에서는 더욱 커지게 된다. 그리고 우리가 〈히든〉에 대한 이러한 시나리오를 틈새 콘텐트의 전체 합산으로 예측한다면, 어떻게 긴 꼬리 시나리오가 잠재적으로 틈새 콘텐트의 전망을 밝게 해 주는가를 이해할 수 있다.

그러나 뉴미디어 환경으로 바뀌면서 수반되었던 선택지의 극적인 증가가, 성능이 좋아진 검색 및 탐색 시스템에 기인한 개개의 틈새 콘텐트 옵션들에 대한 긍정적 효과를 상회(上廻)할 정도로 충분히 위력

---

13 [역주] 블록버스터(Blockbuster)는 미국의 비디오 / DVD 대여 체인점이다. 최근에는 넷플릭스처럼 우편을 통해 비디오나 DVD를 대여하기도 한다.

적인가라는 질문에는 아직 답을 주지 않았다.[14] 이 질문에 대한 답변은 증가한 선택지와 탐색가능성이 소비 전반을 증가시킬 수 있는가 여부에 거의 좌우된다. 앤더슨에 따르면, 이 질문에 대한 답변은 "산업의 영역에 따라 다르다(2006: 137)"라는 것을 암시하는 정도가 현재까지 증명된 것이라고 할 수 있다. 그러나 현재 합산된 형태의 틈새 콘텐트에 이익이 되는 것이 꼭 개별적인 틈새 콘텐트에게도 이익이 되지는 않는다고 말하는 것이 적당해 보인다. 결론은 만약 꼬리가 두터워지지 않고 단지 길어만 진다면, 과거 미디어 환경에서 잘 알려지지 않았던 콘텐트 옵션들은 뉴미디어 환경에서도 여전히 잘 알려지지 않은 채로 남게 될 것이며 단지 그 수가 늘게 될 뿐이라는 점이다.

긴 꼬리 주장에 대한 몇몇 비판가들은 뉴미디어 환경에서 나타난 늘어난 선택지, 탐색가능성, 검색가능성 등이 '히트' 콘텐트에 비해 틈새 콘텐트의 위상을 강화시키지 않을 것이며, 대신 틈새 결과물에 비해 히트 콘텐트의 위상을 강화시키며, 실제로도 꼬리에 비교하여 머리부분이 훨씬 더 두드러지고 있다고 주장한다. 음악과 영화 소비 데이터를 근거로 한 엘버스(Elberse, 2008; Elberse & Oberholzer-Gee, 2008 참고)의 연구에서는 꼬리가 두꺼워지기보다는 더 길어지고 평평해지는 모습을 보인다. 또한 그녀의 연구는 비록 머리부분이 줄어들기는 하지만, 줄어든 몇 개의 다른 콘텐트들이 상위 10%의 매출을 설명하

---

14 검색비용을 더 저렴하게 만드는 정보기술이 생산품 구매의 분포에서 더 낮은 집중화로 이어진다는 증거를 보기 위해서는, 브린욜프슨, 유, 그리고 시메스터(Brynjolfsson, Yu & Simester, 2007)를 보라. 중요한 것은 이 연구는 구매 가능한 생산품을 전통적인 그리고 온라인 판매 플랫폼들에 걸쳐 일정하게 고정시켰다는 점이다. 물론 검색비용을 감소시키는 것은 물론 생산품의 선택지를 늘리기도 하는 미디어 환경으로의 전환에 대한 이러한 변화의 함의는 기껏해야 불확실하다는 것이다.

고 있음을 보여준다.[15] 이러한 결과에 근거, 그녀는 "개별적인 베스트셀러의 중요성은 시간이 지나도 줄어드는 것이 아니다. 도리어 늘어나고 있다(Elberse, 2008: 92)"고 결론짓는다. 이러한 관점은 유튜브에 올라와 있는 영상들에 대한 수용자 관심의 분포를 점검한 후 "직관과 다르게도, 유튜브에 올라온 요청들의 대다수는 인기 파일들에 심하게 편중되어 있는 듯하다(Cha et al., 2007: 4; Bughin, 2007 참고)"라는 결론을 내린 연구에서도 지지를 받는다.

검색기능과 추천시스템과 같은 도구들은 왜 잠재적으로 긴 꼬리를 두텁게 만드는 데 실패하는 것일까? 더 많은 선택지들의 유효성이 세분화 효과를 일으키는 것을 상쇄시키는, 추천시스템의 작동원리에서 한 가지 이유를 찾을 수 있다. 수많은 검색 및 추천시스템들은 이용자들에게 개별적 미디어 상품의 인기(판매 순위나 다운로드 횟수 등과 같은 맥락에서)가 어떤가에 대한 지표를 제공한다. 몇몇 연구들에서는 이러한 종류의 정보로 소비자가 자신들이 인기가 있다고 알고 있는 콘텐트를 이용하려는 널리 알려진 '편승효과'(*bandwagon effect*)를 증진시킨다는 점을 지적한다(Fleder & Hosanagar, 2009; Salganik & Watts, 2008; Thorson, 2008; Tucker & Zhang, 2007). 게다가 여러 온라인 검색도구들의 운영방식에 내재된 알고리즘은 흔히, 최소한 어느 정도는, 입증된 인기도에 중심을 두는 질서를 유도한다(Finkelstein, 2008 참고). 그러므로 가장 인기 있는 아이템은 가장 먼저 드러나고, 따라서 수용자가 더 잘 접근할 수 있게 된다. 인기 있는 옵션들을 훨씬 더 인기 있게 만들며, 더 나아가 틈새 콘텐트가 수용자를 만나게 될 가능

---

15 예를 들어, 홈비디오 판매에 관한 연구는 2000년부터 2005년까지 주별 매출의 상위 10%를 차지하는 영화 타이틀의 수가 50% 이상 감소했다는 것을 보여준다(Elberse, 2008).

성을 잠식하는 패턴이 나타난다는 것이다.

또 하나의 일반적으로 이용되는 검색 및 추천 도구는 아마존이나 넷플릭스에서 활용하고 있는 소비자제작 리뷰 시스템(*consumer-generated review system*)이다. 이러한 시스템에서 개별 수용자들은 자신이 구매한 미디어 상품에 대해 평가를 하고 구체적인 리뷰를 남길 수 있다. 이러한 정보는 A상품을 좋아했던 사람들은 B상품도 좋아하는 경향이 있다는 논리로 다른 소비자에게 지침이 된다. 한 연구에 따르면 "소비자들은 같은 시기 자신들이 보았던 잘 알려지지 않은 영화의 상품리뷰를 포기하는 대신 역시 자신들이 보았던 성공한(즉 '히트'친) 영화에 대해 리뷰를 남기려는 균형에 맞지 않는 경향성을 보였다(Dellarocas & Narayan, 2007: 24)"로 한다. 즉, 인기 있는 콘텐트를 리뷰하려는 일종의 편승효과가 나타났다. 이러한 경향을 일반적으로 수용자들은 틈새 미디어 상품보다는 '히트' 상품에 더 호의적인 평가를 주려고 하는 경향이 있음을 밝히는 연구(Elberse, 2008)와 함께 고려하면, 전체적으로 긴 꼬리가 두터워지도록 촉진하는 것보다 두터워지는 것을 억제하는 효과가 나타날 가능성이 높다. 결국 이렇게 극적으로 변화하는 기술적 환경이 수용자의 관심의 분포형태를 근본적으로 바꾸지는 않을 것이라는 관점은, 이러한 변화된 기술환경이 콘텐트의 배급과 전시에 관계된 경제를 바꿀 수 있다는 방식만큼이나 여러 방면에서 주목할 만하다.

현시점에서 확실한 것은 긴 꼬리라는 개념을 둘러싼 대부분의 논란과 분석들이 소비자구매 미디어(*consumer-supported media*)에 초점을 맞추고 있다는 것이다. 이러한 점에서, 이들 논란은 소비자가 지불하는 미디어 전시(*exhibition*)라는 요소에 거의 배타적일 정도로 초점을 맞추고 있다. 즉, 긴 꼬리에 관한 논쟁들은 뉴미디어 환경이 콘텐트를 소비자에게 판매하는 역학관계를 어떻게 바꾸는가를 이해하려는 것이다.

현재 모든 가용한 콘텐트 옵션을 제공하는 것은 가능하며 또한 권장할 만한 것이다. 중개상(仲介商, *gatekeeper*)으로 소매업자를 바라보는 기존 관점은 이미 사라지고 있다. 몇십만 권의 책을 보유할 수 있는 서점 혹은 기껏해야 5천 장 정도의 CD를 보유할 수 있는 음반가게들은 아마존과 아이튠즈 시대에 점점 더 시대착오적인 것처럼 보인다.

그러나 이러한 역학관계가 소매상들이 점차로 수용자가 히트들은 물론 실패작(*flops*, 혹은 더 부드럽게 이야기하자면, 틈새 콘텐트)에도 접근할 수 있도록 하는 사업에 뛰어들 필요가 있음을 강조하는 것에 못지않게, 이것이 반드시 틈새 콘텐트를 제작하는 사업에 뛰어드는 것이 과거의 미디어 환경보다 현재에 더 재정적으로 도움이 된다는 것을 — 특히나 긴 꼬리 시나리오가 개별적 콘텐트에 뜻하는 바에 대해 앞에서 분석했던 것의 함의를 고려한다면 — 의미하는 것은 아니다. 개별적 콘텐트 생산자의 관점에서, 아마도 긴 꼬리 시나리오가 갖는 가장 중요한 문제는 긴 꼬리에서 어떻게 수익을 낼 것인가가 아니라 어떻게 두터운 머리쪽에 들어갈 수 있는가이다. 이는 언제나 미디어 산업을 괴롭혔던 문제였으며 또한 머리가 사라질 정도로 평평해지지 않는 한, 긴 꼬리 미디어 세상에서도 여전히 근본적인 문제로 남게 될 것이다.

수용자 시장에서의 긴 꼬리

수용자가 상품을 구매하는 미디어 상황이 아니라 수용자가 상품이 되는 (즉, 광고주지원 미디어) 미디어 상황에서 이러한 긴 꼬리의 역동성이 어떠한 의미를 갖는가 하는 질문은 수용자 진화라는 주제와 직접적으로 관계되어 있다. 미디어 산업에서 나타나는 긴 꼬리 현상의 함의와 관련된 모든 연구들 중에서 이는 놀라울 정도로 거의 논의가 되지 않은 이슈이다. 이러한 불균형은 놀라운데, 그 이유는 광고주지원 미디어에 대한 함의가 소비자기반 미디어에 대한 함의보다 훨씬 더 위력적이기 때문이다.

간단히 말해서 긴 꼬리 현상은 수용자의 등장(*production*)과 판매와 연관되는 대부분의 미디어 기업들을 거의 황폐화시킬 수도 있기 때문이다. 점차로 세분화되는 미디어 환경으로 인해 각각의 개별적 콘텐트 옵션에 대한 수용자 규모가 감소되면서 수용자 관심의 꼬리부분은 지속적으로 길어지고 있다. 마찬가지로 중요한 것은, 엘버스(Elberse, 2008)의 연구가 보여주듯, 성능이 좋아진 검색 및 추천 기능을 포함하는 수용자 인터페이스가 꼬리부분을 두텁게 하는 방식으로 수용자 관심의 분포에 의미 있는 영향을 주는 것 같지는 않지만, 단지 꼬리를 늘려 더 평평하게 만들고 있다는 것이다. 이럴 때 최종적 결과는 많은 미디어 플랫폼에서 현재 벌어지는 핵심현상이라 할 수 있는 끊임없는 쓰레기재활용(*cannibalization*)[16]과 더욱 두드러진 세분화의 과정이다. 세계의 가장 인기 있는 웹사이트들 중 하나에서 광고를 담당하는 중역은 현재의 상황을 '다수 콘텐트의 폭정'(*the tyranny of more*)이라고 묘사하는데, 이는 산업계 내부의 사람들이 — 그것도 검색 및 추천시스템으로 전례 없이 많은 기회를 제공하는 온라인 영역에 있는 산업계 내부의 사람들이 — 오늘날의 풍요로운 미디어 환경을 어떻게 인식하는지를 명확하게 보여주는 지표이다.[17]

텔레비전 맥락에서, 우리는 디지털 케이블과 직접 위성방송의 등장

16 [역주] 이 부분을 이해하기 위해서는 온라인 공간의 콘텐트의 특성을 살펴보면 된다. 몇몇 양질의 콘텐트도 있지만, 대개의 콘텐트는 기존의 것을 조합하거나 다른 콘텐트를 복사한 것이다.

17 이 진술은 뉴욕에서 있었던 IAB의 2008년 MIXX 학회에서 실시한 참여관찰 연구중에 받아 적은 필드노트가 출처이다.

속에서 이러한 시나리오가 끝난 줄 알고 있다. 오늘날 미국의 평균 텔레비전 시청가구는 120개가 넘는 채널을 시청할 수 있으며(Nielson Media Research, 2008), 모든 텔레비전 채널들 중 90%는 약 1%도 되지 못하는 수용자 점유율(*audience shares*)을 보인다.[18] 오늘날의 다채널 비디오 프로그램 전달서비스(*multichannel video programming delivery services*)의 디지털화 그리고 이와 연관된 향상된 전달 능력으로 인해 훨씬 더 많은 네트워크가 형성되었지만, 이러한 추가적 네트워크의 장기적 가치는 (수용자와 콘텐트 제공자 모두에게) 분명하지 않다. 이러한 역동성으로 인해 개별 미디어 회사들은, 마치 아메바와 같이, 지속적으로 세분화되고 있다. 예를 들어 스포츠 프로그램 채널인 ESPN은 8개의 케이블 네트워크로 확장하였다. 다른 프로그램 채널들도 비슷하다. 내가 참석했던 학회의 미디어 산업 패널에서, 나는 어떤 케이블 프로그램 중역에게 이렇게 네트워크를 지속적으로 팽창시키는 그리고 실질적으로 중심 네트워크들을 추가적인 그리고 관련된 네트워크를 시작함으로써 자기잠식 해가는 전략이 과연 좋은 전략인지 질문하였다. "우리가 하지 않으면, 다른 누군가가 할 것입니다"라는 것이 그 중역의 답변이었다. 이 답변은 풍요해진 콘텐트 관련 기술들이, 근본적으로 그 속성이 방어적인 전략적 의사결정으로 몰아가고 있으며, 수용자 관심을 필요로 하는 미디어 산물이 끊임없이 증폭되는 환경 속에서 수용자 관심의 점유율이 줄어드는 것을 방지하고 현상을 보존시키려고 시도한다는 사실을 강조한다.[19]

---

18 이 통계치는 이 책의 참여관찰 연구 시 저자가 참여했던 ARF의 2008년 수용자 측정 3.0 학회에서 수용자 측정회사 중역이 발표하는 동안 제시한 것이다.

19 이 인용은 2005년 뉴욕의 포드햄 대학의 경영대학원에서 있었던 어떤 케이블 회사의 정보/고용 세션에서 참여관찰 연구중에 받아 적은 필드노트가 출처이다.

광고주지원 미디어는 본질적으로 사용자 세분화의 무게에 짓눌려 힘을 잃어가고 있다(Garfield, 2009). 특히나 수용자 노출이 수용자 매매(賣買, *exchange*)의 근본적 기준으로 남아 있게 되면, 광고주지원 미디어의 상당수는 결국 붕괴할지도 모른다. 그러나 이러한 붕괴의 징후들이 반드시 우리가 생각하는 것으로 끝나지 않을 수도 있다는 인식이 중요하다. 예를 들어, 우리는 조만간 케이블 네트워크의 수가 극적으로 감소할 것이라고 혹은 웹사이트의 수가 엄청나게 줄어들 것이라고 예상하지는 않는다. 현상적으로 보고 있는 '채널들'을 넘어 현재 생산되고 배급되는 내면의 콘텐트 — 혹은 부족한 콘텐트 — 를 점검할 때만 우리는 초래되고 있는 손실을 파악할 수 있다. 텔레비전을 예로 들면, 텔레비전 산업에 관한 데이터는 케이블 네트워크에 대한 잠재적 수용자가 감소되면, 프로그램 제작에 투입되는 총 금액은 더 많이 줄어든다는 것을 보여준다. 예를 들면, 디스커버리,[20] 니켈로디언,[21] 그리고 MTV[22] 등의 네트워크들은 9천만 명 이상의 이용자를 보유하고 있으며, 매년 약 2억 5천만 달러 정도를 프로그램 제작에 소비한다. 이렇게 많은 이용자들의 대략 절반 정도의 수준인 케이블 네트

20 [역주] 디스커버리(Discovery) 는 1985년에 단독 채널로 설립되어, 현재는 100개가 넘는 채널을 갖고 있으며, Discovery Communications, Inc. 이 운영하고 있다. 주로 과학, 역사, 자연(동/식물)과 관련된 오락물을 제작하고 있다.

21 [역주] 니켈로디언(Nickelodeon)은 미국의 케이블 네트워크이며, 1979년에 방송을 시작했다. 주로 유아, 어린이, 청소년 관련 프로그램을 제작하고 있다. 원래 니켈로디언이라는 말은 5센트(*nickel*)와 풍금(*melodeon*)의 합성어인데, 20세기 초 미국에서 인기를 끌었던 초기 영화관을 의미한다.

22 [역주] MTV는 음악전문 채널로 1981년에 방송을 시작하였으며 현재는 패션, 미용, 디자인, 영화, 애니메이션 등으로 영역을 넓혔다. 현재는 ViaCom International, Inc. 에 의해 운영된다.

워크들〔블룸버그,[23] 닉툰스,[24] 그리고 내셔널지오그래픽[25] 등의 네트워크) 을 살펴보면, 이들의 연간 프로그램 제작예산은 약 3천 5백만 달러까지 떨어진다. 그리고 다시 잠재적 수용자 규모가 절반이 되는 경우(부메랑),[26] 아니메 네트워크[27]와 같은 네트워크의 경우 겨우 2천만, 2천 5백만 명의 이용자가 있다〕, 연간 프로그램 제작예산은 약 1억 2천만 달러 정도까지 떨어진다(Goolsbee, 2007 참고).

여기서의 핵심은 수용자 규모의 감소와 제작비용의 감소가 균형이 맞지 않는다는 점이다. 분명히 말해 이 네트워크들은 이러한 상황 속에서도 생존은 가능하다. 그러나 이들이 생존할 수 있는 것은 저예산

---

23 [역주] 블룸버그(Bloomberg) 채널은 1981년에 설립되었고, 초창기에는 방송사의 형태가 아니라 금융회사를 상대로 전용 단말기를 통해 실시간 금융 정보를 제공하는 회사였다. 그러다가 1990년 금융정보를 전문적으로 제공하는 방송을 시작했고, 2009년에는 미국의 유력 경제잡지인 〈비즈니스위크〉(*Business Week*) 도 인수하였다. 창업자인 마이클 블룸버그(Michael Bloomberg) 는 공화당 후보로서 2001, 2005, 2009년도 뉴욕 시장선거에서 승리한 성공한 정치인이기도 하다.

24 [역주] 닉툰스(Nicktoons) 는 니켈로디언(nickelodeon) 과 만화(*cartoon*) 의 합성어이며, 이름에서도 알 수 있듯 니켈로디언 채널과는 자매채널(*sister channel*) 이다. 2002년 방송을 시작했고, 만화관련 방송을 전문으로 한다.

25 [역주] 내셔널지오그래픽(National Geographic) 은 전미 지리학회(National Geographic Society) 에서 만든 논픽션 프로그램을 방영하는 채널이다. 1997년에 첫 방송을 실시했고, 주로 자연, 문화, 과학, 역사 등과 관련된 프로그램들을 방송한다.

26 [역주] 부메랑(Boomerang) 은 타임워너(Time Warner) 의 자회사인 TBS (Turner Broadcasting System) 가 소유한 케이블 네트워크이다. 2000년에 첫 방송을 실시했고 주로 만화를 재방영한다.

27 [역주] 아니메 네트워크(Anime Network) 는 2002년에 첫 방송을 실시하였고, 이름에서 알 수 있듯 만화를 전문으로 방송한다.

프로그램의 형태를 취하거나, 혹은 더 중요하게는 프로그램에 투입된 개별 제작비로부터 가능한 한 많은 마일리지(프로그램이 방송되는 총 시간이라는 의미로)를 뽑아내기 위해 각각의 개별 프로그램들을 계속해서 엄청나게 반복하는 특성을 보이기 때문이다.

수용자 연구자인 제임스 G. 웹스터(James G. Webster, 2006)는 수용자 관심의 분포라는 맥락에서, 그의 표현을 빌자면, "겉치장에 불과한 세분화 내면"(*beneath of veneer of fragmentation*)을 탐색하는 연구를 실시했다. 만약 웹스터와 동일한 분석적 방향성을 택한 후 콘텐트와 관련한 겉치장에 불과한 세분화의 내면을 들여다본다면, 우리가 발견할 수 있는 것은 표면적으로는 엄청날 정도의 선택지가 있는 반면〔텔레비전 채널 수, 웹사이트 수, 혹은 라디오국 수 등의 맥락에서〕, 내면으로 들어가면 이렇게 이용 가능한 모든 선택지들에서 분포되어 있는 콘텐트의 양이 상대적으로 제한적이라는 사실이다. 이것은 이용할 수 있는 상당한 분량의 콘텐트에 다양성이 존재하지 않는다고 말하는 것이 아니라, 단지 이용할 수 있는 '채널'을 분석단위로 이용하면 미디어 세분화가 콘텐트의 풍성함에 미치는 영향이 극적으로 과장되었다고 말하는 것이다.[28]

산업계에서 거론되는 용어인 '용도변경'(*repurposing*) (Caldwell, 2006;

---

28 이러한 이유 때문에 카스 선스타인(Cass Sunstein, 2007)과 같은 저자들이 미디어 환경의 세분화가 공유문화(*shared culture*)의 소멸을 이끌 것이라고 말하는 우려는 조금 극단적인 것 같다. 오늘날의 미디어 시스템 활동의 대부분은 다른 '채널'로부터 반복되거나 혹은 재활용되는 콘텐트를 포함하거나 다른 미디어 채널의 활동이나 콘텐트를 보도하는 것인데, 이들의 최종 결과는 해당 콘텐트가 누군가에게 도달할 수 있는 너무도 많은 경로들이 있기 때문에 개개인은 불가피하게 너무 많은 같은 콘텐트에 노출되는 경우에 빠지게 되는, 아주 강력한 반향실(反響室, *echo chamber*)이 된다.

Reynolds, 2000 참고)은 오늘날의 엄청나게 세분화된 미디어 환경을 효과적으로 탐색할 수 있는 미디어 조직에 필수적이다(Chris, 2006 참고). 용도변경 전략은 우리가 일반적으로 '틈새' 콘텐트라고 간주하는 것들의 대부분이 대체적으로 틈새 수용자에게만 전달하겠다는 의도를 갖고 제작되지 않았던 콘텐트라고 할 정도로 극단적인 모습을 취하고 있음을 보여준다. 용도변경을 통해 본질적으로 콘텐트가 틈새 콘텐트로 재전환될(*repositioned*) 뿐이다. 예를 들어, 최근에 나는 내가 이용할 수 있는 TV 채널들을 목적 없이 이리저리 돌려보다가 1970년대에 리메이크(*remake*)된 〈킹콩〉(*King Kong*)을 보게 되었다. 나는 예전에 이 영화 전체를 다 본적이 없었기 때문에 이것을 보기로 결정하였다. 이 영화는 그 당시(결국은 실패하기는 했다) 할리우드가 엄청나게 많은 예산을 들여 제작하였기에, 분명하게 틈새 수용자를 위해 생산된 것으로 간주될 수 없다. 그러기에 상업광고 시간이 되어서 나는, 30대 중반의 남성인 내가, 로맨스와 연인관계를 다루는 드라마 장르에 매우 집중하고 있는 영화 프로그램을 방영하는 네트워크인, WE 네트워크[29]에서 〈킹콩〉을 보고 있었다는 사실에 매우 놀랐고 모순을 느끼게 되었다. 〈킹콩〉은 영화산업 용어로 흔히 '여성용 영화'(*chick flick*)라고 언급되는 틈새 콘텐트로 용도변경 되었던 것이다.

〈킹콩〉 사례는 몇 가지 시사점을 명백히 보여준다. 첫째, 오늘날의 매우 세분화된 미디어 환경에서, 저렴하게 채워질 수 있는 엄청나게 많은 콘텐트 공백(*content hole*)을 고려할 때 과거의 실패한 콘텐트조차 유통기한(*shelf life*)이 연장될 수 있다. 둘째, 우리는 오늘날의 엄청나

29 [역주] WE(Women's Entertainment) 네트워크는 1997년에 첫 방송을 시작한 케이블 네트워크이다. 주로 여성취향의 토크쇼, 텔레비전용 영화, 과거에 인기 있었던 TV 드라마를 재방영한다.

게 세분화된 미디어 환경으로 인해 진짜 틈새 콘텐트의 제작과 배급이 얼마나 증가되었는지를 과장하지 않도록 주의할 필요가 있다. 두 번째와 관련, 세분화 경제(*economics of fragmentation*)에서는 진짜 틈새 콘텐트의 생산과 배급이 기대되거나 혹은 일반적으로 가정되는 정도까지 결코 일어나지 못한다.

세분화가 콘텐트 생산 예산에 미치는 압박이 격화되면서, 결과는 재활용(*recycling*)과 용도변경의 형태로 나타나는 것은 물론 미디어 조직이 다양한 형태의 이용자제작 콘텐트(*user-generated content*)에 점점 의존하는 현상으로도 나타난다는 것을(Cohen, 2008; Thurman, 2008 참고) 인식하는 것이 중요하다. 예를 들어, 오늘날 우리는 텔레비전과 온라인의 뉴스보도가 점점 더, 제작사 웹사이트들에 올라온 블로그와 휴대전화 사진기로 전송되는 영상물의 이용과 같은 형태로 수용자의 제보(*reporting*)에 의지한다는 것을 알 수 있다. 이용자제작 콘텐트는 수용자 자율성 관점을 다룰 때 나중에 자세히 논의하게 될 것이다. 그러나 여기서는 세분화 그리고 이용자제작 콘텐트와 미디어 조직의 활동 사이의 결합은 관련 있는 현상이며, 용도변경과 재활용을 촉진시키는 것과는 별개로, 미디어 환경의 세분화로 인해 미디어 조직들은 실질적으로 미디어 콘텐트를 공급하게 된 소비자들에게 점차로 의지하게 되었다는 점을 강조하는 것이 중요하다. 이것이 세분화와 수용자 자율성의 두 개념 사이의 중요한 연결지점이다.

세분화 과정은 매우 다채로운 수용자의 관심을 겨냥할 수 있는 수많은 새롭고 창조적인 콘텐트 옵션의 개발로 이어지는 방식으로 발전을 만들어 줄 수 있다. 그럼에도 불구하고, 더 세분화된 미디어환경의 부산물이라 볼 수 있는 구체적인 수용자 집단을 겨냥할 수 있는 효율성과 능력이 증가되었다는 사실은 수용자 시장에서 광고주지원 미디어 시스템을 지탱하기에 필수적인 부가가치(*added value*)의 형태로 변환되지 못하고 있다는 점에서 특히 광고주지원 미디어를 어렵게 만들고 있다. 미디어 경제학자인 데이비드 워터만(David Waterman)이 말하듯, "인터넷 기술이 … 방송 프로그램을 지원할 수 있는 더 효율적인 광고주지원(*advertising-based*) 사업을 약속하는 듯하나, 과거의 사례는 어마어마한 현실적 제약조건들이 있음을 보여주었다. 첫째, 다채널 케이블 텔레비전은 수많은 새로운 광고주들과 총 40조 달러의 광고시장을 형성시켰지만, 더 특정한 인구집단(*segmentation*)에 더 높은 요금을 매기는 '잡지모형'(*magazine model*)처럼 아직 구체화되지는 않고 있다(2004: 67)." 워터만의 말처럼, 상대적으로 극소수의 케이블 네트워크만이 진정한 틈새 수용자를 성공적으로 길러냈다(MTV가 그 예이다).

또한 워터만의 언급처럼, 평균적으로 케이블 네트워크 광고요금의 1천 명당 경비효율지표(CPM: *cost-per-thousand*)[30]는 주요 지상파 방송의 경비효율지표보다 아직 낮다. 최근 추정치에 따르면 케이블 네트워크의 평균 CPM이 11달러인 데 반해, 지상파 방송의 CPM이 평균 30달러라고 한다.[31] 규모가 작은 수용자보다 규모가 큰 수용자가 1인당 가치는 훨씬 크다. 결과적으로, 케이블 네트워크는 지상파 텔레비전 수용자의 점유율보다 낮은 광고비용 점유율을 보인다. 같은 패턴

30 [역주] 때때로 cost-per-millenium로 표기되기도 하며〔CPM은 이것의 두음(頭音) 표기이다〕 광고의 효율을 재는 잘 알려진 지표로, 독자나 시·청취자 1천 명에게 도달하기 위해 소요되는 경비를 의미한다. 즉, 만약 광고주가 1백만 명이 해당광고를 보기를 원하는데, 필요한 광고비가 1천만 원일 경우, CPM은 만 원이 된다.

$$\left(\frac{₩10,000,000}{1,000,000\text{명}} = ₩10,000/1,000\text{명}\right)$$

31 이것은 기본 케이블 네트워크의 일반적인 밤 시간 시청이 가구 시청의 거의 60%를 설명한다는 사실에도 불구하고, 4대 지상파 방송 네트워크가 고작 35%를 설명하는 것과 비교할 수 있다(Fitzgerald, 2009b).

이 온라인에서도 나타나는데, 몇몇 분석가들은 텔레비전 시장을 특징지어온 패턴들과 비교하는 방식에 따르면(Klaassen, 2006b 참고) 상위 웹사이트들이 온라인 수용자 관심 점유율을 유의미하게 초과하는 온라인 광고비 점유율을 보인다고 한다. 상위 10개의 웹사이트가 웹 트래픽(*web traffic*)[32] 중 26%만을 차지하는 반면(Hindman, 2009), 이들은 전체 온라인 광고수익의 거의 70%를 차지하는 것으로 추정된다(Klaasen, 2007).[33] 이 사실은 더 좁게 정의되고 더 동질적인 틈새 수용자로 인해 대부분의 광고주들이 기꺼이 프리미엄을 내려고 하는 효율적인 표적선정(*targeting*)의 기회가 제공된다는 상식적 관점과 대치된다. 긴 꼬리 현상의 용어로 다시 돌아가면, 이러한 패턴들은 머리쪽에 몰려 있는 수용자 관심이 꼬리쪽에 있는 수용자 관심보다 실제로 더 상업화될 수 있다는 것을 암시한다. 광고수익 분포의 머리부분은 수용자 관심분포의 머리부분보다 훨씬 두드러지며, 꼬리부분은 더더욱 얇아지게 된다. 여기서의 핵심은 광고주지원 미디어 영역에서 일반적으로 '히트'는 가용한 광고비용 중 불균형적으로 높은 점유율을 보유할 수 있으며, 대부분의 틈새 콘텐트 옵션들은 남은 광고비용을 두고 경쟁하게 된다는 점이다. 그러므로 총합이라는 점에서 틈새 콘텐

32 [역주] 원래 트래픽이란 특정 전송로상에서 일정 시간 내에 흐르는 데이터의 양을 뜻한다. 총 트래픽은 KB, MB, GB 등으로 표시되며, 특정한 컴퓨터 파일의 용량이 얼마나 많은 이용자들에게 이용되는가를 측정할 수 있다. 이를테면, 2MB짜리의 파일을 50명의 사람들이 동시에 이용하면 100MB가 총 트래픽이 된다.

33 온라인상에서의 수용자 관심이 상대적으로 소수의 정보원들을 중심으로 뭉쳐 있는 경향을 검토한 추가적 연구에 대해서는, 달버그(Dahlberg, 2004; 2005), 웹스터와 린(Webster & Lin, 2002) 그리고 임정수(Yim, 2003)를 보라.

트가 전체 수용자 관심의 상당한 부분을 차지하는 정도라고 하더라도, 해당 콘텐트의 경우 아직은 수용자 관심의 점유율이 광고비용 점유율로 변화될 수는 없게 된다.

이러한 논의가 보여주듯, 대부분의 경우 긴 꼬리 시나리오가 미디어 산업에 불러올 수 있는 어떠한 열망(*excitement*)과 기회는 대개 소비자 기반 미디어에 한정되게 된다. 최소한 이 시나리오는 광고주에게 수용자를 얼마나 판매하는가에 매우 의존하는 미디어의 경우 앞날이 그다지 밝지 못하다. 만약 점차로 소비자기반 미디어의 전시요소(*exhibition component*)를 특징짓는 중앙 집중화된 원스톱(*one-stop*) 쇼핑모형을 통해 광고주지원 미디어의 전시요소가 운영된다면 — 다시 말해, 넷플릭스를 통해 소비자들이 거의 모든 가능한 영화에 접근하거나 아마존을 통해 거의 모든 가능한 서적들에 접근하듯이 만약 광고주가 가능한 모든 수용자에게 하나의 출처를 통해 접근할 수 있다면 — 이러한 전망은 달라질 수 있다.

온라인 광고 네트워크의 발전은 여러 면에서 이러한 관점을 반영한다. 온라인 광고 네트워크에서는, 콘텐트 제공자들의 집단이 자신들의 인터넷 트래픽을 합산하여 광고주들에게 판매한다. 최근의 한 연구에 따르면, 이러한 네트워크의 사용량은 2006년에 판매된 광고도달수(廣告到達數, *ad impressions*)[34]의 약 5%에서 2007년에는 30%로 증가하였다고 한다(IAB, 2008b). 한 컨설팅 보고서에 따르면, 온라인 광고 네트워크는 "인터넷의 긴 꼬리를 상업화하기 위한 필수적 운송매체(*vehicle*)이다. 과거에 구매하기 너무 어려웠던 혹은 구매할 필요가 없었던 트래픽을 합산함으로써, 광고 네트워크는 소규모 그리고 중간규

---

34 [역주] 광고도달수는 CPM과 유사한 개념이지만, 주어진 매체와 연계되어 있는 광고에 노출된 사람들을 의미한다는 점에서 약간 다르다.

모의 온라인 생산자들에게, 그러지 않았을 때 가능했던 것보다 훨씬 더 많은 광고수익을 가져다줄 수 있었다(Desilva & Phillips, 2008: 2)."

위의 단락은 세분화가 광고주지원 미디어에 제기하는 핵심문제를 바로 지적한다. 특히, 수용자 관심이 점점 더 세분화되고 있는 상황에서 기존과 같이 수용자 이해에 관해 노출에 중심을 둔 접근으로는 수용자 시장에서 만족스러운 기초의 역할을 할 '통화'(*currency*)를 제공하기가 더욱 어렵다. 수많은 엄청나게 세분화된 상황 속에서, 수용자 관심을 구매하는 것은 실질적으로 너무 어려워지거나 혹은 광고주와 미디어가 이용할 수 있는 수용자 관심은 소구력이 떨어진다.

이러한 방식으로 왜 수용자 관심의 세분화의 가치가 줄어드는가? 현재 일어나는 상황은 수용자 시장에서 전통적으로 통화를 공급해왔던 수용자 정보시스템이 이용 가능한 콘텐트 옵션의 모든 범위에 걸쳐 수용자 관심의 분포를 신뢰성 있게 대표할 수 있는 가능성이라는 측면에서 실질적 한계에 부딪히고 있음을 보여준다. 실질적으로 수용자 관심의 긴 꼬리 분포를 측정하는 것은 이와 같이 엄청나게 세분화된 미디어 환경에서는 훨씬 더 어려워지고 있다. 미디어와 수용자의 세분화는 장기간 수용자 시장의 핵심이 되었던 기존의 노출기반 수용자 정보시스템에 압박을 가하고 잠식하고 있다(Ang, 1991; Ross & Nightingale, 2003; Webster, 2008 참고). 결과적으로 수용자 노출의 이용 가능한 대표성(*representation*)의 '특성'은 긴 꼬리쪽으로 갈수록 떨어지게 된다.[35]

특히, 훨씬 더 폭넓어진 콘텐트 옵션들에 거쳐 그리고 훨씬 더 많아진 전달 플랫폼들에 걸쳐 오늘날 수용자들이 어떻게 분포하는가의 문

35 텔레비전 맥락에서 한 수용자 측정회사 중역이 언급하듯이, "일단 평가되지 않고 있는 네트워크들과 지역 TV 시장을 탐색하기 시작하면, 현재 TV가 대표하는 콘텐트 공급과 배급의 '긴 꼬리' 효과는 상대적으로 '작은' 패널 데이터의 샘플로 적절하게 나타낼 수 없다(Oscar, 2008: 2)."

제는 충분히 크고 대표성 있는 수용자 표본을 형성하고 체계적으로 측정하는 것에 주안을 두는 기존의 패널기반(*panel-based*) 측정을 어렵게 한다(Faasse, 2007 참고). 미디어 수용자에 대한 표본기반 접근의 생존 가능성은 수용자 관심이 너무 넓게 퍼져 있는 미디어 환경에서 점점 더 회의적으로 변하고 있다(McDonald, 2008 참고). 대표성과 신뢰성이 있는 표본을 구하는 것은 수용자 측정산업에서 언제나 어려운 일이었다(Starkey, 2004 참고). 그러나 측정회사가 가능한 콘텐트 옵션들의 풍요로움 그리고 콘텐트 소비가 가능한 모든 플랫폼을 통해 수용자 관심의 참된 분포를 알아내기에 충분히 큰(*large enough*) 대표성 있는 수용자 패널을 충원하고 유지하는 것은 그저 불가능한 일이란 점을 인식하게 될 것이다. 극단적 사례지만, 인터넷 수용자 측정회사인 컴스코어는 200만 명이 넘는 사람들로 구성된 패널을 갖고 있지만, 웹사이트는 1억 8,700만 개가 넘는다는 것을 생각해 보라. 패널기반 데이터의 효용성은 최소한의 통계적 타당성과 신뢰성을 갖출 수 있는 충분한 수의 이용자들을 보유한 몇몇 소수의 웹사이트들로 제한될 수밖에 없다.

표본들이 좋지 않을 때의 결과는 데이터 내에서 예측 불가능한 변동들이 발견된다는 것과 기초적 노출 데이터의 정확도가 떨어진다는 것이다(Kirkham, 1996). 이러한 패턴은 패널기반 데이터의 기술적(記述的) 그리고 분석적(즉 수용자의 미래 행동을 예측하는 의미의) 효용성을 떨어뜨린다. 예를 들어 단순히 가장 인기 있는 10개의 웹사이트들의 순위 매김이란 점에서 여러 웹 수용자 측정회사들 간에 상당한 차이가 있다는 연구가 있다. 이러한 차이는 프레임에 최상위 100개 웹사이트를 포함할 때 극적으로 커진다. 이 경우 측정서비스 사이에 평균적으로 고작 40%의 일치율을 보이는 것에 그친다(Lo & Sedhain, 2006).

대부분의 케이블 네트워크와 웹사이트들은 수용자 규모가 너무 작아서 닐슨과 컴스코어가 운영하는 기존의 패널기반 수용자 측정시스템에서 보고되기 힘들 정도이다. 닐슨은 미국에서 운영중인 500개가 넘는 케이블 네트워크들 중에서 약 80개 네트워크에 대해서만 시청률을 제공할 수 있을 뿐이다. 남아 있는 약 400개가 넘는 네트워크들은 평균적으로 현재 닐슨의 전미 텔레비전 수용자 측정 표본에 포함된 대략 1만 3천 가구로는 정확히 측정되기에 너무 적은 규모의 수용자가 있을 뿐이다.[36] 그러나 이렇게 측정할 수 없는 네트워크들을 다 합치면 텔레비전 시청의 약 25%를 차지한다(McClellan, 2008b).[37] 라디오 수용자 측정회사인 아비트론의 경우 미국에서 운영중인 1만 3천 개의 라디오 방송국 중에서 오직 절반 정도에 대해서만 수용자 청취율을 제공한다(Gunzerath, 2001). 잡지 수용자 측정회사인 MRI[38]는 5천 개가 넘는 잡지 중에서 오직 232개의 수용자만을 측정한다.[39] 신문 수용자 측

---

36 닐슨은 2011년까지 3만 6천여 가구의 전국 텔레비전 가구샘플을 보유하려 한다(Learmonth, 2007).

37 25%라는 추정은 케이블 시스템 운영업체인 차터 커뮤니케이션(Charter Communication)이 로스앤젤레스 시장에서의 셋톱박스 데이터를 분석한 결과에서 나온 것이다(McClellan, 2008b). 이 책을 위해 인터뷰를 했던 닐슨사의 한 중역에 따르면, 보고되지 않는 시청의 전국 평균은 전체 텔레비전 시청의 8%에 가깝다고 한다. 셋톱박스를 통해 텔레비전 수용자를 측정하려는 활동을 선도하는 한 케이블 산업의 중역은 "닐슨은 오직 상위 102개의 프로그램만을 측정할 수 있을 뿐"이며, 닐슨이 다른 모든 프로그램들에 대해서는 체계적인 수용자 데이터를 방기(放棄)하고 있다고 말했다(Kaplan, 2008: 1).

38 [역주] 미국의 시장조사 회사이다. 흔히 GfK MRI로 더 유명하다. GfK는 Gesellschaft für Konsumforschung(시장조사를 위한 모임)의 두음자 표기인데, 짐작하듯 독일계 회사이다. 시장조사 회사로서는 세계 5위(전 세계 시장조사 중 5.5% 점유율)이다. 관련정보는 http:// www.gfkmri.com에서 찾아볼 수 있다.

39 이 통계치는 2007년 6월 뉴욕에서 개최된 ARF의 수용자 측정 2.0 학회에

정회사인 스카보로(Scarborough)는 종이 플랫폼과 온라인 플랫폼 모두에서 신문 수용자를 측정하려고 노력하는데, 종이신문이나 온라인 신문을 구매하는 지역별 신문시장의 수용자 데이터를 보고할 뿐, 웹에 접속해서 신문을 읽는 구매시장 바깥의(*out-of-market*) 모든 수용자들은 보고하지 않는다.[40] 또한 여기서 가장 극단에 위치하는 것은, 1억 8,700만 개로 추정되는 이용가능 웹사이트 중에서 거의 1만 5천~3만 개[41]에 대해서만 상세한 수용자 예측치를 제공하는 닐슨의 넷레이팅[42]이나 컴스코어와 같은 인터넷 수용자 측정회사이다. 최근 한 미디어 중역의 말처럼 핵심은 "기존의 수용자 측정은 긴 꼬리 곡선의 꼬리쪽보

서 콘드 나스트 퍼블리케이션 사(Conde Nast Publications)의 스콧 맥도널드(Scot McDonald)의 발표가 출처이다.

40 이러한 방법론적 세부사항들은 2009년 3월에 마이애미 대학에서 열렸던 그리고 이 책의 참여관찰 데이터 수집의 한 부분으로 저자가 참여하였던 수용자와 소비자 측정에서의 발전(Advances in Audience and Consumer Measurement) 학회에서 스카보로의 한 중역이 발표한 내용이 그 출처다.

41 1만 5천 개라는 추정은 2008년 IAB MIXX 학회에서 수행한 참여관찰 연구 중에 얻은 "패널기반 온라인 수용자 측정의 위력을 실현시키기"라는 제목의 컴스코어 미디어 메트릭스 2.0(comScore Media Metrix 2.0) 홍보전단이 출처이다. 닐슨의 넷뷰(NetView)는 자신들의 패널 서비스가 대략 2만 8천 개의 온라인 브랜드와 채널들에 대한 세부적인 수용자 측정치를 제공할 수 있다고 추정한다.

42 [역주] 넷레이팅(NetRatings)은 2007년 닐슨이 인수한 인터넷 이용량 측정회사다. 실제로 닐슨은 2007년 넷레이팅과 버즈메트릭스(BuzzMetrics — 제3장에서 소개될 예정)를 같이 인수하였고, 닐슨 온라인이라는 이름의 회사를 만들었다. 넷레이팅이 인터넷 이용률을 조사하는 것에 반해, 버즈메트릭스는 특정회사나 상품에 대해 온라인 이용자들이 느끼는 바, 이야기하는 것 등을 요약해서 제공한다. 한국에서는 코리안 클릭(KoreanClick)이라는 회사를 닐슨컴퍼니코리아가 인수하였다.

다 머리쪽에 치우쳐 있다"는 것이다.[43] 다른 미디어 중역은 패널기반 데이터를 "오늘날과 같은 세분화된 미디어 환경에 놀라울 정도로 맞지 않는다"[44]라고 기술한다. 최종 결론은 수용자 노출의 '불가시(不可視) 물질'(*dark matter*)[45]이라고 말할 수 있는 것이 점점 늘어나고 있다는 것이다. 우리는 수용자 노출이 일어난다고 하는 것은 알지만, 의미 있게 범주화(*categorize*)하지는 못한다.

또한 다양한 미디어와 연계되어 있는 기존의 측정시스템이 세분화의 압박 속에서 힘겨운 모습을 보이고 있으며, 개별적인 미디어 콘텐트별 수용자를 상업화시키려는 시도들도 쉽지 않은 상태이다. 예를 들자면, 이제는 단일 지상파 텔레비전 네트워크 프로그램에 노출된 수용자의 규모는 기존 지상파 및 케이블 플랫폼에서 도출된 예측치는 물론 주문형 서비스들, 디지털 비디오 녹화기나 웹스트리밍, 아이팟과 같은 소형화 기기들을 통한 예측치 모두를 포괄해야만 하는 상황임을 상상해 보라. 이러한 프로그램 수용자는 여러 미디어에 분포하게 되는데, 이는 수용자가 기존의 패널기반 수용자 측정시스템과 관련된 제한점들이 별로 두드러지지 않았던 기존의 플랫폼(텔레비전 방송)에서, 패널기반 수용자 측정시스템의 제한점들이 훨씬 더 두드러지지만 충분히 정확하고 신뢰할 수 있는 다른 대안적 수용자 정보시스템들이 아직 완전히 개발되지 않은 더 새로운 플랫폼들로 옮겨가는 것을 의미

---

43 이 발언은 이 책의 참여관찰 요소의 한 부분으로 저자가 참석했던 2008년 ARF 수용자 측정 3.0 학회의 발표 중의 발언이다.

44 이 발언은 이 책의 참여관찰 요소의 한 부분으로 저자가 참석했던 2008년 ARF 수용자 측정 3.0 학회의 발표 중의 발언이다.

45 '불가시 물질'라는 용어는 천문학에서 빌려온 것인데, 천문학자들은 우주에는 상당한 양의 물질이 관찰할 수 없지만 보이는 물질에 대한 명백한 중력적 영향으로 추정할 수 있는 실재 존재라고 밝혔다.

한다(Friedman, 2009b). 텔레비전 시청에 관한 한 연구는 텔레비전 시청시간 중 13%가량이 측정이 어려운 시청 플랫폼에서 발생한다고 예측하였다(Brill et al., 2007). 개별 콘텐트별로 수용자가 더 새로운 전달 플랫폼으로 옮겨가면서, 수용자를 상품화하려는 콘텐트 제공자의 힘은 감소하는 상황이다.

한 업체의 분석에 따르면 "지난 15년 동안 미디어의 변화 정도는 과거 어느 때보다 수용자 측정에 있어 더 큰 어려움을 안겨주었다"고 한다(Harris & Chasin, 2006: 3). 다른 분석에서는 '노출의 몰락'(*fall of exposure*)이라고 선포한다(Jaffe, 2005: 172). 이러한 언급들이 보여주듯, 주로 미디어 수용자들에 대한 기존의 제도화된 접근은 콘텐트에 대한 수용자 노출이란 점에서 과거 몇 년에 비해 훨씬 더 어려운 — 동시에 결국에는 잠재적으로 거의 가능하지 않은 — 제안이 되고 있다.

뉴미디어 환경이 미디어 수용자에 대한 기존의 노출기반 접근법에 미치는 압박에 대처하기 위해 여러 계획들이 현재 진행중이라는 사실을 주목할 필요가 있다. 엄청나게 세분화된 텔레비전 환경에서 종이식 다이어리가 실질적으로 수용자 노출 데이터를 수집하기 어렵다는 사실에 대응하기 위해, 닐슨은 지역형 피플미터(*local people meter*) 계획과 같은 노력으로 지역 텔레비전 시장에 더 앞선 셋톱 측정기술을 도입하려고 시도하고 있다(Buzzard, 2002). 아비트론의 휴대용 피플미터 계획은 휴대용 전자계측기를 도입함으로써 저출력 FM 라디오, 디지털 오디오 방송(*digital audio broadcasting*), 그리고 위성 라디오 등의 등장으로 특징지을 수 있는 더 세분화된 라디오 환경(Napoli, 2009)[46]에서 늘어만 가는 종이식 다이어리의 문제점에 대응하는 유사

46 현재 진행중인 라디오 플랫폼들의 폭증에 관한 개요로는, 로즈와 렌스키(Rose & Lenski, 2007)를 보라.

한 노력이다. 심지어 전자식 측정〔휴대용 피플미터와 라디오 주파수 확인(*radio frequency identification*) 기술〕을 인쇄 미디어에 이식시키려는 노력도 진행중이다(Mattlin, 2008; Pelligrini & Gluck, 2007). 또한 온라인 수용자 측정서비스는 패널의 표본 크기를 증가시키고 온라인 미디어 노출을 정확하고 신뢰성 있게 측정하기 위한 대안적 메커니즘을 개발하고 있다(Bermejo, 2007).

온라인상의 수많은 현재 노력들은 패널기반 방법들과 사이트 중심적(*site-centric*) 접근의 융합에 초점을 맞추고 있다(Callius, Lithner & Svanfeld, 2005; "comScore announces", 2009; Goosey, 2005; McDonald & Collins, 2007; Pellegrini, 2009). 사이트 중심적 방법은 개별 웹사이트들의 서버 로그기록으로부터 데이터를 수집하는 데 집중하며, 본질적으로 모든 웹사이트 방문객의 전집(全集, *census*) — 표본이라기보다 — 을 분석할 수 있는 가능성을 제공한다는 점에서 콘텐트 제공자와 광고주들에게 매력적이다(Quantcast, 2008 참고). 그러나 몇몇 회사들이 로그기록 데이터에서 수용자의 인구학적 특성을 예측해내는 시스템을 개발하고는 있지만(Quantcast, 2008 참고), 서버 로그기록 데이터에서는 수용자의 인구학적 정보를 얻는 것이 훨씬 어렵다는 점, 그리고 일반적으로는 패널기반 및 사이트기반의 측정시스템이 개별 웹사이트의 일반적 인기도에 따라 상당한 정도로 다른 결과를 보여준다는 점은 주목해야 한다.[47]

예를 들자면 닐슨 온라인사는 비디오센서스(VideoSensus)라고 명명한, "인터넷 스트리밍 미디어 측정에서 패널기반 그리고 서버기반 측정치를 혼합시킨 최초이며 그리고 유일한 판매 서비스"[48]라고 불리

---

47 웹 수용자를 측정하려는 다양한 방법론적 접근들에 대한 상세한 소개는 미디어측정위원회(Media Rating Council, 2007)를 보라.

는 온라인 비디오 측정서비스를 제공한다. 텔레비전 맥락에서, TNS 미디어 리서치(TNS Media Research, 2008)나 렌트랙(Rentrak)과 같은 도전적 수용자 조사회사들은, 거의 85%의 텔레비전 가구들에 이미 장착되어 있는, 텔레비전 셋톱박스로부터 직접 데이터를 추출할 수 있는 측정시스템을 탑재하는 것을 시도하고 있다(Learmonth, 2007 참고).[49] 셋톱박스로부터 데이터를 수집하는 것은 조사회사들에게 경제적으로 기존의 패널기반 측정시스템을 통해서 마련되고 저장되었던 것보다 훨씬 더 많은 수의 표본가구들로부터 데이터를 수집할 수 있는 가능성을 제시한다(Schley, 2007 참고). TNS의 경우, 약 10만여 가구의 표본에 직접 위성방송(DBS) 셋톱박스를 설치하는 중이다. 이 DBS 표본만으로 (이 책이 저술된 시점을 기준으로) 닐슨의 전미(全美) 표본보다 7배가 넘는 크기이다(Kang, 2008a 참고). 닐슨 역시도 이러한 경쟁사들의 위협에 대한 대처로 셋톱박스 데이터를 수집하고 전달하는데 주력하고 있다(James, 2008). 그러나 셋톱박스 데이터가 기존의 패널기반 측정시스템을 타당한 방식으로 성공적으로 개선한 것이라고 할 수 있는가에 관해서는 다양한 이해당사자 집단들 사이에 상당한 논란이 존재한다(Oscar, 2008).[50] 그럼에도 불구하고, 몇몇 국가들

---

48 이 발언의 출처는 2008년 IAB MIXX 학회에서 참여관찰 데이터 수집 중에 얻은 홍보전단이다.

49 텔레비전 셋톱박스 수용자 측정 체계를 공급하는 회사들의 현재 경쟁지형은 최근 "다양한 방법론과, 데이터 기록, 그리고 정보원을 통해 우위를 다투는 여러 좋은 기업들이 있는" 상황이라고 묘사된다(Weisler, 2009: 1).

50 한 텔레비전 연구가의 말처럼, "유의미한 '통계적 오차'가 없이 사소한 네트워크들도 측정할 수 있는 수십만에 수십만을 더한 셋톱박스들이 있겠지만, 이들은 무엇을 대표하는 것일까? 아마도 미국의 모든 혹은 심지어 대부분의 시청자들도 아닐 것이며, 더 나아가 셋톱박스를 갖고 있는 가정들의 시청자들도 아닐 것이다(왜냐하면 대부분의 시청자들은 양방향 셋톱박스

(예를 들어 남아프리카공화국)에서는 셋톱박스 데이터를 텔레비전 수용자를 구매 및 판매하는 통화(*currency*) 데이터로 사용하고 있다.[51]

또한 물론 측정회사는, 미디어 콘텐트의 어떠한 형태로 소비될 수 있는 범위의 증가에 따라 수용자를 세분화시키며 수용자 노출을 측정하는 데 새로우며 때로는 특이한 어려움을 만들어내는 휴대전화, 개인용 비디오 녹화기(*personal video recorders*), 웹 다운로드와 스트리밍 서비스, 그리고 소셜 네트워킹 사이트들로, 자신들의 분석대상 범위를 늘리고 엄밀하게 분석하고 싶어한다(Hackenbruch, 2009; Pappachen & Manatt, 2008; Shields, 2008; Webster, 2008 참고). 이를테면 닐슨은 동일한 패널에서 텔레비전과 인터넷 이용 데이터를 추출할 수 있도록 디자인된 '프로그램이 시청되는 플랫폼 구분 없이' 시청률을 측정할 수 있는 '융합패널'(*convergence panel*)은 물론(Erichson, 2009; Mandese, 2008a; Steinberg, 2007b), '언제 어디든 가능한 미디어 이용 측정'(Anytime Anywhere Media Measurement)이라는 프로그램을 발주하였다(2006b: 1; Fitzgerald, 2007 참고). 비슷한 맥락에서, NBC 유니버설(NBC Universal)은 지상파 네트워크와 케이블 TV, 온라인, 주문형 비디오(*video on demand*), 이동식 미디어를 포함하는 다양한 경로도 시청자를 측정하는 측정치인 '총 수용자 측정지수'(TAMI: *total audience*

를 갖고 있지 않기 때문이다)" (Oscar, 2008: 3). 이 이슈들이 이 연구를 위해 수행된 참여관찰 데이터 수집의 한 부분으로서 저자가 참여하였던 2009년 변화하는 시청자 분석의 양상에 관한 웹 세미나〔Changing Face of Viewer Analytics Webinar, 멀티채널 뉴스(MultiChannel News)사가 주관함〕의 초점이었다.

51 이 정보는 이 책을 위해서 수행한 참여관찰 데이터 수집의 한 부분으로 저자가 참여했던 2009년 ARF 수용자 측정 4.0 학회에서 한 수용자 특정 기업의 중역이 발표한 내용이 출처이다.

measurement index)란 이름의 계획을 시행하고 있다(Steinberg, 2008b; Steinberg, 2008a 참고). 통합 미디어 측정사(IMMI: Integrated Media Measurement Inc.)와 같은 선두 회사들은 IMMI에 필요한 측정기술을 강화시킨 휴대전화인 하나의 측정기기를 이용하여(Kang, 2008b), 다양한 플랫폼(텔레비전, 라디오, 웹, 전화, 영화관 등)에 걸쳐 특정 콘텐트에 대한 수용자 노출을 측정하려 시도하고 있다.

이러한 노력들에도 불구하고, 기존의 수용자 정보시스템에 대한 이러한 지적은 광고주, 미디어 구매자, 콘텐트 제공자들 사이에서 상당한 우려와 불만으로 이어졌다(Council for Research Excellence, 2006). 산업체 내부의 많은 이들이 이러한 노력들로 기존의 노출 측정치와 현실이 동떨어지게 된 상황을 되돌리는 데 성공할 수 있는가에 대해 회의적이다. 한 미디어산업 연구자는 "아무리 가장 야심차고 기민(機敏)한 수용자 측정회사라고 하더라도 현재 '미디어 통화(通貨)'와 관련하여 정확한 수준에서 이토록 다양한 활동들을 측정하고 잡아내는 것은 너무도 어려울 것이다"라고 말한다(McDonald, 2008: 316). '신뢰의 위기'(*crisis in confidence*)라는 주장들이 아주 흔한 만큼(Starkey, 2002: 56 참고), 기존의 수용자 측정시스템은 본질적으로 무너지고 있다(Garfield, 2005; 2007; Harris & Chassin, 2006)는 데 동의하고 있다. 스타키(Starkey)의 언급처럼, "미디어 산업이 (수용자) 데이터에 불만을 갖고 영업을 하기보다는 만족하면서 일하는 데 익숙하다. 보통의 경우 제3자들이 데이터에 대해 중요한 의미를 두기 때문에, 그들은 선택의 여지가 없다(2004: 12)"는 것을 고려할 때, 이는 특히나 중요하다. 스타키의 이러한 언급은 수용자의 특별한 표현을 제도화시키는 것과 관련 수용자 시장의 참가자들 사이에 상호합의의 중요성을 보여준다. 이러한 상호합의가 붕괴될 때 — 현재 벌어지고 있듯, 임계점을 넘은 이해당사자 집단들이 제도화된 수용자에 대한 타당성에 의

문을 제기하기 시작할 때 — 진화적 변화가 일어나기에 꼭 알맞은 적당한 조건이 형성된다.

컨설팅 회사인 포레스터 리서치(Forrester Research)가 광고산업 전문가들을 상대로 한 설문조사에서 거의 모든 응답자들은 수용자 이해에 대한 기존의 접근은 더 이상 적당하지 않다고 한 결과를 얻었다. 이 연구에 따르면, 거의 모든 응답자들은 "도달수(*reach*)와 빈도수(*frequency*)를 넘어서는 수용자 측정치가 필요하다"는 것에 합의했다(Kim, 2006: 6). 이러한 발견에 기초하여, 이 연구는 수용자 이해에 대한 기존의 방법론과 측정치들은 오늘날 엄청나게 세분화된 미디어 환경을 이해할 수 없다고 결론지었다(Kim, 2006). 긴 꼬리 현상의 용어로 이야기하면, 꼬리가 전반적 수용자 관심의 많은 부분을 차지하게 되면서 그리고 이 꼬리에 속해 있는 수용자들이 점점 더 세분화되면서, 수용자 노출을 측정하는 기존의 접근으로 실제 측정할 수 있는 — 그렇게 해서 결과적으로 상업화시킬 수 있는 — 전체 수용자 관심 분량 대비 비율은 감소한다. 미디어 환경의 세분화가 미디어 수용자 이해 — 그리고 판매 — 에 대한 기존의 노출기반 접근에 미치는 부정적 영향력이야말로 미디어 산업 이해당사자들 사이에 수용자 이해에 대한 대안적 접근을 탐색하고 받아들여야 한다는 의향을 증가시키는 근본 추동력이다.

수용자 자율성

수용자 이해에 대안적 접근을 불러들이는 이 추동력은 성능이 좋아진 미디어와 수용자의 세분화에 의한 것일 뿐만 아니라 또한 수용자 자율성 — 즉, 미디어 수용자가 자신들이 미디어를 이용하는 시기, 장소,

〈표 2-1〉 수용자 자율성의 요소

어떤 것	언제	어디서	어떻게
주문형 서비스	주문 시마다	모바일 상황에서	광고 건너뛰기 / 광고차단
검색	모바일 기기 이용 시	이동 상황에서	공동체 참여 / 토론
추천	시간대 이동	-	최종 결과에 영향
개인화	-	-	이용자제작 콘텐트

방식에 대해 점차 통제력을 가지게 된다는 점에서 그리고 점차 자신들이 소비하는 콘텐트에 영향을 끼치며 그들 자신이 콘텐트 생산자와 배급자로 변해간다는 점에서 — 을 증가시킴으로써 강화되고(*fueled out*) 있다. 미디어와 광고산업의 전문가들은 점점 더 뉴미디어 환경이 소비자에게 선사해 준 '권한이양'(*empowerment*)과 이러한 새로운 기술이 제공하는 역동적 미디어 소비의 융통성을 강조한다(Berman, Battino & Feldman 2009; Donaton, 2004).

〈표 2-1〉은 오늘날 어떠한 미디어가, 언제, 어디서, 어떻게 소비되는지에 영향을 미치는 데 쓰일 수 있는 메커니즘을 설명하며 수용자 자율성의 다양한 측면을 보여준다. 이 표는 현재 미디어 환경을 결정짓는 여러 특성들을 묶어 주는데, 그것들은 디지털 비디오 녹화기에서 가능한 텔레비전 시청과정에 대한 통제력의 증가, 슬링박스[52]와 같은 발전된 휴대전화 혹은 이동기술을 통해 진행중인 미디어(그것이 비디오, 음악, 혹은 다른 웹기반 콘텐트이든지 상관없이) 소비 가능성, 웹페이지, 뉴스피드,[53] 채널가이드(*channel guide*), 추천시스템 등을 상

52 슬링박스(*slingbox*)는 이용자들이 광대역 인터넷 연결을 통해 컴퓨터로 프로그래밍이 된 상태의 자신의 케이블, 위성, 혹은 디지털 비디오 녹화기를 볼 수 있게 만들어 주는 장치다(http://www.slingmedia.com을 보라).

53 [역주] 뉴스피드(*news feeds*)는 올라온 뉴스 내용을 한 서버에서 다른 서버

업화하거나 특별한 장르의 혹은 특별한 스타가 나오는 콘텐트를 녹화할 수 있는 수용자 자신의 디지털 비디오 녹화기를 프로그래밍하는 식의 기능으로 수용자 자신의 특별한 관심을 보다 잘 충족시킬 수 있는 능력 등에 걸쳐 있다. 수용자 자율성에 대한 이러한 넓은 개념을 통해서, 우리는 블로그 작성, 트윗 전송(*tweeting*), 소셜 네트워킹 페이지(*social networking pages*)를 만들고 유지하는 방식이든, 아니면 유튜브나 아이튠즈, 그리고 카자(Kazaa) 등의 인터넷 사이트와 서비스에 음악, 팟캐스트(*podcasts*), 비디오 등을 작성해 업로드하는 방식이든 수용자 스스로가 콘텐트의 창조자와 배급자가 되도록 하는 끊임없이 다양한 방법은 물론이고, 그것이 표결(*voting*)이든지, 콘텐트를 결정하는 데 영향을 주는 다른 형태의 피드백을 제공하는 것이든지 수용자들이 점점 더 콘텐트에 개입하고 영향을 줄 수 있는 다양한 방법들을 포함해야 한다. 물론 이러한 수많은 활동들은 이용자제작 콘텐트(*user-generated content*)라는 이름으로 파악할 수 있는데, 이는 다음의 3가지 기준에 따라 정의할 수 있다(Wunsch Vincent & Vickery, 2007).

① 인터넷을 통해 공개적으로 제작된 콘텐트
② 어느 정도의 창조적 노력이 반영된 콘텐트
③ 기존의 전문적 방식과 관행에서 벗어나서 창조된 콘텐트

로 공급하는(즉 먹이는 것, *feed*) 것을 의미한다. 혹은 페이스북상에서 온라인 친구가 새로운 정보나 사진 등을 올리면, 해당 변경사항(즉 뉴스)을 이용자에게 알려주는 서비스를 의미하기도 한다. 2006년 해당 서비스가 프라이버시를 지나치게 침해할 수 있다는 사회적 우려를 자아내면서, 해당 서비스가 중지 혹은 대폭 축소되기도 했다. 온라인의 네트워크적 속성에 기반하여 뉴스는 빠르게 퍼져나갈 수 있다.

학술적 관점에서, 이러한 개발들은, 흔히 콘텐트 제공자와 수용자 사이의 구분이 훨씬 더 명확했던 기존의 매스미디어와 결합되어 발전했던 학술적 수용자 연구의 몇몇 갈래들을 특징지어온 미디어 수용자에 대한 기존의 '수동적' 개념화보다 '능동적' 관점을 활성화시키고 있다는 점에서 주목받을 만하다(Clarke, 2000; Croteau, 2006; Springel, 1999; Webster, 1998 참고).[54] 몇몇 학자들은 수용자의 역량이 확장됐다는 점에서 '과거 수용자'(*former audience*)[55]라는 용어를 고안하기도 했다(Gillmor, 2004: 136). 대조적으로 네미로프스키(Nemirovsky)는, '새로운 수용자'(*new audience*)가 일원적 범주(*monolithic category*)로 개념화되지 않고, 다중적인 사회적 기능을 가지며 "미디어 공간을 탐험하는 인간 집합체"로 개념화되는 한(2003: 394), 수용자라는 용어체계는 가치가 있다고 주장한다.

앞부분에서 언급하듯, 미디어 환경의 세분화와 이용자제작 콘텐트는 완전히 구분된 현상이 아니라는 것을 인식하는 것이 중요하다. 다양한 면에서 인터넷은, 잡지와 텔레비전과 같은 기존의 미디어에서 달성되었던 미디어 내 세분화(*intra-media fragmentation*)의 수준을 능가하는, 미디어 세분화의 정점(*apex*)을 보여준다. 이러한 과거 미디어의 역사가 보여주듯, 수용자가 세분화되면, 콘텐트 제작의 경제도 변화할 수밖에 없다. 텔레비전의 역사를 예로 들면, 수용자가 세분화되면서, 기존의 대본기반 엔터테인먼트 콘텐트와 비교해서 리얼리티 프로그램(*reality program*)의 제작비용이 저렴하다는 것을 고려할 때, 프로그램 제작자가 이용할 수 있는 유일한 대응은 리얼리티 프로그램

54 스프링겔(Springel)은 "수동적 소비자를 능동적 협력자(*collaborator*)로 진화시키는, 수용자 그 자체의 … 엄청난 변화"를 말한다(1999: 155).

55 [역주] 과거의 수용자가 지금과는 다른 수용자임을 강조하기 위해 채택된 용어이다.

에 점점 더 의존하는 것이다.

실질적으로 웹에서 이용자제작 콘텐트의 등장은 이러한 현상의 차세대 등장을 대표하며, 실제로 동일한 기술적 계보학에서 등장하고 있다.[56] 본질적으로 이용자제작 콘텐트는 리얼리티 텔레비전 이후 당연하게 예정된 미래다. 훨씬 더 세분화된 환경(즉 웹)에서, 소비자 스스로가 콘텐트 제작 및 배급의 핵심 근원이 된다면(보통의 미국인들이 점점 더 리얼리티 프로그램 중심의 텔레비전 지형으로 옮겨가게 되는 것과 다르지 않게) 이용할 수 있는 '채널용량'을 채우는 것이 경제성을 확보할 수 있는 수준에 도달할 때까지 콘텐트 경제가 진화할 것이라는 사실은 자연스러울 — 그리고 불가피할 — 수밖에 없다(Terranova, 2000 참고). 그러므로 콘텐트가 여러분들 이웃이 서바이벌(*Survivor*) 프로그램[57]에 출연하는 것이든, 직장동료가 웹에서 블로그를 작성하는 것이든, 진행중인 미디어 소비 변환의 핵심적 측면에서 경제적 부담(*economic burden*)이 실질적으로 기존의 제도적 제작자(*communicator*)로부터 미디어 소비자에게로 옮겨가는 것은 세분화의 한 형태이다.

다시금, 이 책의 목적은 미디어 소비역학의 변화하는 역동성이 미디어 산업의 수용자 이해방식에 의미하는 바가 무엇인가를 탐색하는 것이지, 미디어 소비역학이 변화하는 방식을 기록하는 것이 아니다. 가장 기초적 수준에서, 수용자를 구성하고 있던 근본적 개념[58]은 확장되고 있다. '프로슈머'(*prosumer*)[59]와 '프로듀시지'(*produsage*)[60] 등과 같

---

56 이용자제작 콘텐트의 간략한 역사를 알기 위해서는 IAB(2008a)를 보라.

57 [역주] 미국의 리얼리티 TV 쇼 프로그램이다. 가장 유사한 프로그램으로는 대한민국에서 방송되는 〈1박 2일〉을 들 수 있지만, 주인공이 연예인이 아닌 일반인이란 점이 매우 다르다. 복수의 참여자들을 야생의 오지에서 생존하게 한 후 최종적 승리자에게 상품이나 경품을 주는 방식으로 진행된다.

58 [역주] 원문에는 parameter, 즉 모수라고 표현되어 있다.

은 용어들은 미디어 수용자가 진화하는 방식, 그리고 콘텐트의 생산 및 배급이 결과적으로 기존의 산업적 패러다임을 극복하는 방식을 파악하기 위해 만들어진 것들이다(Banks, 2002; Deuze, 2003). 벤클러(Benkler, 2006)와 다른 학자들이 보여주듯, 뉴미디어 환경은 공적 담론(*public discourse*)과 창조적 활동에 참여하기 위한 도구를 훨씬 더 널리 보급해 주었다(Beer & Burrows, 2007; Jenkins, 2006; Mabillot, 2007). 현재의 매스커뮤니케이션(*mass communication*)은 대중들 간에 의사소통을 할 수 있는 훨씬 더 평등주의적 과정(*egalitarian process*)이다(Fonio et al., 2007; Deuze, 2006 참고). 매스커뮤니케이션이라는 핵심적 의미에서 일대다(一對多)라는 역학구도는 여기서도 유지됨을 인식하는 것이 중요하다(Lang & Lang, 2009 참고). 정말로 일대다라는 역학구도를 보여주는 수없이 많은 사례들이 존재한다.[61] 이렇게 일대다의 가능성이 증폭되는 것은 매스커뮤니케이션을 할 수 있는 능력이 기술적으로 그리고 경제적으로 선택된 소수에 제한될 수밖에 없었던 우리의 미디어 시스템의 과거 모습(*previous incarnation*)에서 상당히 부족했던 커뮤니케이션 역학구도를 보여준다. 비어와 버로우스(Beer & Burrows)의 말대로, "아마도 웹 2.0을 규정짓는 핵심 특성은 이용자들

---

59 [역주] 생산자(*producer*)와 소비자(*consumer*)의 합성어이다. 분야에 따라 여러 가지 방식으로 이해될 수 있다. 그러나 이 책에서 프로슈머는 유튜브나 페이스북과 같이 이용자가 자신을 표현하면서 만든 생산품이 동시에 소비의 대상이 되도록 만드는 서비스 영역을 의미한다.

60 [역주] 생산(*produce*)과 이용(*usage*)의 합성어이다. 프로슈머와 비슷하게 이해할 수 있다.

61 이러한 관점에서 부시(Bucy, 2004)의 언급처럼, 상호작용이 매스커뮤니케이션 현상으로 분석되거나 논의되는 일은 거의 없지만, 상호작용과 매스커뮤니케이션의 개념들이 어느 정도는 서로 교차할 수 있음을 강조하는 것은 중요하다.

이, 자신들이 온라인 콘텐트를 제작하고 검색하며, 태깅(*tagging*)을 하고 블로그를 쓰고, 글을 올리고 공유하면서, 생산과 소비의 과정에 개입하는 것이라고 할 수 있다. 이는 상품의 '생산'에 '소비자'가 점점 더 능동적 역할을 하는 것으로 파악할 수 있다(2007: 8)."[62]

어떤 2007년의 예상 추정치에 따르면 2010년경에 온라인에서 이용 가능한 콘텐트의 70%가 개인들에 의해 만들어질 것이라고 한다(Slot & Frissen, 2007).[63] 다른 연구에서는 모든 새로운 웹 콘텐트의 3분의 1 가량이 블로그, 위키 관련 웹페이지들(*wikis*), 온라인 포럼, 그리고 소셜 네트워킹 사이트(*social networking sites*)와 같은 사회적 미디어 시스템을 통해 만들어질 것이라고 한다(Finin et al., 2008). 이러한 콘텐트가 상당한 규모로 소비된다는 것을 보여주는 데이터도 마찬가지로 중요하다. 어떤 연구는 2010년경 약 1천 8백만의 미국 가구들이 매주 팟캐스트를 다운로드할 것이라고 예상하였다(Berry, 2006). 최근의 연구는 2013년에는 이용자제작 콘텐트에 소요되는 미디어 소비의 총량이 텔레비전 시청시간의 15% 그리고 PC 이용시간의 25%에 달하게 될 것이라고 전망하였다(IBM Global Business Services, 2008).

---

62 "웹 1.0"에서 "웹 2.0"으로의 전환에 대한 논의는 스위셔(Swisher, 2007)나 비어와 버로우스(Beer & Burrows, 2007)를 보라. 물론 이러한 변환의 결정적 특징은 "제도들이 정보를 만들고 최종 사용자들이 그것을 소비하는" 환경에서 "진정으로 역동적이고, 이용자 중심적이며, 완전히 네트워크화된" 그리고 "출판업자와 수용자 사이의 실질적 협업(協業)을 제공해주는" 환경으로의 진화이다(Swisher, 2007: 33).

63 그러나, 몇몇 추정치들에 따르면, 온라인 수용자의 오직 2%만이 어떠한 형태의 이용자제작 콘텐트 생산에 활동적으로 참여한다고 하는 사실에 주목해야 한다(Dovey, 2008). 다른 연구들은 웹 2.0의 더 참여적 측면을 활용하려는 흥미, 그리고 열정은 선택된 소수의 인구학적 집단에 한정된다는 것을 보여준다(Bergstrom, 2008 참고).

이러한 패턴은 개인들이 보상에 대한 질적인 기대 없이 미디어 콘텐트의 생산과 배급에 개입하는 상황에서 독특한 미디어 경제의 중요한 측면을 보여준다. 이는 언제나 존재하였고, 책상서랍에 팽개쳐져 있는 그리고 출판계약 없이 쓰레기통으로 버려졌던 미(未)출간 소설(*novels*)과 단편소설(*short stories*)들로 거슬러 올라갈 수 있다(Knight, 2007 참고). 물론 오늘날 다른 점은 이러한 콘텐트의 생산자가, 주로 인터넷 덕분에, 예전 시대에서는 대개 포착되지 않았던 잠재적 수용자들과 연결된다는 사실이다. 실제로 수많은 이용자제작 콘텐트 논란들 중의 한 가지 놀라운 특징은 이용자들의 콘텐트 제작능력의 혁명적 혹은 파괴적(*disruptive*) 측면에 흔히 잘못된 초점을 둔다는 것이다.[64] 이용자제작 콘텐트라는 용어조차도 이렇게 오도(誤導)된 강조를 보여준다. 이용자제작 콘텐트 그 자체는 새롭거나 혹은 정말로 중요한 현재 발전들의 특징이 아니다(Mabillot, 2007). 홈 비디오 카메라, 개인용 컴퓨터, 타이프라이터, 가정용 녹화기기(*home recording equipment*) 등과 같은 예전부터 존재했던 제작기술들의 이용가능성을 고려할 때, 콘텐트를 제작하는 이용자의 능력은 상당한 기간 동안 우리 주변에 존재했다. 오늘날 정말로 다른 것은 전례 없을 정도로 콘텐트를 배급할 수 있는, 자신들의 이용자제작 콘텐트를 유통시킬 수 있는 (그리고, 미디어 회사들에게는 기분 나쁜 일일지도 모르지만, 기존의 미디어 또한 유통시킬 수 있는) 웹을 활용할 수 있게 된 이용자의 능력이다.[65]

---

64 나이트(Knight)가 영화와 가정용 비디오 산업의 분석이라는 맥락에서 언급했듯, "배급은 언제나 우리 영화산업과 문화에서 가장 보이지 않는 부분이었다. 또한 가장 연구되지 않은 부분으로 남아 있다(2007: 24)."

65 크로토(Croteau)가 언급하듯, "인터넷의 고유한 중요성의 한 가지 핵심은 인터넷이 모든 형태의 자체제작(*self-produced*) 미디어를 잠재적으로 멀리 있는 수용자에게까지 배급할 수 있는 능력을 촉진시킬 수 있는 필수적인 하

또한 오늘날 달라진 것은 이러한 비영리적 콘텐트 제작 행위를 미디어 조직들이 상업화할 수 있다는 점이다(Deuze, 2008; Reinhard, 2008).[66] 이러한 관점에서 미디어 수용자의 가치가 자신들이 소비하는 것을 넘어 생산하는 것으로 확대되고 있다. 덧붙여, 우리는 대중들이 웹 2.0 응용기기들을 이용해 매스커뮤니케이션 하는 방식에 의존하는 것을 보게 된다. 그러나 이 책에서 관심 있는 것은 이러한 커뮤니케이션이 일어나고 있다는 사실이 아니라, 이러한 커뮤니케이션 자체가 종종 미디어 조직에 의해 경제적 가치의 근원이 된다는 사실이다. 코헨(Cohen)은 여기서 고려하는 역학관계를 아래와 같이 잘 표현하였다.

> 웹 2.0은 주로 특히 생산과정에서의 소비자 역할을 조정하는 방식으로 미디어 비즈니스의 지형을 뒤바꾸고 있다. 커뮤니케이션 활동에 참여와 정보의 공유에 들이는 시간을 자본화(*capitalize*)시키는 웹 2.0 응용기기들은 생산자로서의 소비자라는 관점에 기반한 비즈니스 모형을 가능하게 만든다. 매스미디어 모형에서 소비자의 역할은 단지 생산물을 소비하는, 혹은 보거나 읽는 것에 그쳤다. 그러나 웹 2.0 소비자들은 중요한 역할을 수행하는 생산자가 된다(2008: 7).

유튜브, 페이스북, 그리고 마이스페이스(MySpace) 등의 사이트들이 만들어내는 광고수익은 대개 이용자/수용자 커뮤니티의 구성원들

부구조를 제시했다는 점이다"(2006: 341). 배분 가능성의 중요성에 대한 이러한 승인은 이용자제작 콘텐트와 이것의 함의에 대한 현재 논의에서 드문 일이다.

66 듀즈(Deuze)는 이런 과정을 "기업의 참여문화의 전용(轉用, *appropriation*)"이라고 명명하였다(2008: 27).

이 생산하는 콘텐트에 포착된 수용자 관심에서 나온다. 일반적으로 이러한 콘텐트를 기여한 사람들은 금전적 보상을 받지는 않는다.[67] 이용자제작 콘텐트의 일반적 플랫폼을 합산 혹은 제공한 후 이러한 플랫폼에 광고를 제공하는 것이 바로 대부분의 웹 2.0 응용기기들의 핵심적 비즈니스 모형을 대표한다. 코멘트, 평가(*rating*), 리뷰 등과 같은 이용자제작 콘텐트들은 더 전통적으로 제도화된 방식으로 콘텐트를 제작하고 배급하는 데 관여하는 조직들에도 부가가치의 중요한 원천이 된다(Reinhard, 2008). 이러한 종류의 예들은 넷플릭스와 아마존 등의 사이트에 올라간 이용자들의 평가 / 코멘트 등을 포함하며, 기성 신문의 웹사이트들이 독자의 피드백과 코멘트 등을 기존의 언론보도(*presentation of traditional journalism*)에 포함시킬 정도로 증가하고 있다(Schultz, 2000).

이러한 '신(新) 무보수 노동경제'(Johnson, 2007)의 발전은, 이러한 '프로슈머들'이 수용자들의 자기표현에 대한 접근을 획득하면서 요구하는 엄청난 가치를 잘 보여준다. 이러한 수요로 인해 이러한 플랫폼 없이 개개의 커뮤니케이터가 달성할 수 있는 것보다 더 넓은 수용자 도달치(*audience reach*)를 (콘텐트의 통합과 마케팅 자원에 대한 투자를 통해서) 가능하게 만든 웹 2.0 플랫폼을 전반적으로 관리하는 제도적 커뮤니케이터들의 역할이 유지될 수 있다. 이로써 우리는 신 무보수 노동경제를 통해 결과적으로 현재 온라인 미디어 조직이 수용자에게 부여한 자신의 창조적 표현물을 접속할 수 있는 능력과 상업화가 가능한 창조적 표현을 교환한다고 주장할 수 있다. 이는 기존의 미디어를 특징

67 "파트너 프로그램"을 공유함으로써 사이트의 수익 창출에 참여하는 유튜브에 비디오를 제공하는 수천의 개인과 조직들이 있다는 점을 언급하여야 한다. 그러나 이러한 파트너들은 그 사이트(즉 유튜브 — 역자) 기여자 전체에서 아주 적은 부분만을 대표한다(Stelter, 2008b 참고).

지었던 것과는 분명히 매우 다른 콘텐트 생산 - 배급 - 전시 - 소비의 역학구도이다. 실제로, 현재 존재하는 수많은 탈제도화된 매스커뮤니케이션의 형태들은 — 단지 콘텐트 통합 서비스(*content aggregators*), 탐색 서비스(*navigation services*), 서버 공간/플랫폼 제공자들(예를 들어 구글, 유튜브, 마이스페이스, 그리고 페이스북 등) 등과 같은 보조적 역할을 맡고 있으며 — 기존의 제도적 커뮤니케이터들을 여전히 포함하고 있다. 제도적 커뮤니케이터와 개개의 이용자 사이의 이러한 형태의 통합된 활동은 수용자 '작업'(*work*)에 관해 등장하고 있는 중요한 핵심이다(Napoli, 2010).

현재 미디어 수용자의 작업은 한 걸음 더 나아갈 수 있다. 점차로, 수용자는 콘텐트 제공자가 상업화시킬 수 있는 콘텐트에 기여하게 되는 것은 물론이고(일반적으로 광고 판매를 통해서), 실제로도 수용자는 기존에 이러한 콘텐트 제공자를 지원했던 광고주와 마케팅 종사자들의 작업에 자발적으로 개입하고 있다(Vogt & Knapman, 2007). 즉, 오늘날의 수용자는 자체제작 상업광고부터 온라인 '입소문'(*word-of-mouth*) 및 홍보(*endorsement*), 상표관련 메시지(*brand messages*)를 자신의 커뮤니케이션 플랫폼(예를 들면, 마이스페이스나 페이스북 페이지 등)에 포함시키는 것 등과 같이 상품의 마케팅에 도움을 주는 다양한 범위의 행위에 관여한다(Cheong & Morrison, 2008; Deuze, 2007; Reinhard, 2008; Spurgeon, 2008).[68] 현재의 마케팅 및 광고 전략은 점점 더 소비자의 '입소문'의 가치를 완전히 새로운 수준까지 끌어내며, 소비자로 하여금 상표관련 메시지를 확산시키는 마케팅과 광고 종사자의 작업을 촉진시키고 북돋을 수 있도록 하는 데 중점을 둔

68 개인의 자아표출이라는 형태로서 브랜드 이미지 사용의 증가가 미치는 법적 합의에 관한 논의는 드레퓌스(Dreyfuss, 1990)를 보라.

다.[69] 어떤 컨설턴트의 보고서의 말처럼, "소비자들이 새로운 마케팅 종사자이다(Rasmussen, Ude & Landry, 2007)."

광고주지원 미디어에 의해서 제작되고 판매되는 '상품'(*commodity*)으로 미디어 수용자를 공식화시키는 최초의 주목할 작업을 수행했던 경제학자인 달라스 스마이드(Dallas Smythe, 1977)로 거슬러 올라갈 수 있는 이용자제작 콘텐트 시대 이전부터 미디어 수용자의 작업이 시작되었다는 관점에 따르면 미디어를 소비하는 행위란 광고주를 위해 수행하는 무임금 형태의 노동이라고 한다. 스마이드에 따르면, 광고주를 위해 수용자가 수행하는 핵심역할은 "소비상품의 특정 '상표'(*brand*)를 구매하며 적절하게 자신의 소득을 소비하는 것을 배우는 것"이며, "다시 말해서, 수용자의 노동은 독점 자본가인 광고주의 목적인 광고된 상품에 대한 수요를 창출하는 것이다(1977: 6)." 스마이드의 이 관측은 그가 보기에 미디어의 정치경제학 분석에서 수용자의 생산능력을 적절하게 설명하는 것에 대한 마르크스주의 이론가들의 실패, 즉 콘텐트 생산에 과도하게 (그리고 잘못된 방식으로) 집중하는 경향에 대한 그의 거시적 비판의 핵심이다.

점차로 수용자 작업에 대한 스마이드의 관점은 잘리와 리반트(Jhally & Livant)에 의해 받아들여졌고 또한 확장되었는데, 이들은 텔레비전에 집중하면서 프로그램 제작비용을 초과하는 프로그램 제작자들의 광고수입은 '잉여 시청시간'(*surplus watching time*)을 보여준다고 주장하였다(1986: 127). 잘리(Jhally, 1982) 그리고 리반트(Livant, 1982)는, 이들의 협동연구의 핵심이 되는 초창기 시도들에서, 수용자는 광고주

69 2008년에 열린 디지털 미디어 측정 및 가격설정 정상회의(Digital Media Measurement and Pricing Summit)에서, 어떤 광고회사의 중역은 도리토스(미국의 유명한 과자회사 — 역자)의 지원을 받았던 콘테스트에 대한 반응으로 만들어진 3천여 개의 이용자제작 광고의 예를 묘사하기도 했다.

가 아닌 매스미디어를 위해 일한다는 관점을 택함으로써(Jhally, 1982: 208; Livant, 1982: 213) 스마이드와의 결별을 강조했다. 프로그램을 시청하는 수용자들은 무료라는 형태로 제공되는 프로그램으로 이미 자신들의 '노임'(勞賃)을 받았으며, 이제 프로그램의 시청행위를 통해서 프로그램 제작자를 위해 일한다. 프로그램 제작자는 이러한 잉여 시청 시간을 부가적 광고수익으로 전환할 수 있었다.

미디어 수용자에 대한 이러한 관점은 당시 상당한 논란과 논의의 대상이었다(Livant, 1979; Murdock, 1978; Smythe, 1978 참고). 그러나 이후 몇 년간, 이러한 관점은 커뮤니케이션 연구자들에게 상대적으로 별다른 주목을 받지 못했다(Andrejevic, 2002; Cohen, 2008; Shimpach, 2005 참고).[70] 그러나 미디어 환경에서 이루어지는 현재의 발전상들은 또 한 번 수용자 작업에 대한 이 관점을 도드라지게 만들고 있다.

70 아르츠(Artz)에 따르면, "비록 스마이드의 우려 중 상당수가 국제적 커뮤니케이션 담론에서 우위를 점유하고 유명해졌지만, 미디어 과정에서 수용자의 기능에 대한 그의 관측은 그다지 주목받지 못했다. 실제로, 설득력 있는 주장과 수많은 증거들에도 불구하고, 수용자 상품(*commodity audience*)에 관한 그의 관점은 거의 50년간 미국 내의 학과들에서 제도적으로 거부당했다(2008: 60)." 더 나아가 이 관점은 이용자제작 콘텐트의 형태로 미디어 수용자가 제공하는 '무임금 노동'에 관한 몇몇 분석들에서 스마이드의 저작을 인용도 하지 않는 사실에서도 그 근거를 찾을 수 있다(Johnson, 2007; Peterson, 2008; Terranova, 2000; van Dijk, 2009 참고).

수용자 자율성과 수용자 시장

수용자 자율성은 수용자와 콘텐트 생산자 사이의 경계를 무너뜨리는 것은 물론(그에 따라 수용자의 상업화에도 영향을 미친다), 대안적 수용자 정보시스템의 기초를 제공하는 동시에 기존의 수용자 정보시스템도 잠식시킨다. 한 산업 분석가는 현재의 미디어 환경을 소비자가 "지나칠 정도로(*devastatingly*) 장악하고 있다"고 묘사한다(Jaffe, 2005: 43). 이 언급에서 '지나칠 정도'라는 용어를 사용한 것은 특히 강렬한 인상을 주는데, 이는 세분화와 마찬가지로 수용자 자율성도 수용자 시장에서 기존의 역학관계를 파괴하는 효과를 갖고 있다는 것을 보여주기 때문이다.

또한 실제로 이것은 사실이다. 미디어 소비과정에서 수용자 통제력의 증가로 인한 파괴효과는 수용자의 광고 회피능력 증가란 점에서 특히 강력하게 느껴진다(Berrios & Moyano, 2005; Wilbur, 2008 참고). 디지털 비디오 녹화기의 광고 건너뛰기 기능, 온라인 팝업광고 차단 소프트웨어, 혹은 주문형 / 무광고(*ad-free*) / 저(低) 광고(*ad-diminished*) 콘텐트 전송 플랫폼 등은 오늘날의 수용자가 광고에 대한 자신의 노출을 통제할 수 있는 메커니즘 중의 몇 가지이다(IBM Global Business Services, 2008). 광고 노출에 대한 통제 증가는 미디어 수용자에 대한 기존의 노출기반 접근의 생존 가능성을 극적으로 감소시키고 있다.

점점 더 세분화되는 미디어 환경으로의 전환과 같이 이러한 발전은 또한 미디어 수용자에 대한 과거의 제도화된 접근법들도 잠식하고 있다. 한 분석에 따르면, "수동적 미디어에 맞게 디자인된 기존의 측정치들은 상호작용적인 커뮤니케이션의 중요하고 차별화된 측면을 포착하는 데 실패하고 있다(Stewart & Pavlou, 2002: 382)." 따라서 이러한 관점에서 수용자 시장 내 관련 이해당사자들 사이에 실제로 수용자 측정에 대한 기존의 노출기반 시스템은 수용자 행동의 역동성이란 측면에서 단지 빙산의 일각을 파악할 뿐이라는 인식이 늘어가고 있다. 현재 우리의 미디어 시스템에 존재하는 다양한 플랫폼들 간에 발견되는 자율성과 상호작용[71]의 다양한 측면들로 인해 미디어 산업의 이해당사자들은 기존의 수용자 정보시스템에 내재되어 있는 수용자에 대한 잠재적으로 제한적이며 대체적으로는 일차원적 개념화와 대립하게 됐다.

우리는 한 산업체 중역의 발언에서 수용자에 대한 기존 접근의 부적합성(不適合性, *inadequacies*)에 대한 이러한 인식이 잘 드러남을 볼 수 있다. 그는 최근에 텔레비전과 온라인에서의 광고성과(*performance*)를 비교하면서, "온라인에서 얻어진 사용자 클릭(*click-through*)이 어떻든지 간에, 텔레비전에서 얻을 수 있는 사용자 클릭보다는 무한할 정도로 많다. 텔레비전에서 얻을 수 있는 사용자 클릭은 영(零, *zero*)이다"[72]라고 말한 바 있다(Nakashima, 2008: 1에서 재인용). 온라인 광고의 사용자 클릭률이 매우 낮았다는 기록이 광고성과에 대한 측정이 거의 가능하지 않았던 상황에서 웹이 기존의 미디어로부터 광고비를 끌어들일 수 있는 능력을 가로막고 있었을 때 전반적으로 나타났던 10년 전의 태도와는 아주 달리(Chandler-Pepelnjak, 2008; Napoli, 2003a 참고) 광고 집단들은 상호작용 미디어의 특성에 가치를 두기 시작했다는 사실을 인식하는 것은 중요하다. 모르는 게 약이던 시대(*the time when ignorance was bliss*)는 지나갔다. 오늘날 산업 및 통상 관련 출판물, 학술대회, 협의회 등에서 무엇보다 자주 등장하는 용어가 하나 있다면,

71 상호작용을 정의하려는 시도들은 다양하다(Cover, 2006; Kim & Sawhney, 2002; van Dijk & de Vos, 2001 참고).

72 [역주] 이 발언은 텔레비전에서는 노출만이 측정되며, 온라인의 클릭과 비교될 실제의 행위가 발견될 수 없다는 말이다. 즉, 수용자의 반응이라는 점에서 온라인은 텔레비전에 비해 우월함을 강조하는 것이다.

바로 '어카운터빌리티'(*accountability*)[73]이다(Elms, 2007; Magazine Marking Coalition, 2007; Magazine Publishers of America, 2005 참고). 물론 여기서의 핵심은 일단 수용자에 대한 기존의 접근들의 부적합성에 관한 이러한 인식이 임계치(*critical mass*)에 다다르게 되면, 상황은 제도화된 수용자가 변화를 겪는 상황에 빠진다는 것이다.

그러나 뉴미디어 환경으로 촉발된 자율성이 수용자에 대한 기존의 수동적, 노출 위주의 개념화를 잠식해가면서, 수용자 이해(*understanding*)의 새로운 수익의 가능성 또한 보여준다. 즉, 뉴미디어 환경의 다양한 상호작용적 요소들은 이전에 감추어진 수용자 측면들을 보여주는데, 이들 중 많은 것들이 경제적 전략적 가치를 갖고 있는 듯하며, 아마도 가장 중요하게는 과거에는 수집할 수 없었던 종류의 정보 수집을 촉진시킬 수 있다는 점이다(Ross, 2008 참고).

〈그림 2-3〉에 이 점이 드러나 있는데, 맨 윗부분의 첫 화살표는 수용자로부터 콘텐트 제공자로 흐르는 기존 형태의 정보(콘텐트에의 노출정보)를 보여준다. 그러나 '노출' 화살표 아래에는 오늘날 콘텐트 제공자에게 도달되는 새로운 수용자 정보 흐름들 중 몇 가지를 보여주는 화살표들이 있다. 검색활동 — 그것이 온라인 검색엔진, 상호작용 텔

73 [역주] '어카운터빌리티'는 흔히 '책임성'라고 번역하기도 하지만 학계에서는 '어카운터빌리티'라고 쓰는 경우가 많다. 그 이유는 '어카운터빌리티'는 책임성으로만 번역하기에는 의미가 다차원적이기 때문이다. '어카운터빌리티'에 대한 자세한 개념 설명은 부산대 박홍원 교수의 "미디어 어카운터빌리티 개념을 통해 본 사회책임이론의 재조명"(〈언론과 사회〉, 12권 3호)을 볼 것을 추천한다. 여기서 저자가 '어카운터빌리티'를 언급한 이유는 새로운 미디어의 기술적 특징인 '상호작용성'에서 찾을 수 있다. 수용자가 능동성을 발휘하게 되면서, 매체들은 이러한 수용자의 요구에 '책임있게' 반응해야 하는데, 바로 이 맥락을 강조하기 위해 '어카운터빌리티'라는 개념을 자주 이용하는 것이다.

<그림 2-3> 신(新) 수용자 정보 흐름

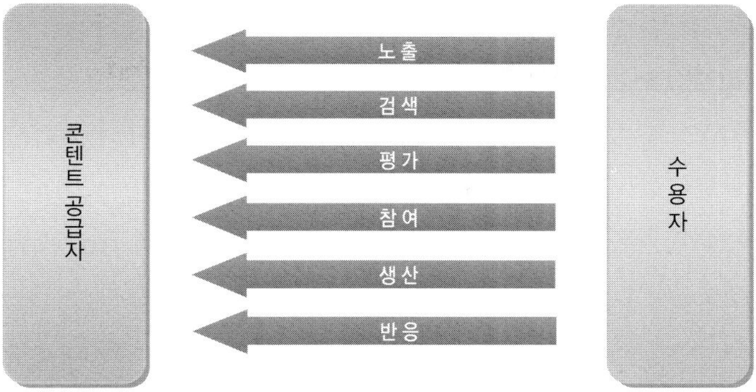

레비전 프로그램 가이드(*television program guides*), 혹은 디지털 비디오 녹화기 메뉴 인터페이스이든지 상관없이 — 은 수용자의 욕구와 흥미에 관한 중요한 정보원을 나타낸다. 오늘날 수용자들이 소비하는 콘텐트에 대한 평가(*appreciation*)는 넷플릭스와 아마존 등과 같은 온라인 콘텐트 제공자들을 통해 참여할 수 있는 평가 및 추천시스템, 라튼토메이토스닷컴[74]이나 IMDB닷컴[75] 그리고 티보가 제공하는 '좋아요 / 싫어요'(*thumbs up / thumbs down*) 기능과 같은 커뮤니티 리뷰 및 평가 사이트들의 다양한 수단들을 활용하여 표현된다(Garfield, 2008;

74 [역주] 라튼토메이토스닷컴(RottenTomatoes. com)은 영화관련 리뷰들과 정보를 제공하는 웹사이트이다. 원래 Rotten Tomatoes라는 표현은 연극이나 쇼가 형편없을 때 관객들이 집어던지던 토마토(혹은 과일이나 계란 등)를 의미하는 말인데, 좋지 않은 영화를 가리키기 위한 하나의 은유로 이해할 수 있다. 1999년에 서비스를 개시하였고, 현재는 영화배급사인 워너브러더스(Warner Bros)가 소유하고 있다.

75 [역주] IMDB닷컴(IMDB. com)은 Internet Movie DataBase의 두음자를 땄으며, 인터넷 영화 데이터베이스로 번역할 수 있다. 1990년 서비스를 개설했으며, 1998년 아마존(Amazon. com)이 인수하였다.

Thompson, 2008). 오늘날 수용자 참가는 〈아메리칸 아이돌〉(*American Idol*)[76]과 같은 프로그램 결과에 영향을 미칠 수 있는 온라인상에서 혹은 휴대전화를 통한 투표에서부터, 라디오 호스트(*host*)에게 전자메일을 발송하거나 문자메시지(*instant message*)를 보내는 방식과 같은 다양한 형태를 취할 수 있다(Nightingale & Dwyer, 2006 참고). 현재 콘텐트에 대한 수용자의 반응은 수많은 형태를 취하는데, 온라인 광고에 대한 직접적인 행동반응(사용자 클릭이나 실제 구매와 같은 형태로)에서부터, 개별 온라인 뉴스기사나 블로그 페이지(*blog entries*)에 대해 직접 코멘터리나 피드백을 달아 두는 방식 등에 이르기도 한다. 여기서의 핵심은 이러한 새로운 수용자 정보의 흐름이 기존의 노출중심의 모형을 훨씬 벗어나 제도화된 수용자의 폭을 넓힐 수 있는 가능성을 제시한다는 사실이다.

현시점에서의 핵심은 오늘날의 미디어 환경은 — 대체로 이것의 증가하고 있는 상호작용적 특성 덕분에 — 더 많은 이러한 측면의 수용자 행동들이 감시될 수 있다는 점과, 그 결과 잠재적으로 미디어 산업에 의해 상업화될 수 있으며, 따라서 수용자에 대한 제도적 접근의 부분이 된다는 점을 인식하는 것이다(Harris & Chasin, 2006; Sen et al., 1998 참고). 어떤 마케팅 종사자는 인터넷을 "전례 없던 세심한 수준으로 개별 소비자들에 대한 데이터를 기록할 수 있게 했다(Mullarkey, 2004: 42)"라고 묘사한다. 어떤 산업 분석가는 인터넷을 "너무도 많이 측정할

---

76 [역주] 미국의 리얼리티 프로그램이며, 연예인이 아닌 일반인 출연자들이 심사위원과 시청자들에게 자신의 노래와 춤 실력을 보이고 평가받아 순위를 가리는 방식으로 진행된다. 우리나라의 〈슈퍼스타 K〉 혹은 〈스타 오디션 위대한 탄생〉 등과 같은 프로그램은 〈아메리칸 아이돌〉에서 상당히 많은 영향을 받았다. 2002년 첫 방송을 시작하였고 현재 414회(2012년 3월 1일 기준)를 방송하였다. 폭스(Fox)사에서 방송한다.

수 있다 … 수용자 전달이라는 점에서 측정할 수 있다. 수용자 상호작용이라는 점에서 측정할 수 있다. 심지어 거래(*transactional*) 혹은 투자 대비매출(ROI)[77] 영역에서도 측정할 수 있다(Jaffe, 2005: 113~114)" 라고까지 말하면서 훨씬 더 나아가는 모습을 보인다. 확실히 이제는 노출이 아닌 수용자의 다른 측면들도 수용자들이 미디어와 상호작용하는 대부분의 방식들로 합산될 수 있고 분석될 수 있는 일종의 측정 가능한 데이터의 흔적을 남기는 새롭고 엄청날 정도로 상호작용적인 미디어 환경에 의해 촉발된 측정기법을 통해서 측정이 가능하다.

그러므로 우리는 수용자 시장에서의 기술적 압박이 수용자 이해에 대한 기존의 접근을 잠식하는 동시에 대안적 접근을 위한 새로운 방향을 제시하는 상황에 직면하였다. 이 새로운 방향이 바로 제 3장의 초점이다.

---

77 [역주] Return of Investment의 두음자로 투자 대비 매출효과를 측정하는 데 사용한다. 즉, 마케팅이나 광고를 하나의 투자(*investment*)로 볼 때, 이러한 투자에 대해 매출이 어느 정도나 증가했는가를 측정할 수 있다면 마케팅 혹은 광고의 효과를 정량화(*quantification*)할 수 있다.

03
수용자 정보시스템의 변환

제 2장에서는 미디어 환경에 영향을 미치는 기술의 변화가 미디어 수용자에 대한 기존의 분석적 접근을 잠식하며 동시에 대안적 접근에 대한 기회를 창조하는 다양한 방식을 보여주었다. 이번 장에서는 변화하는 기술환경과 미디어 소비와 관련된 변화하고 있는 역동성이 수용자 정보시스템에서 진행중인 혁신을 어떻게 반영하는가를 탐구함으로써 이러한 대안적 접근들에 집중하고자 한다. 이러한 혁신들은 종종 (비록 언제나 그러한 것은 아니지만) 수용자 시장에서 오랫동안 지배적 위치를 차지하던 기존의 노출 측정치를 벗어난 수용자 정보시스템을 만들어내는 뉴미디어 환경에 내재된 상호작용성을 활용한다.

이러한 쌍방향적 하부구조는 콘텐트 공급자로부터 수용자들에게는 물론 수용자들로부터 콘텐트 제공자들에게로 움직이는(일반적으로 "회송경로[1] 데이터"라고 언급된다) 정보의 흐름을 촉진시킨다.[2] 수용자

1 [역주] '회송경로'(*return path*)라는 말은 IT 관련 용어인데, 송신자에게 정보를 회송(*return*) 시킬 수 있는 정보를 담고 있는 경로(*path*)를 의미한다. 예를 들어 갑(甲)이 을(乙)에게 전자메일을 보냈을 때, 갑의 전자메일 주

가 이러한 '디지털 발자취'(*digital footprint*)를 남기는(Madden et al., 2007) 어떠한 형태의 플랫폼이든, 어느 정도는, 플랫폼이 측정할 수 있는 수용자 행동이라는 측면에서 내재적으로 노출 측정치 이상을 수집할 수 있다. 그러므로 미디어 환경이 점차 쌍방향적이 될수록 수용자들의 미디어 소비 습관, 콘텐트 선호도, 참여도, 그리고 자신들이 소비하는 콘텐트에 대한 기대와 평가 등과 같은 새로운 일련의 데이터의 수집은 갈수록 촉진된다. 참가, 평가 그리고 피드백 등의 다양한 측면들이 온라인상에서 접근 가능하며 산업 연구자들이 접속하여 분석하는 매우 공공연한 형태들로 현재 나타나고 있다(Andrejevic, 2008; Harris & Chasin, 2006).[3] 심지어 인터넷 수용자 측정회사인 컴스코어는 미디어 회사들과 수용자가 관여되어 있는 '데이터 컬렉션 이벤트'(*data collection events*)의 숫자를 이용하며, 이러한 지표들이 얼마나 잘 개별 미디어 회사들이 수용자와의 상호작용을 통해서 수용자들을 이해하고 상업화하는 것이 점점 더 중요해지는 오늘날의 미디어 환경 변화에 대처하며 기회를 잘 활용하는지에 관한 유용한 통찰력을 제공할 수 있다는 가정하에 미디어 회사들의 성과 측정을 시작하고 있기도 하다(Story, 2008a; 2008b).[4] 오늘날 새로운 '스마트폰'은 웹사이트를

소가 을의 전자메일에 명시된다. 즉, "보낸 이"의 주소를 일종의 회송경로로 볼 수 있는데, 이를 통해서 받는 사람은 보낸 사람에게 자신의 피드백 혹은 응답을 데이터의 형태로 보낼 수 있다.

2 텔레비전의 맥락에서 어떤 수용자 측정회사의 중역이 최근에 언급하듯, "회송경로 데이터(RPD)의 등장은 미국과 전 세계의 텔레비전 수용자 측정치의 모습을 개조하고 영원히 바꾸어 놓을 것이다(Oscar 2008: 2)."

3 안드레예비치(Andrejevic)가 언급하듯, 수용자가 미디어 생산품을 토론하고 비판하는 온라인 포럼들은 '생산품에 부가가치를 더하는 것'에 그치지 않고, 부가가치를 '수용자 연구로써 곱절로' 만드는 것이다(2008: 33).

4 인터넷상에서의 15개의 가장 큰 미디어 회사에 의한 '데이터 컬렉션 이벤트'

방문하거나 앱(*application*)을 이용할 수 있는 휴대전화로, 개별 수용자들에게 20개에 달하는 정보를 제공한다(Clifford, 2009b). 한 광고업체의 중역이 말하듯이, "누구나 이용자들에 대해서 더 많은 것을 알아내기 위한 군비경쟁(*arms race*)에 뛰어들고 있다(Clifford, 2009b: 2)."

이러한 발전은 가장 우선시되는 노출을 넘어 미디어 수용자에 대한 보다 다면적(*multifaceted*) 개념화를 보충하고 있다. 수용자 행동의 대안적 측면들이 미디어 수용자를 구매, 판매, 산출해내는 과정 속에서 보다 중요한 역할을 수행하는 시장에서 근본적 전환의 가능성을 제기하고 있다. 이러한 전환을 둘러싼 복잡한 제도적 역학관계가 제 4장에서 논의될 것이다. 제 4장에서는 부상하고 있는 대안적 수용자 정보시스템, 수용자 정보시스템이 보여주는 수용자 행동의 측면들, 수용자 시장에서 수용자 정보시스템이 이용되기 시작하는 방식들에 대해서 초점을 맞추기로 한다.

에 관한 연구에서, 컴스코어는 야후가 한 달에 4조의 데이터 컬렉션 이벤트로 선두를 차지했고, 그 뒤를 1조 개로 타임워너가 이었으며, 그다음이 구글로 9,100억 개였다(Story, 2008a). 이 연구에서 '데이터 컬렉션 이벤트'는 다음 중의 하나로 정의되었다. ① 보여진 페이지, ② 이용된 검색 쿼리(*search queries*), ③ 재생된 비디오, ④ 보여진 광고, ⑤ 웹상에서 미디어 회사가 소유한 광고 네트워크에 의한 어떠한 웹페이지에 있었던 광고 등이 그것이다. 이러한 기준들의 논리는 이들 중 하나의 이벤트라도 일어나는 시간에는, "이용자의 컴퓨터와 해당 사이트를 소유하거나 광고를 공급하는 회사의 서버 사이에 대화가 존재한다"는 것이다(Story, 2008a: 1). 또한 이 연구에서는 "가장 거대한 인터넷 회사의 손끝에 놓인 엄청난 데이터의 획득이 산업체 내부의 일종의 디지털 격차(*digital divide*)를 만들고 있다고 했다. 전통적 미디어 회사들은, 자신들의 웹사이트에 방문하는 방문자들에 대한 데이터를 훨씬 적게 모으게 되는데, 이들은 광고비용을 두고 경쟁할 때 점점 더 불리한 환경에 놓이게 된다(Story, 2008b: 2; 또한 Hong et al., 2005 참고)."

노출 그리고 노출을 넘어 — 수용자 행동의 해부

이렇게 부상하고 있는 수용자 정보시스템에 실질적으로 부응하기 위해서는, 수용자 행동에 대한 관점을 철저히 해부하는(*deconstruct*) 것이 첫 번째로 중요하다. 즉, 신 수용자 정보시스템에 의해서 잠재적으로 포착되고 합산될 수 있는, 또한 그렇게 됨으로써 미디어 조직이 기본적 노출 측정치를 넘어서서 상업화시킬 수 있는 수용자들의 다양한 측면들은 무엇인가? 〈그림 3-1〉은 수용자 행동을 일련의 개별 단위들로 분해한 것이다. 이 모형에서는 수용자 행동을, 하나의 단위에서 다음 단위로 시간적 진행(*chronological progression*)을 가정하는, 어느 정도 순차적 형태로 파악하였다는 것을 주목하라. 따라서 모형은 왼쪽에서 오른쪽으로 움직이기 때문에, 이 책에서는 인식(*awareness*)에서 시작할 것이다. 특정한 미디어 콘텐트를 소비하기 위한 결정은 종종 콘텐트의 미래 이용가능성에 대한 수용자의 인식에서 시작한다.[5] 수용자가 이 콘텐트 옵션에 대해 수용할 수 있는 정보와 공명(共鳴)하게 되면, 인식은 흥미(*interest*)로 변할 수 있다. 따라서 충분한 흥미는 잠재적으로 노출로 옮겨갈 수 있으며, 언급하였듯, 전통적으로 노출은 수용자 시장과 관련된 중심적 측정치였다.

충성도(*loyalty*)와 관심도(*attentiveness*)라는 현상은 노출과 어느 정도 병치(竝置)된다. 수용자 행동의 이런 측면들은 일반적으로 노출

5 수용자가 특별한 의도 없이 관심 있는 콘텐트를 방문하게 되는 경우, 즉 '부수적 노출'(*incidental exposure*)이라고 이름 붙여진 상황들을 고려할 때(Prior, 2007; Sunstein, 2007 참고), 이는 종종 있는 그러나 항상 있는 경우는 아니다. 예를 들어, 특정한 콘텐트 옵션을 발견하고 소비하는 수용자로 이어지게 되는 웹서핑(*web-surfing*) 혹은 채널서핑(*channel-surfing*) 행동을 생각해 보라.

<그림 3-1> 수용자 측정치의 영역들

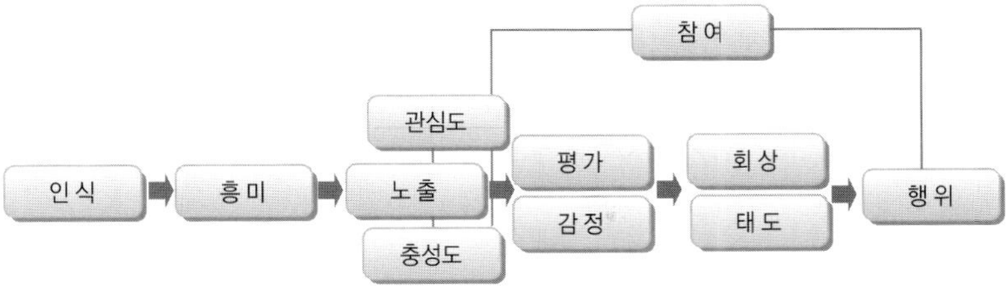

데이터를 통해 조작화되기(*operationalized*) 때문에 노출과 병행한다. 그러므로 가령, 특정한 텔레비전이나 라디오 프로그램에 충성도가 높은 수용자는 일반적으로 해당 프로그램을 몇 번이나 보고 들었는지, 즉 노출되었는지의 빈도를 통해서 정의된다. 마찬가지로, 특정한 웹사이트에 대한 수용자의 충성도는 일반적으로 해당 웹사이트에 대한 방문 빈도로 정의된다.

관심도 역시 마찬가지로 노출 데이터에서 추정될 수 있다. 일반적으로 관심도는 노출당 소비시간(*the time spent per exposure*)으로 정의된다. 그러므로 온라인상에서는 웹사이트 방문자가 해당 웹사이트에서 보내는 전체 시간을 파악하기 위해 '접착도'(*stickiness*) 라는 개념이 등장하기도 했다(Bermejo, 2007; Napoli, 2003a). 이 '접착도'란 용어는 이후 텔레비전과 같은 다른 미디어로도 옮겨갔다(Friedman, 2010). 오늘날 인터넷 수용자 측정에서 두드러지는 측정치는 '소비시간'(*time spent*) 인데, 이는 '최초 방문으로부터 해당 방문과 연계된 마지막 수용자의 행위까지 소비된 시간량'으로 정의된다(IAB, 2008c: 8; Butche, 2007 참고). 비슷한 맥락에서, '청취 소비시간'(*time spent listening*) 은 라디오 방송국에 중요한 성과 측정치이다(Arbitron, 2006). 다시금 여기서의 핵심은 수용자 시장의 담론에서 종종 등장하는 충성도와 관심도라는 관점들은 일반적으로 수용자 노출 데이터에서 파생되었다는 점이다.

따라서 충성도와 관심도와 같은 노출기반 측면들은 더 복잡한 — 그리고 지속적으로 모호한 — 참여라는 관점의 구축 단위(*building block*)의 일부로 활용된다. 참여라는 더 넓은 상위개념(*umbrella concept*)에서 충성도와 관심도의 위치는 〈그림 3-1〉에 나타나 있다. 이 개념의 등장과 현재 진행중인 진화과정(ARF, 2006a; 2006b; 2007 참고)은 앞으로 더 구체적으로 논의할 것이다. 현재 근본적으로 수용자 행동의 모든 후기노출의 측면들은 참여에 대한 하나의 혹은 여러 개의 정의 및 조작화(*operationalization*)와 연관되어 있음을 인식하는 것이 중요하다.

〈그림 3-1〉로 되돌아가서, 다음으로 우리는 **평가**와 **감정**(혹은 **감정적 반응**)으로 넘어갈 수 있다. 이들은 특정한 하나의 콘텐트에 노출된 수용자가 가지는 즉각적 반응(*immediate reactions*)을 반영하는 연관된 현상이다. **회상**(*recall*)과 **태도**(*attitude*)는, 노출로 인해 나타날 수 있고 논리적으로는 수용자가 해당 콘텐트로부터 경험한 평가나 감정적 반응 수준의 결과로 간주될 수 있는, 보다 심층적이고 지속적인 효과를 나타내는 연쇄반응의 다음 순서이다. 따라서 회상과 태도변화는 결국 상품의 구매, 광고를 클릭하는 행위, 혹은 특정 종류의 온라인 참가나 콘텐트 창조에의 관여 등과 같은 **행동**(혹은 **행동적 반응**)으로 이어진다.

따라서 이러한 수용자 행동의 모형은 먼저 특정한 콘텐트 옵션을 인식하게 된 수용자로부터 시작해서, 어떠한 형태로든 이러한 콘텐트가 야기할 수 있는 행동적 반응으로 끝나는 과정을 요약한다. 제 4장의 핵심 요점은 수용자 정보시스템이 전체적으로 이 모형에 반영되어 있는 수용자 행동의 거의 모든 범위의 측면들을 파악하는 형태로 전개되고 있다는 것이다. 따라서 신 수용자 정보시스템은 노출을 넘어서는 제도화된 미디어 수용자의 진화를 추동(推動)하고 있다(제 5장을 보라). 다음의 섹션에서는 후기노출(後期露出, *post-exposure*) 수용자 시장을 분석할 수 있는 도구들의 부상을 다룰 것이다.

노출의 원인—'버즈'[6]의 파악

수용자 시장에서, 흔히 미디어 조직과 광고주들은 미래의 수용자 행동에 대한 정보를 얻길 원한다. 심지어 미디어 콘텐트를 소비하게 될 기회를 얻기 전이라고 하더라도(McQuail, 1969), 수용자가 특정한 한 편의 미디어 콘텐트를 어떻게 소비할 것인가에 관해 다소의 아이디어라도 얻는 것은 종종 가치가 있는 일이다(심지어 필요하기도 하다). 이는 내재적으로 존재하지 않을 수도 있는[7] 미디어 수용자에 관한 불가피한 부산물이다. 광고수익으로 운영되는 미디어의 영역에서, 일반적으로 수용자는 심지어 형성되기도 전에 판매되어야 할 필요가 있다. 또한 광고주지원 그리고 소비자기반 미디어의 양쪽 영역에서, 콘텐트의 제작, 배급, 마케팅에 관한 전략적 결정은 종종 개별적 콘텐트들에 대한 예측된 수준의 소비를 평가함으로써 도출되기도 한다. 결과적으로 수용자의 소비패턴에 대한 예측이 광고주지원 그리고 소비

---

6 [역주] 기술적 용어로 버즈(*buzz*)는 원래의 신호와 섞여 들어간 잡음을 의미하는데, 흔히 텔레비전의 음성회로에서 발생하는 저주파의 잡음을 의미한다(기존의 아날로그 텔레비전을 시청한 경험이 있는 사람은 '붕'하는 소리가 섞이는 경우를 종종 들을 수 있는데, 바로 이것이 버즈이다). 그러나 이 책에서의 버즈는 광고용어이며, 흔히 웹 2.0시대에 들어서 활성화된 '입소문' 마케팅에서 쓰이는 용어이다. 그 뜻은 광고되는 브랜드나 제품, 혹은 서비스와 관련된 원(原) 광고 메시지를 소비자나 인터넷 이용자(이를테면 블로거)들이 증폭시키는 현상을 의미한다. 〈해리포터〉(*Harry Potter*)의 확산이나 저예산 공포영화인 〈블레어 위치〉(*Blair Witch Project*)의 성공이 버즈의 예가 될 수 있다. 즉, 기술적 용어로 버즈는 '부정적 잡음'이라고 볼 수 있지만, 온라인 마케팅에서의 버즈는 '긍정적 잡음'으로 원래의 신호(즉 원 광고 메시지)의 효과를 증폭시켜 주는 긍정적 역할을 수행한다.

7 [역주] 왜냐하면 실제 얻어진 측정치가 아니라 예측치이기 때문이다.

자 기반 미디어 양쪽 모두에서의 활동에 근본적인 요소이다(Napoli, 2003a). 그래서 수용자의 미디어 소비행동을 예측하기 위한 노력들은 매우 잘 정립되어 왔고, 개봉될 영화를 사전테스트하려는 영화산업의 활동, 새로운 텔레비전 쇼를 사전테스트하려는 텔레비전 프로그램 제작자, 그리고 개개의 음악의 소구력을 테스트하려는 라디오 방송국에 걸쳐 있다(제 1장 참고).

오늘날 핵심적 차이는 미디어 조직, 광고주, 그리고 수용자 측정회사들은 인터넷의 성장과 확산을 통해 곧 출시되게 될 콘텐트 옵션들에 대한 수용자의 인식정도 — 혹은 흥미정도 — 를 예상할 수 있는 새로운 실험환경을 갖게 되었다는 점이다. 일반적으로 온라인상의 '수다쟁이'(*chatter*)라고 불리는 사람들은, 이들의 정보가 수용자의 미디어 소비를 측정하기 위한 귀중한 도구라고 주장하는 회사들에 의해서 감시되고 모아지고(*aggregated*) 있다. 방법론적 관점에서, 이러한 맥락 속에서 운영되는 수용자 정보시스템은 정교한 웹 '스크랩'(*scraping*) 소프트웨어를 장착하는데, 이 소프트웨어는 특정한 핵심단어들을 검색하기 위해 웹을 샅샅이 뒤지도록 프로그래밍 되어 있으며 또한 이러한 핵심어를 둘러싼 텍스트들을 파악하고 범주화(*categorize*)할 수 있다. 이러한 시스템들은 찾기 어려웠던 '입소문'을 파악하기 위한 활동인데, 입소문은 오프라인 공간에서 언제나 존재했었지만 온라인 공간에서는 훨씬 더 구체적인 자취를 남기고 있다. 입소문의 확장개념은 버즈를 분석하는 접근과 관련하여 종종 이용되는 '마우스 소문'(*word-of-mouse*)[8]에서도 드러난다(Verhaegh et al., 2007 참고). 이러한 분석

8 [역주] 영어에서 이러한 표현을 흔히 '동음이의(同音異義)를 이용한 말장난(*pun*)'이라고 하는데, 여기서는 입소문의 mouth와 컴퓨터의 보조도구인 mouse의 발음이 유사한 것을 이용하여 온라인에서의 소문이 '입'이 아닌 '마우스'를 통해서 확산된다는 것을 은유한다.

적 접근은 블로그, 소셜 네트워킹 사이트들, 그리고 토론방을 포함하는 온라인 플랫폼 영역에 걸쳐 확장되고 있다.

아마도 이러한 형태 중에서 가장 두드러지는 서비스가 바로 닐슨 온라인사의 버즈메트릭스(BuzzMetrics)[9] 서비스일 것이다. 버즈메트릭스는 약 1억 개의 블로그들, 소셜 네트워킹 사이트들, 토론방, 그리고 여타의 소비자제작(*consumer-generated*) 미디어 플랫폼들로부터 정보를 수집하고, 이 데이터들로 미디어 생산품을 포함하는 향후 벌어질 이벤트들에 대한 인식수준(*level of awareness*), 흥미도, 그리고 기대 등의 다양한 요인들에 대한 분석을 실시한다(Nielsen Online, 2009 참고). 이러한 형태의 수용자 정보를 수집할 수 있는 상대적으로 새로운 플랫폼을 반영하는 여러 경쟁 서비스들이, 브랜드인텔,[10] E-폴 마켓 리서치,[11] 비저블 테크놀로지,[12] TNS 미디어 인텔리전스,[13] 그리

---

9 [역주] 앞의 제 2장 각주에서 언급하였듯이 2007년 넷레이팅과 닐슨 온라인이란 이름으로 함께 닐슨 사에 팔렸다.

10 [역주] 브랜드인텔(BrandIntel)은 버즈메트릭스와 유사한 서비스를 제공하는 캐나다의 버즈 마케팅 시장조사 회사이다. 회사 소개는 www. brandintel. com을 참고하라.

11 [역주] E-폴 마켓 리서치(E-Poll Market Research)는 1997년에 설립된 회사이다. 버즈 분석과 함께 온라인 패널을 통한 시장조사, 의견조사도 함께 실시한다. 회사의 소개는 http://www. epollresearch. com을 참고하라.

12 [역주] 비저블 테크놀로지(Visible Technologies)는 2006년 설립된 회사로, 주로 소셜 미디어를 분석한다. 회사 소개는 http://www. visibletechnologies. com을 참고하라.

13 [역주] 닐슨이 미국을 비롯한 북미 시장을 석권했다면, TNS는 주로 유럽에서 맹위를 떨치는 시청률 조사회사이다. 2008년 미디어 인텔리전스(Media Intelligence)를 합병하면서 이름을 TNS 미디어 인텔리전스(TNS Media Intelligence)로 바꿨다. 회사에 대한 정보는 http://www. tnsglobal. com을 참고하라.

고 옵티미디어 등의 회사들에서 현재 이용 가능한 상태이다(Pace & Moores, 2008; Silver, n.d.; Vasquez, 2007; 2008a; 2008b 참고). 일반적으로 이러한 서비스는 온라인 토론의 분량과 의견방향(*valence*) 에 관한 정보를 제공하며, 물론 시간에 따른 동향분석(*analysis of trends*) 역시도 가능하게 만들고 있다. 역사가 보여주듯, 수용자 측정의 모든 분야에서 독점(*monopoly*) 으로 나아가는 현저한 경향성이 있었다는 점에서(Buzzard, 2002; 2003b; Gluck & Sales, 2008 참고), 향후 이 영역에서 상당한 수준의 합병(*consolidation*) 이 있을 것을 기대할 수 있다.

미디어 콘텐트에 대한 수용자의 인식과 흥미를 측정하려는 노력들이 웹에 내재한 상호작용에 초점을 맞추는 이러한 신 수용자 정보시스템에 선행(先行) 함을(제 2장 참고) 강조하는 것은 중요하다. 예를 들어, 영화산업은 여러 해 동안 개봉할 영화에 대한 영화 소비자들(*movie-goers*) 의 인식과 영화 관람에 대한 흥미도를 추적하기 위해서 체계적 유선전화 설문조사 연구를 해왔다(Hayes & Bing, 2004).[14] 물론 현재와 다른 점은 웹은 기존의 설문조사 방법보다는 훨씬 더 드러나지 않는 방식으로 더 큰 규모의 수용자들을 저렴하게 살펴볼 수 있는 방법을 제시한다는 점이다. 전형적인 온라인 채팅방(*chatroom*) 참가자들이나 블로거들(*writers of blogs*) 은 자신들의 말들이 미래의 미디어 생산품에 대한 전망 분석을 도출하기 위한 원(原) 데이터가 된다는 것을 흔히 인식하지 못한다. 그러나 유선전화 설문조사 연구나 초점집단(*focus groups*) 의 참가자들은 자신들이 연구의 대상이라는 것을 아

---

14 헤이즈(Hayes) 와 빙(Bing) 은 영화산업이 이용했던 '추적'(*tracking*) 연구를 "제작사가 국민의 의식(*national consciousness*) 에 대한 도전을 계획하기 위해 이용한 가장 잘 확립된 — 그리고 불화를 낳은 — 메커니즘들 중 하나로 보았다. 추적은 영화의 미래를 경험적 진리의 무게를 달아본 첫 번째 국민투표(*public referendum*) 였다(2004: 238)"라고 묘사된다.

주 잘 인식하며, 이러한 인식이 반응에 영향을 줄 수도 있다. 수용자들의 태도와 인식에 대한 자기보고(*self-report*)인 설문조사 반응과는 달리, 온라인 대화는 미래의 미디어 결과물에 대한 인식과 흥미를 행동적으로 입증하는 자료이다.

이러한 수용자 정보의 가치는 미디어 조직이 자신들의 전략적 의사결정에 이 정보를 어느 정도나 이용할 수 있는가에 달려 있다. 예를 들어, 기존의 영화조사 데이터는 수십 년간 주로 개봉일자, 개봉관 예약, 마케팅 비용 할당과 관련된 의사결정 등에 관한 것으로 나눌 수 있었다(Hayes & Bing, 2004). 마찬가지로 온라인 버즈 데이터도 영화나 음반, 텔레비전 프로그램 등의 결과물에 대한 미디어 조직의 의사결정에서 그 용도가 시작된다. 이러한 평가[15]는 매출 전략, 마케팅 비용 할당, 그리고 스케줄 설정 등의 전략적 의사결정의 다양한 측면들로 나뉜다. 여기서의 논리는 더 많은 사람들이 개봉될 영화나 앨범, 텔레비전 프로그램 등에 대해 이야기하고 있다면, 이들 콘텐트들이 가용해졌을 때 수용자들은 해당 콘텐트 옵션들을 소비할 확률이 더 높아진다는 것이다.

예를 들어 텔레비전 프로그램 편성(*scheduling*)은 이미 버즈 데이터에 의해 명백할 정도로 영향을 받는다. 버즈가 상당히 늘어나는 프로그램은 결과적으로 몇몇 경우보다 좋은 시간대를 부여받는데, 그렇게 됨으로써 기존의 수용자들의 기대와 흥미를 더 효율적으로 이용할 수 있다(Ross, 2008). 로스(Ross, 2008)는 어떻게 ABC가 자사의 프로그램인 〈못난이 베티〉(*Ugly Betty*)[16]에 대한 엄청난 온라인 버즈를 통해서

15 [역주] 여기서의 '평가'는 온라인 버즈 데이터에서 도출된 수용자의 평가를 의미한다.

16 [역주] 2006년부터 2010년까지 총 85편이 방영된 ABC의 코미디 드라마이다. 주인공은 베티 수와레즈〔Betty Suarez, 아메리카 페레라(America

프로그램 방영시간을 프라임타임(*prime-time*)으로 옮기는 것이 좋겠다고 확신하고, 원래 계획되었던 훨씬 더 경쟁이 치열한 금요일 밤 시간대에 방영하는 대신 자사의 또 다른 히트 드라마인 〈그레이 아나토미〉(*Grey's Anatomy*)[17]와 함께 목요일 밤에 방영하기로 결정했는지 보여준다. 〈못난이 베티〉의 제작자들은 온라인 의견조사(*polls*)와 온라인 초점집단을 통해 주인공에 대한 다양한 새로운 모습들을 테스트하였고, 온라인 대화 데이터는 향후 〈못난이 베티〉를 개선하는 데도 이용했다(Chozick, 2009).

한편 오늘날의 웹은 미디어 수용자의 소비패턴을 예측할 수 있는 분석들이 가능한 진화형 실험실(*evolving laboratory*)과 같다. 따라서 이용자제작 콘텐트 등장은 이제 수용자들이 콘텐트를 생산하고 배급하여 또한 기존의 미디어 조직들을 작동할 수 있을 정도로 힘을 얻었다는 사실을 넘어선다는 점에서 중요하다. 이러한 형태의 표현은 미디어 조직이 수용자들의 취향, 선호, 흥미에 대해 눈에 띄지 않는 방식으로 더 많은 것을 학습할 수 있는 중요한 신(新) 메커니즘으로 작용하고 있다.[18] 물론, 온라인 토론에서 이러한 분석의 효용성이 향후

Ferrera)가 연기했다]라는 이름을 가진 22살의 멕시코계 여성이다. 이 드라마는 패션에 대한 감각이 별로 없는 여성 베티가, 〈모드〉(*Mode*)라는 이름의 패션잡지에서 일하면서 벌어지는 에피소드들을 코믹하게 엮은 것이다. 한국에서는 KBS에서 2007년 방영되기도 했다.

17 [역주] 2005년에 첫 방송을 시작하여 2012년 8시즌까지 총 163편이 방영된 ABC의 드라마다. 주인공은 메러디스 그레이[Meredith Greys, 엘렌 폼피오(Ellen Pompeo)가 연기함]라는 젊은 인턴 의사로, 그가 가상으로 꾸며진 미국 서부의 병원에서 동료들, 선배 의사들과 겪는 여러 로맨스, 친분, 그리고 갈등 등을 소재로 드라마가 진행된다. 한국계 캐나다인 샌드라 오(Sandra Oh)가 메러디스 그레이의 친구인 크리스티나 양(Christina Yang)으로 나오기도 한다. 한국에서는 KBS에서 방영되었다.

미디어 상품에 대한 인식과 흥미를 분석하는 것으로 한정될 필요는 없다. 이러한 정보는 이용할 수 있는 미디어 상품에 대한 평가로도 이어질 수 있다. 다음 섹션에서는 실제로 신 정보시스템이 수용자에 대한 노출을 능가하는 분석적 접근을 개발하려는 현재 진행중인 활동들에서 중요한 역할을 수행한다는 것을 보여줄 것이다.

참여의 부상

〈그림 3-1〉에서 보여주듯이, 그리고 제 1장에서 어느 정도 자세히 논의되었듯이, 노출(*exposure*)은 수용자 행동에 대한 훨씬 더 복잡하고 다면적인 관점의 한 측면에 불과하다. 어떻게 미디어 상품들이 소비되는지, 왜 소비되는지, 그리고 이들 소비가 어떤 영향을 끼치는지 등의 문제는 모두 특정 미디어 상품이 소비된다는 기초적 질문을 넘어서는 수용자 행동의 측면들을 대표한다. 미디어 산업은 한동안, 일반적으로 '정성적'(*qualitative*) 수용자 데이터란 이름이 붙었던(Lloyd & Clancy, 1991; *Magazine Publishers of America*, 2006 참고) 수용자 행동의 이러한 다른 측면들을 어느 정도는 무시할 수밖에 없었다(제 1장 참고). 그러나 오늘날에는 크게는 현재 일어나는 극적인 기술변화 덕분에 우리는 미디어 소비의 본질에 더 깊게 파고들 수 있는 노력들이 재등장하는 것을 볼 수 있다. 현재 연결도(*connectedness*)와 개입도(*involvement*)와 같은 연관된 — 아마도 심지어 동의어일 수도 있는 — 용어체계에서 '참여'(*engagement*)라는 용어는 합의된 상위개념으로 등장하고 있으며

18 수용자의 표현적 행동들을 감시하기 위한 미디어 조직의 활동들에 대한 비판적 관점의 논의는 안드레예비치(Andrejevic, 2007a; 2007b)를 보라.

(Lloyd & Clancy, 1991; Lu & Lo 2007; Malthouse, Calder & Eadie, 2003; Russell & Puto, 1999 참고),[19] 수용자 참여(*audience engagement*)를 이해한다는 명목으로 수많은 연구들이 진행중이다.

그러나 참여라는 개념이 새로운 것은 아니다. 여러 해 동안, 이 관점은 잡지와 신문과 같은 인쇄 미디어의 맥락에서 구독자들의 독특한 가치를 광고주에게 확신시키려는 노력의 일환으로 자신들의 수용자의 참여를 강조하여 굳건한 위치를 갖고 있었지만, 미디어와 광고 집단에서는 주변부를 맴돌았을 뿐이다. 그러나 오늘날 참여라는 개념은 제 2장에서 기술한 노출중심 모형을 잠식시키며 신 수용자 정보시스템을 촉진시키는 기술 덕분에, 미디어 조직과 광고주가 수용자를 어떻게 생각하는가 하는 점에서 주변부에서 핵심부로 옮아가고 있다. 이러한 신 수용자 정보시스템은 거의 모든 미디어에서 참여 측정치를 현저하게 만드는 데 기여하였다(Neely, 2008 참고). 인쇄, 온라인 그리고 텔레비전과 같은 플랫폼들은 수용자의 참여를 정의하고, 조작화하며, 물론 상업화하려는 노력의 일환에서 특별한 관심의 대상이었다(Atlas Institute, 2008; Neely, 2008 참고). 동시에 미디어들 사이에 호환될 수 있는 참여를 위한 접근법을 개발하려는 수많은 노력들이 진행중이다(Haven & Vittal, 2008; Kilger, 2008; Passikoff & Schultz, 2007; Simmons Market Research Bureau, 2007 참고).

2005년 미국 광고에이전시 협회(American Association of Advertising Agencies)에서는 "'참여'가 광고의 어카운터빌리티에 대한 새로운 측정치가 되고 있음을 … 선포한다"고 밝힌 바 있다(Sorce & Dewitz, 2006:

19 최초에 '개입이란 용어를 사용하여 이 이슈들을 연구했던 몇몇 연구자들(Malthouse, Calder & Tamhane, 2007 참고)이, 대개 참여라는 용어의 인기를 인식함으로써 결국 본질적으로 똑같은 연구에 대해 '참여'라는 용어를 사용하기 시작했다(Malthouse et al., 2008 참고)는 점은 언급할 만하다.

30). 수용자 행동이해를 위한 새로운 측정치로서 참여를 포함시키는 경향이 널리 퍼지면서(Albiniak, 2007 참고),[20] 광고주, 콘텐트 제공자, 측정회사들은 다소 갑작스레 장시간 동안 수용자 시장을 지배해왔던 기준들의 문제점을 인정하고 있으며, 대안적인 — 혹은 최소한 보완적인 — 분석적 접근을 포함하려 하고 있다(Albiniak, 2007; Neely, 2008).

그러나 참여 개념이 뚜렷해지고 있다고 해도 실제로 '참여'가 뜻하는 것이 무엇인가에 대한 명확성이나 합의가 도출되지는 못하고 있다. 어느 산업체의 백서에서 언급하듯, "'참여'는 측정산업에서 두드러진 유행어(*buzzword*)가 충분히 되었고, 의미 있고 유용한 방식으로 참여를 정의하고 측정하려는 주목할 만한 여러 노력들이 있는 것"은 틀림없으나, 측정산업에서는 "이 말이 뜻하는 바가 무엇인지 그리고 어떻게 그것을 측정해야만 하는지에 대한 합의를 전혀 도출하지 못하고 있다(Peterson & Berger, 2008: 10)." 다른 보고서에서는 "그것을 측정하려고 하는 회사들이 설립되어 왔고 또 설립되고 있으며, 의미 있는 방식으로 적용 가능한 용어의 타당한 실용적 정의(*reasonable working definition*)를 찾으려는 셀 수 없이 많은 주장들이 나왔다"라고 말한다(Peterson & Carrabis, 2008: 2). 인터넷 수용자 측정회사의 한 중역에 따르면, "참여라는 것은 음란함(*obscenity*)과 비슷하다.[21] 우리

---

20 텔레비전 산업 및 통상에 관한 신문보도에서 말하듯, "시청률이 텔레비전 산업의 통화(*currency*)로 남아 있었던 반면, 광고주들은 방송 스팟(*spots*)을 구매할 때 점차로 '참여'를 고려하였다(Albiniak, 2007: 16)."

21 [역주] 이 표현은 미국 연방법원 판사였던 포터 스튜어트(Potter Stewart, 1915~1985)의 말을 패러디한 것이다. 스튜어트 판사는 "제이코벨리스 대 오하이오(Jacobellis v. Ohio, 1964)"에 대한 법관 의견문에서 "포르노에 대해 정의하기는 어렵지만, 포르노를 보고 나서 그것이 포르노인지 아닌지는 알 수 있다"(*I know it when I see it*)는 말을 남겼다. 해당 판례는 오하이오

들 중에 어느 누구도 이것을 정의하지는 못하지만, 이것을 본다면 우리는 상당히 확신할 수 있다."[22]

이렇듯 어느 정도는 혼돈에 가까운 상태를 반영하면서, 광고연구재단(ARF, 2006a)은 산업계의 서로 다른 이해당사자들이 제안한 참여의 25개의 서로 다른 정의들을 포함하는 《참여: 정의들과 분석》(*Engagement: Definitions and Anatomy*)이라는 제목의 백서를 발행했다.[23] 〈표 3-1〉은 수용자 참여의 최근 20개의 정의를 수집한 것인데, 이것들은 산업체와 학계라는 두 정보원을 통해 얻어진 것이다. 표에서 수집된 것은 결코 포괄적으로 다루려는 목적이 아니고, 대신 최근의 참여 개념에 적용된 다양한 범위의 정의들을 보여주는 것이 목적이다.

광고연구재단(ARF, 2006a)의 백서는 ARF의 하부위원회(*subcommittees*) 중 하나가 만든 참여에 대한 실용적 정의 또한 포함한다. "참여란 잠재적 소비자에게 주변환경에 의해 증진된 브랜드 아이디어에 관한 흥미를 이끌어낸다"(*Engagement is turning on a prospect to a brand idea*

주가 프랑스 영화 〈연인〉(*The Lovers*)의 상영극장에 부과한 2,500달러의 벌금에 대해 오하이오의 클리블랜드 지역의 극장 경영자인 제이코벨리스가 소송을 제기한 사건이다. 당시 미국 연방법원의 판결은 제이코벨리스의 손을 들어 주었다. 스튜어트 판사는 자신이 본 바에 따르면 〈연인〉은 포르노물로 보기 어렵다는 의견을 냈다. '음란물'에 관한 유명한 판결 중 하나이다.

22 이 발언은 이 책을 위한 참여관찰 데이터 수집의 한 부분으로 저자가 참여했던 2010년 뉴욕의 온라인 미디어, 마케팅, 그리고 광고 측정 및 측정치(Online Media, Marketing, and Advertising Metrics and Measurement) 학회의 발표에서 언급되었다.

23 참여접근에 대한 다양한 정의들을 조직화하려고 노력한 ARF(2006)는 3가지 범주에 따라 정의들을 조직하였다. ① 브랜드 효과를 측정하는 것, ② 브랜드 아이디어와 주변환경을 측정하는 것, 그리고 ③ 미디어의 맥락을 측정하는 것이다.

enhanced by the surrounding context) (ARF, 2006a: 9). 이렇게 제안된 정의에는 참여가 무엇을 뜻하는가에 관한 끊임없는 논쟁과 논의를 해소시키는 데 필요한 명확성(*clarity*)이 확실히 부족해 보인다. 또한 실제로 이러한 정의가 소개된 후 지난 4년 동안에도, 참여의 정의는 훨씬 더 논란이 되는 영역 속에 버려져 있다. 명백하게 ARF에서 제안된 정의는 참여에 대한 접근이 광고나 브랜드에 대한 참여이거나, 혹은 광고가 놓여 있는 콘텐트에 대한 참여를 강조하고 있다는 사실에 집중하며, 광고를 바라보는 ARF의 확실한 초점을 반영한다.

그러나 이러한 분석적 특성은 중요도라는 점에서, 콘텐트에 대한 참여와 콘텐트와 함께 제시되는 광고에 대한 참여 간의 유의미한 관계를 보여주는 연구의 증가로[24] 어느 정도는 감소되었다. 사실, 참여와 관련된 하부요소들에 대한 강조가 증가하는 것은 부분적으로는 상품에 대한 태도, 광고 회상률(*commercial recall*), 그리고 구매행동 등과 같은 것들에 중요하다는 기준에서,[25] 참여가 실제로 광고주의 호응을 얻는 듯하다는 확립된 연구들의 증가이기도 하다. 즉, 미디어 콘텐트에의 참여는 콘텐트와 같이 제공되는 광고 혹은 작품 속 광고(*product placement*)[26]에 대한 참여와 의미 있게 연결되어 있는 듯이 보인다.

---

24 홈즈와 동료들(Holmes et al.)에 따르면, 참여란 "미디어 중심(*media-centric*) — 미디어 채널이나 콘텐트에 초점을 맞추는 — 관점이나 수용자 및 맥락 중심(*audience- and-contextcentered*) — 이용자들의 행위 및 경험에 초점을 맞추는 — 관점" 중의 하나로 접근할 수 있다(2006: 1~2).

25 2006년까지의 참여관련 문헌들에 대한 논의로는 미국 잡지발행인협회(Magazine Publishers of America, 2006)를 보라.

26 [역주] 흔히 PPL이라는 약칭으로 불리며, 드라마나 토크쇼 등의 프로그램에서 사용되는 소품들을 통해 상표를 노출시킴으로써 수용자들에게 상품을 광고하는 것을 의미한다.

〈표 3-1〉 수용자 참여에 대한 정의

정의	출처
소비자가 얼마나 커뮤니케이션 메시지를 내재화할지, 혹은 내재화하였는지를 알려주는 지표	ARF, 2006a
마케팅 커뮤니케이션에 대한 관여 정도	ARF, 2006a
매출효과(*sales effect*)를 예측한다고 알려진 마케팅 커뮤니케이션과 잠재적 소비자 사이의 상호작용	ARF, 2006a
상품의 유목(*category*)별로 긍정적 브랜드 인상을 남긴 소비자가 선택하거나 주목한 브랜드 아이디어 혹은 미디어 맥락 경험	ARF, 2006a
커뮤니케이션 메시지 중 일부에 소비자가 관심을 기울인 정도	ARF, 2006a
브랜드와 관련된 경험으로 소비한 평균 광고시간	ARF, 2006a
커뮤니케이션 메시지로 인해 형성된 소비자의 긍정적 태도	ARF, 2006a
감정적 연계	ARF, 2006a
매출효과를 예측한다고 알려진 광고에 대한 동시적 반응을 측정한 것	ARF, 2006a
미디어와 미디어 속의 광고에 연계된 방식	ARF, 2006a
개별 브랜드나 타이틀이 광고가 취하고자 하는 목표에 얼마나 도움을 주는지를 측정한 것	ARF, 2006a
측정 가능한 효과를 야기하는 프로그램이나 광고에 대한 관심도의 순수효과	ARF, 2006a
적절한 시기에 적절한 수용자에게 메시지를 전달함	ARF, 2006a
주변환경으로부터 도움을 받는 브랜드 관련 아이디어를 잠재적 소비자에게 제시함	ARF, 2006a
광고가 진행될 때 일어나는 잠재의식상 '느낌'의 총합	Heath, 2007
다음의 영역들로 구성된 것: 고무적일 것, 신뢰감이 있을 것, 삶의 질을 고양시킬 것, 사회적 교제를 늘리는 것, 개인적 휴식	Kilger & Romer, 2007
콘텐트에 대한 정성적이며 집단적인 경험	Malthouse & Calder, 2007
소비자의 미디어 콘텐트와의 관계	Magazine Publishers of America, 2006
브랜드에 대한 '브랜드 자산가치'(*brand equity*) 수준을 증진시키는 (어떠한 미디어 접촉을 통해서든 상관없이) 마케팅 혹은 커뮤니케이션 노력의 결과	Passikoff & Weisler, 2006
브랜드의 주변환경에서 브랜드의 메시지가 틀지어지고(*framed*) 제시되는 맥락이 얼마나 적절한가에 대한 측정치	Wang, 2006

예를 들어, 참여에 대한 다양한 측정치는 상품평가, 구매의사 및 행동(Eubank & Griffiths, 2007b; Kilger & Romer, 2007)은 물론 광고에 대한 회상이나 설득력(Moorman, Neijens & Smit, 2007; Wang, 2006; Wood, 2008)과 양(陽)의 상관관계를 맺고 있다는 몇몇 연구들이 있다. 참여의 특정 하부요소들(이를테면 평가)과 광고 효율성 사이에도 유사한 관계가 발견되었다(Kok & de Vos, 2005; Lu & Lo, 2007; Simmons Market Research Bureau, 2007). 다른 연구들은 수용자 참여가 서로 다른 인구학적 집단들은 물론 다른 미디어에 걸쳐 차이가 나타남을 보여주었다(Kilger & Romer, 2007).[27]

수용자 측정관련 조직들은 "미디어를 단순히 소비자가 광고에 노출되는 통로라는 수동적 운송매체(*vehicle*)로 간주하지 말아야 한다. … 미디어 콘텐트는 그 자체로 시청자나 구독자들에게 어떠한 경험을 제공하는 것으로 이해되어야 한다. 이러한 경험이 접점(接點)[28]으로서의 광고를 평가하는 데 반드시 고려되어야 한다(Calder & Malthouse, 2005: 357)"는 논리를 갖고, 수용자들 자신이 소비하는 콘텐트에 대한 수용자의 참여를 조사하는 시스템을 개발하는 데에 특별한 관심을 쏟고 있다.

광고와 콘텐트에 대한 수용자 참여와 이들 두 가지 형태의 참여 사이에 고려되어야만 하는 잠재적 상호작용과 관련하여, 참여에 대한 분석

---

27 그러나 반대의 효과, 즉 특정한 콘텐트 옵션에 대한 보다 큰 수용자 참여가 광고의 효과의 감소로 이어지는 것을 보여주는 많은 연구들이 있다(이런 연구들에 대한 비평과 방법론적 비판에 관해서는 Lloyd & Clancy, 1991 참고). 이러한 발견의 내면에 있는 논리는 광고는 수용자가 열심히 참여하는 콘텐트에 대한 짜증나는 개입이라는 것이다. 명백히, 현재의 미디어, 광고, 수용자 측정회사들은 '긍정적 효과' 가설을 대신 받아들인다.

28 [역주] 광고와 수용자가 만나는 접점이라는 의미이다.

적 접근들이 다양하다는 사실은 그다지 놀라운 일이 아니다. 2006년 후반기에 광고연구재단(ARF)은 이 주제로 《참여 측정치》(*Measures of Engagement*)라는 제목의 두 번째 백서를 출간하였는데, 여기서는 "참여를 측정하려는 몇몇 선구적 연구들을 요약하고" 있다(ARF, 2006b: 2). 이 백서는 참여를 측정하는 20개가 넘는 독특한 분석적 접근을 포함한다. 이후, ARF는 《참여 측정치, 제 2권》(*Measures of Engagement, volume II*)을 출간하였고, 여기에는 15개의 추가적 측정 접근법이 요약되어 있다(ARF, 2007).

확실히 서로 다른 이해당사자들의 우선순위와 목표에 따라,[29] 참여는 어느 정도 상이한 것들을 의미할 수 있다. 또한 '참여'라는 용어가 수용자 시장에서 흡입력을 얻으면서, 이해당사자들은 다양한 일련의 현상들과 분석적 구성물들에 참여라는 이름을 붙이기 시작했고, 이 중 상당수는 실제로 참여가 의미하는 바는 무엇이며, 어떻게 조작화되어야만 하는가와 같은 맥락에서 엄밀한 기준을 충족시키지 못하는 상황이다. 참여라는 용어가 수용자 시장에서 매우 강한 울림을 갖기 때문에, 그 활용성이 의문시되는 다양한 상황들에서도 이용되는 듯하다. 현재 참여의 의미와 측정치들이 상당히 다양함에도 불구하고, 이들 측정치들을 대조하는 연구들이 가장 보편적인 참여 측정치들의 상당수가 강하게 연관되어 있다는 것을 보여주는 경우가 지금껏 별로 없었다는 사실을 인식하는 것 또한 중요하다(Eubank & Griffiths, 2007).

여기서의 핵심은 이 개념에 대한 이러한 초창기 발전단계에서 관련

29 ARF의 2008년 리: 씽크(Re: Think) ('다시 생각해 보기'로 번역할 수도 있고, '생각에 대한 답장'으로 번역할 수도 있다 — 역자) 학회에서의 한 참석자의 말처럼, "참여는 실재하는 개념이지만, 당신은 당신과 관련 있는 참여를 정의해야만 한다." 이 책의 자료수집을 위한 참여관찰 활동 중 하나로 저자는 이 학회에 참석하였다.

된 이해당사자들이 정의(定義) 혹은 조작적 접근에 대한 어떠한 합의에도 도달하지 못했다는 점이다. 참여라는 개념은 "구성물에 대한 정의와 실현(*implementation*)이라는 점에서 아직 유아기"라고 기술된다(Sorce & Dewitz, 2006). 현재까지 참여는 "이것이 어떻게 작동하며, 어떤 효과를 갖고, 우리가 어떤 마케팅 구성물이 필요한지 등에 관한 명료성이 부족하다"라고 기술되고 있다(Woodard, 2006: 353). 그래서 "일반적으로 콘텐트 생산자와 광고주들은 참여가 중요하다는 점에서는 동의하지만, 또한 어떻게 측정하고 사용할지에 대해서는 확신이 없다(Peer et al., 2007: 15)."

참여는 최소한 현재까지는 복잡한 개념으로 남아 있다. 이것의 다양한 구현물(具顯物, *incarnations*)로는 〈그림 3-1〉에 포함된 수용자 행동 중 거의 모든 후기노출(*post-exposure*) 측면들[30]을 포괄한다.[31] 다양한 방식을 통해 이는 이론적 접근법으로 개념을 관심(*attention*), 기억(*memory*), 감정(*emotion*), 그리고 사회적 관계(*social relations*) 등을 포함하는 개별적 단위들로 분해할 수 있다는 사실을 반영한다(Mast & Zaltman, 2006).

그러나 정확히 참여라는 개념이 어디서 끝나는지 그리고 참여의 효

---

30 [역주] 사실 'post-exposure'는 '탈(脫)노출'로도 표현될 수 있지만, '노출된 다음'으로도 표현될 수 있다. 〈그림 3-1〉에서 표현되었듯, '참여'라는 이름으로 포괄되는 개념들은 '노출이 되고 난 후의 현상'이다.

31 그러므로 참여가 "시청자의 관심도와 회상부터 보다 애매한 감정적 연계의 특성에 이르는 모든 것을 아우르는 두루뭉술한 용어(Crupi, 2008a: 10)"로 묘사되는 것은 놀라운 것이 아니다. 2010년 온라인 미디어, 마케팅, 및 광고 측정치 및 측정 학회에서, 한 인터넷 수용자 측정회사는 150개의 상이한 참여 수치를 제공한다고 홍보하였는데, 이는 이 용어가 진짜로 거의 모든 수용자 측정치를 아우르는 포괄적인 잡동사니(*catchall*)로 변하고 있음을 보여준다.

과가 어디서 비롯되는지에 대해 현재 얼마간은 불확실한 상태이다. 이러한 모호함은 참여의 정의와 측정, 그리고 수용자 행동의 다른 측면들과의 관계에 대한 종종 서로 모순되는 접근들로 이어진다. 예를 들어, 몇몇 참여에 대한 분석적 접근법들은 수용자 회상(*recall*)을 결정적 요소로 파악하지만(Nielsen IAG, 2009 참고), 다른 접근법들은 참여를 회상보다 선행하는 것 — 그리고 원인인 것 — 으로 간주한다(Eadie, 2007). 정의와 관련된 이러한 논란을 밝히는 것은 오로지 참여의 특정 개념들이 명확하게 정의되었을 때, 그리고 수용자 시장에서 동의를 이루며 받아들여지는 방식을 통해 비로소 이룩될 수 있다. 특정한 콘텐트에 대한 수용자의 회상이 수용자의 참여 결과라고 파악해야 하는가(아마도 참여를 평가 혹은 감정적 반응으로 정의하는), 아니면 그것 자체로 참여의 한 지표(*indicator*)라고 파악하여야 하는가? 현재 이러한 의문은 참여에 대한 다양한 분석적 접근들 사이의 경쟁 속에서 결코 해소되지 못하고 있는 상태이다.

그러나 이 책의 목표는 참여에 대한 다양한 정의들을 평가하고 비판하는 것도, 대안적 정의를 제시하는 것도, 혹은 이 개념의 가치와 효과를 결정하는 것도 아니며, 단지 참여가 뉴미디어 환경에 내재된 상호작용을 활용하는 다양한 신 수용자 정보시스템에 통합되어 있는가를 보여주는 것이다. 또한 잠재적으로 아래에서 언급된 참여에 속할 수 있는 요소들 각각이 독립된 수용자 행동 측정치들로(참여라는 대단히 중요한 상위개념과 독립적인) 기능할 수도 있다는 것을 인식하는 것은 중요하다. 그러나 구성상의 간명성(簡明性, *simplicity*)이라는 점에서, 하나의 혹은 복수의 이해당사자들이 이것들 모두를 참여라는 넓은 관점에 속한 요소들로서 제안한다는 점을 고려할 때, 이 책에서 수용자 행동의 이러한 측면 모두를 참여라고 하는 더 넓은 맥락 속에서 논의할 것이다.

노출유도 참여접근

참여에 대한 몇몇 분석적 접근은 기초적 노출 데이터의 분석을 통해서 실질적으로 참여는 정량화(定量化)가 가능하다는 주장에 기초한다. 즉, 콘텐트에 대한 수용자 노출의 패턴과 지속시간(*duration*)에 관한 정보가 수용자가 해당 콘텐트에 얼마나 참여하는지를 결정짓는 분석적 기초를 제공한다는 것이다(Danaher & Lawrie, 1998; *Publishers of America*, 2006 참고).[32] 예를 들어, 잡지 출판의 경우, 참여는 ① 구독빈도 ② 각 호(號, *issue*)에 소비된 시간, 그리고 ③ 실제로 읽은 각 호의 비율을 통해 정의된다(Sorce & Dewitz, 2006: 31). 이러한 모든 요소들은 기초적 노출 데이터에서 유도된 것들이다.

뉴미디어 기술은 또한 노출유도 참여접근(*exposure-derived approaches to engagement*)의 원인이 된다. 예를 들어, '단순히 시선들(*eyeballs*)의 숫자를 세는 것을 넘어서기' 위해서, 수용자들이 콘텐트와 어떻게 상호작용하는가를 진정으로 이해하기 위해 케이블 셋톱박스들이 사용된다(Dish Network / Rentrak Corporation, 2009: 5).[33] 2006년에는 디

---

32 예를 들어, 다나허(Danaher)와 로리(Lawrie)는 개별적 텔레비전 프로그램에 대한 수용자의 평가(흔히 참여로 파악되는 요인)를 프로그램 수용자가 시청하는 프로그램 시간의 평균비율을 계산할 수 있는 분단위의 피플미터 데이터를 이용함으로써 결정할 수 있다고 제안한다. 그러므로 "만약 어떤 사람이 총 30분의 지속시간 동안 코미디 쇼를 보고 있었다면 그 사람은 똑같은 30분 동안의 시간에 해당 코미디 15분과 다른 프로그램 15분을 시청한 다른 사람에 비해서 그 코미디를 더 즐긴 것이 된다(Danaher & Lawrie, 1998: 54)."

33 이렇게 확장된 분석적 접근에서 확인된 몇몇 요소들은 수용자 중복(*audience duplication*), DVR 이용, 수용자 흐름, 그리고 광고기억(*ad retention*: 즉, 프로그램 수용자가 광고에 포함되는 범위) (Dish Network & Rentrak Corporation, 2009 참고) 등을 포함한다.

지털 비디오 녹화기 제조사인 티보가 광고주와 미디어 구매자, 그리고 프로그램 제작자들에게 초단위(*second-by-second*) DVR 시청 데이터 — 티보가 〈멈춤||보기〉(*stop||watch*) 시청률 서비스라고 이름 붙인 한 부분으로서 참여 측정치를 만들어 활용되는 데이터 — 를 제공하는 것을 전담하는 수용자 연구 및 측정 부서를 만들었다(Klaassen, 2006). 이 경우에, 참여의 측정치를 추정하기 위해서 DVR과 같은 내재적으로 상호작용적인 기술에서 얻어질 수 있는 더 미묘하며 구체적인 노출 데이터를 이용한다. 티보나 다른 DVR을 통해, 정보는 프로그램을 시청하는 것에서 얻어질 뿐만 아니라, 멈추고, 시간대를 이동시키며, 다시보기(*re-watching*), 그리고 아마도 가장 중요한 것은 광고 빨리감기(*fast-forwarding*) 행동 등에 의해서도 얻어질 수 있다. 티보는 프로그램 내의 평균 광고시청자를 프로그램의 평균시청자로 나누는 방식으로 계산된, '광고 시청자 지수'(CVI: *commercial viewership index*)라고 자신들이 이름 붙인 것을 개발하였다. 티보에 따르면, "CVI가 높을수록, 시청자들은 광고에 더 많이 참여한다(ARF, 2007: 30)." 비슷한 맥락에서, 온라인 미디어 소비(예를 들면, 온라인 비디오 소비)를 측정하는 접근들은 노출 지속시간과 참여를 같다고 본다(Peterson & Berger, 2008). 이러한 접근에 따르면, "특정한 시청 지속시간을 넘을 정도로 충분히 참여하고 있는 시청자들의 수를 측정하기 위해 역치(閾値, *thresholds*)가 이용될 수 있다(Peterson & Berger, 2008: 13)."

이러한 분석적 접근에서는 미디어 소비의 지속시간과 같은 단순한 것이 참여에 대한 확실하고 만족스러운 재현물(*representation*)인가 하는 질문이 자연스럽게 떠오르는데, 참여는 내적으로 조금 더 복잡할 것 같다. 확실히 "어떤 미디어에 소요된 시간은 참여를 바라보는 근본적 **요소**다(Wang, 2006: 357; 강조는 저자) (Magazine Publishers of America, 2006 참고)"라는 주장은 합리적인 듯하지만, 참여라는 개념은 단순히 수용자가 어떤 특정 콘텐트를 얼마나 소비했는가보다 좀더 구체적인 무엇인가를 함의한다. 수용자가 의미 있는 방식으로 참여하지 않기 때문에 수용자가 특정한 콘텐트 옵션을 장시간 소비하는 상황은 충분히 발생할 가능성이 있다. 예를 들어, 우리는 자신의 노트북이나 컴퓨터를 통해서 읽고 있는 웹페이지에 상당한 관심을 쏟는 동시에, TV를 특정한 채널에 고정시켜 놓은 상태로 멀티태스킹을 하는 텔레비전 시청자들을 생각해 볼 수 있다. 이러한 미디어 소비자는 개별 텔레비전 프로그램 혹은 텔레비전 네트워크에 상당한 시간을 소비하고, 그래서 참여하는 것처럼 보이지만, 사실 이 경우는 콘텐트에 소비되는 시간의 양은 수용자가 해당 프로그램에 참여하고 있지 않은 정도를 나타낸다.

게다가, 제 2장에서 언급되었듯, 현재 미디어 환경의 핵심적 특징 중의 하나는, 세분화로 인한 패널기반 수용자 측정시스템의 어려움을 고려할 때, 정확하고 믿을 수 있으며 포괄적인 노출 측정치를 만드는 것이 점점 더 어려워지고 있다는 것이다. 이러한 상황에서, 더 불만족스러운 이러한 노출 측정치들에 전적으로 의존하는 분석적 참여접근을 고안하는 것은 어느 정도 문제가 있어 보이거나, 아니면 기껏해야 새 술을 오래된 부대에 담는 일에 불과하다. 그러므로 앞으로 수용자 측정에 대한 어떠한 방식의 제도화된 접근도 진정으로 노출을 극복할 수 있는 수용자의 미디어 소비 측면을 직접적으로 다룰 수 있어야 한다고 본다.

평가와 감정적 반응

〈그림 3-1〉에서 드러나듯, 수용자의 평가와 감정적 반응은 수용자의 노출에 의한, 상당히 즉각적인 부산물로 파악하는 것이 합리적이다. 또한 이 책에서 우리는 이러한 수용자 행동을 가늠하기 위해 완전

히 낯선 영역으로 들어가는 것은 아니다. 미디어 콘텐트에 대한 수용자의 평가와 감정적 반응을 가늠하려는 노력들은 흔히 평가기반 측정 접근법들(*appreciation-based measurement approaches*)을 광고 수용자 정보시스템에 강하게 통합시키는 것을 옹호하였던 학계의 수용자 연구자들에게서 오랜 역사를 갖고 있다(Danaher & Lawrie, 1998; Gunter & Wober, 1992; Lloyd & Clancy, 1991 참고).[34] 그러나 그 역사의 대부분에 걸쳐 이러한 노력들은 수용자 시장에서 주변부에 위치하고 있었다. 오늘날 신기술의 등장으로 이러한 분석적 방법이 미디어 수용자에 대한 제도적 접근에서 중심에 위치하게 되었고, 수용자의 평가와 감정적 분석이 기존의 노출치의 생존가능성을 감소시키는 균형추의 역할을 수행하면서, 수용자 참여라는 더 넓은 관점을 구성하는 핵심요인이 되고 있다.

제 1장에서 논의했듯, BBC는 노출 그 이상을 추구했던 그리고 수용자들이 자신들이 소비하는 콘텐트를 어느 정도로 평가하는지를 측정하려고 한 긴 역사를 갖고 있으며, 이러한 흐름은 현재까지도 지속되고 있다(Smith & North, 2006 참고). BBC는 '수용자 가치'(*audience value*)라는 개념을 개발했는데, 이는 '프로그램 소비 지속시간을 평가에 곱한 것'(*appreciation multiplied by duration of consumption*)으로 정의된다(Holden & North, 2008: 3). 이 경우 평가는 "1~10점의 척도에서, 여러분은 이 프로그램을 어느 정도로 평가하십니까?"(Holden &

34 건터와 워버(Gunter & Wober, 1992)는 텔레비전 프로그램에 대한 시청자들의 반응을 가늠하며 이러한 반응이 광고의 효과와 연관되어 있는지를 결정하려는 산업체들의 노력들의 상세한 개괄과 그 역사를 보여준다. 이들의 연구는 미국(이러한 연구계획이 별다른 저항을 받지 않았던)과 수많은 비상업 방송들이 미국에서 일어났던 것보다 훨씬 더 큰 정도까지 이러한 연구를 받아들였던 유럽의 사례들을 보여준다.

North, 2008: 4) 라는 아주 단순한 문항으로 측정된다. 확실히 이 측정치는 관심도(*attentiveness*) 라는 노출기반 지수(즉, 소비 지속시간)를 콘텐트에 대한 지각된 질적 특성 지수(즉, 평가)와 통합시키는 것을 추구한다. 정보는 기존의 전화 인터뷰를 통해서는 물론이고 인터넷이나 TV상의 프로그램 안내를 통해서도 수집된다(Holden & North, 2008; Smith & North, 2006). 그리고 아마도 가장 중요한 것은 참여가 상이한 미디어 플랫폼들 전반에서 파악되고, 분석되며, 심지어 대조될 수도 있는 수용자 행동의 한 측면이라는 점을 고려할 때 이러한 정보가 BBC의 텔레비전, 라디오, 그리고 온라인 플랫폼 모두에 걸쳐서 수집된다는 점이다.

BBC와 같은 공적 서비스 형태의 콘텐트 제공자의 경우, 평가를 가늠하는 것은 단순히 수용자 규모를 극대화하는 것을 넘어서는 조직의 목표를 반영하는 것이다. 그러나 또한 수용자 평가는 광고주지원 미디어의 맥락에서 중요한 분석적 구성물로 부상하고 있다. 예를 들어, 한국에서는 '품질평가 지수'(*quality evaluation index*) 라고 불리는 측정치가 텔레비전 수용자의 분석에 적용된다. 이 지수는 주로 온라인 서베이를 통해서 얻어진 수용자 평가를 이용하여 품질과 관련된 다양한 측면들에 걸쳐 프로그램에 대한 수용자의 인식을 가늠한다(Lee, Ma & Lee, 2007). 몇몇 유럽의 수용자 측정서비스는 피플미터를 이용하여 개별적 텔레비전 프로그램에 대한 즉각적인 수용자 평가정보를 수집한다(프로그램의 끝부분에 개별 프로그램에 대해 평가하는 참여자와 함께) (Beck, 2009 참고).

미국에서는, 라디오 수용자 측정사인 아비트론이 라디오 방송국과 광고주들에게 라디오 수용자에 관한 정보를 제공하려고 '친밀감 측정치'(*affinity metric*) 를 개발하기 시작했다(PR Newswire, 2009). 여러 가지 측면에서, 단순히 수용자가 프로그램에 어느 정도나 노출되었는가

보다 수용자가 자신이 들었던 프로그램을 평가하는 정도에 보다 초점이 맞추어져 있다는 점에서, 아비트론의 이러한 움직임은 라디오 수용자 측정의 초창기 시절과 어느 정도 닮아 있다(제 1장 참고). 확실히 수용자의 규모와 인구학적 특성을 보고하는 영업을 몇십 년 동안 한 경험을 바탕으로, 아비트론은 다양한 방면에서 수용자 시장이 수용자 이해에 대한 대안적 접근을 필요로 하도록 변하고 있다는 결론을 내린다.

콘텐트에 대한 수용자의 감정적 반응 또한 참여라는 넓은 개념에서 하나의 핵심적 요소라고 주장된다.[35] 광고연구재단은 2007년에 감정적 반응과 콘텐트에 대한 수용자의 감정적 반응을 측정하는 다양한 접근법들의 관점에 초점을 맞춘 보고서를 발행하였다(특히 광고에 대해) (Micu, Plummer & Cook, 2007 참고). 콘텐트에 대한 수용자의 감정적 반응을 측정하기 위한 접근법들은 (웃음, 찡그림 등을 파악하는) 안면인식 기술(*facial recognition technologies*), 심장박동 수 추적(*heart rating monitoring*), 피부 전기반응 분석(*skin conductance analysis*), 그리고 기존의 설문조사 등의 기법을 채택하고 있다(Morrisson & Gomy, 2008; Peacock, Purvis & Hazlett, 2007 참고). 더 새롭고 기술적으로 더욱 정교한 접근법들은 감정적 반응을 가늠하기 위한 뇌파(腦波, *brainwave*) 분석을 포함한다. 최근 닐슨은 뉴로포커스[36]란 회사에 투

---

35 미큐, 플러머, 그리고 쿡(Micu, Plummer & Cook)에 따르면, 참여는 "감정적 반응이 처음에 온다. 따라서 우리가 광고 메시지가 얼마나 참여적인가를 결정지으려면, 우리는 첫 번째로 브랜드 향후의 아이디어를 처리하며 브랜드를 구매하고 사용하려는 동기에 영향을 미치는 반응인 감정을 테스트하고 학습하는 것부터 시작하게 된다(2007: 9)."

36 [역주] 뉴로포커스(NeuroFocus)는 뇌 연구자 및 뇌 공학자들이 주도하며, 브랜드나 광고 등을 접하였을 때 사람들의 뇌파가 어떻게 변하는지, 그리고 뇌파의 변화가 마케팅이나 커뮤니케이션에서 의미하는 바가 무엇

자하는데, 이 회사는 광고와 콘텐트의 효과 분석에 뇌파 연구를 적용하는 것을 전문으로 한다(Nielsen Makes Strategic Investment, 2008).[37]

시장조사 회사인 마케팅 이벨류에이션스[38]는 수십 년간 유명인사들(*celebrities*)의 인지도와 마케팅가능성(*marketability*)을 가늠하는 데 이용된 유서 깊은 'Q 점수'를 계산했다. 그리고 최근에는 '감정적 연계 Q점수'(*emotional bonding Q scores*)라는 이름의 측정치를 소개하였는데, 이는 개별 텔레비전 프로그램에 수용자가 갖고 있는 감정적 개입 수준(*level of emotional involvement*)의 비교지수(*comparative indicator*)를 부여한 것이다(Friedman, 2009c; Vasquez, 2008b). 이 회사의 중역에 따르면, 이러한 점수들의 가치에 내재된 논리는, "감정적으로 열성적인 시청자들은 더 자주 광고에 노출되며, 광고 수용성이 더 높다(Friedman, 2009c: 1)"는 것이다.[39]

앞에서 언급하였듯이, 이용자제작 콘텐트의 몇몇 타입들에 대한 분

인지를 밝히며 이 연구결과를 판매하는 회사이다. 자세한 회사 소개는 http://www.neurofocus.com을 참고하라.

37 뉴로포커스의 방법과 데이터, 그리고 그 적용에 대한 상세한 설명은 http://www.neurofocus.com을 참고하라.

38 [역주] 마케팅 이벨류에이션스(Marketing Evaluations)는 1963년에 설립된 시장조사 회사이다. 회사 소개와 관련해서는 http://www.qscores.com/Web/Index.aspx를 참고하라.

39 뉴미디어메트릭스(NewMediaMetrics)와 같은 다른 회사는 감정적 반응 측정치를 제공하기 시작했다. 뉴미디어메트릭스는 30개의 지상파 네트워크, 개별적 텔레비전 프로그램들, 12개 이상의 뉴미디어 관련 대상들(예를 들어, 구글, 야후, 유튜브) 그리고 스포츠 관련 대상들〔예를 들어, 올림픽, 전미 미식축구 리그(NFL)〕에 대한 수용자의 감정적 애착을 측정하는 '감정적 애착(*emotional attachment*) 연구'를 실시했다(NewMediaMetrics, 2007 참고).

석은 미래의 미디어 콘텐트에 대한 인식수준, 그리고 흥미를 가늠하는 데 이용될 수 있다. 또한 이러한 분석적 접근은 이미 이용 가능한 미디어 콘텐트에 대한 수용자들의 평가와 반응을 가늠하는 데에도 채택될 수 있다. 예를 들어, 닐슨 온라인(Nielsen Online)과 네트워크드 인사이트[40]와 같은 회사들은 기존의 노출기반 평가를 넘어서는 개별 콘텐트의 유명세나 영향력의 대안적 지수, 혹은 최소한 보완적 지수로 이용될 수 있는 온라인상에서의 대화와 수용자의 활동(콘텐트를 연결하고, 공유하며, 평가하는 활동 등을 포함한)에 대한 대규모 분석을 제공한다. 이러한 분석적 접근은 노래, 텔레비전 프로그램, 광고, 그리고 심지어 비디오 게임마저 포함하는 다양한 형태의 미디어 콘텐트에 이용할 수 있다(O'Malley, 2008; Plunkett, 2008; Sullivan, 2010 참고). 예를 들어, 개별적 프로그램을 다루고 있는 온라인상의 대화나 블로그, 사람들이 프로그램과 관련된 웹사이트들에 연결되어 있는 정도, 혹은 사람들이 개별 프로그램의 일부영상(*clip*)을 게시하는 정도 등 이 모든 것은 프로그램 수용자에 대한 정보원(情報源)으로 이용될 수 있다. 닐슨이 자신들의 자회사인 버즈메트릭스 서비스의 맥락 속에서 언급하듯, "입소문, 혹은 소비자제작 미디어(CGM: *consumer-generated media*)는 참여와 관련되어 있다(ARF, 2006b: 8)." 그러나 — 해당 개념에 대한 정의가 불확실한 상태를 보여주는 것이겠지만 — 동시에 닐슨은 소비자제작 미디어는 "참여지수 혹은 대리변수(*proxy*), 참여형태, 혹은 참여의 결과"로도 파악될 수 있다고 말한다(ARF,

---

40 [역주] 네트워크드 인사이트(Networked Insights)는 2008년에 설립된 시장조사 회사이다. 소셜센스(Social Sense)란 이름의 플랫폼을 통해 소비자가 제시하는 의견, 혹은 조언들을 수집하고 분석, 정리하여 광고주나 회사들에 제공한다. 자세한 회사정보는 http://www.networkedinsights.com을 참고하라.

2006b: 8).

이용자제작 콘텐트를 통해 수용자를 더 깊이 이해할 수 있다는 인식을 반영하듯, 닐슨 사는 2007년 〈헤이! 닐슨〉(Hey! Nielsen, www.heyNielsen.com)이라는 이름의 소셜 네트워킹 사이트를 설립하기에 이르렀는데, 이 사이트는 "온라인상에서 대중문화 애호가들이 자신들의 목소리를 내고, 정책결정자들에게 이러한 목소리를 알릴 수 있는 기회를 제공하도록" 의도되었다고 한다("Nielsen Unveils Hey! Nielsen", 2007: 1). 이 사이트에 참가하는 사람들은 영화, 텔레비전 프로그램, 그리고 음악에 대한 자신들의 의견과 평가를 제공할 수 있다. 이러한 의견과 평가는 개별 미디어의 특징과 브랜드에 대한 구체적 보고서를 작성하기 위해 다른 닐슨 데이터 자료들과 통합되고 합산된다. 이 사이트는 사이트를 재구성하고 서비스를 다시 선보이기 위한 계획의 일환으로 2008년 후반기에 폐쇄되기 전까지 7만 5천명이 넘는 사람들을 끌어들였다(Mandese, 2008b).[41]

네트워크드 인사이트는 1만 7천여 개의 소비자제작 미디어 사이트를 분석함으로써 텔레비전 프로그램에 대한 참여를 측정한다. 네트워크드 인사이트의 접근은 쇼 프로그램의 비디오 클립이나 사진, 토론방에서의 코멘트들, 그리고 친구들을 온라인 팬 집단들에 초대하는

41 캐스린 몽고메리(Kathryn Montgomery)는 10대들의 온라인 대화로부터 데이터를 수집하는 특정한 목적을 위해서 설립된 웹사이트의 유사 사례들을 기술하였다. 그녀의 말에 따르면, "시장조사는 콘텐트를 형성시킨다는 점에서 뿐만 아니라 많은 경우 그 자체가 콘텐트가 된다는 점에서 온라인상의 10대 문화의 중요한 한 요소가 되고 있다(2007: 117)." 그녀가 말하듯, 많은 경우 10대들을 겨냥한 웹사이트들은 사이트의 방문자들의 데이터에서 얻는 수익이 광고나 구독료와 같은 더 전통적 형태를 통해서 얻는 수익보다 크다(Montgomery, 2007).

것 등을 포함하는 것과 같은 가능한 그리고 다양한 형태의 상호작용을 측정한다(Abels, 2008). 이러한 타입들의 행위는 개별적 텔레비전 프로그램에 대한 수용자들의 참여수준을 측정하는 지수로 간주된다. 이와 같은 측정을 통한 참여접근의 명백한 역설은 참여가 부분적으로는 역사적으로 수많은 콘텐트 제공자들이 저작권에 대한 우려 때문에 하지 않을 것을 권했던 특정한 행위(이를테면, 동영상 클립을 게시하는 것)를 통해서 측정된다는 것이다.[42]

물론, 온라인상의 대화와 행위에 관한 다양한 형태의 분석에 의존하는 분석적 접근은 일정 정도는 온라인 참가는 전체 인구층의 몇몇 부분들에 한정되어 있다는 사실로 인해 제한적이다. 따라서 여기서 발견한 것들은 수용자 정보시스템에 흔히 요구되는 전체, 즉 모든 사람들에게로 일반화하기는 어렵다. 온라인상의 대화를 위해서 웹의 정보를 수집하거나 혹은 수용자로부터의 피드백이나 참가의 형태를 얻어낸 후 분석하는 수용자 정보시스템은 이러한 행동에의 참여가 결코 전체 인구층에 걸쳐 대표성을 띤 분포가 아니라는 사실에 비추어 아직까지 어느 정도는 완벽하지 않은 상태다. 어떤 추정치에 따르면, 온라인상의 사람들 중 약 90% 가량은 '숨은 이용자'(*lurkers*)로 분류될 수 있고, 9%만이 몇몇 온라인상의 참가와 콘텐트의 제작에 참여하며, 오로지 남은 1%만이 온라인상의 참가와 콘텐트 제작에 활발하게 참여하고 있을 뿐이라고 한다.[43] 몇몇 연구들이 온라인상의 참가와 콘텐트 제작에서 유의미하게 큰 분포를 가정하고 있음에도 불구하고,[44] 다른 추정치는 온라인상의 수용자 중 15%만이 능동적 참여자

---

42 수용자 참여의 이러한 표현에 대한 제도적 저항은 제 4장에서 언급되었다.

43 이러한 수치는 이 책을 위해 실시된 참여관찰 데이터 수집의 일환으로 저자가 참여했던 2008년 디지털 미디어 측정 및 가격설정 정상회의에서 실시된 발표가 그 출처이다.

이며, 나머지 85%는 '침묵하는 다수'(*silent majority*)로 볼 수 있다고 한다(Networked Insights, 2008). 대상이 되는 온라인 참가와 콘텐트 제작에 대한 상이한 정의에 따라 이렇듯 어느 정도는 다른 결과들이 나타나고 있는 듯하다. 정확한 해답만이 이러한 데이터의 일반화 — 따라서 의사결정의 가치 — 를 결정짓는 핵심이다.

이미 몇몇 연구들은 미디어 조직에서 온라인상의 토론에서 수집된 데이터가 전략적 의사결정에 매우 강한 영향력을 행사한다는 것을 보여준다. 예를 들어 로스(Ross, 2008)의 경우, 텔레비전 네트워크 프로그램 제작담당 중역들이 온라인상의 게시판 메시지의 코멘트를 개별 프로그램들의 제작 방향에 이용하도록 프로그램 제작자를 압박하는 상황을 보여준다. 해당 프로그램의 제작자는 이러한 온라인 코멘트가 "일반적 시청자들을 반드시 대표하지 않으며(Ross, 2008: 148)", 따라서 프로그램의 제작 방향에 대한 의사결정에 너무 큰 영향력을 행사하지 말아야 한다는 우려를 표명하였다.

온라인 수용자들의 불평등한 참가는 물론, 온라인상의 수용자 정보원들도 그것 자체로 공평하게 접속되지 않는다. 예를 들어, 몇몇 소셜 네트워킹 사이트들은 제 3자인 측정회사들이 자신들의 이용자 데이터에 접속하는 것을 꺼려하고 있다(Kanaracus, 2008). 여기서 다시, 만약 현재 발생중인 온라인상 대화의 상당부분을 분석에 이용할 수 없다면, 이러한 분석 결과들은 편향될 것이며 따라서 분석결과를 일반화하는 것에는 의문을 제기할 수 있을 것이다. 온라인상의 이러한 상황은 수십 년간 기존의 수용자 측정 맥락 속에서 우리가 보아온 상황과, 예를 들

44 닐슨 온라인에 따르면, "온라인상의 미국 성인들 중 73%는 소비자제작 미디어(CGM)에 어떤 형태로든 적극적으로 참여한다"고 한다(2008: 2). 온라인 참가에 대한 이 정도 수준은 분명히 다른 연구들에서 나타난 수준들에 비해서 훨씬 더 높다.

어, 월마트와 같은 대형 소매업자들은 자신들의 도서 및 음반 판매 데이터를 측정회사에 제공하는 것을 거부하고 있으며, 당연히 이는 도서와 음반의 인기차트(*popularity charts*)의 정확성을 떨어뜨리는 상황(Andrews & Napoli, 2006 참고)과 별반 다르지 않다.

끝으로, 만약 우리가 조금 더 물러서서 상황을 본다면, 우리는 웹과 같은 더 새로운 상호작용 기술들을 통해서 수용자 정보를 수집하는 어떠한 방법들도 끊임없는 '디지털 격차'(*digital divide*) 이슈들과 갈등하게 될 것임을 알 필요가 있다. 커뮤니케이션과 정보기술은 어떤 인구층에서는 상당히 널리 보급되었지만, 다른 인구층에서는 훨씬 덜 두드러지는 상황이다(Norris, 2001; van Dijk & Hacker, 2003 참고). 효과적인 정치적 참여(*participation*)와 이용 가능한 경제적 기회들의 완전한 활용에 대한 이들 기술의 점증하는 중요성을 고려할 때(Norris, 2001), 디지털 플랫폼에의 접속에서 나타나는 이러한 격차는 더 중요한 사회적 문제로 널리 인지된다. 예를 들어, 아직도 미국 인구들 중 단 70% 정도만이 정기적으로 인터넷에 접속한다(Hindman, 2009). 또한 더욱 중요한 것은 저소득, 지방, 그리고 소수인종 가구들과 같은 상이한 인구학적 집단들 사이에서 유의미하게 뒤처진, 인터넷 접속수준에서 중요한 차이를 확인할 수 있다는 사실이다(Fox & Livingston, 2007; Marriott, 2006 참고).

인터넷 접속에 대해 이와 같은 영구적인 불평등을 고려하면서, 로체(Rochet)는 웹상에서 일어나는 전체 참여와 토론을 통해서 일반화시킬 수 있는 수용자 정보를 수집하려는 시도들은, "근본적으로 편향되고 왜곡된 것이 특히나 의미 있는 데이터가 되는 현상은 균형에 맞지 않을 정도로 웹상에서의 소수인종이 만든 이용자제작 미디어의 양이 적은 결과이다. 따라서 부정확한 정보에 의존하는 경우가 늘면서, 민간회사(*commercial entities*)와 정치인들은 잠재적 소비자와 투표자

(*constituents*) 들 중에서 중요한 일부를 무시하게 된다(2006/2007: 40)" 는 가능성으로 인해 좌절된다고 주장한다. 학자들은 온라인 콘텐트의 제작과 배급이 더 높은 사회경제적 지위를 가진 개인들에게 지나칠 정도로 편향되어 있는 '참가격차'(*participation gap*)를 발견한다(Jenkins et al., 2006). 그러므로 이러한 관점에서 정보를 수집하기 위해 웹에 의존하는 수용자 정보시스템은 온라인 세상이 여전히 오프라인 세상을 정확히 대표하지 못한다는 사실을 직면할 필요가 있다.

회상과 태도

콘텐트와 광고에 대한 수용자의 회상은 참여의 한 요소로 간주되어 왔으며, 어떤 경우에는 심지어 참여와 동의어로 간주되기도 한다. 예를 들어 닐슨은 IAG라는 이름의 서비스를 제공하는데, 이는 개별 텔레비전 프로그램에 대한 수용자의 참여를 측정한다.[45] 매일, 5천 명이 넘는 패널들이 자신들이 하루 전에 시청했던 프로그램들의 세부적 사항들에 대한 온라인 설문조사 문항들에 응답을 한다.[46] 패널들이 정확하게 응답한 문항들의 수가 많을수록, 해당 프로그램에 대한 '프로그램 참여 점수'(*program engagement score*)가 더 높아진다(Nielsen IAG, 2009). 여기서의 가정은 수용자가 자신들이 본 프로그램의 세부사항들에 대해

45 IAG 리서치(IAG Research)는 원래 2000년에 설립된 독립된 수용자 조사 회사였다. 이 회사는 2008년 2억 2,500만 달러에 닐슨사에 팔려 통합되었다(Nielsen to Acquire, 2008). 이러한 합병은 대형의 기존 수용자 조사 회사가 새로 시작하는 회사를 흡수하고 결과적으로 이러한 새로운 회사들이 제시했던 기술적 혹은 방법론적 혁신들을 가져가는 수용자 측정산업에서의 일반적 패턴을 보여준다.

46 IAG의 방법론에 대한 논의와 비판은 에스크위스(Askwith, 2007)를 브라. IAG 웹 인터페이스는 http://www.rewardtv.com에서 찾아볼 수 있다.

더 잘 회상한다면, 수용자들이 프로그램에 포함된 광고에 더 주목하였을 가능성도 높다는 것이다. 아마도 더욱 중요한 것은 이러한 회상점수에 대해서 IAG가 '참여점수'라는 이름을 붙였다는 것이고, 이는 회상이 그것 자체로 참여라는 개념의 가능한 재현물(*representation*) 일 수 있음을 보여주는 것이다. IAG 데이터는 이미 텔레비전 프로그램 제작자와 광고주들 사이의 거래를 위한 통화(*currency*) 로 이용되기 시작했으며(Neff, 2007), 이는 수용자 참여에 대해서 회상기반(*recall-based*) 접근이 수용자 시장에서 확고한 위치를 차지하며 제도화될 가능성을 갖고 있음을 보여준다.

회상은 잠재적으로 (미디어 콘텐트 속에서 광고되거나 포함된 콘텐트나 제품에 대한) 태도변화로 이어진다. 몇몇 수용자 측정회사들은 수용자 참여를 가늠하기 위한 자신들의 더 넓은 노력 속에 태도변화 측정치를 포함시키려고 한다. 예를 들어, 수용자 측정회사인 로이 모건 인터내셔널[47]은 광고 노출의 결과로 광고된 제품에 대한 소비자의 태도가 변화했는가를 측정한다(ARF, 2007). 명백히 이러한 분석에서는 관련된 콘텐트와 광고에 노출되기 전과 후(*before and after*) 에 측정이 이루어져야 한다는 것이 필수적이다.

행동적 반응

앞에서의 논의에서 확실해졌겠지만, 수용자 정보시스템은 수용자가 어떠한 미디어 옵션들을 소비하는가는 물론 이러한 노출이 수용자들에게 일으키는 효과가 어느 정도인가를 측정할 수 있는 가능성을 보여

47 [역주] 로이 모건 인터내셔널(Roy Morgan International) 은 1941년 호주에서 설립된 시장조사 회사이다. 회사와 관련된 정보는 http://www.roymorgan.com.au/를 참고하라.

준다. 그러므로 이제까지의 논의는 태도, 인지(*cognitions*), 그리고 감정적 반응과 관련된 노력들에 초점을 맞추었다. 이 과정의 다음 단계는 자연스럽게도 이러한 행동들이 구체적인 행동적(*Behavioral*) 반응으로 이어지는가에 대한 결정에 관한 것이다. 참여에 대한 몇몇 접근은 이러한 행동적 반응을 포함할 수 있도록 참여를 정의하는 데까지로 이어진다(ARF, 2006a).[48] 행동에 초점을 맞추는 수용자 정보시스템은 또한 수용자 시장이 기존에 수용자의 행동의 대리변수(*proxies*)로 이용되었던 인구학적 변수들에 의존하지 않은 채 작동될 수 있는 가능성을 보여준다. 한 수용자 조사회사의 중역이 말하듯, "우리는 행동에 대한 더 나은 대리변수가 필요하며, 또한 행동에 대한 최고의 대리변수는 바로 행동이다."[49]

일반적으로 광고주지원 미디어 영역에서, 특별히 관심 있는 행동적 반응은 수용자의 제품구매 행동이다. 그러므로 지난 수십 년간 다양한 범위의 노력들이 흔히 '단일자료'(*single source*) 수용자 측정이라고 이름 붙여진 것을 만들어내기 위해 시도되었다(이러한 노력들의 역사에 대해서는 Wood & Gloeckler, 2007 참고). '단일자료'라는 말은 이러한 서비스가 같은 참가자 패널들로부터 미디어 소비와 제품구매 행동 데

---

48 예를 들어, 어떤 상호작용 마케팅 회사는 '참여의 행동적 증거'를 제시하는데, 여기서는 광고에 소비된 시간이나 더 많은 정보를 요구하는 행동, 쿠폰이나 샘플을 신청하는 것, 혹은 제품을 구매하는 것이 포함된다(ARF, 2006a: 3).

49 이 진술은 이 책의 참여관찰의 한 요소로서 저자가 참여한 2007년에 ARF가 주관한 수용자 측정 2.0 학회의 발표 중에 저자가 받아 적은 것이 그 출처이다. 산업계 백서에 따르면, 인구학적 특성들을 넘어서는 것은 미디어와 광고산업의 대부분의 영역에서 열망(*aspiration*)에서 필수(*imperative*)로 변하고 있다고 한다(Maiville & Engel, 2007).

이터를 수집한다는 사실을 의미하는데, 이에 따라 광고 메시지의 효과에 대한 직접적 분석은 물론, 아마도 더 중요한 것은 역사적으로 수용자 시장을 주도해온 기존의 연령·소득·성별을 기준으로 한 인구학적 분류에 의해서가 아니라, 오랫동안 이러한 인구학적 범주들이 상당히 취약한 대리변수 역할을 해왔던 실제 제품의 구매행동에 의해 미디어 수용자의 표적선정(*targeting*)이 가능해졌다는 사실이다(McClellan, 2008c; Napoli, 2003a).[50] 이러한 이유로, 수용자의 미디어 소비와 제품구매 행동에 관한 정보를 동시에 수집하는 단일자료 측정시스템은 종종 광고산업에서 '이상'으로 여겨졌다(Gertner, 2005; Harvey, 2009; Wood & Spaeth, 2008). 최근의 한 산업연구 보고서에서 언급하듯, "수용자 측정서비스의 자연적 진화는 기본적 노출량을 측정하는 것에서 시작하여 실제적 제품구매로 끝나는 소비자 구매의 모든 과정과 관련된 지식을 통합하는 것이다(Duarte & Beauchamp, 2007: 2)."

비록 지난 수년간 이러한 데이터를 구하려는 다양한 노력들이 시도되었으나, 이들 노력들은 고객(*clients*)을 설득할 수 있는 충분한 품질과 신뢰도를 갖춘 데이터를 구하기 힘든 어려움 속에서 번번이 좌절되었다. 이러한 데이터는 필요한 임계치를 갖는 가입자(*subscriber*)를 충분히 보유할 수 있으면서 재정적으로 감당이 가능한 비용을 통해서 만들어져야만 한다(Gertner, 2005; Wood & Gloeckler, 2007). 이러한 패턴의 가장 최근의 사례는 2005년에 시작되었던 수용자 측정회사인 닐슨과 아비트론의 공동작업(*collaboration*)으로 오래 지속되지 못했던 아폴로 프로젝트(Project Apollo)에서도 나타난다. 아폴로 프로젝트는 아

50 수용자의 인구학적 특성이 소비자의 제품구매 행동의 아주 나쁜 예측변수라는 상당히 주목할 만한 일단의 연구가 있다(이러한 연구를 개괄하려면 Napoli, 2003a 참고). 그럼에도 불구하고, 좀더 효과적인 대안이 없기에, 인구학적 특성은 지배적 기준으로 남아 있다.

비트론의 휴대용 피플미터(제 2장 참고)를 통해 얻은 미디어 소비 데이터와 닐슨의 홈스캔(Homescan)[51] 서비스를 통해 얻은 제품구매 행동 데이터를 통합하는 것이었다(McClellan, 2008a; Wood & Gloeckler, 2007).[52] 대략 미국의 5천여 가구들이 아폴로 프로젝트에 참여하였다(Kennedy et al., 2008). 아폴로 프로젝트에서 나온 연구는 광고의 표적선정을 위한 인구학적 범주화(*categorizations*)의 이용에서 상당한 정도의 비효율성과 비정확성이 나타난다는 증거는 물론(Wood & Gloeckler, 2007), 광고가 제품의 충성도에 어떠한 영향을 미치는가에 관한 함의도 보여주었다(Kennedy et al., 2008 참고).

수용자 측정을 우리가 수용자 행동의 최종 단계로 간주할 수 있는 것(즉 행동적 반응)까지 추적할 수 있다는 아폴로 프로젝트의 명백한 가능성에도 불구하고, 이 서비스가 판매가능한 충분한 고객을 끌어들이지 못했기 때문에(McClellan, 2008a) 닐슨과 아비트론은 이러한 시도

---

51 [역주] 닐슨은 심포니 IRI 그룹(Symphony IRI Group: 1979년에 발주된 시장조사 회사, 자세한 회사소개는 http://www.symphonyiri.com을 참고)이라는 회사와 함께 전미 소비자 패널(NCP: National Consumer Panel)라는 서비스를 시행하는데, 홈스캔 서비스는 NCP 서비스의 옛 명칭이다. 소비자들의 패널을 구성한 후, 이들이 구매하는 상품들의 바코드 정보를 주간 단위로 수집한다. 이를 통해 소비자들이 무엇을, 언제, 어디서 구매하는지에 관한 정보를 수집한다.

52 영국에서 광고 종사자 연구소(IPA: Institute of Practitioners in Advertising) 주도로 IPA 터치포인트 이니셔티브(IPA Touchpoints Initiative)라고 불리는 유사한 프로젝트가 진행중이다(Robinson, 2009; Robinson & Turner, 2007 참고). 프랑스에서는 마케팅스캔(MarketingScan)이라고 불리는 텔레비전에 대한 단일자료 수용자 측정서비스가 1996년부터 운영중이다(Battais & Stehle, 2007). 이러한 계획들은 이 책의 저술 시점에도 아직 운영되고 있다.

를 2008년 초반기에 중단하였다. 그러나 아폴로 프로젝트가 끝나자마자, 미디어 소비와 제품구매 행동을 동시에 측정하려는 똑같은 목표를 추구하는 새로운 회사(TRA Inc.)[53]가 등장하였다(Collins, 2009 참고). 이 회사의 경우 미디어 소비와 제품구매 행동 데이터를 케이블 셋톱박스, 티보박스, 그리고 단골고객 카드(*frequent shopper cards*) 등을 포함하는 다양한 자료들을 통해 합산한다(TRA, 2008).[54] 닐슨도 쇼핑 데이터를 수집하는 회사인 카탈리나 마케팅[55]과 합작으로 이 분야에 다시 뛰어들었다(Friedman, 2009).

물론, 온라인상 혹은 점차로 텔레비전도 포함되는 매우 상호작용적인 미디어 환경에서는 미디어 소비와 제품구매와 같은 행동은 물론 광고에 대한 클릭 혹은 제품에 대한 추가적 정보요구와 같은 행동적 반응을 직접적으로 연계시키는 수용자 데이터를 얻는 것이 가능하다. 역설적이게도, 이렇게 미디어 소비 데이터와 행동적 반응 데이터를 직접적으로 연계시키는 것 — 웹과 같은 내재적으로 상호작용적인 미디어의 자연스러운 성장인 — 은 온라인 광고에 대한 낮은 '사용자 클

---

53 [역주] 2008년에 발주한 시장조사 회사이다. 자세한 회사의 소개는 http://www.traglobal.com을 참고하라.

54 비록 상이한 패널에서 나온 소비자 데이터와 미디어 소비 데이터가 융합되어 있지만, 닐슨도 유사한 활동에 참여하고 있다〔닐슨 퓨전(Nielsen Fusion)이라고 적절하게 이름 붙여지기도 했다. Marich, 2008 참고〕. 다양한 미디어 측정시스템(인터넷, 텔레비전, 그리고 〈빌보드〉)으로부터 데이터를 융합하려한다는 점에서(Doe & Connolly, 2007 참고), 닐슨의 활동은 주목할 만하다. 데이터 융합기술에 관한 논의로는 이프론(Ephron, 2008)을 보라.

55 [역주] 카탈리나 마케팅(Catalina Marketing)은 2011년에 발주한 시장조사 회사이다. 자세한 회사 소개는 http://www.catalinamarketing.com을 참고하라.

릭' 비율이 주로 웹은 효과가 없다는 증거로 인식되었고 따라서 심지어 효과(*effectiveness*)에 대한 이러한 직접적 지수가 가능하지도 않았던 다른 기존의 미디어(Campbell & Carlson, 2002; Napoli, 2003a)[56]와 비교하여 단점으로 작용하였다는 점에서, 웹의 초창기 시절 광고미디어로서의 웹의 성장에서 일종의 장애물로 작용하였다. 수용자 시장에서 모르는 것이 약인 듯했던 이러한 시기 이해당사자들은 낮은 수준의 효과를 보여주는 정보보다는 메시지의 효과에 대한 어떠한 정보도 갖고 있지 않는 것을 도리어 선호했다.

그러나 제 2장에서 언급했던 발전들은 관점의 변화를 이끌어냈고, 오늘날 어떠한 미디어 내에서 콘텐트 소비와 행동적 반응을 동시에 포착할 수 있는 가능성은 매우 소중하게 받아들여진다. 이러한 정보는 광고의 효과를 더 잘 가늠하며, 개별 수용자의 특수한 관심을 더 직접적으로 다루는 메시지를 보내기 위한 전략을 개발하는 데 이용될 수 있다. 오늘날 '온라인 행동기반 광고'(*online behavioral advertising*)의 발전을 둘러싸고 점증하는 열성적 관심 — 그리고 논란(제 4장 참고) — 이 존재한다(Federal Trade Commission, 2009 참고). 온라인 행동기반 광고는 미디어 소비나 정보요청과 같은 행동적 반응의 패턴 그리고 혹은 사용자 클릭이나 제품구매와 같은 여타의 가능한 광고반응에 관해 알려진 패턴에 근거하여 상이한 수용자에게 표적화된 광고를 전달하는 것이다. 이들 정보는 개인들의 웹브라우저에 기록된 쿠키(*cookies*)와 같은 도구, 혹은 더 최근에는 인터넷 서비스 제공자의 네트워크에 수

---

56 이러한 관점에서, 인터넷은 "클릭에 의해 축복받은 동시에 저주받았다. 인터넷이 전통적 미디어보다 훨씬 측정 가능하다는 점에서 차별화되기 때문에 축복받았으며, 인터넷은 직접적 응답 기관이라고 간주되는 미디어로 따로 떨어져 있다는 점에서 저주받았다(Morrissey, 2009a: 1)"라고 기술되었다.

반되는 하드웨어 기기를 통해 온라인상의 행동들을 감시하는 '심층패킷검사'(*deep packet inspection*)[57] [58]와 같은 기법을 통해서 수집된다(Clifford, 2008). 행동기반 표적설정(*behavioral targeting*)을 통해 상이한 수용자는 자신들의 행동 프로파일(*profiles*)에 기반한 상이한 (그리고 아마도 더 설득력 있고 흥미를 끌 수 있는) 광고 메시지를 받게 된다(Federal Trade Commission, 2009).[59]

이러한 행동기반 표적설정의 가능성은 웹에만 국한되지 않는다. 이를테면, 텔레비전이 더 성능이 좋은 셋톱박스로 인해 점점 더 상호작용적으로 발전하면서(Bachman, 2009b; Spangler, 2009b 참고), 시청 행태는 물론 추가적 정보를 요청하거나 혹은 심지어 텔레비전을 통해 즉각적으로 구매를 하는 것과 같은 수용자가 시청한 광고들에 대한 반응들도 포함하는 텔레비전 수용자에 대한 정보수집이 가능해졌다. 이러한 모든 범주들의 정보는 상이한 수용자들에 대해 더 상세하게 표적설정된 광고를 전달하는 데 이용될 수 있다(Clifford, 2009a; Spangler, Gal-Or & May, 2003).[60] 개별적 수용자들이 받게 되는 광고가 그들의

---

57 심층패킷검사에 관한 더욱 구체적인 설명은 다이크스(Dykes, 2008)를 보라.

58 [역주] 심층패킷검사(DPI)는 컴퓨터 네트워크 패킷 필터링(*computer networking filtering*)의 일종이다. DPI를 통해서 스팸이나 컴퓨터 바이러스 등 문제가 될 수 있는 패킷들을 조사하여 걸러줄 수 있기 때문에 컴퓨터 보안 등에서 매우 중요하다. 그러나 DPI는 인터넷을 통한 데이터마이닝, 도청, 검열 등에 이용될 수도 있기 때문에 망 중립성(*net neutrality*)에 위배된다는 의견도 있다. 이 부분에서는 온라인에서의 수용자 활동을 감시하고 이를 데이터화하는 데 이용될 수 있다는 우려를 보여준다.

59 '대량 주문생산'(*mass customization*)을 상호작용 미디어의 전략적 결과라는 논의에 대해서는 튜로(Turow, 2006) 참고하라.

60 예를 들어, 클리포드(Clifford, 2009a)는 최근 케이블 다중 시스템 운영자(MSO: *multiplesystem operator*)인 케이블비전(Cablevision)이 최근 발주

특수한 관심에 대해 언급하게 되면서, 이러한 발전들은 잠재적으로 디지털 비디오 녹화기의 확산으로 촉진된 광고회피 경향을 어느 정도는 반전시킬 수 있다.

케이블 산업은 이렇게 표적 설정된 광고를 전달하는 셋톱박스를 통해 필요한 정보를 수집하는 것을 목적으로 하는 카누 프로젝트〔Project Canoe, 현재는 카누 벤처(Canoe Ventures) 라고 이름 붙여진〕라고 불리는 계획을 실시한다(Arango, 2008; Spangler, 2009b). 이 계획에 내재된 논리는, 특히 광고주들이 (광고의 제시가 검색엔진에 들어가는 용어에 기반하는)[61] 검색기반(*search-based*) 광고를 받아들이는 상황을 고려할 때, 케이블 텔레비전이 웹상에 내재된 상호작용적 데이터와 행동기반 표적설정의 역량을 최소한 추정할 수 있다는 것에 기반한다. 텔레비전 환경에서 이러한 기능의 발전은 텔레비전 산업이 온라인 공간으로 광고비가 빠져나가는 상황에 맞서기 위해 필수적인 것으로 여겨진다. 또한 이러한 행동기반 표적설정에 개입되는 상호작용이 부족한 다른 미디어로부터 광고비를 끌어올 수 있는 가능성을 증가시킨다(Arango, 2008).[62] 이 계획은 1천 6백만 가구 이상의 디지털 셋톱박스에서 수집

한 계획을 묘사하고 있다. 케이블 비전은 뉴욕과 뉴저지에서의 가입자들을 겨냥한 광고를 전송하는 시스템 테스트를 시작하였다. 여기서 표적설정은 소득, 인종, 및 성별과 같은 인구학적 특성에 기반하였다. 그러나 제품구매를 촉진시키며 제품정보를 요청하는 셋톱박스 어플리케이션의 지속적 발전(Spangler, 2009a 참고)은 미디어 소비와 행동적 반응에 기반하여 표적 설정된 텔레비전 광고의 전송 가능성을 제시한다.

61 온라인상의 검색기반 광고 출현에 관한 논의로는 IAB(IAB, 2009)를 보라.

62 아랑고(Arango, 2008)에 따르면, 케이블 텔레비전 산업은 카누 벤처로 인해 매년 케이블 광고수익이 5조 달러에서 15조 달러로 증가할 수 있을 것으로 믿고 있다. 그렇지만 카누벤처에서의 이러한 증가는 기술적 문제로 인해서 유의미하게 더디어지고 있다(Hampp, 2009b).

된 총 1년여에 걸친 데이터를 축적할 수 있는 TV 창고(*TV warehouse*) 라 불리는 방대한 데이터베이스 계획을 포함한다(Spangler, 2009a).

수용자 행동에 대한 통합적 접근

신 수용자 정보시스템에 대한 이러한 개괄은 각각의 수용자 정보시스템이 포착하려는 수용자 행동의 특수한 측면을 중심으로 수용자 정보를 조직화하려는 시도이지만, 부상하고 있는 수많은 수용자 정보시스템들은 수용자 행동의 다양한 측면들을 수용자에 대한 평가에 포함시키려는 시도라는 점을 인식하는 것 또한 중요하다. 일반적으로 이러한 접근들은 기존의 노출기반 측정치와 수용자의 참여와 같은 다른 보다 '정성적인'(*qualitative*) 측정치를 통합하려 노력한다. 예를 들어 미디어 구매 회사인 옵티미디어는 최근에 '주요한 디지털 미디어와 기존 미디어를 통틀어 시청자의 규모와 특성에 기반하여 상위 100개의 텔레비전 프로그램들의 상대적 도달수(*reach*) 와 위력(*power*)'의 순위를 매기는(PR Newswire, 2007: 1; Vasquez, 2008a 참고) '콘텐트 위력 평가'(*content power ratings*) 라고 부르는 계획을 실시하였다. 이러한 평가는 다양한 형태의 수용자 노출과, 기존의 닐슨 텔레비전 시청률, 컴스코어의 온라인 수용자 예측치, 그리고 E-폴의 온라인 '버즈' 데이터를 포괄하는(PR Newswire, 2007), 참여 데이터를 통합한 것으로, 옵티미디어가 '우리들의 중요한 통화'(*our staple currency*) (Young, 2008: 2) 라고 언급한 참여의 측정치를 구성한다. 온라인 수용자 조사회사인 웹 애널리틱스 디미스파이드[63]는 사이트 방문수(*page views*), 사이트

---

63 [역주] 웹 애널리틱스 디미스파이드(Web Analytics Demystified) 는 2004년에 설립된 온라인 수용자 조사회사이다. 자세한 회사의 소개는 http://blog.webanalyticsdemystified.com을 참고하라.

방문시간, 피드백을 주는 경향, 그리고 사이트와의 상호작용 수준을 포괄하는 총 7개의 상이한 측면으로 구성된 다면적(*multifaceted*) 참여 측정치를 개발하고 있다(Peterson & Carrabis, 2008).[64]

우리는 참여와 기존의 노출 측정치를 통합하려는 이러한 관점을 'eGRP'라는 이름의 용어를 만들어내고 활용하려는 몇몇 미디어 구매 조직들의 활동에서도 확인할 수 있다. 'eGRP'라는 용어는 특히 텔레비전의 맥락에서 광고 캠페인의 도달을 측정하기 위해 이용되는 측정치인 '종합시청률'(*gross ratings points*)에서 비롯된 것으로, 1단위의 시청률은 텔레비전 시청 전체인구(*television-viewing population*)의 1%를 나타낸다. 종합시청률이 개발되면서, 광고 캠페인은 종종 표적설정된 시청률을 포함한다. 본질적으로, 광고가 제시되는 개별적 콘텐트에(이 경우 각각의 텔레비전 프로그램에) 적용되는 참여지수의 결과에 따라 eGRP는 기존의 GRP에 가중치를 둔 것이다(Eubank & Griffiths, 2007).[65] 명백하게 이러한 접근은 각각의 프로그램 수용자의 참여가 프로그램의 수용자 규모와 함께 고려되어야 하며 또한 이들 두 가지의 프로그램 성과 측정치가 합산되어야 함을 요구한다.[66]

---

64 이 참여지수는 다음과 같이 정의된다. $\sum(C_i + D_i + R_i + L_i + B_i + F_i + I_i)$. 여기서 C는 클릭의 깊이(*click depth*: 페이지 및 이벤트 관람), D는 지속시간(*duration*: 사이트에서 소비한 시간), R은 최신성(*recency*: 시간이 지나면서 방문자가 해당 사이트로 돌아오는 비율), L은 충성도(*loyalty*: 콘텐트와의 장기적 상호작용 수준), B는 브랜드 인지(*brand awareness*), F는 피드백(*feedback*: 정보를 요청하는 혹은 직접적 피드백을 제공하려는 경향), I는 상호작용(*interactions*: 콘텐트와 방문객 사이의 상호작용 혹은 방문자의 주목 수준을 증가시키기 위해 고안된 기능)이다(Peterson & Carrabis, 2008 참고).

65 eGRP의 구체적 계산법은 다음과 같다(Eubank & Griffiths, 2007).
(기존의 GRPs) × (참여지수) = eGRPs

현시점에서 확실하게 나타나듯, 우리는 최근 수용자 시장의 참가자들에게 가장 중요한 미디어 수용자의 이러한 측면들을 정의하고, 재정의하며, 경험적으로 포착하려는 노력의 일환인 엄청난 활동들을 목격하고 있다. 그 결과는 그간 수용자 시장의 운영을 이끌어왔던 지배적 성과기준의 혼돈, 혼란, 심지어 어느 정도는 붕괴 상태이다. 변화하는 기술들이 미디어 수용자에 대한 새로운 분석적 접근을 촉진하는 규모는 같은 기술들이 미디어 수용자에 대한 기존의 분석적 접근에 가하는 피해를 기반으로 성립된다.

이러한 대안적인 분석적 접근은 수용자 시장 — 특히 텔레비전 산업 — 의 운영에 침투하고 있다.[67] 예를 들어, 게이와 레즈비언 시청자들을 겨냥하며 미국전역에서 고작 3천만 명가량의 시청자를 대상으로 하는 케이블 네트워크인 로고스[68]는 닐슨 보고서에 상세한 시청률이

66 eGRP에 대한 이러한 관점은 다양한 방식으로 기존의 CPM(천 명당 비용)을 대체하는 CPMI(*cost per thousand involved*: 개입된 천 명당 비용)을 계산하려는 초창기 노력의 확장이라고 할 수 있다(Lloyd & Clancy, 1991 참고). GRP와 같이 CPM은 상이한 미디어 콘텐트 옵션에서 광고비용을 가늠하고 대조하는 공통의 수치이다. CPMI를 계산하기 위해서, 로이드와 클랜시(Lloyd & Clancy, 1991)는 수용자 개입(*involvement*) 데이터를 수용자 측정과정에 포함시킬 것, 그리고 CPMI의 계산을 더욱 확산시키기 위해 이러한 데이터를 전통적인 노출 데이터에 포함시킬 것을 주장한다. 이들의 연구는 CPMI 데이터의 활용이 기존의 CPM 데이터의 활용을 통해 도달되는 것과는 유의미하게 다른 광고 배치전략으로 이어질 것이라고 주장한다.

67 오늘날은 "수많은 광고주들이 수용자 규모와 CPM과 같은 기존의 측정치를 극복해야 하는" 상황이라고 묘사된다(Ephron, 2009: 1).

실릴 정도로 충분한 규모의 수용자를 끌어들이지 못하는 수많은 케이블 네트워크 중의 하나이다. 로고스는 기존의 노출 측정치에 대한 대안으로, 혹은 더 참여지향적인 수용자들에 대한 할증료(*premium*)를 이끌어내는 보조물로 광고비를 끌어들이기 위하여 결과적으로 참여 측정치에 주목하고 있는 성장추세에 있는 케이블 네트워크 중 하나이다(Carter, 2009; Crupi, 2008a). 로고스와 같은 케이블 네트워크와는 달리 수용자를 확인하는 문제를 당연히 겪고 있지 않은 NBC도, 자신들이 과거와 같은 수준의 시청률을 보장하였던 것과 똑같은 방식으로, 보장된 수준의 수용자 참여를 광고주에 제공하기 시작했다(Neff, 2007). 이러한 예들은 "몇몇 측면에서 세분화된 미디어 환경은 숫자에 대한 강조를 낮추고 수용자와의 유대(*bond*)를 만들어내고 유지하는데 관심을 더 둔다는 것을 의미한다(Davies & Sternberg, 2007)." 2008년 ABC는 '광고가치 지수'(*advertising value index*)를 소개하였는데, 이는 광고주들에게 연령, 소득, 고용상태(*employment status*)와 같은 기존의 인구학적 요인들은 물론 시청한 광고의 길이 그리고 프로그램에 대한 참여 등을 포함하는 15가지 이상의 기준을 제공한다. 기준이라는 점에서 유연한 노력의 일환으로 이 시스템은 확실하게 수용자 시장에 영향을 미치고 있는 전환적 과정을 반영한다(Kang & Vranica, 2008).[69]

---

68 [역주] 로고스(Logos)는 2005년에 설립된 케이블 네트워크이다. 본문에 언급되어 있다시피 동성애자를 겨냥하여 일련의 프로그램을 방영한다. 회사에 대한 자세한 소개는 http://logotv.com을 참고하라.

69 보다 최근에 ABC는 비록 ABC가 광고효과의 수준을 증명할 수 있는 개별 프로그램의 성과수치를 개발했지만, 이를 효율적으로 사용하려는 시도들은 마케팅 종사자들이 계산된 이 수치들에 필요한 상품 매출 데이터를 공유하지 않으려 하기 때문에 좌절되었다고 발표하였다(Goetzl, 2009).

온라인상에서, 현시점의 패턴은 전시광고(*display advertising*)에 대한 노출기반 가격설정 모형이고, 클릭당 비용(*cost-per-click*) — 어떤 면에서는 행위당 비용 — 의 가격설정 모형으로 보충되며(Shields, 2008a), 이는 단순한 사용자 클릭보다 훨씬 더 탄탄한 행동적 지수에 기반한다(Spencer, 2007).[70] 소셜 미디어 공간에서, 큰 회사들은 보다 기존의 '광고도달수'(*impressions*)에 기초하기보다 이러한 행동적 '핵심 성과지수'에 주로 기반하여 수용자를 구매한다.[71] 광고도달수 기반 가격설정은 온라인 광고시장에서 성과기반 가격설정에 계속해서 그 자리를 내어주고 있는데, 어떤 예측치에 따르면 "매해 판매되지 않은 3조가 넘는 천 번 단위의 클릭이 있다(Koretz, 2009: 2)"고 한다.

물론 행동적 반응은 특히나 수용자 참여에 대한 탄탄한 지수로 평가할 수 있다. 그러나 오직 특정한 형태의 행동적 반응을 보이는 이들 수용자를 상업화하려는 콘텐트 제공자들에게서 나타나는 문제점들은, 광고가 여기에 해당되는 행동적 반응을 보이지 않는 수용자들에게도 미칠 수 있는 영향력의 규모를 포착하는 수용자 측정치를 개발하려 하는 온라인 공간 내의 노력들을 축출한다는 점이다(Shields, 2008a). 몇몇 이해당사자들은 온라인상에서의 '참여당 비용'(*cost-per-engagement*) 가격설정 모형의 도입을 주장하기도 한다(Morrissey, 2009b). 다시 한 번, 이와 같은 최종결과는 다양한 성공기준들이 나란히 존재할 수 있는 시나리오로 이어진다. 이는 미디어 수용자를 개념화하고, 가치를 매기며, 구매하려는 여러 접근들이 동시에 작동하는 미래의 수용자 시

70 온라인 수용자의 가격설정(*pricing*)의 진화에 대한 개요로는 베르메조(Bermejo, 2009)를 보라.

71 이 정보는 이 책의 참여관찰의 한 요소로서 저자가 참여한 2009년에 ARF가 주관한 수용자 측정 4.0 학회에서 이루어진 어떤 온라인 미디어 회사의 중역의 발표가 그 출처이다.

장을 보여준다.

미디어 수용자에 대해 이렇게 수많은 상이한 측면을 보여주는 다양한 수용자 정보시스템이 현재, 발전되고 전개되는 다양한 단계에 있다는 사실이 얼마나 드문 일인가를 깨닫는 것은 중요하다. 일반적으로 수용자 시장은 미디어 수용자가 어떻게 정의되고 측정되는가의 측면에서 훨씬 더 큰 안정성을 가지고 있는 상태이다(Gluck & Sales, 2008). 그러나 오늘날에는 수용자에 대한 기존의 노출기반 분석적 접근을 잠식하는 똑같이 새로운 상호작용적 커뮤니케이션 기술 플랫폼들이(제 2장 참고), 새로운 분석적 기회 — 기존에 측정할 수 없었던 수용자 행동의 측면을 측정할 수 있다는 점은 물론 아마도 수용자의 다른 측면들이 더 쉽게 측정되고 수용자 시장에서 수용 가능한 통화(*currency*)로 간주되었기 때문에 오랫동안 측정할 수 있었지만 수용자 이해에 대한 제도화된 접근에서 주변부에 있었던 경향이 있는 수용자 행동에 대해 더 손쉽고 더 엄밀하게 분석할 수 있는 기회 — 로 또한 이어지고 있다는 것이다.

제도화된 미디어 수용자가 혼란의 와중에 놓여 있다는 사실이 현재 진행중인 수용자 진화과정의 핵심지표이다. 과거의 모형은 붕괴되고 새로운 모형은 과거의 것을 보완하며, 비록 교체하지는 못하나 부상하고 있다. 이렇듯 어느 정도 혼돈의 상황 속에서 수용자 이해에 대해 더 증진된 합리화를 향한 지속적 진보가 이루어지고 있다(Andrejevic, 2007a; 2007b; Gandy, 2000 참고). 수용자의 미디어 소비를 넘어서며 수용자의 콘텐트 제작 활동들은 물론 다양한 반응들을 분석하려는 활동들은 세련된 계산기법과 전문화된 지식에 대한 의존의 증가(제 1장 참고)를 포함하는 합리화 과정의 근본적 요소들이 자연스럽게 연장된 것으로 파악될 수 있다.[72] 여기서 묘사되는 과정은 — 수용자 행동의 특정한 요소들을 더 구체적인 분석단위로 세분화시키고 정량적 분석을 기존에 고려되지 않았던 수용자 행동의 측면들로 확장시키는 — 수용자 이해에 대한 장기적이고 지속적인 과정에서 가장 최근 단계를 보여준다. 그러나 수용자 진화과정이 계속되면서, 이러한 혼돈의 시대는 결국 강화되고 통합되며 그리고 제도화된 미디어 수용자에 대한 분석적 접근들의 집합의 부상(浮上)으로 결론 내려질 것이다.

수용자 시장에 참여하거나 혹은 이를 감독하는 다양한 이해당사자들 사이에 저항과 교섭의 과정이 일어나고 난 후에야 미디어 수용자에 대한 지배적인 제도화, 개념화의 모종의 변환이 일어날 수 있다. 수용자 시장에서의 모든 이해당사자들 사이에 특정한 성과 측정치의 타당도와 가치에 관해 어느 정도의 합의가 시장이 효율적으로 기능하는 데 언제나 근본적 조건이라는 사실(Napoli, 2003a)과 심지어 혼란의 시기에서조차 필수적으로 남아 있다는 사실(Wurtzel, 2009 참고)을 기억하는 것이 중요하다. 그럼에도 불구하고, 미디어 수용자는 수용자 시장에 개입하는 어떠한 방식으로 등장한 합의 속에서 자신들 최선의 이해관계를 반영시키려고 시도하는 다양한 이해당사자 사이에 갈등의 영역이었으며, 앞으로도 갈등의 영역으로 남을 것이다. 이해당사자들 사이의 저항과 교섭의 이러한 과정들이 바로 제 4장의 초점이다.

---

72 전문화된 지식에 대한 의존 증가에 관해, 최근 대용량 마케팅 데이터베이스의 생성과 분석에 관한 점점 복잡해지는 분야에 몸담고 있는 이들 전문가들을 중점적으로 분석하는 책들(Ayres, 2007; Baker, 2008; Turow, 2006 참고)이 증가하는 것은 주목할 만하다. 이 저작들에 놓인 중심 주제는 이러한 전문직에서 일하는 사람들이 점점 더 이들이 만들어내는 지식을 통해 막강한 권력을 갖게 되며, 점점 더 다양한 산업영역 — 미디어와 커뮤니케이션을 포함하여 — 의 의사결정 과정에서 더 중요하며, 점차 가치를 인정받고 영향력이 강해지고 있다는 것이다.

04
경쟁하는 수용자들

제 2장과 제 3장에서는 미디어 조직이 여러 방식으로 수용자를 재개념화하도록 만드는 기술변화에 역점을 두었다. 여기 제 4장에서는 거시적 관점에서 이러한 기술변화가 일어나는 제도적 맥락에 중점을 둔다. 커뮤니케이션 기술의 사회적 형성(*social shaping*)이 어떻게 이루어지는가에 대한 연구에서는 기술이 이용되는 방식에 영향을 미치는 기술의 잠재력, 기술이 사회 속에 나타나는 방식, 기술의 궁극적 영향력과 함께 다양한 사회적 요인들에 대한 고려가 중요하다는 점을 강조한다(Boczkowski, 2004b; Lenert, 2004).[1] 수많은 사회·경제적 주체들(산업주체, 정책입안자, 이용자 등)은 커뮤니케이션 기술을 어떻게 사회적으로 해석할 것인가를 둘러싸고 갈등을 벌이는데, 이는 모든 커뮤니케이션 기술 발전과정에서 언제나 등장하는 현상이다. 이러한 갈등의 영향은 사회 곳곳에서 발견된다. 칼슨(Carlson)의 주장처럼, "제도적 주체(*institutional entities*)들은 신기술의 사회적 형성방식에 통제력

1 기술의 사회적 형성에 관한 문헌 검토를 위해서는 윌리엄과 에지의 연구(Williams & Edge, 1996)를 참고하라.

을 행사하려고 하며, 이에 따라 신기술의 개인 이용자와 신기술이 나타나는 전체 사회 모두가 영향을 받게 된다(2006: 99)."

이 같은 분석틀(*analytic framework*)은 이 책에서 말하는 수용자 진화과정에 곧바로 적용될 수 있다. 수용자 시장은 서로 반목하며 경쟁하는 수많은 이해당사자로 구성된 복잡하며 갈등으로 가득 찬 제도적 환경이다. 흔히 수용자 시장에서 이해당사자은 수용자의 미디어 소비방식 및 미디어 소비방식의 표출을 통해 기술의 사회적 형성방식에 영향을 주려고 한다. 때때로 미디어 소비방식의 표출은 현재 일어나는 기술적 이행과정을 막거나 혹은 늦추려는 등의 시도로도 나타난다. 그 이유는 수용자를 어떤 방식으로 재(再)개념화하는가에 따라 몇몇 이해당사자는 이득을 보지만, 다른 이해당사자은 손해를 보기 때문이다. 따라서 핵심적 이해당사자 사이의 권력역학(*power dynamics*)은 수용자를 어떻게 이해할지 결정하는 데 중요한 역할을 수행한다. 이번 장에서는 미디어 수용자의 이해방식은 일련의 제도적 이해관계들로 갈등하는 영역이라는 점을 강조하고자 한다. 그리고 제도적 압박과 이해관계가 수용자 진화과정에 어떠한 역할을 하며 어떤 영향을 끼치는가를 강조할 것이다. 이를 통해 수용자에 대한 주도적 개념화 방식이란 결국 미디어 회사, 광고주, 기술개발 회사, 수용자 측정회사, 정책을 결정하는 관료들과 공익단체도 포함되는 수용자 시장의 핵심적 이해당사자 사이의 교섭임을 설명하는 것이 제 4장의 내용이다.

이번 장의 첫 부분에서는 미디어 조직들이 기술변화에 어떻게 대응하는가에 대해, 책이 저술되는 시점에서 가장 최근의 정보들에 근거하여 평가하기로 한다. 이후 제 2장과 제 3장에서 서술했던 몇몇 핵심적 기술변화에 대해 저항하고 교섭하는 과정으로 매체 수용자를 둘러싸고 벌어지는 구체적 제도적 갈등사례들을 검토하기로 한다. 특히 미디어 조직은 매체 수용자를 전통적인 콘텐트 제작자들과 비슷한 지위로

까지 끌어올릴 수 있는 기술적 변화에 대해 저항하고 있다는 것은 주목할 만하다. 또한 용납하기 어려울 정도로 미디어 수용자의 사생활을 침해하는 신 수용자 정보시스템(*new audience information system*)에 대한 여러 이해당사자의 저항 또한 주목할 필요가 있다. 끝으로 새로운 방식으로 텔레비전, 라디오, 인터넷 수용자를 측정하려는 시스템 도입을 둘러싸고 최근에 벌어진 여러 이해당사자 사이의 갈등과 이를 둘러싼 쉽게 해결되기 어려운 경제적, 법적, 공공정책 쟁점들에 대해 살펴보기로 한다.

환경의 변화에 대한 조직적 반응

제 3장에서 설명하였듯이 ① 미디어 소비역학을 변화시키는 기술변화와 ② 미디어 수용자에 대한 새로운 정보를 수집할 수 있는 기술변화가 수용자 진화과정을 일으키는 두 요인들이며, 이 둘은 서로 긴밀하게 연관되어 있다. 따라서 한편으로 수용자 진화과정은 수용자가 어떻게 매체를 이용하는가에 관한 메커니즘이며, 다른 한편으로는 변화하는 매체이용이 구성되고 재현(再現)되는 방식에 관한 메커니즘이다. 여기서 수용자 행동의 변환과 수용자 행동의 재현방식의 변환을 구분하는 것이 중요하다. 그 이유는 비록 두 가지의 변환이 서로 연관되었다고 하더라도 근본적으로 서로 다른 현상이기 때문이며, 현재 벌어지는 이해당사자 사이의 갈등과 교섭이 둘 중의 한 측면에 집중하고 있기 때문이다. 또한 새로운 미디어 기술을 둘러싸고 벌어지는 이해당사자 사이의 저항 및 교섭과정을 고려할 때, "새로운 미디어를 위협으로 혹은 가능성으로 인식할지를 둘러싼 줄다리기(*the playing out of competing conceptions of the threat / potential of the new medium*) (Uricchio

& Pearson, 1994: 44)"가 바로 수용자에 대한 제도적 개념화의 중심 논점이 되는데, 이것이 앞에서 언급한 두 가지 요인들이 서로 얽혀 있다는 사실을 말해 준다.

이렇게 벌어지는 두 측면에서의 변환의 차이점을 구분하는 것은, 특히 이론적으로 두 요인들을 어떻게 파악할 것인가 하는 점에서 특히나 중요하다. 예를 들면, 우리가 미디어 소비역학에 영향을 끼치는 현대의 기술변화와, 여러 제도적 주체들이 어떻게 기술변화들에 반응하는가에 대해서 논의하려 할 때, 조직들이 현재의 미디어 환경에서 초래된 위협들에 대해 어떻게 대응하고 있는가에 관한 수준 높은 연구들을 발견할 수 있다(Daneels, 2004; Herbig & Kramer, 1994; Tushman & Anderson, 1986 참고). 터쉬만과 앤더슨(Tushman & Anderson)이 기록한 바와 같이, "기술은 … 미디어 환경을 변화시키는 중요한 요인이다(1986: 440)."

미디어 산업이 처한 현실 맥락의 안팎에서 기술혁신에 대한 미디어 조직의 대응을 연구한 문헌들은 대체적으로 신제품이나 새로운 생산공정의 도입과 그 도입이 과거의 제품이나 생산공정이 어떠한 영향을 초래했는지에 초점을 맞춘다. 예를 들어, 텔레비전의 등장에 대해 미디어 산업 각 영역들이 어떻게 대응하였고 또한 어떠한 영향을 받았는지에 대한 상당히 많은 연구들을 찾아볼 수 있다(Baughman, 1997; White, 1990). 비슷하게 텔레비전 산업이 디지털 방송과 케이블 TV와 같은 기술혁신에 어떻게 대응했는지를 검토한 연구들도 찾아볼 수 있다(Auletta, 1992; Litman, 1983; Galperin, 2004). 더 최근에 인터넷과 함께 등장한 기술적 기회와 위협에 신문산업을 포함한, 여러 미디어 산업들이 어떻게 대응하는가에 대한 자세한 연구결과들도 찾아볼 수 있다(Boczkowski, 2004b).

기술변화에 대한 미디어 조직의 대응을 연구하는 학자들이 공통적으로 지적하는 대응방식 중 하나는 바로 현상유지라는 언제나 나타나는 미디어 조직의 노력이다(Fligstein, 1996; Hannan & Freeman, 1984). 이는 기술변화를 기존의 사업모델이나 미디어 조직의 운영방식에 대한 위협으로 인식하려는 조직 내부의 경향이며 대부분의 연구들이 기록하는 바이다(Cooper & Schendel, 1976; Cooper & Smith, 1992). 잭슨과 더튼의 연구(Jackson & Dutton, 1988)는 조직의 의사결정자들 사이에서 '위협편향'(*threat bias*)이 발견되는 경향이 있다고 밝혔다. 경영자들은 기술변화로 인한 기회라는 특성들보다 위협이라는 특성에 더 민감하다고 한다. 따라서 경영자들은 신기술이 잠재적 기회를 가져다준다는 관점보다는 잠재적 위협을 초래한다는 관점으로 기술혁신을 파악하는 경향이 있다. 따라서 종종 미디어 조직들은 기술혁신이 초래하는 위협을 제거하려 하거나 최소화시키거나 혹은 단순히 억누르려는 전략적 대응책으로 기술혁신에 대처한다(Cooper & Schendel, 1976; Cooper & Smith, 1992).

미디어 산업 내부에서 벌어지는 환경적, 기술적 변화에 대한 미디어 산업의 대응에 초점을 맞춘 연구들 대부분에서 이와 같은 행동패턴들을 발견할 수 있다. 예를 들어, 저자는 이전의 연구(Napoli, 2003b)에서 텔레비전 방송산업이 기술환경 변화에 매우 느리게 대응하는 경향이 있다는 사실을 발견했는데, 이것은 언론인인 켄 올레타(Ken Auletta, 1992)가 1980년대 후반과 1990년대 초반 3대 지상파 네트워크 방송들의 모습을 서술한 잘 알려진 연구와 상당부분 일치하는 결과였다. 올레타는 3대 지상파 네트워크가 쇠퇴한 원인을 케이블 텔레비전과 VCR의 확산으로 초래된 기술환경 변화에 지상파 네트워크들이 제대로 인식하고 대응하는 데 실패하였기 때문이라고 파악하였다. 보츠코우스키의 연구(Boczkowski, 2004b)는 신문산업이 어떻게 온라인 출판이라는 기술혁신에 대응하였는가를 연구하였다. 보츠코우스키는 기존의 산업구조와 관행에 새로운 미디어 운영방식을 통합시키려고 하는 (통합의 방식이 적절한지 아닌지는 차치하더라도) 강한 경향성을 발견하였는데, 이는 미디어 조직이 역동적인 기술환경의 변화 속에서도 현상을 유지하려는 경향성이 있음을 보여준다(Singer, 2004 참고). 할리우드 스튜디오들이 VCR에 어떻게 대응하였는가에 대한 연구들은 처음에는 VCR이 위협으로 인식되었지만 결국 엄청난 호재(好材)였음을 보여주는 대표적 사례(*signature instance*)이다. 이는 '위협 편향'을 보여주는 명확한 사례이며, 결국 할리우드 스튜디오는 신기술을 금지시키려는 자신들의 시도가 잘못되었다는 대법원의 판결에 동의하게 되었다(Greenberg, 2008; Lardner, 1987; Picker, 2004).

VCR에 대한 할리우드의 반응과 유사한 수많은 연구들은 제 1장에서 서술했던 미디어 진화에 대한 더 거시적 수준의 문헌들의 기초가 되었다(Lehman-Wilzig & Cohen-Avigdor, 2004; Napoli, 1998a 참고). 언급한 연구들은 미디어 진화를 다루고 있는 이 책의 주제와 밀접하게 관련이 있는 '수용자 재개념화'를 초래하는 기술변화에 미디어 조직이 어떻게 대응하는가라는 맥락 속에 놓여 있다. 특히 제 4장에서는 기술혁신에 미디어 조직들이 어떻게 저항하였는가에 대한 역사적 패턴을 파악하고, 기술혁신이 미디어 진화과정의 핵심요소, 즉 미디어 시스템 동학(動學)을 어떻게 바꾸며 이를 통해 현재 진행중인 수용자 진화에 어떻게 영향을 미치는지를 살펴보기로 한다.

물론, 변화하고 있는 미디어 소비역학에 대한 미디어 조직의 대응은 신 수용자 정보시스템의 출현과도 연관된 제도적 대응으로 이어진다. 기술혁신에 대한 미디어 조직의 대응에 관한 연구들에 대한 전통적인 접근법이라는 측면에서 수용자의 측정이 본질적으로 새로운 유형의 혁신을 보여주는 점을 이해하는 것이 중요하다. 새로운 (혹은 단순하게 말하자면, 바뀐) 수용자 정보시스템은 미디어 조직이 맞닥뜨린 신제품

시장이나 새로운 경쟁기술을 대변하는 것도 아니고, 미디어 콘텐트의 혁신 혹은 미디어 조직이 새로 적응해야만 하는 유통과정을 나타내는 것도 아니다. 도리어 신 수용자 측정시스템은 수용자 시장에 대한 새로운 표상(表象), 즉 새로운 '시장 정보체제'(*market information regime*)를 보여준다. 아난드와 피터슨(Anand & Peterson)은 시장 정보체제를 "독립적 생산자에 의해 제공되고 일관된 빈도수와 함께 예측 가능한 형태로 제시되는 또한 모든 이해당사자들이 이용할 수 있는 시장활동에 관하여 정기적으로 갱신되는 정보"라고 정의한다(2000: 271). 이처럼 사회적으로 구성된 정보체제는 시장 참여자들이 자신들의 고유 실적과 경쟁자들의 실적 및 소비자 활동들에 대한 인식을 형성하는 수단이 된다(Anand & Peterson, 2000).

신 수용자 정보시스템은 산업 이해당사자가 "자신의 활동을 비롯하여 해당 분야를 구성하는 소비자, 경쟁자, 생산자들의 활동을 이해"할 수 있는 새로운 메커니즘의 도입을 보여준다(Anand & Peterson, 2000: 271). 이러한 새로운 측정시스템은 시장에 대한 새로운 묘사를 통해 기존의 경쟁상황(*arrangements*)과 조직의 전략 및 미디어 콘텐트 공급 결정에 영향을 미치는 잠재력을 갖는다는 사실은 특히 중요하다(Adams, 1994; Barnes & Thomson, 1988; 1994). 신 수용자 정보시스템은 수용자가 소비하는 미디어 콘텐트 유형, 혹은 미디어 콘텐트를 소비하는 기존의 수용자 유형과 근본적으로 다른 모습을 만들어낼 수 있다. 신 수용자 정보시스템은 새로운 유형의 정보를 의사결정 과정에 도입하게 만들거나, 새로운 정보가 의사결정자들에게 얼마나 이용 가능한지에 대한 비율(*rate*)과 이용가능 정보의 전반적 분량 등에 영향을 준다(Barnes & Thomson, 1994; Peterson, 1994). 이러한 면에서, "시장정보의 얼개를 짜는 데(*framing*) 사용되는 측정방법은 시장의 사회적 구성에 필수적"이다(Anand & Peterson, 2000: 272). 기존 연구들은 미디어 조직이 해당 조직들의 성과를 다르게 보여줄 수 있는 새로운 측정치에 대해서, 새로운 측정치가 목표로 삼는 기준과는 다른 기준들의 중요성을 강조하거나 측정시스템의 타당성에 의문을 제기하는 방식들로 부정적으로 대응함을 보여준다(Elsbach & Kramer, 1996).

시장 참여자들은 (수용자 측정서비스의 이용에 대한 경제적 부담을 지는 방식으로) 특정한 시장 정보시스템의 경제적 기반을 제공하기 때문에, 수용자 측정과 관련된 변화를 둘러싼 역학은 매우 복잡하다. 다양한 이해당사자 집단들이 새로운 측정시스템의 비용과 혜택에 관한 견해를 달리할 수 있다. 따라서 변화의 수용의향 여부에서 시장의 다양한 부문들은 서로 크게 다른 모습을 보인다. 새로운 측정시스템은 모든 이해당사자의 시장에 대한 인식 및 이들이 속한 조직의 입장에서 극적인 구조변경(*reconfiguration*)의 가능성(어쩌면 긍정적이고, 어쩌면 부정적일 수도 있는)을 내포한다. 결과적으로 앞서의 설명처럼 이해당사자 사이의 저항과 교섭과정이 미디어 소비역학의 변화에 초점을 맞출 수 있듯, 수용자 측정을 둘러싼 역학에도 주력할 수 있는 것이다.

이해당사자 사이의 저항과 교섭이라는 과정이 미디어 시스템 역학에서 변화를 불러오는 기술혁신의 가능성에도 영향을 미친다는 (혹은 최소한 미디어 시스템 역학의 변화속도에는 영향을 미친다는) 것이 이번 장의 주요 논점이다(Winston, 1999). 이와 같은 이해당사자 사이의 저항과 교섭이라는 행동패턴이 현재 진행중인 수용자 진화과정에 어떠한 영향을 미칠 수 있을지에 관한 것 또한 미디어 시스템 역학에서의 변화 다음으로 고려할 논점이다.

변화하는 미디어 소비역학과 미디어 조직의 대응

미디어 수용자와 미디어 콘텐트 생산자 사이의 역학을 근본적으로 바꾸어 놓는 기술변화는 수용자 진화과정의 대부분을 바꾸고 있다. 이러한 기술발전은 미디어와 미디어 수용자 사이에 유지된 전통적 힘의 균형을 바꾸기 때문에, 오랜 기간 유지되어온 많은 사업모델에 큰 변화를 불러오고 있다. 따라서 미디어 산업 내의 다양한 이해당사자들이 현상을 유지하기 위해 지난 수십 년 동안 광범위한 노력을 경주했다는 것은 놀라울 것이 없다.

그러나 현상유지를 위한 노력들이 완벽하게 성공한 경우는 드물다. 요카이 벤클러(Yochai Benkler)의 주장처럼, 현상유지를 위한 노력들은 "정보의 이용자보다는 정보의 소비자가 되게 만들고 정보의 생산자나 이용자가 될 가능성을 약화"시키려는 것이다(2000: 562~563). 벤클러는 전통적인 미디어 소비자-생산자 관계를 재생산하는 노력들이 새로운 미디어 환경의 3가지 '층위'(*layer*), 즉 ① 저작권과 공정사용과 같은 쟁점을 포함하는 '미디어 콘텐트의 층위'(*content layer*), ② 암호화를 포함하는 '컴퓨터 로직의 층위'(*logical layer*), ③ 커뮤니케이션 네트워크의 구조와 작동을 포함하는 '하부구조의 층위'(*infrastructure layer*)에서 이루어진다고 주장한다. 아래에서 논의되는 사례들은 모두 각각의 단계에 깔끔하게 들어맞는다.

본문의 목표는 새로운 미디어 환경이 미디어 조직과 수용자를 갈등관계로 몰아넣으면서 등장하는 모든 쟁점들을 검토하는 것이거나 이 쟁점들에 대한 적절한 해결책이 무엇인지를 결정하는 것이 아니다. 쟁점들이 무엇이며 가능한 해결책이 무엇인지에 관한 상세한 논의는 벤클러(Benkler, 2006)와 레식(Lessig, 2004; 2008), 혹은 다른 학자들의 글에서 찾기 바란다. 이 책에서 목표하고 있는 것은 단지 이러한 쟁점들이 현재 진행중인 수용자 진화과정과 관련되어 있으며 수용자 진화과정에 잠재적 영향을 미칠 수 있는 주요한 방식임을 보여주는 것이다.

세분화와 수용자 자율성에 대한 미디어 조직의 저항

쉼파츠(Shimpach)는 "문화산업의 등장과 함께 나타난 이상적 모습의 수용자는 대개 문화산업의 생산품을 지켜보는, 계수(計數)되고, 측정되며, 외부의 자극을 받기를 기다리기만 하는 수동적 존재"라고 말한다(2005: 350). 서두에서 서술했지만, 미디어 수용자를 수동적으로 구성하려는 경향은 대체로 20세기 초반 상업적 대중미디어(특히 방송)의 발달에 힘입은 것이다. 오늘날의 기술개발로 인해, 역사적으로 상당한 수익성을 안겨주었던 기존의 비즈니스 모형들은 직접적으로 도전받거나 어떤 경우에는 폐기되는 방식으로 전통적인 수동적 수용자 모습은 붕괴되고 있다. 중앙 집중적(즉, 파편화되지 않은) 유통모형과 전통 미디어의 결정적인 특성에 기인하는 높은 진입장벽의 자연스러운 결과물로서 과거의 비즈니스 모형들은 일방향적인 수용자와의 관계에 기초하였다.

기존 모형의 성공사례 실적들과 현재 일어나는 기술변화와 관련된 경제적 불확실성을 고려해 볼 때, 다양한 산업 이해당사자들이 수용자 자율성을 증대시키고 미디어 및 수용자 세분화를 촉진하는 기술들을 겨냥한 여러 전략과 전술들을 통해, 전통적 미디어 수용자 구성을 유지하려는 여러 노력들을 시도하고 있는 것은 그다지 놀랍지 않다(Bhattacharjee et al., 2006; Dekom & Sealey, 2003; Lassica, 2005; Lessig, 2004; Waterman, Ji & Rochet, 2007 참고).[2] 이러한 노력들은

2 이 맥락에서 이루어진 작업들의 제목은 상당수 주제에 있어 일관성이 있다

신기술 및 신기술의 이용방법을 규제하려는 법률적 시도부터 특정 수용자 행동들을 제한하거나 구속하는 기술적 인터페이스의 제작 (혹은 변경), 용량을 고의적으로 제한시키는 네트워크 설계와 운용에 이르기까지 다양한 형태로 나타난다.

비록 이와 같은 여러 가지 저항적 시도들로 인해서 수용자의 미디어 이용 중 몇 가지가 제한을 받기도 하지만 이 시도들의 본질은 미디어 조직 대 수용자라는 도식을 뛰어넘는다는 것을 강조할 필요가 있다. 기술개발로 인한 갈등은 종종 콘텐트 제작자, 유통업자, 가전제품 제작자, 소프트웨어 및 응용프로그램 개발자들을 포함하는 수많은 이해당사자로 구성된 다양한 산업부문들에 걸쳐 나타난다. 이런 점을 고려하며 최근의 어떤 미디어 산업분석에서는 변화하는 미디어 수용자 역할이 미디어 콘텐트 생산자와 유통업자 사이의 관계의 주요 갈등원인으로 등장하게 된다고 결론짓고 있다. 미디어 콘텐트 생산자는 점차 증가하는 일련의 개방적 유통채널들에서 이윤을 추구하려 하면서, 전통적인 유통업자들을 고려하지 않거나 혹은 유통업자들이 특권적으로 보유하고 있던 접속권한을 거부하려 한다. 또한 유통업자들도 전통적 미디어 콘텐트에 해를 끼칠 수 있는 이용자제작 콘텐트를 점차 받아들이는 폐쇄적 집단을 형성하고 유지하려 한다(Berman et al., 2007). 이러한 시나리오는 이해당사자들 사이의 갈등을 보여주는데, "시간이 지나면서 한쪽 이해당사자의 행위는 어떠한 방식으로든 다른 이해당사자의 사업에 악영향을 끼치게 된다(Berman et al., 2007: 17)."

또한 매우 빈번하게 기술혁신으로 미디어 시스템에 미칠 것으로 예

〔가령, "Hollywood Versus the Internet"(Currah, 2006); *Hollywood Versus the Future* (Dekom & Sealey, 2003); *Hollywoods War Against the Digital Generation* (Lasica, 2005)〕.

견되었던 초기의 엄청난 변화들 중의 상당부분을 제한하는 방식을 통해 이해당사자 사이의 갈등은 봉합된다. 새로운 기술 혹은 서비스에 위협을 느끼며 저항하는 이해당사자와 새로운 기술 혹은 서비스들을 위한 시장으로 사업을 다각화하며 미디어 산업 내부에서 미디어 조직의 발전방향에 영향을 미치는 이해당사자의 후속작업을 통해, 이와 같은 '혁명적 가능성의 봉쇄'(*suppression of radical potential*) (Winston, 1999) 작업이 이루어진다.

디지털 비디오 녹화기(DVR: *digital video recorder*)의 도입은 신기술이 기존의 사업모델에 도전하는 방식으로 수용자 자율성을 부여할 때 벌어질 수 있는 일종의 갈등과 해결과정을 여실히 보여준다. DVR이 1990년대에 티보(TiVo)와 리플레이 TV(ReplayTV) 같은 회사들에 의해 처음 소개되었을 때, DVR은 가입자들이 녹화된 프로그램들을 서로 공유할 수 있는 기능(리플레이 TV의 경우)뿐만 아니라 상업광고들을 전부 건너뛸 수 있는 기능도 포함하고 있었다. 프로그램 생산자와 유통업자들은 프로그램의 공유기능과 광고 건너뛰기 기능이 저작권 침해라고 주장하면서 공격적 반응을 보였다. 이 당시 TBS(Turner Broadcasting System)의 회장이자 CEO인 제이미 켈너(Jamie Kellner)는 DVR을 이용하여 광고를 건너뛰는 DVR 이용자들은 프로그램을 훔치는 것이라는 유명한 말을 남겼다(Kramer, 2002). 주요 영화 및 텔레비전 스튜디오들은 상업광고 건너뛰기 기능과 방송 프로그램의 공유기능 모두에 대해 법률소송을 제기했다(Paramount Pictures Corp. v. Replay TV, 2004).

DVR의 경우, 법률소송을 통해, 특히나 방송 프로그램의 공유기능을 불능(不能)화 했다는 점에서, DVR의 발전방향에 영향력을 행사하기는 했지만, 아마도 더 중요한 것은 전통적 방송조직들(예를 들면, 티보의 경우 NBC)이 DVR 기술 및 서비스의 주요 투자자이자 공급자(대부분의 주요 케이블 시스템 운영자의 경우)가 되었다는 점이다. 그렇게 함으로써 콘텐트 생산자들은 DVR에서 이용자 간 프로그램 공유기능뿐만 아니라(Carlson, 2006; Picker, 2004), 전체광고 건너뛰기 기능 역시도 무력화시킬 수 있었다(Cohen, 2005; Donaton, 2004; Notkin, 2006; Piccalo, 2004). 따라서 미디어 수용자를 변환시킬 수도 있었던 DVR 기술의 완전한 활용은 어느 정도 제거되었다. 티보의 어떤 경영진은 이렇게 말한다. "엄청난 저항이 있다. … 당신은 산업 내에 뿌리 깊은 이해당사자들 사이의 역학을 다루고 있으며, 어떤 기술이든 단순히 더 좋은 기술이라는 이유로 이해당사자들 사이를 변화시키지 못한다. 비즈니스 모형의 미디어 경제학에서 변화는 천천히, 그것도 마지못한 방식으로 움직인다(Donaton, 2004: 79)."

아마도 이용자제작 및 이용자유통 콘텐트의 출현은 과거의 중앙 집중적이며 일방향적인 생산과 유통 모형에 대한 가장 직접적인 도전이며, 이 때문에 현재 진행중인 저항들에 대하여 특별한 논의사항이 된다. 제 2장에서 언급했듯, 현대의 미디어 수용자들에게서 나타나는 주요 변화양상 중 하나는 콘텐트 생산 및 유통에서 수용자 힘의 증가로 수용자가 전통적인 콘텐트 생산자들과 동등한 위치에 가까워지고 있다는 사실이다. 이용자제작 및 이용자유통 콘텐트의 출현이 전통 미디어에 명백한 위협이 되고 있다. 일단 전통적 콘텐트 소비를 위해 사용되던 시간들이 이제는 이용자 스스로 콘텐트를 제작하는 데 쓰이고 있기 때문에, 미디어 수용자 세분화가 강화되며(수용자의 관심이 전통적인 미디어 콘텐트에서 이용자제작 콘텐트로 옮겨지고 있다. 제 2장을 보라), 전통적 미디어 소비가 축소될 가능성이 있다. 어떻게 되든, 이용자제작 및 이용자유통 콘텐트의 출현에 따른 최종결과는 전통적 미디어 콘텐트에 쏟았던 상당량의 수용자 관심은 감소한다는 사실이다.

미디어 산업 이해당사자가 훨씬 더 주목하는 위협요인은 넓은 의미에서 이용자제작 콘텐트라고 분류되는 콘텐트 중 상당수가 전통적 미디어에서 이미 생산된 콘텐트에 어느 정도 의존한다는 사실이다. 전통적 미디어 콘텐트를 이용자제작 콘텐트에 사용하는 것은 텔레비전 프로그램이나 영화, 혹은 블로그에 올린 신문이나 잡지 기사(혹은 발췌)의 일부든 혹은 전체든, 아니면 전통적 미디어 콘텐트를 직접적으로 게재하는 것에서('복사된' 콘텐트라고 아주 쉽게 판명될 수 있는 콘텐트의 이용범주들) (Hilderbrand, 2007 참고), '매쉬업'(*mash-up*)[3]과 같은 창작 콘텐트나 이미 창작된 원작소설의 주인공들을 원작소설의 팬들이 새로운 이야기를 위해 활용하는 '팬픽션'(*fan fiction*) 을 게시하는 것과 같은 덜 직접적인 이용〔'전용(轉用, *appropriated*) 된' 콘텐트로 분류될 수 있는 것〕(Hilderbrand, 2007; Jenkins, 2006 참고) 까지 여러 가지가 있다. 이러한 사례들에서는 언급한 수용자 관심의 전환이 일어나는 것은 물론, 원작자의 콘텐트가 다른 유통채널을 통해서 만들어낼 수 있는 이익을 원작자가 얻지 못할 수도 있음을 보여준다. 또한 수용자들은 전통적 미디어의 콘텐트에 값을 전혀 지불하지 않고도 (또한 중개인을 거치지도 않고) 콘텐트 소비가 가능한 경로를 선택하는 것도 가능하다.

이용자제작 콘텐트의 생산과 유통과정에서 저작권이 있는 자료들의 무단 이용이 정확하게 얼마나 되는가의 문제는 중요한 논란으로 남아 있다. 예를 들어, 어느 연구는 유튜브(YouTube) 에 게시된 동영상들 중 대략 10%가 저작권법의 위반이라고 추정하였는데(Vidmeter.com, 2007),[4] 산업계의 많은 이해당사자들은 이 추정치가 지나치게

3 [역주] '으깨다'라는 뜻으로 주로 여러 개의 유명 음반들을 이리저리 짜깁기하는 방식으로 만든 음반이다. 저작권 침해라고 보는 입장도 있지만, 패러디 혹은 새로운 창작방식으로 파악되기도 한다.

4 거의 동시대에 비슷한 방법을 사용하여 진행된 또 다른 연구는 저작권법 위반으로 삭제된 동영상의 비율을 5%로 추산했다(Cha et al., 2007).

낮은 것이라고 파악한다. 예를 들어, 비드미터(Vidmeter)의 연구에 대해 비판하는 사람들은 비드미터의 추정치가 저작권법 위반이라는 주장이 제기된 후 삭제된 동영상들만을 조사한 수치이기 때문에 저작권자가 자신이 승인하지 않은 유튜브 게시물을 미처 인식하지 못한 경우는 조사되지 않았다고 지적한다(Li, 2007). 유튜브에 대해 잘 알려진 소송에서 바이어컴(Viacom)에 따르면, 유튜브에서 저작권법 위반 가능성이 있는 자료를 확인하는 것이 유튜브 기능의 여러 측면들 때문에 지연되고 있다고 한다. 바이어컴은 유튜브 기능들 중 어떤 미디어 소유물과 관련하여 저작권이 있는 콘텐트에 대해 천 개가 훨씬 넘는 게시물들이 존재한다고 하더라도 유튜브 내부의 검색엔진을 통한 어떤 검색도 최대 천 개의 동영상까지밖에는 확인할 수 없는 기능을 예로 들고 있다(Viacom v. YouTube, 2007).

그러나 유튜브와 같은 파일공유 서비스에 대한 제도적 저항이 잠잠해지기 시작하는 것을 볼 수 있다. 저작권 침해를 감시하기 위해 유튜브의 일원으로 참여하는 것을 포함하여 이익을 나누는 협약 단계로 들어가기로 결정 내리는 수많은 회사들이 있다(Stelter, 2009b 참고). 심지어 이전 바이어컴의 자회사였던 CBS는 유튜브에 대한 바이어컴의 10억 달러 소송이 진행되는 시점에 유튜브와 계약을 맺었다(Stelter, 2008a). 저작권 위반에 대한 한 가지 접근법으로 온라인상에 게재되어 있지만 승인되지 않은 영상이 사후에 콘텐트의 디지털 지문을 통해 확인되면 저작권의 소유자가 광고를 삽입하는 것을 허용하는 방식을 언급할 수 있다(Sandoval, 2008). 이러한 기술개발에 따라 유튜브의 인터페이스는 이용자가 동영상의 광고를 빨리감기를 못하도록 바뀌었으며, 이미 많은 온라인 비디오 생산자들이 이러한 방식을 따르고 있는데, 이는 상당히 안전한 거래인 것처럼 보인다. 이 같은 전개상황으로 비추어 볼 때, 조만간 전통적 텔레비전의 종말을 불러올 수 있다는 30초 광고의 죽음이 온라인 공간에서 다시 부활할 수도 있다고 추측할 수 있다.

유튜브를 둘러싼 기술의 전개 상황은 미디어 산업지형에서 벌어지는 이해당사자 간의 역학관계에서 기술변화가 만들어낼 것으로 처음에 기대했던 극적인 변화가 유도되지 않는다는 것을 보여주는 주요사례(Winston, 1999) 중의 하나이다. 더욱 놀라운 것은 CBS, 쇼타임(Showtime), 유니버설 등과 같은 전통적 미디어 콘텐트 생산자가 '과거의' 텔레비전 미디어에 경의를 표하기 위해서 유튜브에 '채널'을 만들었다는 사실이다(Shields, 2009). 최근의 어느 보고서에 따르면 유튜브는 자사의 사이트를 '미디어 회사의 콘텐트'에 더 적합하게 다시 디자인하고 있으며(Stelter, 2009b), 이러한 개편은 대부분의 이용자 제작 콘텐트에 별다른 가치를 느끼지 못하는 광고주를 설득하려는 노력의 일환이라고 한다.[5] 최근의 또 다른 보고서에서는 따르면 유튜브가 어마어마한 양의 콘텐트를 보유하고 있지만 "광고주들의 관점에서 유튜브 콘텐트의 대부분은 완전히 무가치하다(Lyons, 2009: 1)"는 말도 나온다. NBC나 폭스와 같은 전통적 미디어 콘텐트 생산자가 발주한 더 새로운 동영상 사이트인 훌루(Hulu)가 유튜브보다 수익성이 높은 회사로 주목받고 있는데, 이는 광고주와 미디어 수용자 모두 전통적 미디어 콘텐트에 대한 뿌리 깊은 선호를 갖고 있음으로 보여준다

5 이 보고서에 따르면, 유튜브는 더 '전문적인' 동영상을 끌어들이는 데 주력하고 있는데, 그 이유는 그러한 동영상들이 "이용자가 업로드한 동영상들보다 더욱 광고주들의 주목을 끌기 때문"이다(Stelter, 2009b: 1). 명백하게도 만약 그러한 광고주 선호가 지속된다면 이용자제작 콘텐트들에 비해 전통적 미디어 콘텐트들을 위한, 일종의 특권을 누릴 수 있는 지위를 유지하고, 따라서 두 가지 형태의 콘텐트들을 모두 유통할 수 있는, 늘어나는 플랫폼 대열의 성향에 영향을 끼치는 상당한 제도적 압력이 나타날 것이다.

(Lyons, 2009).

훌루와 같은 서비스 개발이 시사하는 것은 기존 미디어 기업 입장에서 온라인 동영상 서비스와 같은 기술혁신이 치명적 위협이라기보다 사업확장의 기회가 될 수 있다는 사실이다.[6] 힐더브랜드(Hilderbrand)는 "엔터테인먼트 기술에서 역사적으로 명백했던 사실은 처음의 기술적 참신함이 익숙한 콘텐트에 무너진다는 것이다. 대개 융합은 여러 플랫폼에 걸쳐 있는 동일 콘텐트의 불필요한 중복을 의미한다. 아마도 유튜브는 주류 미디어를 대체하려는 위협적 존재가 되기보다 콘텐트 자원을 가진 주류 미디어에 의존적 존재가 될 것이다(2007: 50)"라고 말한다.

비슷하게 신문산업은 뉴스기사를 발췌하여 자신의 블로그에 게재하는 블로거들에게 공격적이었다(Stelter, 2009a).[7] 신문이 공급하는 전통적 미디어 콘텐트는 블로그를 운영하는 데 매우 중요한 역할을 맡고 있고, 따라서 광고비와 수용자 관심을 두고 격화되는 경쟁상황에 있는 신문산업의 이윤추구에 블로그가 해악을 끼친다는 연구도 있다(Reese et al., 2007). 최근 연합통신(AP)은 연합통신 기자들이 제작한 기사나 기사의 일부를 게시한 웹사이트들은 연합통신의 허락을 받아야 하며 연합통신과 수입을 공유해야 한다고 공표했다(Pérez-Peña, 2009). 어떤 면에서 신문산업의 이러한 조치들은 라디오의 등장 초기에 신문산업을 연상시킨다. 라디오가 등장한 초기에 신문산업은 라디

6 뉴미디어를 '대량화'(*massification*) 하려는 경향에 기여하는 요인들에 대한 상세한 논의를 위해 저자의 연구(Napoli, 1998c; 2008)를 참고하라.

7 하버드 대학의 시민 미디어법 프로젝트는 2007년도에 블로거들 및 여타 온라인 게시자(*online publisher*) 들을 겨냥한 16개의 저작권법 위반 소송을 감독했는데 이는 2004년과 2005년에 그러한 소송들이 총 3개였던 것에 비해 증가한 수치다(Stelter, 2009a).

오를 통해서 일간신문의 내용이 방송되는 방식으로 '뉴스 저작권 침해'(*news piracy*)가 이루어진다는 명목으로 라디오 산업에 대해 법률소송을 제기한 바 있다(Chester, 1949; Jackaway, 1995).

구글과 같은 검색엔진 역시도 전통적 미디어 회사들과 정책입안자들에게 저항의 표적이 되기도 했다. 루퍼트 머독과 같은 미디어 경영자는 검색엔진들이 온라인 신문기사들에 접속하려면 로열티를 지불할 것을 요구하기도 했다(Smillie, 2009). 독일에서는 구글 같은 온라인 콘텐트 수집회사들은 온라인 뉴스기사에 접속할 때 로열티를 지불해야 한다는 제도를 도입할 것을 독일 정부와 약속하였고, 이미 머독이 제기한 모형이 시행되고 있다.[8] 이러한 논쟁들이 한창 진행중일 때, 구글은 유료 콘텐트에 대한 접속량을 제한시킬 수 있는 기술변화를 제도화하고 있다(Saas, 2009b).

이러한 저항들이 현재의 미디어 환경이 가능하게 만든 수용자 자율성 증가뿐 아니라,[9] 미디어 및 수용자 세분화 증가에도 초점을 맞추고 있다는 점을 이해할 필요가 있다. 즉, 유튜브에 비디오 클립을 게시하고 카자(Kazaa)에 음악을 업로드하며 블로그에 신문기사들을 게시하는 것과 같은 활동들은 모두가 현재 진행중인 미디어 세분화 과정의 근본적인 양상이며 미디어 콘텐트를 더욱 작고 개별적인 단위로 분해하

---

8 뉴스기사에 대한 이러한 강조는 저널리즘의 매우 심각한 경제적 위기를 반영한 것이며(Downie & Schudson, 2009; Knight Commission, 2009) 점점 더 정책입안자들의 주의를 끌고 있는 상황이다(Joshi, 2009 참고).

9 어느 광고 경영진이 ARF의 2008년 수용자 측정 3.0 컨퍼런스에서 말한 것처럼(이 연구의 참여관찰 부문의 일부로서 참석했다), "우리는 수용자를 잃는 것을 원치 않기 때문에 양방향 텔레비전의 열혈 팬은 아니다." 여기서의 함의는 양방향성의 기술적 능력이 추구하는 사업모델을 약화시킨다면 그 능력은 실현되지 않을 것이라는 점이다.

기 위한 메커니즘을 보여준다(제 2장 참고). 미디어 및 수용자 세분화 과정은 케이블 네트워크들을 하나의 가입 패키지로 묶든지, 여러 음악들을 하나의 앨범으로, 여러 기사들〔혹은 난(欄) 들〕을 하나의 신문으로 묶든지 혹은 심지어 여러 코너들을 하나의 텔레비전 프로그램으로 묶든지 하는, '일단'(一團) 의 미디어 콘텐트를 묶어서 판매하는 기존의 전략(Owen & Wildman, 1992)과 정면으로 배치된다. 여기서 다시 한 번 우리는 수용자 자율성과 세분화가 전적으로 구분된 기술적 과정이 아니라는 것을 이해할 필요가 있다. 수용자 자율성과 세분화의 함의는 수많은 미디어 기술과 서비스들에 대한 저항이라는 모습으로 묶인다.

온라인 공간에서의 저작권 논쟁들이 보여주듯, 저작권 침해와 이용자제작 콘텐트 간의 경계선을 두고 논란은 계속되고 있다. 그럼에도 불구하고 수용자의 자율성을 증가시키는 새로운 미디어 기술들의 기능에 대한 기존 콘텐트 제작자의 몇몇 저항 방식은 훨씬 광범위한 목표를 가지기도 한다. 기존 콘텐트 제작자의 저항은 단순히 저작권 보호 자료를 어느 정도만 사용하는 형태를 띠는 수용자제작 콘텐트에 그치지 않고, 모든 형태의 이용자제작 콘텐트를 목표로 벌어지기도 한다. 예를 들어, ISP 가입자들이 콘텐트를 업로드하는 속도보다 다운로드할 수 있는 속도가 훨씬 더 빠른(10~15배 정도) (Jesdanun, 2006 참고) 비대칭적 대역폭이 존재한다. 이는 미디어 산업의 이해당사자가 기존의 미디어에서 훨씬 더 명확하게 나타났던 콘텐트 생산자와 수용자 간의 구분을 유지하려는 노력의 일환으로 해석될 수 있다. 비대칭적 대역폭을 갖는 인터넷 서비스는 "이용자들을 네트워크의 단순한 부속물로 바꾸려는" 노력이라는 지탄을 받기도 했다(Winseck, 2002: 807). 어느 산업 분석가는 이러한 상황에 대해 "옛날 대중미디어 시대의 숙취"라고 묘사하기도 한다(Jesdanun, 2006: 1).

유사한 사건들이 뉴스산업에서도 나타나고 있다. 흔히 '참여 저널리즘'(Paulussen et al., 2007; Paulussen & Ugille, 2008 참고)을 이루기 위해서 전통적 뉴스 미디어가 이용자제작 콘텐트를 수용해야 하는지, 혹은 어느 정도나 수용해야 하는지에 대해 뉴스 비즈니스는 관심을 두고 있다. 여기서 참여 저널리즘은 "뉴스의 제작과 뉴스 이용자의 참여를 통합시키려기 위해 주류 미디어가 채택하는 다양한 계획들"을 포함시킨다(Paulussen & Ugille, 2008: 25). 여기서 연구문제는 전통적 뉴스 미디어가 운영하는 플랫폼이 전통적 저널리즘 제도 밖에 존재하는 저널리즘을 위한 접촉공간을 만들어야 하는지, 또 그렇게 함으로써 이용자제작 콘텐트 및 전통적 미디어 콘텐트의 '혼성 배열'(*hybrid configurations*)을 만들어내야 하는지에 관한 것이다(Banks & Humphreys, 2008: 406 참고). 비록 수많은 온라인 뉴스 미디어들이 참여 저널리즘 관점을 받아들이지만(Thurman, 2008 참고), 마지못해 그렇게 하는 것이며 따라서 당연히 현시점의 미디어 기술에서 가능한 최고수준의 참여 저널리즘을 하지 않으려는 모습을 보인다는 것(Boczkowski, 2004a, 2004b; Chung, 2007; Ornebrink, 2008)이 현재까지의 연구결과이다. 보츠코우스키(Boczkowski, 2004a)는 참여 저널리즘의 관점을 마지못해 받아들이는 이유가 신문들이 독자들을 콘텐트의 소비자들로 보는 경향이 우선하기 때문이며, 따라서 이러한 인식을 반영할 수 있는 온라인 플랫폼을 구성하여 기자, 편집장, 독자들이 나란히 이야기할 기회를 거의 제공하지 않았기 때문이다.[10]

10 이것은 "이용자들은 대부분 뉴스/정보 콘텐트보다 대중적인 문화 지향적 콘텐트 및 개인적 / 일상생활 지향적 콘텐트들을 창작할 권한을 부여받는다"는 것을 보여주는 자료에 기반하여 "전통적 뉴스기관들이 이용자들에게 콘텐트에 대한 더 많은 통제와 영향력을 행사할 수 있도록 하는 특징들을 추가하려고 하지 않고 있다"는 오너브링크(Ornebrink)의 최근의 결론으로 설명할 수 있다(2008: 783).

이러한 경향은 블로그 활동에 관한 로리(Lowrey)의 주장을 반영하기도 하는데, 로리는 다음과 같이 주장한다. "뉴스 미디어들은 민주적 참여를 발전시키는 것보다 블로거들의 활동이라는 현상을 총괄하고 유도하는 데 더 관심이 있는 듯하다(2006: 493)." 또 한 번 새로운 기술개발로 가능할 수도 있었던 극적인 변화가 일어나지 않은 상태로 콘텐트 수용자-생산자 간의 관계구조가 변하는 모습으로 최종결과가 나타난다.

수용자 진화에 대한 함의

여기에서 논의될 이해당사자 저항 및 교섭의 양상은 수용자 행동과 새롭게 등장하는 수용자 정보시스템으로 달성될 수 있는 수용자 표상(*representation*) 사이의 실제 역학에 영향을 미친다. 실제 수용자 행동이라는 점에서 볼 때, 산업의 여러 이해당사자들이 언론 미디어와 수용자 사이의 전통적 관계, 즉 미디어 콘텐트를 보내는 사람과 받는 사람으로 쉽게 구분되는 관계를 유지시키려고 지속적으로 노력한다. 이러한 이해당사자의 모습이 미디어 시스템 전반을 특징지을 정도르 광범위하게 일반적인 것은 아니다. 이 책에서도 설명하겠지만, 미디어 조직들이 미디어와 미디어 수용자 사이에 새롭고 상호 평등적 관계역학을 도입하며 상업화시키려는 수많은 사례들을 찾아볼 수 있다. 이 책의 논점은 콘텐트 생산자-수용자 사이의 관계에 영향을 미치는 신기술에 저항하거나 혹은 적응하려는 제도적 노력들을 포괄할 수 있는 미디어 조직들의 대응패턴이 존재하며, 이는 콘텐트 생산자 - 수용자의 관계역학을 근본적으로 재구성하는 방식으로 지속적, 궁극적으로 구조변경되는 방식에 계속 영향을 미칠 것이라는 점이다.

신 수용자 정보시스템이라는 관점에서 다양한 형태의 수용자 행동이 얼마나 많이 제약되는가에 대해 제 3장에서 논의한 바 있으며, 이는 새롭게 등장하는 수용자 정보시스템의 기능과 직접 관련된다. 예를 들면, 신 수용자 정보시스템에서는 동영상이나 음악 파일을 게시하거나 공유하는 것과 같은 온라인 활동을 통한 수용자 참여(*engagement*)를 계량화시키려고 한다. 특정한 수용자 행동을 막거나 제약시키는 등의 방법들은 (콘텐트 제공자들이 저작권이 있는 자료의 공유나 사용을 방지하려 하듯) 수용자 참여를 계량화시키려는 분석적 접근법에 의해 나타나는 수용자 표상에 영향을 미치며, 따라서 이러한 측정치는 수용자 행동의 단면을 보여주는 지표로서 높은 신뢰도를 갖기 어렵다. 마찬가지로 뉴스 미디어와 같은 특정한 온라인 콘텐트 제공자들은 단지 제한된 형태의 온라인 공개토론만 제공하거나 수용자가 기사에 의견을 달거나 기사를 평가할 수 있는 기회를 매우 제한시킴으로써 뉴스 미디어의 활동에 참여하고 피드백을 제공하는 수용자들의 능력을 제한시키려 한다. 이런 결정들이 본질적으로 경영전략에 따른 것이든 아니면 단순하게 조직자원을 할당하다가 내려진 결정이든지 상관없이, 최종결과는 수용자를 이해하는 대안적 분석경로로 나아가는 과정이 차단된다는 것이다. 이런 방식으로 변화하는 미디어 소비역학을 둘러싼 이해당사자의 저항과 교섭은 미디어 산업 내의 이해당사자가 인정하는 수용자 인식에 직접적으로 영향을 미친다.

신 수용자 정보시스템에 대한 미디어 조직의 대응

몇몇 사례들이 보여주듯이, 이해당사자의 저항 및 교섭의 과정은 수용자 진화과정에 핵심적 역할을 수행하는 새로운 수용자 정보시스템을 직접적 목표로 삼기도 한다. 언급했듯이, 새로운 수용자 측정시스템은 불가피하게 어려운 환경에 놓일 수밖에 없다. 왜냐하면 이해당사자는 새로운 수용자 측정시스템(기존보다 대량의, 빠른, 혹은 양질의 데이터)의 잠재적 이익과 잠재적 비용을 따져보기 때문이다(Buzzard, 1990 참조). 전체 잠재적 비용들은 측정서비스를 이용하는 비용을 훌쩍 넘기 일쑤다. 전체 잠재적 비용들에는 새로운 수용자 측정시스템에서 반영되듯 시장 점유율 손실분이란 잠재적 비용, 자료 분석을 위한 투자를 늘리면서 발생하는 잠재적 비용, 혹은 이해당사자가 알고 싶어 하는 미디어 환경에서 바뀌고 있는 미디어 소비역학으로 분석방향을 전환하며 발생하는 잠재적 비용 등이 포함된다(Beville, 1988; Buzzard, 1990). 이처럼 수많은 잠재적 비용들을 고려하면 새로운 측정시스템에 대한 어마어마한 제도적 저항은 그리 놀랄 만한 일도 아니다(Beville, 1988; Napoli, 2003b). 그러나 많은 경우 이러한 저항에도 불구하고 새로운 시스템이 선택되며, 이에 따라 미디어 수용자에 대해 상당히 다른 청사진을 제공하는 새로운 데이터가 유입되면서 미디어 산업의 여러 부문들은 변화를 맞게 된다(Adams, 1994; Barnes & Thomson, 1988; 1994).

음원판매를 측정하는 사운드스캔(Soundscan) 시스템(Anand & Peterson, 2000; McCourt & Rothenbuhler, 1997)부터[11] 도서판매를 측정하는 북스캔(Bookscan) 시스템(Andrews & Napoli, 2006),[12] 텔레비

11 사운드스캔의 사례에서는, 〈빌보드〉가 빌보드차트의 집계를 위해 사운드스캔 데이터에 의존하려는 것을 막으려는 노력으로 몇몇 주요 음반회사들이 〈빌보드〉 잡지로부터 그들의 광고 지지를 철회한 것을 들 수 있다(Anand & Peterson, 2000).

12 앤드루스와 저자(Andrews & Napoli, 2006)는 도서판매를 측정하는 북스캔 시스템에 대한 도서 출판산업 초기의 저항에 관해 기록하고 있는데, 북스캔 시스템은 〈뉴욕타임즈〉에서 베스트셀러 목록을 추정하기 위해 사용한 방법론보다 훨씬 더 정교한 방법론을 사용했다. 이러한 저항은 주로 북

전 수용자를 측정하는 닐슨 피플미터 시스템(Napoli, 2005; 아래 참고), 라디오 수용자를 측정하는 아비트론 휴대용 피플미터 시스템(Napoli, 2009; 아래 참고)에까지 이르는 다양한 수용자 정보시스템들은 모두 해당 시스템이 도입될 당시 주요 이해당사자들에 의해 여러 형태로 제기된 저항을 극복해야만 했다. 콘텐트 제공자들은 새로운 시스템으로 인해 부과된 비용 때문에(Andrews & Napoli, 2006 참고), 그리고 새로운 시스템이 기존 시스템에서 잘 보여주었던 항목에서 높지 않은 성과를 나타냈기 때문에 새 시스템에 저항하였다(Napoli, 2005). 정책결정자들은 미디어 다양성과 개인의 사생활과 같은 사회 정책적 목표에 미치는 영향에 근거하여 새로운 수용자 정보시스템에 저항해왔다. 심지어 수용자 측정회사들도 신흥 수용자 정보시스템으로의 이행에 저항하는 주요 근원지로 언급되기도 한다. 어느 미디어 회사의 간부는 닐슨(Nielsen Company)에 대하여 다음과 같이 언급했다. "닐슨은 혁신을 억압하고 환경을 관리하는 데 아주 탁월하다. 닐슨은 변화의 속도를 더디게 한다(Gertner, 2005: 6)."[13] 많은 경우, 하나의 신 수용자 정보시스

스캔 데이터를 입수하는 데 드는 고(高) 비용에 대응해서일 뿐 아니라 북스캔 서비스가 도서 출판산업에 정보과다의 문제를 가져올지도 모른다는 우려로 인한 것이기도 하다.

13 일부의 비평가들은 수용자 측정서비스가 누리고 있는 독점, 혹은 준(準) 독점 상태가 그들에게 혁신, 특히 건방지고 잠재적 경쟁력이 있는 회사들이 개발한 획기적인 것들을 억누를 수 있는 유독 영향력 있는 지위를 부여한다고 주장했다(Mandese, 2006 참고). 이러한 주장은 미국에서 현직 닐슨에 대항한 건방진 텔레비전 수용자 측정회사 에린미디어(erinMedia)에 의해 제기되었으나 성공하지 못한 독과점 금지소송의 핵심이었다(Hinman, 2008). 독점 주제에 관한 대안적 관점에 관해서는 퍼쉬고트-로스와 한, 그리고 레인-파라의 연구(Furchtgott-Roth, Hahn & Layne-Farrar, 2007)를 참고하라.

템 맥락에서 미디어 산업의 여러 이해당사자들과 이들의 이해관계는 동시간대에 서로 얽혀 있다. 이것은 이 장에서 논의되는 많은 사례들에서 흔히 찾아볼 수 있다.

지역형 피플미터의 도입

지역 텔레비전 수용자를 측정하는 지역형 피플미터(LPM: *local people meter*) 시스템의 도입은 수용자 측정의 역사에서 전례가 없는 저항(전면적 적대감)에 직면해왔다(Napoli, 2005 참고). 지역형 피플미터 계획은 닐슨이 미국 내에서 측정할 수 있는 210개의 지역 텔레비전 시장에서 이용되었던 기존의 종이식 다이어리(*paper diaries*)를 1980년대 후반 이래 전국의 텔레비전 수용자를 측정하기 위해 사용된 것들과 본질적으로 동일한 전자 셋톱미터로 개조하기 위한 시도이다(Nielsen Media Research, 2006a; 2006b). 제 3장에서 말한 것처럼 셋톱미터는 분단위의 텔레비전 시청 데이터를 수집하고 보고할 수 있는 기능을 갖추었다. 또한 셋톱미터는 쉽게 얻을 수 있지만 구체성이 떨어지는 미디어 노출 데이터(*exposure data*)를 만들어내는 일기(日記)식 조사에서 불가능한 매우 구체적인 노출 데이터를 통해서 부분적으로나마 수용자의 프로그램 참여에 대한 수많은 최신 분석기법을 산출할 수 있다.

1990년대 후반 보스턴에서 최초로 LPM의 시험 시스템이 도입되면서 LPM에 대한 저항은 즉각적으로 나타났다. LPM에 대한 저항은 우선적으로 지역 텔레비전 방송국에서 나타났다(광고주가나 케이블 TV 등의 주요 이해당사자와는 저항하지 않았다). LPM의 도입 초기 단계에서 저항의 초점은 다음과 같은 것들이었다.

① 수용자 측정방법론에서 갑작스럽고 극적인 변화가 일어나고 있고, 이는 기존에 확립된 관행들을 어지럽힌다.

② LPM 서비스 가입자들은 값비싼 측정시스템으로 늘어난 비용을 감내해야 하기 때문에, 이러한 변화는 비용의 증가를 부른다.
③ 지역방송국 연구 책임자 및 미디어 바이어들은 LPM 서비스가 제공하는 방대한 양의 정보에 처리할 적절한 능력을 갖고 있지 못하다(Lotoski, 2000 참고).
④ (비록 승인이 궁극적으로 개시한 지 6개월 후에 났지만) 닐슨은 미디어측정위원회(MRC: Media Rating Council)의 완전한 승인을 받기도 전에 변화를 도입했다("For Nielsen, Fear and Loathing in LA", 2004).

MRC는 수용자 측정서비스를 감독하고 승인하기 위해 미디어 및 광고산업이 설립한 비영리기관이다. 이 위원회는 방송측정위원회(BRC: Broadcast Rating Council)처럼 잘 알려진 퀴즈쇼 스캔들에 대응하여 1960년대에 의회가 개최했던 일련의 청문회 여파에서 비롯되었는데(Goldberg, 1989 참고), 텔레비전 시청률과 수용자 연구를 조사하는 기구이다. MRC는 새로운 수용자 측정시스템의 방법론적 엄정성(*rigor*) 및 건전성(*soundness*)에 대한 세부적 평가에 참여하며, 수용자 측정시스템이 엄정성, 정확도(*accuracy*), 신뢰도(*reliability*)에서 최소한의 기준을 달성했는지를 평가한다. 이러한 자격조건을 갖춘 서비스들은 MRC로부터 공식적 승인을 받는다. 그러나 MRC는 수용자 데이터를 생산하는 회사들에 대해 어떠한 구속력 있는 규제권한도 없다. 측정회사들 입장에서도 자사의 방법론이 MRC 승인과정을 따를 의무는 없다. 더욱 중요한 것은, 만약 측정서비스가 MRC에 의해 승인을 거절당하더라도, MRC의 승인을 받을 때까지 측정서비스 개시를 연기할 의무도 전혀 없다.[14]

14 MRC의 역사와 사명에 대해서는 http://www.mediaratingcouncil.org/History.htm을 참고하라.

LPM 시스템에서는 많은 케이블 채널들의 시청률이 상당히 증가한 반면 지역방송국의 시청률은 상당히 감소했다는 점을 고려할 때, LPM 시스템에 대한 거의 대부분의 저항이 지역방송국에서 나왔다는 점은 주목할 필요가 있다(For Nielsen, Fear and Loathing in LA, 2004; Napoli, 2005 참고). 광고비를 둘러싸고 지역방송국과 경쟁하는 지역 케이블 채널의 경쟁력을 증가시키는 방식으로 지역 방송시장의 경쟁 구도를 바꿀 수 있는 측정시스템에 대해 지역방송국들은 저항한 것이다. LPM에 대한 저항사례는 피플미터로 수용자 측정시스템을 전환하면서 지상파 방송국의 시청률이 낮게 나온 반면 케이블 시청률이 전국적으로 매우 높게 나왔던 1980년대에 발생한 사례와 판박이 같은 모습을 보여준다(Adams, 1994; Barnes & Thomson, 1994).

셋톱박스를 채택함으로써 발생한 시청률 변화의 패턴에 대해 가장 폭넓게 받아들여지는 설명은, 종이식 다이어리 시스템에서 다이어리 작성자들은 자신이 시청한 프로그램을 회상할 때 지상파 프로그램에 편향된 회상을 한다는 것이다. 여러 가지 이유들로, 참가자들은 케이블 프로그램보다 지상파 프로그램을 더 잘 회상하는, 심지어 과장하는 듯하다. 즉, 종이식 다이어리 작성자들은 케이블 텔레비전 시청보다 지상파 텔레비전 시청을 더 잘 기억하고 기록한다는 것이다. 닐슨 데이터 서비스 가입비라는 늘어난 비용뿐 아니라 새로운 측정시스템의 결과 역시 달가워하지 않던 여러 방송사업자들은 몇 달 동안 닐슨 데이터를 구매하지도 않았다(Bachman, 2002a; 2002b).

하지만 LPM이 계속 확산되면서, 새로운 시스템에 대한 방송사들의 저항논리는 극적으로 바뀌었다. 새로 등장한 반대논리는 LPM 시스템에서 백인 시청자들에 비해서 유색인종 텔레비전 시청자들이 지나치게 낮게 측정된다는 것이다(Hernandez & Elliott, 2004a 참고). 이와 같은 주장은 정치인들과 정책결정자 집단에서 주목을 받았고(Bachman,

2004; Hernandez & Elliott, 2004b 참고), 결국 '우리를 빼고 계산하지 말라'(Don't Count Us Out Coalition, 2004)라는 시민단체를 형성하였다. 이 시민단체는 소수인종을 대변하는 시민단체들로 구성되었으며, 폭스 방송사의 소유주인 뉴스 코퍼레이션(News Corp.)에서 재정지원을 받았다(Bachman, 2004; Hernandez & Elliott, 2004b 참고).

LPM 시스템에 대한 지역방송국들의 저항은 계속되었고, 로스앤젤레스 LPM 시스템의 시작을 막으려는 가처분 신청에서의 패소 건(Univision Communications Inc. v. Nielsen Media Research, 2004), 미국상원청문회(U.S. Senate, 2004), 국회의원들의 미국연방통상위원회(FTC) 조사를 요청하는 하원의원들의 탄원(Burns, 2004), 미디어 수용자 측정에 대해 더 직접적인 정부감독을 확립하기 위한 미국의회 법률안(Fairness and Accuracy in Ratings Act, 2005) 상정(上程) 등으로 이어졌다. 미디어 측정에서의 공정성과 정확성을 위한 법률(Fairness and Accuracy in Ratings Act)은 소수인종 수용자층의 정확한 측정에 대한 구체적인 우려들에 대한 반응으로뿐 아니라, LPM 논쟁에 뒤이어 나타난 수용자 측정시장에서의 독점적 상황의 위험에 대한 더 일반적인 우려 때문에 시작되었다(ARF, 2005).[15]

그러나 어떤 법률제정도 통과되지 않았고 어떤 미국연방통상위원회의 감독도 부과되지 않았다. 닐슨의 LPM 시스템은 본래의 일정표보다 다소 지연되긴 했지만, 전국적인 주요 텔레비전 시장들에서 그 첫 발표회를 계속하였고, 대부분 방송사들은 마지못해 이 새로운 서비스에 가입했다. 하지만 소수인종 집단들과 더 많이 관계를 맺으면

15 ARF의 보고서(2005)는 2005년 2월에 (이 연구를 위해 수행된 참여관찰 자료수집의 일부로 저자가 참석했던) 미디어 산업 이해당사자들이 수용자 측정의 현황에 관한 관심사들을 논의하기 위해 모여 온종일 계속된 회의를 요약하였다.

서 닐슨은 여러 가지 방법론적 변화들을 수용하는 방식으로 어느 정도 양보했다(Napoli, 2005 참고). 따라서 이 새로운 수용자 정보시스템에서 나온, 개정(改正)된 수용자 '통화'(*currency*)는 이해당사자들의 저항 및 교섭 과정에서 영향을 받은 것이다. 또한 이러한 논쟁으로 기존의 지역 텔레비전 수용자 측정 시스템 시장에서 경쟁구도가 출현할 수 있는 가능성도 열린 듯 보인다(Mandese, 2009 참고).

아비트론 휴대용 피플미터의 도입

LPM의 사례에서 나타난 양상은 산업 이해당사자 사이의 경제적 우려와 정책결정자들의 사회정책적 우려가 긴밀하게 연관된 것이었다. 최근 아비트론의 휴대용 피플미터(PPM: *portable people meter*) 라디오 수용자 측정서비스 도입에서도 LPM의 양상은 반복되고 있다. PPM은 많은 문제가 있었던 아비트론의 종이식 청취 다이어리(*paper listening diary*)를 점차 대체하기 위한 휴대용 전자장치이다. PPM 휴대자는 단지 하루 종일 그 장비를 가지고 다니다가(벨트나 지갑 등에 붙여서), 밤에는 그것을 아비트론이 제공한 도킹 채널(*docking station*)에 장착시키기만 하면 된다. 관련된 청취 데이터는 청취자의 인구통계학적 데이터와 모두 연결되어 수집되고 업로드되면서 상세한 라디오 청취 보고서가 작성될 수 있다. PPM은 참여자가 일일이 기입해서 매주 마지막 날 도표작성을 위해 아비트론으로 우편 발송해야 하는 종이식 청취 다이어리를 통해 해낼 수 있는 것보다 훨씬 더 빠르게, 그리고 아마 훨씬 더 정확하게 청취결과 보고서를 작성하는 데 이용될 수 있다(Arbitron, 2007a). LPM처럼 PPM도 라디오 수용자의 청취행동에 대한 분단위의 데이터를 통해 너무도 초보적인 종이식 청취 다이어리에서 나온 기초적 노출 측정치를 훨씬 능가하는 방식으로 수용자 청취행위에 분석적으로 접근할 수 있는 기능을 가지고 있다.

아비트론은 펜실베이니아 주의 윌밍턴, 델라웨어, 필라델피아와 같은 테스트마켓(*test market*)에서의 시험(*trials*)을 통해 PPM이라는 자사의 새로운 시스템을 발주하였다(McBride, 2007). PPM은 2007년 3월부터 필라델피아에서, 같은 해 6월부터 휴스턴에서 운영되기 시작했다(Arbitron, 2008). 이러한 사실은 이때부터 라디오 시장에서 라디오 수용자를 사고팔기 위한 비율을 정하는 데 사용되는 '통화'(*currency*)로서 PPM 데이터가 종이식 청취 다이어리 데이터를 공식적으로 대체했다는 것을 의미한다. 그 이후로 PPM 데이터는 미국에서 가장 규모가 큰 30개 이상의 라디오 시장에서 거래할 수 있는 통화가 되었다(2010년 2월 현재) (Arbitron, 2010 참고).

하지만 즉시 라디오 산업과 공익 및 시민단체 내부의 여러 이해당사자들은 PPM 도입에 저항하기 시작했다.[16] 흑인소유 방송사연합(Black-Owned Broadcasters)과 스페인 라디오연합(Spanish Radio Association, 2008) 및 히스패닉 광고대행사연합(Association of Hispanic Advertising Agencies, 2008) 등과 같은 산업단체들은 아비트론에게 PPM 서비스 시작을 늦추어 줄 것을 요구했다(McBride, 2007). 미국 흑인지위 향상협회(NAACP: National Association for the Advancement of Colored People) (Jealous, 2008)와 소수자를 위한 미디어와 통신위원회(Minority Media and Telecommunications Council, Miller, 2008)와 같은 공익 및 시민단체들도 곧바로 PPM 서비스 개시에 대해 우려를 표명하였다. 스페인어 방송사인 유니비전(Univision)은 히스패닉 수용자가 라디오 수용자의 대부분을 차지하는 수많은 라디오 시장에서 유니비전의 방송을

16 (미국의 논쟁과 밀접하게 관련된, 지독한 다양성 수사법이 부족하긴 하지만) 영국에서 유사한 라디오 수용자 측정 논쟁에 관한 상세한 논의를 위해 스타키의 연구(Starkey, 2002)를 참고하라.

PPM이 처리할 수 있는 신호로 송출하는 것을 거부하였다(Bachman, 2009a). 다시금 새로운 수용자 측정시스템에 가해진 주요 비판은 새로운 시청률 측정이 소수인종 수용자를 겨냥한 편성들에서 대체로 더 낮은 청취율을 보였다는 것에 기반한다(Napoli, 2009 참고).[17]

PPM으로 청취율을 계산하자 15~30%에 달하는 라디오 방송국들에서 15분간의 평균청취율은 대체적으로 감소되는 경향을 보였다. 특히 오래되고 유명한 포맷으로 구성된 프로그램일수록 새로운 포맷으로 구성된 프로그램보다 훨씬 더 큰 청취율 감소폭을 보였다.[18] 이러한 패턴들은, 그다지 대중적이지 않은 방송들에 대한 청취습관이 고정되어 있는 라디오 청취가 기존의 종이식 청취 다이어리에 비해 지나치게 적게 보고되는 반면, 청취습관이 고정되어 있고 프로그램이 대중적인 경우 지나치게 높게 보고되어 있다는 사실을 시사한다.[19] 그러므로 LPM의 경우와 같이, PPM에 관해 일어난 우려에는 이해당사

---

17 PPM에 관한 더 이론 지향적인 비평은 튜더(Tudor, 2009)를 참고하라.

18 이 정보는 저자가 이 연구를 위해 수행한 참여관찰 자료수집 과정의 일부로 참석했던, 2009년 3월 마이애미 대학에서 개최된, 수용자와 소비자 측정에서의 발전 세미나에서 아비트론 경영진의 발표가 그 출처이다.

19 이러한 패턴은, 다이어리 시스템이 청취자들이 주당 평균 2.7군데의 방송국 프로그램을 청취한다고 보고한 것에 비해, PPM 자료는 청취자들이 주당 평균 4.5군데의 다른 방송국 프로그램을 청취한다고 보고한 사실에 반영된다. 또한, 히스패닉과 아프리카계 미국인들이 가장 높은 수준의 라디오 청취율을 보여준다는 것을 고려하면, 이러한 수용자들에게 가장 인기 있는 방송국들의 청취율 감소 정도가 평균 청취율 감소량보다 더 컸다는 사실은 습관적 청취가 다이어리 조사방법에서는 지나치게 부각되는 경향이 있다는 전제를 반영한다. 이 정보는 저자가 이 연구를 위해 수행한 참여관찰 자료수집의 일부로 참석했던, 2009년 3월 마이애미 대학에서 개최된, 수용자와 소비자 측정에서의 발전 세미나에서 아비트론 경영진이 발표한 내용을 출처로 한다.

자의 자기이익(*self-interest*)과 공익(公益, *public interest*)이 복잡하게 얽혀 존재한다.

MRC 역시도 PPM 시스템에 대해서 비판적이었다. 아비트론이 휴스턴에서 PPM 서비스를 개시했을 당시 '실제로 시작하기' 전에 MRC로부터 분명히 승인을 받은 것이 사실이다(Arbitron, 2007b). 하지만 아비트론은 아홉 군데의 다른 라디오 시장에서 MRC의 승인을 받지 않은 상태로 PPM 서비스를 실시하였다(Downey, 2008). PPM 시스템은 캘리포니아 주의 휴스턴과 리버사이드에서만 MRC 승인을 받았음에도 불구하고, 아비트론은 수십 개의 개별적인 라디오 시장에서 PPM 서비스를 연속적으로 시작하였다.[20] MRC 승인 없이 PPM 서비스를 개시하려는 아비트론의 의도에 대해 비판하는 사람들은 PPM 서비스의 상업화 수준에 따라 아비트론 간부들의 성과급이 달라진다는 사실을 지적한다(Radio Business Report, 2008). 이러한 맥락에서, 일반적으로 PPM 서비스 이용료가 종이식 다이어리 조사 데이터 이용료보다 60~65% 정도 더 높다는 사실은 주목할 만하다.[21]

닐슨의 LPM와 마찬가지로, MRC의 승인을 받지 못한 채 발매된 PPM 서비스에 대한 정확성에 대한 우려, 소수인종을 타깃으로 하는 라디오에 미칠 수 있는 잠재적 효과에 대한 우려 등은 정부영역으로까지 확산되었다. 지방정부의 수준에서는, 2008년 9월 뉴욕시의회는 PPM 서비스에 대한 수사를 미국연방통신위원회에 요청하는 결의안

20 이 정보는 저자가 이 연구를 위해 수행한 참여관찰 자료수집의 일부로 참석했던, 2009년 3월 마이애미 대학에서 개최된, 수용자와 소비자 측정에서의 발전 세미나에서 아비트론 경영진의 발표를 출처로 한다.

21 이 정보는 저자가 이 연구를 위해 수행한 참여관찰 자료수집의 일부로 참석했던, 2009년 3월 마이애미 대학에서 개최된, 수용자와 소비자 측정에서의 발전 세미나에서 아비트론 경영진의 발표를 출처로 한다.

을 발표했다. 주정부의 수준에서는, 뉴욕, 뉴저지, 플로리다, 메릴랜드의 검찰총장은 아비트론을 상대로 사기죄와 시민권(*civil right*) 위반을 주장하면서[22] 이에 대한 손해배상과 MRC의 승인을 받지 못한 PPM 서비스 중단을 요청하는 소송을 제기했다. 아비트론은 연방법원에 소송을 제기함으로써 뉴욕 검찰총장의 조치를 회피하고자 했다(Arbitron v. Andrew Cuomo, 2008a). 연방정부의 수준에서는, 2008년 9월 미국연방통신위원회(FCC, 2008)가 PPM에 대한 공식적인 FCC 조사가 적합했는지의 여부를 밝히는 PPM 서비스에 대한 심리를 개시했다. 2009년 6월 미국 하원의원들로 구성된 감독 및 정부개혁위원회(Oversight and Government Reform Committee)는 아비트론의 PPM 사용에 대한 조사에 착수했다(Towns Opens Investigation, 2009; Towns Subpoenas Media Ratings Council, 2009; Towns, 2009 참고).

PPM에 대한 공식적인 FCC 조사가 적합했는지의 여부는 이 책이 완성되는 시점에서도 미결로 남아 있을 것이다. 뉴욕, 뉴저지, 메릴랜드 주에서 제기된 소송들 모두는 아비트론이 PPM 서비스에 대해 여러 가지 방법론적 수정작업을 실시할 것에 동의함으로써 합의되었다. 방법론적 수정작업들의 대부분은 PPM 측정과정에 참여라고 하는 개인들을 표집하는 과정에 초점을 맞추고 있으며, 이에 따라 다시금 신 수용자 정보시스템에 따른 수용자 표상 또한 영향을 받게 되었다.[23] 또한 이러한 합의들은 아비트론이 시청률 보고서에서 PPM 데

---

22 예를 들어, 뉴욕 검찰총장에 따르면, "결함이 있는 PPM 방법론을 시행함으로써 … 아비트론은 시민권법을 위반해서 소수 사업들로부터 차별 없는 계약상 관계 및 상업적 활동에 참여할 동등한 기회를 박탈했다. 아비트론은 또한 소수 집단들로부터 프로그램 편성 및 전파를 타는 서비스들의 다양성에 관한 권리를 고의로 박탈했다(People of the State of New York v. Arbitron. 2008: 11)."

이터의 한계점을 뚜렷이 밝히며, 주정부와 소수인종 방송협회들에 대해 다소간의 금전적 지원(*monetary relief*)을 제공하겠다는 권리포기 각서를 포함한다(AnneMilgram v. Arbitron, 2009 참고; New York v. Arbitron, 2009).

수용자 데이터의 담화지위[24]에 대한 의문

이러한 소송들에서 특히 흥미로운 점은 수용자 측정서비스를 적절하게 규제하는 조치들에 대해서 이해당사자들이 던졌던 근본적 질문들이었다. 특히 중요한 질문들은 시청률 데이터가 수정헌법 제 1조에 따라 표현의 자유를 보장받아야 하는지, 따라서 어떠한 형태로도 잠재적 정부의 간섭으로부터 자유로워야 하는지에 대한 것들이다. 이 질문에 대한 답변에 따라 정책입안자 및 법원이 수용자 정보시스템의 운영에 영향력을 행사할 권리가 있는지 여부가 결정된다. 결국 제기된 질문에 대한 답변에 따라 이해당사자들이 수용자 진화의 과정에서 수행할 수 있는 잠재적 역할의 규모가 달라진다. 어떤 면에서 수용자 데이터의 담화지위(*speech status*)가 지금 현재까지도 불명확한 채로 남아 있다는 점은 놀라운 일이다. 수용자 데이터의 담화지위는 정책결

---

23 플로리다 소송은 이 글을 집필하는 시점에도 현재 진행중이다(State of Florida, Office of the Attorney General v. Arbitron, Inc., 2009 참고).

24 [역주] 담화지위란 수용자 측정회사에서 수집한 데이터를 근거로 작성된 시·청취율 자료가 언어적 의미에서 어떤 모습으로 규정되는가를 살피기 위한 법률용어다. 미국 수정헌법 1조는 표현의 자유(*free speech*)를 보장하는 것으로 유명하지만, 표현의 자유는 관례적으로 비상업적 담화(*non-commercial speech*)에서 보장되지 상업적 담화에서 보장되지 않는다. 따라서 시·청취율 자료를 상업적 담화로 볼지 아니면 비상업적 담화로 볼지에 따라 정부규제의 합헌성(合憲性)이 결정된다.

정자들이나 법정이 수용자 측정회사의 행동에 영향을 미치거나 규제를 해야 하는 앞으로의 유사사례에서 수정헌법 제 1조와 관련된 논란이 지속적으로 논란이 될 것임을 암시하고 있다. 이러한 이유로, 아비트론과 뉴욕 주 검찰총장 간에 이루어진 (아비트론에 대한 소송이 마무리된 3개의 주 중에서, 결론이 나는 데 가장 오래 걸린 것은 뉴욕 주의 소송이었다) 라디오 청취율의 담화지위에 대한 논쟁의 세부사항들을 이 책에서 살펴보는 것은 중요하다.

먼저 아비트론의 주장을 살펴보자. 아비트론은 PPM에 기반한 청취율을 자신들이 발표하지 못하게 주정부가 개입하는 것이 비상업적 담화(*noncommercial speech*)로서 시청률의 지위와 어긋난다고 주장한다. 아비트론은 PPM 데이터의 유통을 금지하려는 모든 노력이 수정헌법 제 1조에서 보호받고 있는 비상업적 담화에 대한 사전억제와 배치되며, 이에 따라 아비트론의 표현의 자유에 대한 권리를 침해하고 있다고 주장했다(Arbitron v. Andrew Cuomo, 2008a). 일반적으로 비상업적 담화는 상업적 담화보다 수정헌법 제 1조의 더 강력한 보호를 받는다(Central Hudson v. Public Service Commission of New York, 1980 참고). 일반적으로 거짓 혹은 기만적인 담화는 수정헌법 제 1조에 의해 보호받지 못한다. 다른 한편으로 비상업적 담화일 경우, 아비트론이 다이어리 조사에서 PPM 시청률 보고로 전환하는 것을 저지하기 위해 주정부의 검찰총장이 시도하려는 모든 형태의 사전억제는 허용되지 않는다. 이러한 관점에서 아비트론이 PPM 개시에 착수하는 것을 저지하려는 모든 주정부의 시도는 아비트론이 갖고 있는 표현의 자유권에 대한 불법적 침해를 나타낼 것이다. 더 나아가 아비트론은 주정부 검찰총장의 우려가 아비트론의 청취율 데이터 내부의 흑인과 히스패닉 수용자가 어떻게 표상되는가에 기초한다는 점에서, LPM 데이터를 막으려는 검찰총장의 시도들이 “내용을 기반으로 표현을 규제하려는 시도"라고까지 주장하기도 했다(Arbitron v. Andrew Cuomo, 2008b: 16).

불행하게도, 대법원은 무엇이 상업적 담화인지에 대해 명확하고 분명한 기준을 제시한 바가 전혀 없다(Boedecker, Morgan & Wright, 1995; Earnheardt, 2004 참조). 법원은 다른 판결에서는 다른 기준을 분명히 표현했다(Boedecker, Morgan & Wright, 1995). 일반적으로 법원은 상거래를 제안하는 것에 불과한 담화도 상업적 담화라고 정의했다(Virginia State Board of Pharmacy v. Virginia Citizen's Consumer Council, 1976). 하지만 어떤 판결들의 경우, ① 커뮤니케이션이 광고인지 여부, ② 커뮤니케이션이 특정 제품이나 서비스를 언급하는지 여부, ③ 커뮤니케이터가 담화에 대해 경제적 동기를 가지는지 여부, ④ 담화가 사적이라기보다 공적인 고려를 포함하는가 여부, ⑤ 담화가 잠재적 고객을 넘어 수용자들에게 흥미를 끌 정보를 전달하는지 여부 등을 포함하는 추가적 특징들이 밝혀진 바 있다(Goran v. Atkins, 2006/2008 참고).[25] 또한 상업적 담화에 대한 어떤 판결에서는 의견표명은 사실표명보다 상업적 담화라고 분류되기 어렵다는 점을 시사하기도 했다(Kasky v. Nike, 2002).[26]

---

25 상업적 담화를 분석하는 데 사용된 테스트들에 대한 유용한 개요를 위해 베덱커와 모르간, 라이트의 연구(Boedecker, Morgan & Wright, 1995)를 참고하라.

26 법정이 이러한 판결에서 언급했듯이, "거짓된, 혹은 오해의 소지가 있는 광고에 대한 규제의 맥락에서 이것은 일반적으로 그 담화가 사업운영과 제품, 혹은 화자의 서비스에 관한 사실의 표현들(*representations*)로 구성되어 있다는 것을 의미한다. … 이것은 미국 대법원의 상업적 담화 결정과 일치하며 그 안에 내포된 것이다(Kasky v. Nike, 2002: 961)." 또한 에른하르트(Earnhardt)가 말한 것처럼, "법원은 나이키(Nike)가 상업에 관여되었기 때문에, 목표로 삼은 수용자가 부분적으로 나이키의 잠재적인 혹

상업적 담화 판례들에서 이렇게 상이한 기준들이 적용된다는 사실은 LPM 데이터를 둘러싼 논란에 대해 아비트론과 주정부의 검찰총장들이 제기하는 여러 측면의 주장들을 설명하는 데 도움이 된다. 아비트론은 수용자 시·청취율이 비상업적 담화라는 주장을 지지한다. 아비트론은 아비트론의 시·청취율이 "아비트론과 아비트론 서비스 이용자들 사이에 어떠한 판매 혹은 상업적 거래를 제안하지 않는다"고 강조하였다(2008b: 20). 또한 아비트론은 닐슨의 LPM에서 제시하는 스페인어 방송 수용자의 표상에 대해 스페인어 방송사인 유니비전이 닐슨 미디어 리서치를 상대로 제기한 과거의 소송(앞에서 언급했던 사례)을 언급하기도 하였다. 유니비전 대 닐슨의 판례에서 법원은 LPM 서비스를 연기시켜야 한다는 유니비전의 소송에 대해 유니비전이 LPM 서비스가 결점이 있음을 규명하는 데 실패하였기 때문에 기각한다고 밝혔으며, 더욱이 법원에서는 이러한 점에 근거하여 유니비전의 소송은 기각되어야만(*must*) 한다고 밝혔다(Univision Communications Inc. v. Nielsen Media Research, 2004). 하지만 법원은 이 소송에 대해 "피고가 상업적 발화자이긴 하지만, 피고가 목표로 삼고 있는 수용자가 반드시 피고의 서비스의 실제 구매자일 수 없기 때문에 시·청취율 시스템은 비상업적 담화로서의 자격을 얻을 수 있다(Univision Communications Inc. v. Nielsen Media Research, 2004: 3)"는 근거로 "기각되어야만 한다"(*should be denied*)고 말하면서 수정헌법 제1조도 언급했다. 'must'와 'should'와 같은 용어의 사용은 법원이 수용자 시·청취율의 담화지위에 대해 명확한 진술을 제시하지 않으려는 것을 암시한

은 과거의 고객들로 구성되었기 때문에, 그 주장들이 그 사업운영에 관한 사실에 기반한 표현들(*factual representations*)이었고 따라서 사실상 상업적이기 때문에, 그 주장들이 상업적 담화를 구성한다고 결론지었다(2004: 802; 강조는 저자)."

다. 실제로 이는 "담화(*speech*)가 상업적이라고 간주되더라도, 원고는 그 담화가 거짓임을 밝히지 못했다(Univision Communications, Inc. v. Nielsen Media Research, 2004: 3)"는 후반부의 판결문은 이러한 해석을 지지한다. 여기서 다시 한 번 법원은 시·청취율의 담화자격에 대해 다소 임시적인 관점을 취하는데, 아마도 이것이 왜 검찰총장이 LPM에 관련하여 이와 같은 법원의 결정이 있었음에도 불구하고 PPM의 사례에서 유사한 내용의 줄거리를 갖는 소송을 택하기로 했는지 설명해 준다.

또한 아비트론은 시·청취율이 "공익과 공공의 관심사에 관한 문제"이기 때문에 상업적 담화로서의 자격이 없다고 주장했다(Arbitron v. Andrew Cuomo, 2008a: 5). 아비트론은 이러한 논점을 지지하여 라디오 청취율이 여러 주류 언론 미디어 및 업계 간행물들에서 게재된다고 말하였다.[27] 이러한 관점에서 아비트론의 라디오 수용자에 대한 해석(*construction*)은 아비트론의 청취율 서비스 가입자들을 훌쩍 넘어 공적 관련성을 가지며, 이렇게 거시적인 공적 관련성은 협소한 의미의 상거래를 넘어서는 함의를 갖는 담화로 나타나게 된다.[28]

---

27 아비트론에 의하면, "아비트론 보고서들은 수용자 측정 분야에서 쌓아온 40년 이상의 역사에 기반한 아비트론의 관점을 표현한 의견에 관한 원(原)저작물(*original works*)들이다. 라디오 산업의 구성원들과 언론인들, 광고주들, 학자들 기타 등등은 아비트론의 의견을 찾아내어 정기적으로 그 의견들을 따른다. 아비트론 보고서들이 수정헌법 제1조의 전적인 보호를 받을 가치가 있는 공적 이해 및 관심사 문제라는 점은 명백하다. 아비트론의 시청률·청취율 정보는 신문과 다른 정기간행물들에 정기적으로 폭넓게 유통된다(Arbitron v. Andrew Cuomo, 2008b: 4)."

28 아비트론에 의하면, "아비트론의 작업들은 라디오 방송국들의 실적을 주어진 시장에서 서로에게 제공할 뿐 아니라 다양한 인구집단에 라디오 청취 습관에 대한 정보도 제공하면서, 아비트론 가입자들을 훨씬 넘어서는

아비트론은 또한 자사 청취율이 "라디오 수용자의 규모와 방송국 순위에 비례한 의견(*opinion*)" 표명이라고 주장하였다(Arbitron v. Andrew Cuomo, 2008a: 61; 강조는 저자). 아비트론은 "단순히 최종적 수용자 측정 예측치가 통계적 분석을 통해 도출되며 그 결과가 숫자 형태로 나타난다고 해서, 그것이 객관적 사실이 되는 것도 아니고, 수정헌법 제1조의 보호를 받을 가치가 없어지는 것도 아니다(Arbitron v. Andrew Cuomo, 2008c: 60)"라고 주장하였다. 시·청취율이 사실(*fact*)이라고 규정하는 것에 비해서 시·청취율을 의견이라고 규정하는 것은 아비트론의 PPM이 사기성(詐欺性)이 농후하며 수정헌법 제1조로 보호받지 못하는 상업적 담화라고 규정짓기 어렵게 만든다. 법학에서는 대체로 거짓된 의견(*false opinion*)을 형용모순(*oxymoron*)으로 파악한다. 반면 거짓된 사실의 표현(*the expression of a false fact*)은 거짓된 의견에 비해서 더 쉽게 사기(*fraudulent*)로 분류될 수 있으며 수정헌법 제1조의 보호를 받기 어렵다(Gertz v. Welch, 1974 참고).[29]

뉴욕 주의 검찰총장은 아비트론의 청취율 데이터가 상업적으로 판매되는 '통계적 서비스'이므로 따라서 "수정헌법 제1조와 충돌하지 않고, 뉴욕 주의 소비자 보호 및 시민권에 관한 법에 의거" 규제가 가능하

수많은 사람들에게 주요 관심사에 관한 뉴스의 한 형태를 제공하는 것이다. 그것들은 아비트론 고유의 제품 혹은 서비스에 관한 정보를 제공하는 것이 아니다—상업적 담화에 관한 대표적인 정의이다(Arbitron v. Andrew Cuomo, 2008b: 44)."

29 Gertz v. Welch(1974)의 글에서, 대법원은 "수정헌법 제1조 아래 거짓된 견해(*false idea*)와 같은 것은 존재하지 않는다. 그러나 어떤 견해가 치명적인 것처럼 보인다면, 우리는 그것을 교정하기 위해 판사들과 배심원들의 양심이 아닌, 다른 견해들과의 경쟁에 의존한다. 하지만 사실에 과한 거짓된 주장에서 헌법적 가치(*constitutional value*)는 없다"고 주장했다(pp. 339~340).

다고 주장했다(Arbitron v. Andrew Cuomo, 2008d: 10). 검찰총장은 아비트론이 PPM 서비스의 '객관성'을 강조하는 수준에 비추어 아비트론이 시・청취율을 '의견'으로 분류하려는 시도와 배치되며, 따라서 시・청취율은 사실로 분류되는 것이 더 적절하다고 주장했다(Arbitron v. Andrew Cuomo, 2008d: 9). 뉴욕 주의 검찰총장은 아비트론의 전체 데이터가 "요금을 내고 그 데이터를 구입한 가입자들"만이 완전하게 이용할 수 있는 것으로서 아주 폭넓게 유포되지 않는다고 주장하면서 아비트론이 시・청취율 데이터를 "공익과 공공의 관심사"에 대한 정보로 정의한 것을 반박했다(Arbitron v. Andrew Cuomo, 2008d: 9). 마지막으로 뉴욕 주의 검찰총장은 대법원이 상업적 담화는 광고에 제한되지 않으며 특정 제품이나 서비스를 언급할 필요가 없다고 인정해왔다는 점도 주장하였다(Arbitron v. Andrew Cuomo, 2008d: 10).

아비트론의 청취율을 둘러싼 소송들은 결국 법정 밖에서 합의되었기 때문에, 수용자 시・청취율을 어떠한 담화로 분류해야 적절한가와 제도화된 미디어 수용자에 대해 허용될 수 있는 정부규제에 대한 본질적 질문들은 여전히 풀리지 않은 채 남아 있다. 다양한 분석들에서 제도화된 미디어 수용자가 '담론적 구성물'로서 기술되지만, 제도화된 미디어 수용자가 표상하는 담론이 구체적으로 어떠한 종류(*kind*)의 것인가에 대해서는 법이나 정책 영역에서 아직 확실하게 정의되지 않았다. 제도화된 미디어 수용자의 구성(및 재구성) 문제는 점차 법이나 정책 영역으로 확산되고 있는 만큼, 이 문제에 대해서는 더 많은 토론과 분석이 필요하다. 이렇게 함으로써 제도화된 미디어 수용자의 법적 지위에 관한 본질적 질문에 대해 적용가능한 해결책이 도출될 수 있다.

경쟁의 등장

마지막으로, 이처럼 PPM의 도입을 둘러싼 제도적 역학관계에서 언급할 정도로 중요한 사실은 PPM의 도입으로 닐슨이 아비트론의 경쟁자로서 라디오 수용자 측정 시장에 진입하려는 자극을 받았다는 점이다(Saas, 2009a). 닐슨은 50개의 중간 정도 규모의 라디오 시장에서 아비트론과 경쟁할 수 있는 수용자 측정서비스를 개시했다. 역설적이게도 닐슨은 아비트론이 버리려고 했던 수정된 형태의 종이식 청취 다이어리를 채택하였다. 인터넷에 기반한 '전자 다이어리'(*E Diaries*)를 병행하였는데, 이는 종이식 다이어리는 작성을 거부하는 경향이 있는 젊은 청취자들의 참여를 촉진하기 위함이다(Zornow, 2008).

닐슨의 이러한 행동은 닐슨이 본질적으로 수십 년간 아비트론이 독점했던 미국의 라디오 수용자 측정사업에서 발판을 마련하려 할 때 PPM에 대한 이해당사자의 저항이 상당할 것임을 인식하고 있음을 시사한다. 또한 이 시장을 잠식할 메커니즘으로 정교하지 않은 방법론을 채택하고 있다는 사실은, 기술개발만으로는 제도화된 미디어 수용자를 구성하지 못한다는 것을 상기시켜 준다.

디지털 비디오 녹화기와 C3시청률[30]로의 전환

디지털 비디오 녹화기(DVR: *digital video recorder*)의 도입과 확산은 텔레비전 소비역학을 근본적으로 바꾸기 시작했다는 점뿐 아니라, 텔레비전 수용자 시장에서 새로운 통화(*currency*)를 제도화하는 방식으로

30 [역주] C3 시청률은 생방송으로 시청한 시청률과 3일 이내에 DVR로 시청한 광고 시청률을 종합한 시청률을 의미한다. 본문에 설명이 나온다.

직접적으로 대응한다는 점에서도 매우 흥미로운 사실이다. C3 시청률 시스템을 궁극적으로 제도화시킨 것은 다름 아닌 DVR의 확산이었다. C3 시청률 시스템으로 인해 시청률 시스템 기준은 프로그램의 수용자 규모에 기반한 시스템에서 그 프로그램 내의 광고 수용자 규모에 기반한 시스템으로 바뀌었다. C3 시청률은 하나의 프로그램 안에 포함된 광고의 평균시청률이다(Steinberg, 2007a). '3'이라는 숫자는 DVR 보급률이 증가하면서 가능해진 시간대 이동(*time-shifted*) 시청량의 증가를 설명하기 위해 광고 시청률을 첫 방송으로부터 3일까지 측정된 모든 시청률에 기초해서 합산한 것을 의미한다. C3 시청률을 통해 이제는 개별적인 프로그램 시청률 성과와 광고 시청률 성과가 서로 무관한지 아니면 서로 관계가 있는지를 평가하는 것이 가능해졌다. 이처럼 프로그램 노출에 관한 정보로부터 광고 노출에 관한 정보를 '분리'(*unbundling*)하는 것은 피플미터를 통해 수집된, 분단위까지 구체적으로 측정된 데이터에서만 가능하다(Picker, 2004; Kent, 2002 참조). 콘텐트 시청과 광고 시청을 구별할 수 있는 수용자 데이터 수집 및 보고 시스템이 완전하지 않으면(이를테면 종이식 다이어리의 경우), 수용자가 텔레비전을 어떻게 소비하는가를 보여줄 수 있는 DVR 기능으로 가능해진 분리현상은 수용자 시장의 통화인 수용자 행동의 표상에 반영될 수 없는 것이다.

명백하게, C3 시청률로의 이행은 텔레비전 수용자 노출이 매매(賣買)되는 방법에 관한 역학에 근본적 변화가 일어나고 있음을 보여준다(Atkinson, 2008 참조). 오랫동안 미국의 광고주 및 미디어 구매자들은 자신들의 광고에 실제로 노출된 수용자들에 대해서만 비용을 지불할 수 있는 특정한 형태의 광고 시청률을 요구해왔다. 이것은 텔레비전 리모컨이 널리 확산되는 시기까지 거슬러 올라갈 수 있으며, DVR에 앞서서 제기된 요구사항이었다. 하지만 프로그램 제작자 및 유통업자들은 광고에 노출된 수용자만이 아니라 모든 수용자 구성원들을 상업화할 수 있는 경제적 모델을 유지하는 것에 관심이 있었고, C3 시청률 시스템으로의 이행에 저항하였다(Myers, 2007 참조).

DVR의 도입과 확산은 광고에 대한 노출뿐 아니라 언제 프로그램을 소비하는가에 대해 엄청난 영향을 끼쳤다. 특히 많은 광고주들에게 인터넷이 점차 텔레비전의 대체재(*substitute*)로 파악되는 현실에서 기존 미디어 시장에서 통용되는 시청률이라는 통화에 대해 어떠한 방식으로든 협상된 변화(*negotiated change*)가 불가피하게 일어날 수밖에 없는 상황이 만들어졌다. 이해당사자 간의 협상결과가 바로 C3 시청률 시스템의 도입이었다. 이 협상과정에서 논쟁의 요지는 '통화'가 되는 시청률에 첫 방송 이후로 며칠이 포함되어야 하는지에 관한 사안이었다. 3일이 최종기준으로 설정되었는데, 이는 첫 방송 후 3일이 지난 다음에 프로그램 광고를 보는 시청자들은 보고된 광고 수용자의 규모에 포함되지 않는다는 것을 뜻한다.

논쟁의 또 다른 요점은 어떻게 광고 시청률을 산출할 것인가와 정확하게 관련되어 있다. 이론적으로 방송이 된 개별광고는 개별적으로 측정된 시청률로 파악될 수 있다. 광고 시청률은 광고가 방송된 특정 시간대에 기반하여 계산되거나 혹은 개별광고의 '부분들'(*pods*)이 별도의 시청률로 계산될 수도 있다. 하지만 최종결과는 하나의 방송 프로그램 내의 모든 광고들의 평균시청률 수준에 기반한, 각 프로그램의 "분(分)으로 계산된 평균 광고시간"에 대한 닐슨의 보고일 것이다(Lafayette, 2006; Steinberg, 2006 참고). 프로그램당 평균 광고시간은 프로그램 제작자, 광고주, 미디어 구매자들의 이해관계를 반영할 뿐만 아니라, 3일이라는 시간 동안의 광고시청 수용자를 더 구체적 조건에서 계산할 때 소요되는 엄청난 데이터 처리비용을 감당해야 하는 닐슨의 이해관계 역시도 반영한 것이다.[31] LPM과 PPM의 경우와 마찬가지로 C3 시청률 시스템 역시 닐슨이 먼저 MRC의 승인을 얻지 않고 발주했다는 점에 주목해야 한다(Goetzl, 2008).

C3 시스템으로의 이행 및 LPM로의 이행에 맞춰 발생한 이해당사자 저항과 교섭 과정은 닐슨 가입자들이 거의 '반란'이라고 부를 정도의 파장을 낳았다. 2009년에는 닐슨의 최대 고객 중 14개사(社)는 '혁신적 미디어 시청률을 위한 연합'(Coalition for Innovative Media Measurement)으로 불리는 협력단을 형성하였다(Hampp, 2009a). 이 연합의 목적은 닐슨 외의 다른 대안적 데이터 제공자들을 고려하는 것과 닐슨에게 닐슨의 측정시스템을 개선하라고 압력을 가하는 것 두 가지였다. 혁신적 미디어 시청률을 위한 연합은 다중 플랫폼에 걸쳐 텔레비전 수용자를 측정할 수 있는 시스템은 물론 닐슨의 셋톱박스 측정 시스템을 탐사(探査)하는 데 특별한 관심을 갖고 있었다(Atkinson, 2009). 산업 이해당사자는 기존의 수용자 데이터 제공자와 경쟁할 수 있는 회사의 출현을 지지하는 방식으로 현재의 수용자 데이터 제공자를 위협하며 압박한다. 이러한 시도는 역사적으로 반복되는데, 혁신적 미디어 시청률을 위한 연합이 바로 최근의 사례라고 할 수 있다. 전형적인 과거 사례처럼 이들의 행동으로 닐슨은 기술과 방법론 및 가격구조를 바꾸기는 하겠지만, 닐슨에 의한 시장지배는 결국 계속될 것이다.

31 유사한 논쟁들이 지역시장의 수준에서 시간대 이동 시청을 설명하는 텔레비전 수용자 측정방법을 도입하려는 닐슨의 노력에 반응하여 나타났다. 전국 시장에서와는 달리, 이러한 시청률은 별개의 광고 시청률을 포함하지 않는다(Friedman, 2008, 2009a; Grillo, 2009 참고).

신 수용자 정보시스템에 대한 이해당사자의 저항에서 중요한 또 하나의 논점은 수용자의 미디어 소비, 검색 혹은 상품구매 행동과 같은 관련 행동들에 관한 데이터에 대해 어떻게 적절하게 프라이버시를 보호할 것인가에 대한 최근의 논의이다. 제 2장과 제 3장에서 말한 것처럼, 상호작용 미디어의 핵심적 특징은 이용자가 수용자 시장에서 수집되고, 분석되며 잠재적으로 판매될 수 있는 다양한 흔적을 남긴다는 사실이다. 흔히 미디어 이용자들이 지각하지 못하고 이용자들의 동의를 얻지 않은 채로 이들에 대한 정보를 수집할 수 있는 이러한 가능성은 시민들에게 보장되어야만 하는 사생활 보호의 적정 수준에 대한 몇 가지 해석들과 정면으로 배치된다.

예를 들어 프라이버시를 연구하는 몇몇 학자들에 따르면 개인은 “익명(匿名)으로 무엇을 읽을 수 있는 기본권”을 갖고 있다고 한다(Cohen, 1996). 현대 미디어 플랫폼은 전통 미디어에서 인정되었던 프라이버시에 대한 기대와는 반대로 수용자가 자신들의 미디어 소비에 대한 ‘디지털 발자취’(*digital footprints*)를 남기게 만든다. 코헨은 “정보를 주는 것과 정보를 받는 것 모두 상징적 활동이다. 하나는 다른 하나 없이는 존재하지 못하며, 헌법적 의미에서 ‘담화’의 정의는 이 두 가지를 적절하게 포괄한다(1996: 1014)”는 관점을 토대로 익명으로 읽을 권리와 광의(廣義)의 수정헌법 제 1조를 연결시킨다. 물론 발화자와 수용자의 경계가 불분명해지는 현재의 미디어 환경에서(제 2장 참고) 코헨의 관점은 훨씬 더 설득력이 있어 보인다. 그러므로 새로운 커뮤니케이션 기술로 제기되는 프라이버시 사안들에 대해서 시민 개개인들이 그다지 우려하고 있지 않다는 연구들도 있다는 사실에도 불구하고, 상호작용 미디어 기술을 통해 수용자 정보를 수집하는 현재의 수용자 측정기술의 발달에 대해 수많은 이해당사자(특히 정책 결정자와 프라이버시 관련 시민단체들)의 저항은 거세질 것이다.

아마도 신 수용자 정보시스템에 대한 이러한 저항 중에서 가장 세간의 이목을 끄는 상황은 온라인 수용자 행동에 대한 감시일 것이다. 웹의 역사의 가장 초창기부터 미디어 조직들은 수용자 행동을 상세히 감시하는 데이터를 얻기 위해 미디어의 상호작용성을 이용하고자 했다. 이러한 감시의 예로는 특정 수용자를 타깃으로 하는 광고를 전달하는 것, 이들에게 더욱 흥미로운 미디어 콘텐트를 전달하는 것, 더 구체적인 수용자 데이터를 광고주들에게 전달하는 것 등을 들 수 있다. 이러한 활동들로 인해 학술분야에서는 온라인 프라이버시 사안을 다루는 엄청난 (그리고 계속 늘어가는) 연구들이 쏟아졌다(Andrejevic, 2007b; Campbell & Carlson, 2002; Gandy, 1996; 2000; Montgomery, 2007; Solove, 2004 참고). 이러한 연구에서 더욱 중요한 점은, 이 활동들이 다양한 정부부문들(Federal Trade Commission, 2009; Ruane, 2009 참고) 뿐 아니라, 공익(公益, *public interest*) 및 시민단체(Cooper, Grant & Murray, 2008; Harris, 2008 참고)에서 상당한 저항을 불러오는 근거가 되었다는 사실이다.

이러한 사안들과 관련된 법률제정의 주요사례(*key piece*)는 전자통신 프라이버시법(Electronic Communications Privacy Act, 1986)이다. 전자통신 프라이버시법에서는 몇몇 예외조항을 빼고는 시민들의 전자통신에 제 3자의 간섭을 금지한다. 온라인 수용자 측정과 관련된 논점과 가장 연관된 것은 이해당사자 중 하나의 동의를 얻으면 전자통신에 간섭할 수 있다는 예외조항이다. 예를 들면, 만약 웹사이트와 수용자 구성원 간의 상호작용에서 웹사이트가 수용자 측정회사, 혹은 더블클릭(DoubleClick)이나 네부애드(NebuAd)와 같은 행동기반 광고(*behavioral advertising*) 회사에 의한 커뮤니케이션의 '개입'(*interception*)

을 허용하기로 선택하였다면, 전자통신 프라이버시법을 위반하지 않는 것처럼 보일 수 있다는 사실이다(Ruane, 2009 참고). 하지만, 인터넷 서비스 공급자들과 개별적 웹사이트를 방문한 수용자의 정보를 수집하는 수용자 측정회사나 온라인 광고회사들 간의 협정의 경우 커뮤니케이션에 대한 이해당사자 중 어느 한쪽(수용자 구성원이나 웹사이트)의 동의를 반드시 포함해야 할 필요가 없다. 따라서 이러한 협정에서는 전자통신 프라이버시법의 위반이 훨씬 더 잘 드러나게 된다(Ruane, 2009).[32]

미국연방통상위원회, FTC(2009)는 협정이 기초하고 있는 일련의 처리원칙들에 따라 산업의 자기규제(*self-regulation*)를 고무할 목적으로 온라인 행동기반 광고의 현황을 조사했다.[33] FTC(2009)는 산업대표, 대중, 프라이버시에 주목하는 다양한 공익 및 시민단체들과 협의하여 4개의 지배개념(*governing concept*)들에 기초한 일련의 자기규제 원칙들을 제안했다. 4개의 지배개념들은 다음과 같다.

32 하지만 의회 조사국(Congressional Research Service)이 이 사안에 관한 분석에서 언급했듯이, 동의가 '긍정적'이어야 하는지 혹은 '암시적'이어도 되는지 결정하는 것에 관해 논쟁이 발생한다. 즉, 단순히 그 서비스에 가입함으로써 개별적 웹사이트들과의 커뮤니케이션을 방해(*interception*)하는 데 암시적으로 동의하는 것은 ISP 공급자인가?(Ruane, 2009: 6 참고) 그러한 모호성은 미디어 수용자에 대한 정보를 수집하는 '사전동의'(*opt in*) 대 '기피'(*opt out*) 모델의 적절성에 관해 현재 진행중인 논쟁을 반영한다.

33 온라인 행동기반 광고에 대한 현재 진행중인 조사의 세부사항뿐 아니라, 온라인 프라이버시 사안에 관여된 미국연방통상위원회(FTC)의 역사에 관해 세부사항들을 검토하기 위해서는 Federal Trade Commission, 2009를 참고하라.

① 투명성(*transparency*)과 통제(*control*): 수용자가 그들의 온라인 행동이 관찰되는 것을 아는지, 수용자가 그 관행을 허용할지 여부에 대해 선택권이 있는지를 논의하는 것
② 보안 및 데이터 보유의 제한: 수집된 데이터가 안전한지, 필요 이상으로 오래 보유하고 있지 않은지 여부를 논의하는 것
③ 프라이버시 정책에 대한 내용상(*material*) 변화: 회사들이 수용자에게 데이터 수집 관행이나 정책에서의 변화를 공지하는지 여부를 논의하는 것
④ 민감한 데이터에 대한 수용자의 확실한 의사표현 동의획득(*affirmative express consent*): 회사들이 행동기반 광고에서 활용하기 위해 아동, 건강, 혹은 재무와 같은 주제에 관한 정보를 얻는지 여부를 논의하는 것

또한 의회에서는 공익 및 시민단체들 내부에서 제기되는 온라인 수용자 측정활동들에 대한 더 철저한 정부의 감시 촉구(Cooper, Grant & Murray, 2008; Harris, 2008)에 대응하여, 온라인 광고의 프라이버시 침해 가능성에 대한 여러 청문회를 실시하는 방식으로 온라인 미디어 소비에서의 프라이버시 사안에 깊이 관여한다(U.S. House of Representatives, 2008; U.S. Senate, 2008a; 2008b 참고).

온라인에서 운영중인 많은 회사들은 FTC가 제안한 원리들을 그들의 회사운영에 포함시키기 시작하였으며(Federal Trade Commission, 2009), 이것이 얼마나 지속되는가는 결국 이러한 수용자 정보시스템 유형들의 진화에 얼마나 많은 정부 이해당사자가 일으키는 저항이 영향을 미치는지 보여줄 것이다. 이러한 맥락에서 심층패킷검사(*deep-packet inspection*)를 실시하는지 (이와 연관된 온라인 수용자 정보수집에 대한 직접적인 정부규제를 실시하려 한다고 위협하는 방식으로) 의회가 철저하게 고려하는 상황에서, 많은 인터넷 서비스 공급자들은 최소

한 잠시 동안이나마 심층패킷검사를 실시하지 않았다. 이러한 업계의 움직임은 특정한 수용자 정보시스템이 등장하기 위해서는 더 긴 시간이 필요함을 보여준다. 만약 심층패킷검사가 다시 등장한다면, 프라이버시라는 측면에서 침해 가능성이 적은 수정된 형태로 나타나게 될 것이다.

이와 관련, 프라이버시에 대한 우려 역시 몇몇 형태의 이용자제작 콘텐트를 지원하고 수집하는 온라인 플랫폼에 대한 저항을 불러왔다. 이와 같은 저항은 이러한 온라인 플랫폼에서 도출된 데이터가 온라인 플랫폼을 둘러싸고 작동되는 수용자 정보시스템에 미칠 수 있는 영향력을 제한시키고 있다. 페이스북과 같은 소셜 네트워킹 사이트(SNS)들은 이러한 SNS들이 개별적 이용자들에 대한 믿기지 않을 정도의 많은 정보를 활용하기 위해 추구하고자 노력해온 수많은 방법들을 고려할 때 특별히 주목해야 할 서비스이다(Grimmelmann, 2009; Mayle, 2008 참고). 페이스북 프로필이 완전히 기록될 경우 이름, 성별, 생일에서부터 연락처, 좋아하는 책과 영화 목록, 학력 및 취업 이력, 제품구매 행동에 이르기까지 무려 40가지나 되는 개인 정보를 곧바로 알아볼 수 있을 정도로 수집이 가능하다(Grimmelmann, 2009). 페이스북이 이용자 정보의 분석적 가치와 경제적 가치를 확대하려는 시도(가령 이용자들이 개인정보를 제공하면 페이스북의 영구적 권리를 허용하도록 서비스 조건으로 바꾸려는 시도)는 개개의 SNS 이용자뿐만 아니라 디지털민주주의센터(Center for Digital Democracy; Mayle, 2008)와 전자프라이버시정보센터(Electronic Privacy Information Center, 2009) 같은 공익 및 시민단체들의 저항에 부딪혀왔다. 후자(EPIC)의 경우 미국연방통상위원회(FTC)에 페이스북을 고소하겠다고 위협하기도 했다. 페이스북은 EPIC에 의해 FTC에 고소당하기 전에 서비스 시간에 대한 약관을 바꾸려는 계획을 포기하였다(Electronic Privacy

Information Center, 2009).[34] 따라서, 우리는 여기서 다시 한 번 미디어 수용자에 대한 정보의 수집·분석을 위해서 가능한 수용자 정보시스템의 변화를 불러왔던 정부의 개입이라고 하는 위협의 사례를 볼 수 있다.[35]

---

34 페이스북의 최고 개인정보 보호책임자(*chief privacy officer*)인 크리스 켈리(Chris Kelly, 2008)는 또한 온라인 광고가 프라이버시에 미치는 영향에 관해 개최된 청문회와 관련하여 의회에서 증언하기 위해 소환되었다.

35 수용할 수 있는 정보수집의 경계가 유독 불명확하고 이해당사자 갈등이 특히 깊어진 또 다른 영역은 케이블 셋톱박스를 통한 텔레비전 시청자 정보의 수집에 관한 부분이다(가령 Spangler, Hartzel & Gal-Or, 2006 참고). 1984년 케이블 커뮤니케이션 정책법(Cable Communications Policy Act of 1984)은 어떻게 케이블 회사들이 그 가입자들로부터 수집한 모든 자료를 사용하도록 허용되는지에 관해 다소 모호한 한계를 설정하였다(Turow, 2006 참고). 이 법은 비록 해당정보가 '케이블 회사에 의해 가입자에게 제공된 케이블 및 기타 서비스와 관련한 적법한 사업활동'을 수행하는 데 필수적인 경우에는 예외를 포함하지만, 케이블 회사들이 가입자들의 사전동의 없이 가입자들에 관한 '개인식별 정보'(*personally identifiable information*)를 수집하거나 밝히는 것을 금한다〔47 USCA §551(c)〕. 이러한 예외는 케이블 회사들이 그들의 가입자로부터 수집한 자료들을 활용할 수 있는 방법에 관해서는 상당한 자유를 주는 것처럼 보일 수 있다. 케이블 법에서 프라이버시 조항이 특별히 케이블 회사들에 관해 쓰여진 이래로 이 법의 엄격한 해석은 이런 조항들이 DBS처럼 더 새로운 다채널 방송 서비스(*multichannel video programming delivery services*)와 통신회사들(Tinic, 2006), 혹은 티보와 넷플릭스와 같은 기타 셋톱박스 서비스 제공업체들(Chan, 2004 참고)에는 적용할 수 없다는 것을 의미할 수 있다는 점에 주의해야 한다.

수용자 진화에 대한 함의들

이러한 사례들이 명확히 보여주듯이, 새로운 수용자 정보시스템의 도입으로 종종 오랜 논쟁을 야기하는 과정이 나타난다. 궁극적으로 나타난 수용자 정보시스템은 본래 의도된 것이나 기술적으로 실행 가능했던 것과는 상당히 다를 수 있다. 또한 사실상 도입에서부터 수용자 시장에 대한 변형효과를 가져올 수 있는 새로운 수용자 정보시스템의 광범위한 채택에 이르기까지는 훨씬 더 긴 과정에 직면할 수 있다. 이러한 사례들은 수용자 진화과정을 단지 기술적 현상으로만이 아니라 경제적 현상, 법적 현상, 정치적 현상으로도 인식하는 것이 중요하다는 사실을 잘 보여준다.

지금 진행중인 수용자 정보시스템의 진화에 대한 관점에서, 현재의 이해당사자 사이의 저항 및 교섭의 진행과정은 여러 전환점들을 보여준다. 이러한 전환점들은 상호작용 미디어가 수용자 노출, 콘텐트 제작 및 제품구매 행동들에 관한 실제적 기록(*tangible traces*)을 제공할 수 있는, 사실상 기술적으로 충분히 가능한 방법들을 활용할 수 있는 능력을 포함하며, 또한 최근에 수용자 참여도 측정치(*engagement metrics*)를 등장시킨 노출 데이터의 더 큰 구체성(*the greater granularity*)도 포괄한다. 저항과 교섭의 이러한 과정에서 나타날 최종결과는 미디어 수용자의 개념화가 수용자 정보를 포착할 수 있는 기술의 잠재력을 반드시 완전하게 반영할 필요는 없지만 개별적 이해당사자 집단들의 특정 관심사들은 어느 정도 반영하게 된다. 이러한 방식으로 미디어 수용자 진화는 새로운 미디어 및 새로운 수용자 측정기술뿐만 아니라 이 새로운 기술들이 도입되는 환경의 조직적 역학도 반영한다.

05
수용자 진화와 그 함의

업계 간행물인 〈광고시대〉(*Advertising Age*)와의 인터뷰에서 NBC 유니버설의 리서치 및 미디어 개발부서장 앨런 워첼(Alan Wurtzel)은 현재의 수용자 측정사업 현황을 '원생액'(原生液, *primordial soup*)[1]에 비유하였다(Steinberg, 2008b: 1에서 재인용). 미디어 조직이 미디어 수용자를 이해하기 위해 사용하는 도구인 수용자 측정사업에 대한 워첼의 이러한 비유는 분명 이 책에서 중점적으로 다루는 진화(*evolution*)라는 비유와 맥을 같이한다. 이 책의 설명처럼 수용자 이해에 대한 합리화의 초창기부터 줄곧 수용자가 얼마나 콘텐트나 광고에 노출되는지 측정하는 것이 가장 중요했다. 그러나 미디어 소비와 수용자 정보 시스템에서 진행중인 기술변화로 인해 제도화된 미디어 수용자의 모습은 수용자 노출 측정을 강조하는 방식에서 대안적인 분석적 접근법

1 [역주] 지구상의 모든 유기체 탄생의 시작이 된 원시 지구물질을 뜻한다. 진화론에 속하는 하나의 가설에서는 원생액에서 생명은 탄생하고 진화를 거쳐왔다고 한다. 여기서 원생액은 수용자 측정산업이 미디어 시장을 움직이는 가장 기초적 자료라는 것에서 나온 비유이다.

으로 변화하고 있다.

지배적이었던 미디어 수용자 개념이 쇠퇴하고 수용자 이해에 대한 대안적 방법들이 등장함에 따라 수용자 시장이 변하기 시작하면서, 우리는 이제 수용자 진화의 결과를 볼 수 있게 되었다. 전통적 방식으로 수용자 시장이 기능하기 위해 필요한 개별적 성과 측정치가 무엇인지에 대해서 이해당사자 간에 합의가 이루어지지는 않았다(Wurtzel, 2009). 그러나 합의가 이루어질 때, 우리는 어떤 수용자 측정회사의 중역이 '바스켓 방식의 통화들'(*a basket of currencies*)[2]이라고 비유한 제도화된 수용자 시장이 등장하는 것을 지켜보게 될 것이다. 이런 주장은 우리가 후기노출 수용자 시장(*post-exposure audience marketplace*)으로의 이행 초기단계에 있다는 것을 보여준다. 이러한 변화와 그 원인은 〈그림 5-1〉에 나타나 있다. 수용자에 대해 예전보다 훨씬 더 광범위하고 더 다차원적으로 개념화하면서 노출 측정은 그 비중이 줄어들고 있다. 또한 미디어 소비역학에서의 변화와 새로운 수용자 정보시스템의 개발 두 가지는 노출을 기반으로 하는 수용자 측정법의 중요성을 감소시키며 동시에 대안적인 분석적 접근법을 촉진시키는 데 기여하고 있다. 어느 추정치에 따르면, 광고수입의 20% 이상은 2011년도까지 광고도달수 기반(*impression-based*) 형태에서 광고효과 기반(*impact-*

2 [역주] 여러 가지 통화를 조합해서 새로운 합성통화 단위를 만드는 방식을 의미하는 금융용어이다. 여러 참가국들의 통화들을 조합하여 만들기 때문에, 특정 국가의 통화가 갑작스럽게 감소하더라도 비교적 그 가치가 안정적이다. 수용자 시장의 맥락에서 말을 하자면 과거에는 노출이라는 단일 측정치로 미디어 수용자를 평가했다면, 이제는 노출을 비롯하여 참여, 평가, 감정적 개입 등 여러 측정치들로 미디어 수용자를 평가한다는 점이 달라졌다. 즉, 여러 측정치들을 동시에 고려한다는 점에서 '바스켓 방식의 통화'라는 비유를 사용한 것이다.

based) 형태로 바뀔 것이라고 한다(Berman et al., 2009).

수용자 진화의 이 같은 과도기 상황에 대해 강조해야 할 점은 전통적 노출모형을 약화시키려는 몇몇 이해당사자의 압력들이 새로운 미디어 환경에서 얻을 수 있는 추가적 수용자 정보와 결합되고 있으며 동시에 현재의 수용자 진화과정을 추동시키고 있다는 사실이다.

현실성이 떨어지는 전통적 노출모형이 대안적인 수용자 행동 분석방법을 감소시키며, 동시에 이러한 대안적 분석방법들의 개발이 기존 노출모형을 붕괴시키는 중심원인이 되는 방식의 양방향적 인과관계가 현재 나타나고 있다.

〈그림 5-1〉 노출의 쇠퇴와 대안적 수용자 개념의 등장

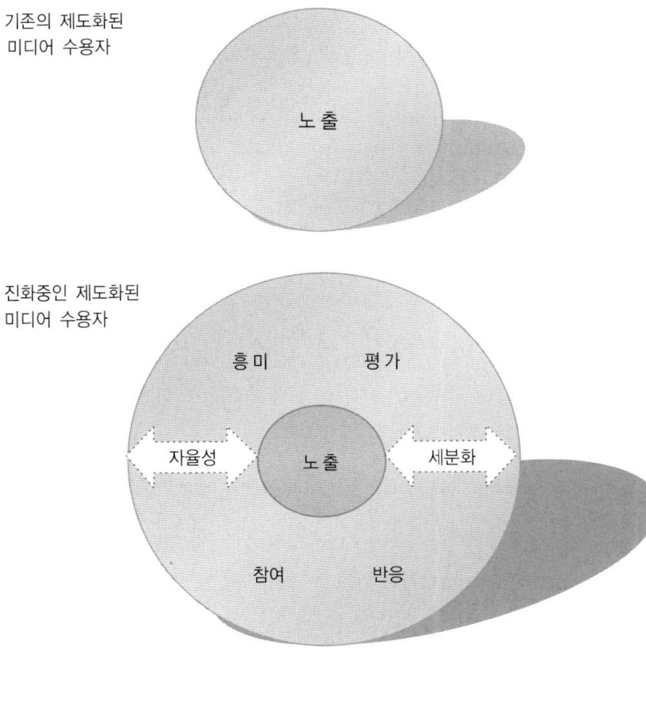

그러므로 여기서 핵심주장은 진화과정이 일어나기 위해서는 전통적 노출모형과 대안적 수용자 행동 분석방법 두 가지 모두가 현재 진행중이어야 한다는 것이다. 미디어 소비역학이 수용자에 대한 기존의 접근법을 약화시키는 방식으로 변화하는 중이며, 또한 새로운 수용자 정보시스템은 반드시 수용자 측정에 대한 대안적 접근법들을 담아낼 수 있어야만 한다. 둘 중 하나의 요인만 빠져도 수용자 제도화의 진화는 일어나지 못한다. 이것은 노출 이외 여러 측면들의 수용자 행동들을 측정하는 메커니즘이 수십 년간 존재해왔지만, 이 메커니즘이 미디어 산업에서 효과적으로 수용되지 않았다는 점에서 잘 드러난다(제 1장을 보라). 웹을 비롯하여 DVR, 휴대전화, 상호작용 텔레비전 서비스와 같은 기타 더 새로운 상호작용 미디어 기술들이 등장하기 이전에, 노출이 아닌 더 확장된 차원의 수용자 행동들을 측정하는 방법들은 이미 존재하고 있었다(Danaher & Lawrie, 1998). 건터와 워버(Gunter & Wober)의 말처럼, "비록 콘텐트에 대한 수용자 반응 측정이 수용자의 규모를 측정하는 것보다 먼저 등장했지만, 주류가 된 수용자 측정치는 후자였다(1992: 1)."

노출정보 이외의 것을 다루는 대안적 수용자 정보시스템이 완전히 제도화된 적은 없다. 기껏해야 대안적 수용자 정보시스템은 노출중심의 수용자 정보시스템에 부수적인 시스템일 뿐이었다. 확실히 상호작용 미디어 기술들은 여러 대안적 형태들의 수용자 정보를 수집한다는 면에서 측정대상의 영역을 확장시켰지만, 대안적 수용자 정보를 수집할 수 있는 기술적으로 정교한 방법이 별로 없었다는 것은 이 책에서 다루는 수용자 진화라는 관점에서 가장 핵심이 되는 주장 중의 하나이다. 즉, 기존의 수용자 정보시스템이 상당히 붕괴하는 현상과 대안적 수용자 정보를 수집할 수 있는 가능성이 동시에 나타나지 않는다면, 제도화된 방식의 미디어 수용자 개념은 결코 변하지 않는다. 현상을 유지시키려는 제도적 영향력은 막강하다.

미디어 소비역학이 노출모형을 지속시킬 정도로 충분히 안정되어 있으면, 제도화된 수용자에게서 어떠한 진화과정도 없을 것이다. 이와 유사하게, 수용자 행동역학의 변화를 포착할 수 있는 수용자 정보 시스템이 없다면, 비록 미디어 소비역학이 변하고 있다 할지라도, 시장은 수용자에 대한 기존의 접근법에 따라 계속 작동할 것이다. 관련 연구는 미디어 산업이 미디어 소비역학의 변화를 확실하게 기록할 수 있는 수용자 정보시스템의 도입 이후에만 미디어 소비역학의 변화에 반응하였다는 것을 보여준다. 예를 들면, 바네스와 톰슨(Barnes & Thomson, 1988; 1994)에 따르면 수용자 데이터의 처리 및 분석에서의 발전으로 광고주와 콘텐트 제작자들은 이미 일어나고 있는 미디어 수용자 세분화를 반영하기 위해 가구(家口, *household*)에서 개인으로 수용자 측정의 대상을 바꾸고 있다. 이러한 세분화를 설명할 수 있는 수용자 '통화'가 없다면 미디어 수용자에 대한 기존의 개념화에 따라 수용자 시장이 계속 작동하였을 것이다.

우리가 제 1장에서 논의하였던 수용자 이해 합리화의 전반적 과정에서 이와 같은 변화를 생각한다면, 이 책에서 논의된 수용자 진화의 개념은 미디어 수용자에 대한 제도화된 개념화에서 상당한 변화가 발생했던 미디어 역사의 다른 시기까지 일반화시킬 수 있다. 따라서 가구보다는 개인이 광고주와 콘텐트 제작자들에게 주요 분석단위가 될 때(위의 내용 참고), 이와 관련하여 수용자가 주로 수동적 집단으로 최초로 개념화되기 시작했던 때(서두 참고)와 전통적 대중미디어의 발흥(勃興)이 일치하는 때와 같이, 중요한 과도기적 지점들에 이 개념의 다양한 요인들을 적용할 수 있는지를 분석하는 것은 가치 있는 작업일 것이다. 이들은 향후 연구를 위해 가능한 조사 방안들이다.

어쨌든, 이러한 수용자 진화과정은 어느 분야의 조직도 영원하지 않으며, 거래(*transact*) 되는 대상에 대한 제도화된 정의에 따라 조직의 모습이 달라진다고 강조해온 조직이론가들의 주장을 보여준다(Leblebici et al., 1991: 333). 물론, 수용자 시장에 관해서 "수용자는 우리가 관점을 바꾸면 변화한다(Freidson, 1953: 316)." 하지만 이러한 분석이 시사하는 것처럼 수용자 진화의 과정은, 결과적으로 특정한 시점에서 집적(集積)과 통화(通貨)화가 가장 수월하도록 수용자의 다차원적 모습들을 단순화시킨다는 점에서 어느 정도는 저항이 가장 적게 나타나는 경로를 따른다(Gandy, 2000; Sorce & Dewitz, 2006 참고).

수용자 진화의 정치경제학에 대하여

이 시점에서 명확해져야 하는 점은 제도화된 미디어 수용자는 정치 및 경제적 압력뿐 아니라 기술적 변화에 민감하며 경쟁이 얼마나 심한가에 따라 쉽게 영향을 받는 영역이라는 사실이다. 이 점에서 이 책의 분석은 수용자 진화의 정치경제학에 대한 기본적 윤곽(*contours*)을 분명히 설명했다. 수용자 진화의 정치경제학에서는 미디어 이용역학과 수용자 정보시스템 역학의 두 가지 모두를 대상으로 정치적 고려사항과 경제적 고려사항 사이의 상호작용을 설명한다. 이 맥락에서는 수용자 진화과정이 따르게 될 각각의 경로에 영향을 미칠 수 있는 정치적 고려사항과 경제적 고려사항 간의 복잡한 상호작용을 볼 수 있다.

이 책에서 언급한 신 수용자 정보시스템의 많은 부분을 둘러싸고 있는 이해당사자 사이의 역학은 수용자 진화의 정치경제학에서 가장 중요한 측면 중 하나이다. 수용자 정보시스템에서 개선된 정확도와 신뢰도가 시장에서 다수의 이해당사자가 합리적으로 추구하는 것인지는 아무리 좋게 이야기해도 미심쩍은 것이 보통이다. 어떤 이해당사자에게 폐를 끼치면서 다른 이해당사자에게 이익을 끼치는 방향으로 변하게 되는 시장 환경에서, 흔히 기존 시스템의 결점들은 이해당사자의 균형을 깨뜨리는 방향을 만들어낸다. 이 경우 현상 유지로부터 이익을 얻은 이해당사자의 균형을 깨뜨리는 새로운 시스템을 수용하게 될 가능성은 별로 없다.

제품 속성의 측정 및 이러한 측정치가 시장의 조직에 어떠한 영향을 미치는가에 대한 연구가 보여주듯, 판매자들은 자신들의 제품에 관해 잠재적으로 해로울 수 있는 정보를 없애거나 왜곡하려고 한다(Barzel, 1982). 하지만 십중팔구(十中八九)는 경제적 사익(私益)을 추구하기 위한 이해당사자의 저항은 광의(廣義)의 정치적 고려사항들(예를 들자면, 언급했던 다양성, 프라이버시 등)과 밀접하게 연결된다. 사익과 정치적 고려사항들이 결합되면서 수용자 진화과정이 전개되는 방향에 명백하게 영향을 주게 되는 복잡한 정치적·경제적 효과들을 만들어내게 된다. 폴 스타(Paul Starr, 1987)는 자신의 책, 《숫자의 정치학》(*The Politics of Numbers*)에서 '통계 시스템'(*statistical system*)이라는 개념을 소개하는데, 스타의 주장에 따르면 통계 시스템은 사회구조와 인지구조 모두로 구성된다. 사회구조는 "정보의 근원에서 분석의 요점들로 흘러가는 데이터의 생산 흐름(p. 8)"에 개입하는 개인과 조직의 사회·경제적 관계를 포함한다. 인지구조는 "조사의 경제·사회현실에 대한 가정, 분류의 시스템, 측정방법, 정보를 해석·제시하는 공식적 규칙을 포함하여(p. 8)" 정보 자체의 구조화에 영향을 준다. 사회구조는 인지구조의 핵심요인들에 영향을 미치며 또한 인지구조의 특징들(혹은 인지구조에서 발생한 실질적 혹은 잠재적 변화)은 사회구조 수준에서 광범위한 활동과 제도적 변화를 일으킬 잠재성이 있다. 이 책의 내용과 관련하여 중요한 점은 바로 사회·인지 구조들이 정치적·경제적 역학과 서로 긴밀하게 연관되어 있다는 사실이다.

수용자 진화와 콘텐트 제작

수용자 측정사업에 관해 〈뉴욕 타임즈〉(*New York Times*)의 어느 기사에서는 이렇게 말한다. "당신이 미국의 문화적 소비를 측정하는 방식을 바꿀 수 있다면, 미국의 문화사업을 바꿀 수 있게 된다. 또한 어쩌면 문화 자체를 바꾸게 될지도 모른다(Gertner, 2005: 2)." 이 〈뉴욕 타임즈〉 매거진 기사는 문화상품의 생산을 위해 수용자 진화과정의 영향력을 고려하는 것이 중요함을 강하게 보여준다.

문화생산을 연구하는 사회학자들은 문화상품이 생산되는 조직의 형태를 이해하는 것이 중요하다고 강조했다(Pratt, 2004 참고). 피터슨과 아난드(Peterson & Anand)는 "문화생산의 연구관점은 문화의 상징적 요소들을 어떻게 제작하고, 유통하며, 평가하고, 전수시키며, 보존시키는 시스템이 어떻게 문화요소들에 영향을 미치는가를 강조한다(2004: 311)"라고 말한다. 사실상 수용자 진화과정은 이러한 모든 문화생산 시스템들과 관련이 있다. 한편으로 분석에서는 콘텐트의 제작과 유통 영역에서 일어나는 근본적 **탈제도화**(*de-institutionalization*) 과정을 강조하였다. 탈제도화 과정에서는 전통적 매스미디어가 점차 쇠락하면서 수용자가 더 적극적이며 주도적인 역할을 수행한다. 이러한 관점에서 문화창조 산업에 대한 정의는 재개념화가 요구된다(Uricchio, 2004). 결과적으로, 문화생산의 (형성과 동시에 확장되는 방식으로) 과정 및 시스템은 충분히 새로운 연구대상이 될 만하다.

동시에, 수용자 자율성은 지속적으로 확장될 것이다. 기술적 발전은 이용자제작 콘텐트의 등장을 촉진시키며 또한 수용자가 콘텐트 제작에 참여하는 방식과 콘텐트를 둘러싸고 서로 상호작용하는 방식으로 기존의 제도화된 방식에 따라 생산된 미디어 콘텐트와는 다른 형태의 콘텐트를 등장시키고 있다. 따라서 최근의 어느 분석이 보여주듯, 오늘날 텔레비전 시청과정은 프로그램의 서사를 복잡하게 만들고 혁신을 촉진시키고 있다. 오늘날의 텔레비전 시청과정은 프로그램 방영분의 다시보기 기능이 향상되었고 또한 온라인 플랫폼을 통해 수용자에게 프로그램을 홍보할 뿐만 아니라 수용자들과 상호작용하면서 프로그램의 진행을 확장시킬 수 있도록 만들고 있다(Ross, 2008). 오늘날 콘텐트 제작자들은 수용자가 단편적으로 1회분 프로그램에 대한 수동적 시청을 훨씬 넘어서 확장된, 다양한 활동에 참여하게 될 것이라는 점에 대해, 그리고 이러한 활동들이 프로그램에 대한 수용자들의 이해 (및 평가)에 기여할 것이라는 점에 대해 점차 익숙해지고 있다(Andrejevic, 2008; Costello & Moore, 2007). 로스(Ross, 2008)에 의하면, 복잡한 서사를 바탕으로 한 텔레비전 프로그램인 〈로스트〉(*Lost*)는 팬들이 프로그램에 대한 온라인 토론과 논의 및 정보공유에 참여하게 할 뿐 아니라, 1회 방영분을 쉽게 다시 볼 수 있고 각각의 방영물에 나온 암호방식을 해독할 수 있게 하였다. 〈로스트〉는 진정으로 수용자 자율성과 양방향성이 향상된 오늘날의 미디어 환경이 만들어낸 결과물(*product*)이다. 〈로스트〉 제작사의 이러한 활동들은 실제로 수용자 구성원들이 〈로스트〉라는 프로그램을 효과적으로 평가하는 데 필수적이다.

웹이 영화개봉 전에 사람들의 관심을 끌기 위한, 그리고 영화개봉 후에는 사람들의 관람평을 끌어내기 위한 메커니즘으로 발전하듯, 전통적인 영화산업도 비슷한 과정을 겪으며 진화하고 있다. 〈클로버필드〉(*Clover field*)와 같은 괴수영화의 경우, 수용자가 '영화 이야기의 부분 부분을 연결'하기 위해 온라인에 접속할 것이라는 기대 때문에 의도적으로 영화의 줄거리를 모호하게 만들었다(Kung, 2008: 1). 이러한 최근 모습들은 미래에는 우리의 문화상품에서 서술의 복잡성과 모호성이 더 커질 뿐 아니라 모든 미디어 상품과 관련하여 수용자가 이해하는 미디어 상품의 내용이 원래 모습의 미디어를 넘어서까지 확장될 것을 시사한다.

또한 우리는 미디어 산업들이 수용자를 어떻게 분석하려 하는가와 관련된 모든 진화가 문화생산의 과정, 그리고 생산된 문화상품의 특성 모두에 어떠한 영향을 미치게 되는가에 대해 생각할 필요가 있다. 우리는 문화상품의 성공을 판가름할 수 있는 기준에 따라 문화상품과 관련된 모든 변화들에 미디어 조직들이 직접적으로 반응하게 된다고 믿는다. 조직이론가들이 지적하듯이, 조직들은 조직의 실적을 평가하는 측정방법에 사용된 기준을 더 잘 따를 수 있는 방향으로 변한다(Espeland & Sauder, 2007). 이 점에서 전통적인 노출중심의 성공기준과 함께 (그리고 어쩌면 그것을 대신해) 작동하는 것 같은 현재 진행중인 대안적 시장 정보시스템으로의 이행은 이처럼 변화하는 기준들이 생산되고 유통되는 미디어 콘텐트의 본질에 어떠한 영향을 미칠 것인가에 대한 질문으로 이어진다. 이것은 아마도 계속 진행중인 수용자 진화과정에서 제기된 가장 흥미로운, 하지만 아직은 대답하기 어려운, 질문들 중 하나일 것이다. 예를 들어 우리는 광고에 대한 온라인 수용자의 관여도를 측정하는 구체적 방법에 관한 한, SNS가 다른 유형의 사이트들보다 훨씬 더 낫다는 모습을 확인하였다(Morrissey, 2009). 리얼리티 텔레비전 프로그램들이 각본대로 짜인 프로그램들(*scripted programs*)에 비해서 최근 등장한 여러 가지의 참여지수들에서 훨씬 더 높은 수치를 보여준다는 데이터들이 있다(Friedman, 2009d). 이와 같은 결과들은 새로운 성과측정 지표들이 수용자 시장의 경쟁상황을 변화시키며 또한 다른 타입들에 비해 특정 타입의 콘텐트를 생산하도록 유도하는 여러 모습들을 보여준다.

이와 같은 결과들과 관련, 우리는 전통적 노출기반 성과지표에서 아주 좋은 성과를 보인 미디어 콘텐트가 반드시 수용자 참여, 회상, 혹은 평가와 같은 대안적 성과지표에서 좋은 성과를 보이지 않으며, 반대의 상황 또한 마찬가지일 수 있다는 사례들을 확인할 수 있다(Optimedia U. S. Launches Content Power Ratings, 2008 참고). 예를 들면, 전통적 노출기반 측정법을 적용할 때는 성과가 좋지 않았던 노래(매출 기록)와 낮은 시청률을 보이던 텔레비전 프로그램(닐슨 시청률)이 종종 대안적 측정기법(이를테면 SNS에서 특정한 노래와 텔레비전 프로그램들이 온라인 대화 속에서 등장하는 빈도, 혹은 콘텐트에 대한 애착도, 즉 콘텐트 소비에 투자된 시간이라는 점에서)을 따라 평가할 때 매우 유명한 노래나 프로그램으로 나타나기도 한다(O'Malley, 2008; Lafayette, 2008b).

노출기반 측정과 대안적 측정에 따라 프로그램의 성과가 다르게 나타난다는 사실은 성공을 위한 기준이 더 다양하게 바뀐다면, 좀더 다양한 유형의 콘텐트가 생산될 수도 있음을 암시한다. 대안적 성과기준은 궁극적으로 미디어 상품의 성과에 대한 전통적 측정법으로는 성공할 수 없었던 콘텐트의 제작을 뒷받침하며 촉진하게 될 것이다. 타깃이 되는 수용자 구성원들(즉, 수용자 규모 및 인구통계학적 구성)의 상당수를 끌어들이기 위한 과거의 절대성이 붕괴했다는 사실 — 그리고 과거의 방식으로 파악된 타깃 수용자들은 기껏해야 실제 현실의 수용자와 미미하게 연관이 있거나 심지어 애초에 의도했던 수용자가 아니라는 사실(Napoli, 2003a 참고) — 은 문화생산의 과정을 결정적으로 해방시킬 수 있는 가능성을 안고 있다. 현재의 미디어 환경은 소비 콘텐트에 대한 수용자들의 참여 및 평가가 수용자 규모, 수용자의 인구통계학적 구성만큼 평가받게 만든다. 이로 인해 수용자가 소비하는 콘텐트에 대한 수용자의 참여와 평가는 수용자의 규모와 인구학적 구성방식만큼, 혹은 더욱 귀중하게 받아들여지는 미디어 환경이 조성되었다. 이와 같은 미디어 환경에서는 과거에는 수용자 규모가 너무 작아서 독특한 수용자의 필요와 흥미를 만족시킬 콘텐트를 생산할 유인이 없었던 일부 미디어 수용자들에게 부응할 수 있는 미디어 콘텐트를 제공할 수 있는 가능성이 열린다.

하지만 대안적 성과기준 등장에 따른 미디어 콘텐트의 다각화 효과(*diversifying effect*)에 대해 낙관적일 수 있는 이유가 있음에도 불구하고, 이 가능성들은 대안적 수용자 정보시스템의 발전과 제도화에 따라 나타날 수용자 이해에 대한 합리화 결과로 예상되는 부정적 효과와 함께 고려할 수밖에 없다. 제 1장에서 언급했듯, 수용자 이해에 대한 합리화에 비판적인 사람들은 미디어 콘텐트 창조과정에 대한 잠재적 질식효과(*stultifying effect*)의 가능성을 강조했다. 이들의 주요 비판은 미디어 콘텐트 창조과정을 위해 수용자들의 취향과 선호에 대한 현존하는 정보들을 참고하는 것이 얼마나 적절한가에 주로 초점을 맞춘다.

신 수용자 정보시스템이 유례가 없을 정도로 수용자의 취향과 선호도를 측정할 수 있는 해당정보를 콘텐트 제작 의사결정에 활용할 수 있는 새로운 기회를 제시하면서, 오늘날 앞에서 언급한 우려들은 완전히 새로운 모습으로 나타나고 있다. 예를 들어 수용자 정보는 다양한 방식으로 기자의 의사결정을 좌우할 수 있게 되었다. 이제 온라인 뉴스미디어에서는 어떤 정기기고가를 고용할지 혹은 해고할지를 결정하는 데에 이용될 뿐 아니라 어떤 종류의 기사를 보도할지 판단하는 데도 웹을 통해 수집한 수용자 정보를 활용하는데, 이는 통상 '계기판 저널리즘'(*calibrated journalism*)이라고 불린다(Anderson, 2009; MacGregor, 2007; Wasserman, 2008). 계기판 저널리즘은 틀림없이 뉴스사업이 수년간 수용자의 취향 및 선호에 점점 더 민감해지게 된 사례이지만(McManus, 1994), 이처럼 새로운 분석도구들로 뉴스사업은 상호작용성이 향상된 오늘날 미디어 환경에서만 가능한 데이터 분석과정과 뉴스 콘텐트를 더욱 작고 구체적인 분석단위들로(즉, 개별적 기사들, 개별적 정기기고가들 등으로) 분해하는 상당한 수준의 구체적 적용가능성을 얻을 수 있다. 어떤 연구는 이처럼 새로운 수용자 정보가 새로운 뉴스 전문가주의(*news professionalism*)에 근본적 진화를 제시하는 방식으로 전통적 기자 '본능'과 기존의 '뉴스가치'를 약화시킨다고 주장한다(Anderson, 2009; MacGregor, 2007).

점차 상호작용적으로 변해가는 미디어 환경이 저널리즘에 미치는 영향은 아마도 스폿닷유에스(Spot. us)와 같은 '공동체기반 보도'(*community-funded journalism*) 사이트들의 출현에서 가장 극적으로 나타난다. 스폿닷유에스는 탐사보도를 위해 일련의 가능한 주제들을 제안한 후 해당 사이트 방문자의 온라인 송금(*online payments*)을 통해 가장 큰 재정기부를 받은 것들을 조사한다. 정확히 소비자 수요에 관한 정보가 더욱 광범위하게 수집되고 분석될 수 있는 미디어 환경에서 보도 제작물(*journalistic product*)이 어떻게 변화하는지는 장차 저널리즘 연구의 주요과제임에 틀림없다.

수용자 정보가 의사결정에서 큰 영향을 미칠 때 콘텐트 제작에서 새로운 혁신은 꺼려질 수도 있음을 시사하는 연구들도 있다(Ahlkvist & Fisher, 2000; Born, 2002 참고). 수용자 정보가 새로운 혁신을 저해하는 것은 미래의 수용자 이해에 대한 합리화에서 계속 나타나는 패턴이 될 것인가? 혹은 수집되고 있는 새로운 수용자 정보의 특성이 콘텐트 제작에 다르게 영향을 미칠 것인가? 이러한 질문들에 대해 답하기 위해서는 다음의 두 가지를 확인하여야 한다. 첫째, 전통적 수용자 정보 시스템과 새로운 수용자 정보시스템 사이에서 각각의 시스템이 제공하는 수용자의 취향과 선호도 표상들 중 무엇이 같고 무엇이 다른가를 살펴보아야 한다. 둘째, 전통적 수용자 정보의 역할에 비하여 새로운 수용자 정보가 얼마나, 그리고 어느 정도나 미디어 콘텐트와 관련된 의사결정에 영향을 미치는가를 확인해야 한다. 또한 향후연구에서는 콘텐트 제작자가 새로운 수용자 정보시스템의 분석적 유용성에 대해 인식하는 수준, 새로운 수용자 정보시스템에 대한 의존 정도가 전통적인 수용자 정보시스템에 대한 콘텐트 제작자의 인식과 차이가 있는가를 조사하여야 할 것이다.

그럼에도 불구하고, 오늘날의 미디어 및 커뮤니케이션 산업에 종사하는 전략 이론가들과 경영 컨설턴트들의 많은 저술들에서는 수용자 정보에 대한 체계적인 분석에 따른 더 발전된 방식의 의사결정 과정이 필요함을 강조한다. 어느 최근 컨설팅 보고서의 기록은 다음과 같다.

> 미디어 회사들은 데이터, 정보 및 고객관계 관리(*customer relationship management*)에 대한 기초를 확립할 필요가 있다. … 보통 콘텐트 소유자들은 이러한 방식에 낯설겠지만, 데이터마이닝, 소비자 프로파일 작성, 예측 분석 등을 빨리 배울 수밖에 없는 상황이 올 것이다. 역사적으로 고객들과의 실제 거래와 콘텐트 소유자들은 한두 단계 떨어져 있었다. 콘텐트 소유자가 필요로 하는 정보를 얻기 위해서는, 콘텐트 소유자 스스로가 더 직접적으로 고객과 상호작용하거나 혹은 정보공유와 관련된 핵심사항들을 포괄하는 콘텐트 유통과 관련된 협정문을 작성해야만 할 것이다(Berman et al., 2007: 19).

하지만 이 같은 주장과 동시에, 수용자 정보를 얻기 위해 투자하는 수많은 미디어 조직들이 증가일로에 있는 이용할 수 있는 데이터양[3]의 폭증을 따라가지 못한다는 수많은 주장들을 고려할 때, 오늘날의 수집되는 수용자 정보의 범위와 구체성이 정보과잉(*information overload*)[4]

3 이 사안은 이 연구를 위한 참여관찰의 부문으로 참석했던, 2009년 3월에 마이애미 대학에서 개최된 수용자와 소비자 측정에서의 발전 컨퍼런스와 IAB의 MIXX 2008 컨퍼런스에서 빈번하게 이루어진 논의의 핵심이었다.

상황을 보여준다는 상당한 우려가 미디어 및 광고 산업에 나오고 있다. 몇몇 미디어 산업 연구자들은 필요한 데이터 분석능력을 갖춘 사람들이 더욱 세련된 분석기법을 요구하는 미디어 산업직에 아직 충원되지 않았음을 보여준다.[5] 연구자들은 이 현상을 '재능격차' (*talent gap*) 라고 부른다. 조직의 운영에서 정보가 어떠한 역할을 하는가를 연구한 문헌들에 따르면, 조직의 의사결정을 내리는 상황에서 결정권자들은 자신이 이용할 수 있는 소규모의 이용가능 정보들을 자신의 분석과 의사결정에 이용한다고 한다(Edmunds & Morris, 2000). 정보의 일부만 이용하는 것이 정보과잉 상황에 대처하는 일반적인 방법이다. 물론 이용가능 정보 중에 일부만 분석할 경우, 이용가능 정보 중 분석되지 않은 더 큰 다른 일부, 혹은 아마 그 전체를 분석할 때 도출되는 결론과는 매우 다른 (그리고 아마도 부정확한) 결론이 나올 수 있는 위험이 있다.

여기서 모순이 있다. 수용자 이해에 대한 합리화 과정에서 제도화된 문화생산 영역이 점점 더 합리화되어 가지만, 합리화 방식을 따르는 이러한 문화생산 영역은 전통적인 제도적 생산환경 외부에서 생산된 일련의 문화상품들(예를 들면, 이용자제작 콘텐트), 그것도 대부분의 경우 수용자 이해에 대해 그렇게 높은 수준의 합리화 과정을 따르지 않는 문화상품들과 경쟁해야 한다. 물론 수용자 이해에 대한 이 같은 상이한 접근은 전통적 미디어 상품과 이용자제작 콘텐트를 둘러싼 처리과정

---

4 이 사안은 이 연구의 참여관찰 부문의 일부로서 참석한, IAB의 MIXX 2008 컨퍼런스에서 논의의 주요 핵심이었다. 어느 발표자에 따르면, "보통 미디어 플래너 및 영업사원은 경영 컨설턴트에 더 가깝게 보여야 할 것이다."

5 시청률 업계에서 더 집중적인 자기규제의 필요성은 2005년 9월 29일에 (이 연구를 위해 수행된 참여관찰 자료수집의 일부로 저자가 참여했고) ARF에 의해 개최되어 수용자 측정계획의 구축이 발표되었던 회의의 핵심이었다 (Mandese, 2005 참고).

들의 수많은 서로 다른 특징 중의 하나만을 보여줄 뿐이다. 향후 연구에서는 전통적 미디어 콘텐트와 이용자제작 미디어 콘텐트의 상이한 제작·소비역학 및 이들 사이의 갈등에 대해 더 조사할 필요가 있다.

수용자 진화와 미디어 정책

미디어 정책 관점에서, 이 책이 다루는 사안들을 미디어 정책결정의 구체적·일반적 영역과 관련해 간단히 언급하기로 한다. 첫째로, 구체적 영역은 수용자 측정회사의 운영(그리고 해당 회사에 대한 잠재적 규제)을 둘러싼 정책결정을 뜻한다. 둘째로 일반적 영역은 폭넓은 미디어 정책과 관련되어 있는데, 미디어 수용자 진화가 미디어 및 커뮤니케이션 산업에 관련된 규제와 정책결정을 좌우할 수 있는 분석 시스템과 규범적 목표에 영향을 주는 방법을 뜻한다.

수용자 측정산업의 규제

이 책에서는 매우 구체적으로 최근 몇 년간 (특히 미국에서) 엄청난 관심을 받아온 수용자 측정산업 관련 조직들에 대한 적절한 규제논의에 관한 사안을 다루었다. 제 4장에서 서술했듯이, 닐슨의 지역형 피플미터(LPM)의 도입을 둘러싼 사회적 논쟁으로 미국의회는 수용자 측정회사에 대한 더욱 직접적 규제·감독을 제안하는 시청률의 공정성 및 정확성 법안(Congress of the Fairness and Accuracy in Ratings Act)을 도입하였다. 더 최근에는 아비트론의 휴대용 피플미터(PPM) 도입, 잠재적으로 프라이버시를 침해할 수 있는 페이스북 같은 웹사이트들의 활동들, 더블클릭 및 네부애드와 같은 온라인 수용자 측정회사들을 둘러싼 유사한 논쟁들이 추가적 정부조사 및 조치에 더욱 박차를 가했다. 결과적으로 언급된 수용자 측정회사들의 주요 고객들 상당수가 어느 정도의 정부규제(Chagrin, 2005 참고)를, 혹은 최소한 업계의 더 철저한 형태의 자기규제[6]를 부르짖는 비판론자들이다.

4장에서 서술했듯이 수용자 측정산업에 대한 정부의 간섭에 대한 찬반, 그리고 정부간섭의 합법성에 관한 현재의 논쟁들이 아직까지 수용자 정보의 담화지위에 관한 어떠한 구체적 합의에도 기반하지 않는다는 점, 따라서 이 같은 상황에서 정부규제의 허가 가능성에 대한 합의도 도출되지 않았다는 점은 놀라울 따름이다. 그러나 제 4장에서 논의된 수용자 시·청취율의 담화지위에 대한 이해당사자 사이의 논쟁은 잠재적으로 시·청취율 분석과 관련된 몇몇 관점들을 자세히 다루지 않았는데, 여기서는 이러한 관점들을 간략하게 소개하기로 한다.

'사회적 사실'로서의 수용자 데이터

수용자 데이터가 사실(*fact*)로 규정되는지 아니면 의견(*opinion*)으로 규정되는지에 대한 질문은 대개 수용자 측정을 둘러싼 판결에서 다소 불명확하게 해결되지 않은 채로 남아 있다. 미국 대법원에서는 사실에 대한 정의를 밝히는 데 매우 치밀한 모습을 보여왔다. 미국 대법원에 따르면, 사실이란 독창적(*original*)이지 않으며, 만들어지기보다 발견되는 것이다.[7] 사실의 의미에 대한 법학사(法學史)의 이론들은 숫자의

6 Feist Publications v. Rural Telephone Service Co., 499 U.S. 340, 347(1991) ("사실의 기원은 원저자의 행동에 있지 않다. 그 구분은 창조와 발견의 구분과 같은 것이다. 특정 사실을 처음으로 발견해서 보고한 사람은 사실을 창조한 것이 아니다. 그(녀)는 그 존재를 발견했을 뿐이다.")

7 스프라그(Sprague)가 말했듯이, "순수한 연구자는 '결국, 이것들은 모두 추정치일 뿐'이라고 말할지 모른다. 하지만 실천적 연구자는 현실 세계에서 추정치는 보통 사실로 사용된다는 것을 알고 있다(1981: 44)."

중요성(*the centrality of numbers*)을 강조해왔다. 예를 들면, 푸베이(Poovey)는 "숫자는 체계적 지식의 기반이 되는 동시에 해석 이전의(*pre-interpretive*) 것으로 여겨지거나 어느 정도는 해석과 무관하다고(*non-interpretive*) 간주되었기 때문에 근대적 의미의 사실(*modern fact*)을 대표하게 되었다"고 주장한다(1998: xii). 이러한 관점은 사실과 수용자 정보(*audience data*) 간의 연계가 가능하다는 점을 강하게 보여준다. 반대로, 의견은 옳거나 그르다고 입증될 수 없는 것이다. 법원이 사실로부터 의견을 구별해내기 위해 사용해온 의견규정의 핵심요인으로는 ① 특정한 진술이 어떤 대상에 대한 이해방식의 합의를 존재 가능하게 만드는 구체적인 핵심의미를 가지는지 여부, ② 진술이 검증 가능한지 여부, ③ 진술이 등장하게 된 더 넓은 의미의 맥락이나 환경의 존재 여부 등이 있다(Shapo, 1997 참고).

수용자 정보가 한편으로 측정회사의 의견을 나타낸다는 주장과 다른 한편으로는 수용자 시장에서 정확하고 객관적인 통화로서의 기능을 주장 사이에 상당한 인지 부조화(*cognitive dissonance*)가 발생하는 것은 틀림없다(Arbitron v. Andrew M. Cuomo, 2008b 참고). '정확한'(*accurate*)이라는 용어는 일종의 사실에 입각한 것과의 관계를 의미한다. 하지만 측정회사가 생산한 수용자 표상은 무엇이 수용자를 구성하는 최선의 방법인가에 대한 수많은 주관적 결정 및 견해들의 결과물이다. 수용자 측정기술의 설계, 표본 설정과 모집, 데이터 처리과정에 관한 결정들 모두가 수용자 시장에서 통화로 기능하는 수용자 구성에 영향을 끼친다(Webster, Phalen & Lichty, 2006 참고). 수용자 측정과정의 변화는 매우 다른 모습의 수용자로 나타난다. 사실이 이렇게 변화 가능한 구성물(*construct*)임을 받아들이는 것은 쉽지 않다(Ang, 1991; Buzzard, 1990; Meehan, 1984 참고).

하지만 이처럼 사실인지 아니면 의견인지를 판결하기 위해서는 수용자 데이터의 구매자들이 수용자 데이터를 어떻게 이용하는지 살피는 것이 적절하다. 비록 수용자 데이터가 전통적인 사실에 대한 정의와 관련된 기준을 명확하게 충족하지는 못해도, 미디어 수용자 시장이 기능하는 데 사실과 같은 역할을 하고 있다. 예를 들어 미디어 사회학자인 토드 기틀린(Todd Gitlin)은 "매일매일 계산과 판단의 소용돌이 속에서 방송국 경영진들, 심지어 조사 전문가들까지도 종종 확인되지 않는 정확성이라는 직업적 표준오차[8]를 범한다. … 일단 경영자가 수용자 측정치를 받아들이는 순간, 그 경영자는 그 측정치가 정확하다고 가정하고 판단한다. 경영자는 표준오차(*standard errors*)의 존재를 '알고' 있지만, 측정치의 표준오차를 고려하여 행동하는 것은 너무도 귀찮은 일이다. 따라서 숫자로 기록된 시스템은 그것 자체로 하나의 추동력을 갖는다(1983/2000: 53)."[9]

상황이 이렇다면 명백히 수용자 데이터를 사실 혹은 의견 둘 중의 하나로 분류하는 것은 절망스러울 정도의 저항을 불러올지도 모른다. 하지만 수용자 측정회사가 만들어낸 수용자 모습에서 옹호할 수 있는 중간적 입장을 취할 수도 있다. 구체적으로 몇몇 법률가들은 법원이 "무엇인가를 표현하는 작업의 경우 사실 그 자체를 존속시킨다는 점에서 … '창조된 사실'이라는 범주를 인정할 필요가 있다"고 주장한다(Hughes, 2007: 45; Gordon, 1992 참고). 존 설(John Searle)은 "한 세계의 객관적 사실은 실제 세계의 일부이며, 이는 오로지 인간들 사이의 협약에 의해서만 사실로 존재한다"는 말로 잠재적으로 의미 있

8 [역주] 원문은 'standard occupational error'이다. 하지면 여기서는 직업적 표준오차로 번역하였는데, 글의 맥락상 통계학 특히 표집방법과 관련된 표준오차와 관련이 되어 있기 때문이다.

9 여전히 인터넷에 접속하지 못하는 많은 사람들이 있다. 물론 이것은 미디어 문제에 대한 끊임없이 반복되는 접근을 보여준다.

는 절충안을 제공하였다(1995: 1). 설은 그러한 사례들을 '사회적 사실'(*social facts*)이라고 부른다. 설(Searle, 1995)에 의하면, 사회적 사실은 다음과 같은 경우에 발생한다. ① 어떤 사람이 무언가가 사실(*the case*)이라고 선언하거나 주장할 때, ② 무언가가 사실이라는 진술이 널리 받아들여질 때 등이 그것이다. 인간 사이의 합의에 의한 사실이라는 개념은 특히 통화로 수용자 시장을 작동시키는 수용자 구성의 본질에 적용 가능한 것처럼 보인다. 그러한 통화로서의 수용자는 구체적인 일단(一團)의 사회적 구성이 사실로서 만장일치로 받아들여지며 활용된다. 심지어 설은 통화(通貨, *currency*)를 사회적 사실의 일차적 사례로 들 정도이다(1995: 55).

이 같은 관점에서 사회적 사실을 더 깊게 고려하면, 우리는 수용자 데이터에 특별하게 적용될 법한 세부유목(*subcategory*)을 발견할 수 있다. 구체적으로 법률가인 저스틴 휴즈(Justin Hughes)는 스스로 '평가적 사실'(*evaluative facts*)이라고 부르는 것을 규명했다. 평가적 사실이란 사적 당사자들(*private parties*)에 의해 만들어지며 "사회적 사실이 될 수 있는 상당한 비표현적 활동들로 널리 받아들여지기 때문에 신뢰할 수 있는(2007: 68)" 정량적(*quantitative*) 혹은 정성적(*qualitative*) 평가를 포함한다. 평가적 사실들에 대한 휴즈의 사례들에는 중고 자동차들의 재판매 가치(*resale value*)에 대한 관련 출판업자들의 추정액, 수집가치가 있는 동전들의 가격추정, 상품거래소(*commodities exchange committee*)에 의해 설정된 결산가격(*settlement prices*)이 포함된다. 이러한 모든 사례들은 제품 가치의 설정을 포함하는데, 수용자 측정회사의 미디어 수용자에 대한 평가가 광고주를 위해 가치를 매기는 방식과는 다르다.

사실과 의견 / 표현(*opinion / expression*) 사이의 중간 개념을 발전시키려는 이러한 시도들은 주로 이와 같은 변화가 저작권에 대해 갖는 함의에 초점을 두었다. 예를 들면, 휴즈(Hughes, 2007)는 '창조된 사실'(*created facts*)이라는 개념을 옹호했다. 그러나 올바로 평가하건대 휴즈는 저작권 보호를 유지할 것을 옹호하기 위해 창조된 사실을 옹호하였을 뿐이다. 저작권 보호와 중간 개념의 관계는 바로 이 점에서 관련이 있다. 왜냐하면 이는 수용자 데이터가 사기(詐欺, *fraud*)인지를 평가할 목적으로, 그리고 상업적 담화인지 비상업적 담화인지를 결정할 목적으로 일종의 사실(*facts of a sort*)로 평가되도록 법률의 방향이 잠재적으로 움직일 수 있음을 인식하는 것은 중요하기 때문이다. 그러나 사실이 저작권의 보호대상이 아니라는 점을 감안하더라도, 이와 같은 새로운 분류로 인해 수용자 측정회사가 시·청취율이라는 자신들의 상품을 생산하도록 충분한 유인을 제공하는 저작권이 이들 회사에게서 반드시 박탈될 필요는 없다.

비담화(*non-speech*)로서의 수용자 정보

사실과 의견을 엄격하게 나누는 이분법이 수용자 데이터에 대한 법과 공공정책의 결정에 기초가 되기에 적절하지 못할 수 있듯, 수용자 측정에 대한 법적 논쟁에서 초점이 되어온 상업적 담화와 비상업적 담화를 엄밀하게 나누려는 이분법 역시 적절하지 않을 수 있다. 수용자 데이터를 상업적 혹은 비상업적 담화의 범주로 분류하는 것이 얼마나 어려운가에 대해서는 이미 제 4장에서 논의하였다. 이러한 어려움은 우리가 다음과 같은 질문을 제기해야 한다는 것을 뜻한다. "수용자 정보는 정말로 담화인가?" 미디어 산업 및 미디어 수용자에 대한 많은 연구자들은 종종 미디어 수용자가 '담론적 구성물'(*discursive construct*)로서 시·청취율에서 나타나는 것이라고 비판적으로 서술했는데, 이는 수용자 시·청취율의 매우 많은 부분이 담화의 어떤 형태로 고려되어야 함을 뜻한다. 하지만 수용자 데이터가 담론적 구성물이라는 점과, 경제적 교환에서 사용되는 통화라는 점, 또한 수용자 데이터가 스스로 주장하듯이 객관성(*objectivity*)과 정확성(*accuracy*)을 가지며 이에 기초하여 거래되는 의견이라는 점이 동시에 서술되고 있다는 사실을 우리는 어떻게 받아들일 수 있는가? 아마도 우리는 수용자 데이터를 통해서 실제로 수정헌법 제1조에 확립된 담화의 핵심과 부합하는 그 무엇에 대해 이야기하고 있는 것이 아닐지 모른다.

수많은 법률학자들은 수정헌법 제1조의 보호를 거의 받지 못하는 상업적 부문에서 이루어지는 여러 모습들의 담화들에 대해 강조했다(Weinstein, 2002 참고). 예를 들면, 프레더릭 샤우어(Frederick Schauer)는 전통적으로 상업적 담화와 관련하여 "뚜렷한 정치적, 예술적, 혹은 이념적 내용이 없지만, 널리 퍼져 있는 매우 공격적인 상품판매 행위와는 본질적으로 다른 사업행동과만 관련된 담화들의 총체(*universe of communication*)가 있다"고 말한다(1988: 1183). 상업적 담화들의 예들은 다음과 같은 범위에 걸쳐 있다(Schauer, 1988: 1183~1184).

- 1933년 증권법(Securities Act of 1933)과 1934년 증권거래소법(Securities Exchange Act of 1934)을 포함하여 현재 다양한 주(州) 및 연방정부의 증권법들로 규제되는, 피(被)신청인, 주주, 투자자들에 대한 담화
- 현재 셔먼 트러스트 금지법(Sherman Antitrust Act)으로 규제되는, 가격 및 상거래 관습에 관한 사업 경영진들 사이의 많은 담화
- 현재 미국노동관계법(National Labor Relations Act)으로 규제되는, 근무 조건 및 그 비슷한 종류들에 관한 담화
- 현재 미국연방통상위원회(FTC) 및 미국식품의약국(FDA)에 의해 규제되는, 상품 및 서비스들에 관한 담화
- 《통일상법전》(統一商法典, *Uniform Commercial Code*)에 의한 다양한 소비자보호 및 제품보증과 계약에 관한 관습법에 의해 규제되는 상품들에 관한 담화

• 현재 계약에 관한 관습법으로 규제되는, 계약 체결 의향에 관한 담화
• 기타 담화들

그러므로 이러한 관점에서 "상업적 담화 원칙(*commercial speech doctrine*)은 단지 상업적 담화를 공적 담론(*public discourse*)으로부터 구분짓는 경계에 관한 것일 뿐 아니라, '상업적 담화'의 범주를 상업적 담화 원칙의 보호를 받지 못하는 상업적인 소통의 부류로부터 구분짓는 경계에 관한 것이기도 하다(Post, 2000: 21)." 그렇다면 여기서의 핵심은, 수정헌법 제 1조의 분석이 필요 없는 상업적 부문에서 일어나는 몇 가지 형태의 담화가 반드시 존재한다는 점이다.

당연히 이러한 관점은 "그렇다면 수정헌법 제 1조의 분석을 야기하는 요인은 무엇인가?"에 대한 질문을 제기한다. 포스트(Post, 2000)가 예시하듯, 정답은 대개 스펜스 대 워싱턴(Spence v. Washington, 1974) 판례[10]에서 찾을 수 있다. 이 판례에서 대법원은 개인이 어떤 행동에 개입함으로써 자신의 생각을 표현하려는 경향이 있다고 하더라도 모든 형태의 행동(*conduct*)이 담화로 파악될 수는 없다는 점을 인정했다. 대신에 법원은 "특정한 메시지를 전달할 의도가 존재하며, 주변환경에서 그 메시지가 그 행위를 지켜본 사람들에게서 이해될 가능성이 충분히 클" 경우에만 수정헌법 제 1조의 적용대상이 된다고 결

---

10 [역주] 이 사건은 시애틀에 거주하는 스펜스라는 이름의 대학생이 자신의 아파트에 성조기를 거꾸로 단 후에 국기 양 옆으로 평화를 상징하는 마크를 덧달면서 벌어졌다. 시애틀이 속한 워싱턴 주에는 성조기에 다른 상징들을 달지 못하게 하는 주법(州法)이 있었기 때문에, 워싱턴 주는 스펜스의 행동을 주법에 의거하여 처벌하면서 논란이 발생했다. 담화행위가 아닌 표현적 행동(*expressive conduct*)이 수정헌법의 보호대상인가에 대한 유명한 판결이다.

정했다(pp. 410~411). 이 스펜스 테스트는 수정헌법 제 1조의 보호를 적용할지 여부에 대한 하급법원들의 판결에 사용되었다(Post, 2000).

하지만 포스트(Post, 1995)는 수정헌법 제 1조를 적용할 때 이것이 적절한지 여부에 관한 결정이 사회적 맥락 역시 고려한 것이라고 주장하며 스펜스 테스트가 부정확한 기준들을 제시하고 있다고 주장한다. 포스트는 항공기 운항지도(*flight navigation chart*)를 예로 들면서 스펜서 테스트의 부적절함을 설명한다. 가령 어떤 특정한 메시지를 전달하는 미디어가 잘못되었다는 이유로 고소를 받았을 때, 법원에서는 해당사안을 수정헌법 제 1조의 보호를 받는 담화가 아닌 제조물 책임법(*product liability law*)의 대상이 되는 제품으로 다루게 된다는 것이다. "수정헌법 제 1조의 적용여부는 수정헌법 제 1조의 보호를 받는 가치가 연루되어 있을 경우에만 관련이 있기 때문이다. 이러한 가치들은 일반적 담화행위와 관련 있는 것이 아니라, 담화행위에 합헌적 중요성(*constitutional significance*)을 일으키며 부여하는 사회적 맥락과 관련되어 있다(Post, 1995: 1255)."

그렇다면 다음과 같은 질문을 던질 수 있다. "수용자 측정회사들에 의해 생산된 것과 같은 데이터의 생산과 유통은 수정헌법 제 1조 조항의 범위에 들어가는 표현적 행동유형으로 고려될 수 있는 기준들과 반드시 부합되는가? 상업적 데이터베이스에 적용할 수 있는 적절한 분석적 관점에 초점을 맞춘 여러 연구들에서 나온 결론은 '아니다'(*no*)에 가깝다. 즉, 상업적 데이터베이스에 포함된 데이터는 수정헌법 제 1조의 분석적 체제가 작동하는 데 필수적 기준을 충족시키지 못한다(Richards, 2004 참고). 물론 어떤 이는 같은 논리가 수용자 데이터와 같은 영역에도 동일하게 적용될 수 있다고 파악하기도 한다. 본질적으로, 수용자 정보는 책이나 신문보다는 운항지도나 약품의 상품설명에 더 가까울 수 있으며, 따라서 아마도 주로 수정헌법 제 1조의 핵심과는 멀리 떨어진 오랫동안 소외되어 있던 수많은 형태들의 상업적 담화들의 맥락에서 더 잘 파악될 지도 모른다.

수용자 진화 시대 미디어 정책

이 책에서 지금까지 기술한 가장 중요한 주장 중 하나는 미디어 수용자와 콘텐트 제작자 사이의 전통적 구분이 점차 붕괴되고 있다는 것이다. 본질적으로 우리 미디어 시스템의 탈(脫) 제도화를 알려주는 과정 속에서, 수용자와 제작자의 전통적 구분을 유지할 수 있게 만들었던 현존 유통 시스템으로의 진입·접속을 방해하는 장벽, 그리고 허용량 한계가 감소하면서 전통적 미디어 제도가 누려왔던 특권적 지위는 쇠퇴하고 있다. 이처럼 재구성되는 역학에서 나타나는 정책적 함의는 단지 이제 막 총체적으로 평가되기 시작했을 뿐이다(Benkler, 2006; Pascu et al., 2007; Zittrain, 2008 참고). 하지만 한 가지는 분명하다. 전통적 제도적 커뮤니케이터(*institutional communicator*)에 압도적으로 초점을 두는, 혹은 본질적으로 특권을 주는 혹은 수정헌법 제 1조에 근거한 기존모형들은 더 이상 의미가 없다는 것이다.

수년 동안 공익관련 시민단체와 법률학자는 '미디어에 대한 접근'(*access to the media*)이라는 시민의 권리를 강조하는 미디어 정책에 대한 접근을 옹호했다(Barron, 1967 참고). 이와 같은 주장의 본질은 다음과 같다. 방송 주파수의 희소성 혹은 신문, 잡지, 케이블 시스템 혹은 케이블 네트워크와 같은 다른 대중미디어와 관련 높은 재정적 진입장벽을 고려할 때, 미디어 조직이 희소성이라는 특징을 갖는 현재의 미디어 환경에서 미디어 정책은 선택된 소수의 미디어 조직들을 넘어서서 수용자가 미디어를 이용하는 것을 넘어 접속할 수 있는 약간의 공안을 확보할 필요가 있었다. 그러므로 이러한 미디어 조직을 소유했던 제도적 커뮤니케이터들보다 발화자(*speaker*)에게 어느 정도의 접근권을 부여할 수 있도록, 지상파의 경우 공정성 원칙(*fairness doctrine*)을, 케이블 텔레비전의 공적 채널 확보와 같은 미디어 정책을 확인할 수 있었다.

비록 전통적 매스미디어 플랫폼보다는 보급률이 낮지만 커뮤니케이션 플랫폼으로서 충분히 확산되었다고 말할 수 있을 정도로 인터넷이 보급되었고 또한 낮은 진입장벽으로 접속이 상대적으로 쉬워지면서, 개별 인터넷 이용자는 인터넷 접속이라는 측면에서 전통적 미디어 조직의 커뮤니케이터와 같은 위치에 매우 가까운 모습을 보인다. 결과적으로 미디어 접근이라는 문제는 예전보다 훨씬 작은 문제가 되고 있다(Barron, 2007).[11] 그러므로 오늘날 우리는 '민주주의 문화'라는 수정헌법 제 1조에 내재된 목표를 달성하는 데 더 가까워져 있다. 민주주의 문화란 바로 "개인이 개인으로서 자신의 모습을 구성하는 여러 형태의 의미구성에 참석할 공정한 기회를 갖는 문화(Balkin, 2004: 3)"이다. 민주주의 문화는 "일반인들이 생각을 전파하고, 그들과 그들이 속한 공동체 및 하위 공동체들(*subcommunities*)을 구성하는 의미창출에 자유롭게 참여하는" 문화이다(Balkin, 2004: 4).

대부분의 수용자가 발화자가 될 기회를 갖는 환경에서 미디어 정책은 미디어 시스템에 잠재해 있는 성과를 반영하도록 재조정될 필요가 있다. 우리의 주요 미디어 제도는 점점 더 콘텐트의 종합, 추천 및 위치(즉, 검색)에 초점을 둔 기능을 제공하는 미디어 환경에서 정책입안자들의 초점 또한 이러한 기능들이 반드시 우리의 미디어 시스템을 극적으로 개조하는 소통적 잠재력(*communicative potential*)을 극대화하는 방식으로 수행되도록 변화될 필요가 있다.[12]

---

11 그들이 '공공 미디어'와 특히 연관시킨 이 쟁점들에 관한 논의는 클락과 아우프더하이데의 연구(Clark & Aufderheide, 2009)를 참고하라.

완전하게 실현가능한 아이디어의 창조와 전파과정 모두에 자유롭게 참여할 수 있는 능력을 확산시키기 위해서 정책결정자들은 미디어에 대한 접근이 완성된 이후에 발생하는 사안들에 주의를 기울여야 한다. 미디어에 대한 접근의 다음 단계는 수용자에 대한 접근(*access to audiences*)이다(Napoli & Sybblis, 2007 참고). 미디어에 대한 접근과 수용자에 대한 접근의 차이는 본질적으로 미디어에 대한 접근권이라는 개념이 메시지의 제작과 유통 수단에의 접근에 머물러 있다는 것이다. 발화자가 메시지를 유통시킬 수 있는 가능성의 수준과 이와 같은 가능성을 발화자들에게 어떻게 골고루 분배할 것인가와 관련하여 수용자에 대한 접근은 미디어에 대한 접근이 끝난 지점에서 시작된다. 수용자에 대한 접근은 발화자가 자신을 표현할 수 있는 권리, 그 이상을 뜻한다. 또한 미디어에 대한 접근권보다 더 넓은 맥락에서 자신의 표현이 누군가에게 들려질 수 있는 권리를 망라한다. 이는 진정으로 민주적 문화의 본질적 요소가 되는 아이디어의 확산에 참여할 수 있는 사람의 권리를 뜻한다.

미디어에 대한 접근권을 갖고 있는 두 명의 발화자들이라도 수용자에 대한 접근권의 수준에서는 엄청나게 다를 수 있다. 뉴욕시에서의 방송허가권을 받은 기업은 오마하(Omaha)에서 방송허가권을 받은 기업보다 전통적으로 훨씬 더 큰 수용자에 대한 접근권을 갖는다. 8천만 가구에서 이용할 수 있는 유선 텔레비전 방송망은 1천만 가구에서 이용할 수 있는 유선 텔레비전 방송망보다 전통적으로 훨씬 더 큰 접근권을 갖는 것이다. 메이저 음반회사와 계약한 음악인은 인디계(*independent*) 음반회사와 계약한 음악인보다 훨씬 더 큰 수용자에 대

12 이 진술은 이 연구를 위한 참여관찰 자료수집의 일부로서 저자가 참석한 ARF의 수용자 측정 4.0 컨퍼런스에서 작성되었다.

한 접근권을 갖는다. 검색을 했을 때 상위 5개 중 하나에 속하는 웹사이트는 똑같은 검색에서 1,012번째 순위를 차지한 웹사이트보다 수용자에 대한 훨씬 더 큰 접근권을 갖는다. 수용자에 대한 접근권의 수준이 엄청나게 다르다는 것은 이미 잘 알려져 있고 또한 어느 정도는 불가피하며 주의가 필요한 정책 문제를 반드시 드러내는 것이 아니라는 것은 틀림없다. 그러나 이러한 사례들은 수용자에 대한 접근권이라는 개념이 미디어에 대한 접근권이라는 개념보다 어느 정도는 더 철저하고 미묘한 차이를 보이는 일련의 분석적 기준을 제공할 수 있음을 보여준다.

아마도 가장 중요한 차이는 수용자에 대한 접근권이 미디어에 대한 접근권보다는 수정헌법 1조와 관련된 법학 이론에서 더 확실한 근거를 가진다는 점이다. 수정헌법 제 1조의 관점에서, 수용자에 대한 접근권은 전통적으로 강조되었던 발화자의 수정헌법 제 1조의 권리라는 점에 근거한다. 그러나 미디어에 대한 접근권은 어느 정도는 정통적이지 않은 관점에서 다양한 정보원들에 대한 접근을 강조하는 수정헌법 제 1조의 권리에 기인(起因)하고 정당화되었다(Napoli & Sybblis, 2007 참고). 또한 이것은 수용자에 대한 접근권에 근거를 둔 정책논쟁이 미디어에 대한 접근권에 근거를 둔 정책논쟁보다 더욱 강한 모습으로 수정헌법 제 1조에 기반한다는 사실을 의미한다. 또한 수용자에 대한 접근권은 전통적인 수정헌법 제 1조의 가치를 반영하고 고취시킬 수 있는 미디어 정책결정이 수용자에 대한 접근에 관한 발화자의 수정헌법 제 1조 관련 권리를 고취하고 보호하는 데에도 초점을 두어야 한다는 것을 의미하기도 한다. 진정한 민주주의 문화를 위해서 정책결정자들은 수정헌법 제 1조의 권리가 평등하게 분배되도록 노력해야 한다.

위에서 언급한 사례들처럼, 수용자에 대한 접근에는 언제나 다양한 수준이 있었으며, 심지어 미디어에 대한 접근에서도 다양한 차이가 있다. 이처럼 다양한 범위가 존재하는 것은 아주 흔하고 어느 정도 불가피하다. 이러한 차이들은 일반적으로 좀처럼 누군가의 표현자유의 권리에 대한 위반 혹은 주의가 필요한 정책문제로 간주되지 않았고, 또한 대개 권리의 위반이나 정책문제는 아니다. 발화자 사이의 수용자에 대한 접근에서 나타나는 대부분의 불균형은 우리 미디어 시스템의 기술적이고 경제적인 특성에 따른 불가피한 부산물로 간주될 수 있다. 많은 현대 미디어 기관들의 활동 중 초점이 되고 있는 데이터의 수집, 추천, 검색 등의 과정에 차별적 기준이나 관행을 포함되어 있다면, 수용자에 대한 상이한 수준의 접근은 주의가 필요한 잠재적 정책문제로 나타날 수밖에 없다. 이 사안에 관하여 최근의 어느 분석에 따르면, "만약 소수의 선별된 중개인[13]이 청자들(*listeners*)이 선택되지 않았다는 이유로 발화자를 방해하거나 차별한다면(Chandler, 2007: 1095)", 발화자가 갖고 있는 수용자에 대한 접근을 부인하는 것이 된다.

예를 들어 망(網) 중립성 문제는 수용자에 대한 접근에 관한 논쟁으로 이해할 수 있다. 광(廣)대역 서비스 회사들이 웹 트래픽의 흐름을 선택적으로 차단하거나, 방해하거나, 늦추기 위해 이용할 수 있는 차별화 기계장치들(*discriminatory mechanisms*)은 본질적으로 발화자들 가운데 수용자에 대한 차별화된 수준의 접속을 만들어내기 위한 것이다(Chandler, 2007). 가장 중요한 것은, 광대역 서비스 제공자들은 출판사나 프로그래머보다 전화회사에 더 가까운 지위를 갖고서 이러한 활동들에 참여한다는 것이다. 이와 관련하여, 수정헌법 제1조의 관점에서 망 중립성 문제는 온라인 발화자들이 수용자에 접근할 수 있는

13 [역주] '소수의 선별된 중개인'이라는 표현은 'selection intermediaries'의 번역어로 여기서는 미디어를 지칭한다.

권리이며 또한 어떻게 그러한 권리들이 광대역 서비스 회사들의 수정헌법 제 1조가 보장하는 권리에 버금갈 수 있는가에 관한 것이다. 인터넷에서 커뮤니케이션하는 웹사이트의 운영자가 광대역 서비스 제공자들에 비해 전통적 의미의 발화자에 가깝지만, 그럼에도 불구하고 광대역 서비스 제공자는 통신망을 따라 움직이는 콘텐트에 대한 중개자(*gatekeeper*)의 역할을 수행한다.

검색엔진을 통해 제공되는 웹사이트들의 순위가 각각의 웹사이트의 수용자 접근의 수준을 결정짓는다는 점에서, 검색엔진 운영의 통신 프로토콜은 수용자에 대한 접근이라는 점에서 중요한 문제를 제기한다(Chandler, 2007; Napoli, 2008 참고). 몇몇 분석가들은 온라인 소통에서 검색엔진의 중요성과 검색엔진 회사들이 검색결과를 왜곡시키고 차단시킬 수도 있는 다양한 메커니즘을 고려할 때, 검색엔진들의 작동을 규제할 수 있는 감독은 필수적이고 적절하며, 또한 수정헌법 제 1조에 기반하여 전적으로 옹호할 수 있다고 주장한다(Bracha & Pasquale, 2008; Helft, 2008 참고). 그러나 이러한 주장들은 검색엔진을 통해 수용자에 대한 접근을 추구하는 개별 웹사이트들의 수정헌법 제 1조 권리는 홀대하면서 검색엔진 회사들의 수정헌법 제 1조 권리(검색엔진 회사의 권리에 대한 제한)에 초점을 두는 경향이 있었다. 여기에서 수용자에 대한 접근을 포괄하는 분석틀은 현재까지 대개는 간과되었던 수정헌법 제 1조와 관련된 우려들이 전면에 등장하면서 검색엔진에 대한 규제감독의 필요성과 관련된 논의를 강화시켜 줄 수 있다.

이쯤에서 명백해져야 한다. 전통적으로 미디어 조직과 미디어 수용자를 구분하였던 많은 기술적 장벽들이 제거되면서 콘텐트의 생산과 유통과정이 점차 탈제도화되는 미디어 환경에서, 정책목표 역시도 탈제도화되어야 한다는 사실이다. 즉, 정책결정자들은 전통적 미디어 조직이 맡고 있던 전통적 조직들에서 개별 수용자 구성원들과 미디어 조직이 수용자에 접근할 수 있는 능력이라는 점에서 동등해지는 미디어 시스템을 촉진하고 보존하는 방향으로 정책의 방향을 바꾸어야 할 필요가 있다. 정책의 방향을 바꾼다는 것은 정보의 보급과 수용에서 남아 있는 걸림돌(*choke points*)에 초점을 맞추는 것이다. 새로운 미디어 환경이 어쩌면 미디어 수용자의 본질을 변화시키는 방식에 내재된 진정한 민주적 문화의 잠재력을 파괴시킬 수도 있다. 수용자가 진화하면, 미디어 정책도 비슷한 궤적을 따라 진화할 필요가 있다.

수용자 진화와 언론학

끝으로, 수용자 진화의 과정이 미디어 산업 및 수용자들에 대한 연구에 보여주는 함의가 무엇인지 살펴보는 것은 중요하다. 즉, 제도화된 미디어 수용자에 대해 현재 진행중인 재(再)개념화가 언론학에 대해 갖는 의미는 무엇인가? 오랫동안 미디어 학자들은 미디어 수용자를 연구하기 위해 다양한 접근법을 취해왔다. 이 중 일부는 산업계의 접근법(예를 들어 시·청취율 분석)과 상당히 가까운 접근법을 취하였고, 다른 일부는 매우 다른 — 심지어 대립적인 — 접근법을 취해왔다.

먼저 수용자 진화과정이 미디어 및 광고 산업의 접근법에 더 밀접하게 연관된 학문적 접근법에 어떠한 의미가 있는지 살펴보도록 하자. 모스코와 케이(Mosco & Kaye, 2000)가 언급했듯이, 상업적으로 생산된 수용자 데이터를 사용하는 것의 편리한 점은 수용자를 학문적으로 어떻게 개념화하는가에 매우 중요한 역할을 수행한다. 특히 이것은 보통 시·청취율 분석이라고 언급되는 학문적 수용자 연구분야(Webster, Phalen & Lichty, 2006)와 관련되어 있다. 역사적으로 이러한 연구들은 미디어 수용자에 대한 다양한 분석에 참여하는 미디어 조직 및 광고주들에 의해 활용되는 판매되는 수용자 데이터에 의존했다. 이러한 분석들 중 몇몇은 미디어 산업계에 이익이 되는 분석들을 반영하는 연구문제들에 답하기도 한다. 또한 다른 몇몇은 업계 이해당사자에 중요한 연구문제를 훨씬 뛰어넘는 연구문제를 분석하기 위하여 상업적 수용자 정보원을 활용한다(Webster, Phalen & Lichty, 2006). 하지만, 어떤 연구문제가 탐구되는가에 상관없이, 이들 연구들은 미디어 산업들 및 미디어 산업들과 관계된 수용자 측정회사들이 정형화시킨 방식의 수용자 개념을 반영하는 데이터를 통해 수행된다.

현재 진행중인 수용자 진화과정은 시·청취율 분석 분야가 어떻게 정의되는가에 대한 흥미로운 질문을 제기한다. 시·청취율 분석의 핵심은 분석대상이 되는 미디어 소비 영역인가? 즉, 시·청취율 분석은 판매된 데이터를 통한 수용자 노출에 대한 측정과 분석이라는 의미로 정의되어야만 하는가? 수용자 노출에 대한 측정과 분석이라는 정의는 유명한 웹스터, 팔렌, 리치(Webster, Phalen & Lichty, 2006)의 시청률 분석에 관한 연구에서 제안하고 있는 시·청취율 분석에 대한 정의의 핵심이다. 웹스터 등에 따르면, 시청률 분석은 "전자 미디어에 대한 사람들의 노출에 관한 많은 데이터"(p. 11)에 대한 분석을 포함한다. 하지만 만약 시청률 분석이 지속적으로 이렇게 좁게 정의된다면, 제3장에서 기술한 바와 같이 노출정보의 분석적 유용성 및 포괄성이 떨어지는 현실을 고려할 때, 그 학문적 유용성은 감소하게 될 것이다.

학술적으로 수용자를 바라보는 연구자들은 점점 더 시·청취율 데이터에서 수용자의 미디어 노출을 수용자에 대한 부적절한 표상으로 인식하고 있다. 특히 연구자가 단지 가장 인기 있는 (여전히 전통적 측정방법으로 비교적 잘 측정되는) 것들과는 반대로, 가능한 콘텐트 옵션들 전체에 걸쳐 혹은 인구학적 집단들에 걸쳐 수용자 관심이 어떻게 분포되어 있는지에 관심이 있다면 미디어 노출은 더욱더 부적절하다.

수용자 시장에 핵심적인 수많은 연구문제들은 여전히 연구할 수 있는 일부의 지상파 텔레비전, 라디오 기지국, 혹은 웹사이트들에서 엄밀한 방식으로 획득할 수 있는 수용자 정보시스템을 통해서 답변될 수 있다. 하지만, 학술적 사회과학의 특징이어야 하는 엄밀함의 수준과 더불어 미디어 수용자의 분포를 잘 담아내지 못하고 포괄성이 떨어지는 데이터를 통해 수용자 행동의 전반에 대한 철저한 이해가 성취될 수 있다고 주장하는 것은 점점 더 가능성이 없어 보인다. 이러한 점에서 전통적 시·청취율 분석을 통해 효과적으로 파악될 수 있는 질문의 범위는 좁아지고 있다. 이러한 변화는 수용자 노출에 대한 분석을 둘러싼 학술적 시·청취율 분석에 대한 정의가 이러한 학술 연구분야에서 어쩔 수 없이 쇠퇴할 수밖에 없다는 점을 시사한다.

분석대상이 되는 데이터의 출처와 목적이라는 점에서 시·청취율 분석이 정의되는 대안적 접근법이 더 적절할 것이다. 다시 말해서, 시·청취율 분석은 (그 방향이 무엇이든 간에) 미디어 산업의 이해당사자가 수용자 시장에서의 성과와 성공여부를 평가하기 위해 이용하는 데이터 분석이라고 더 유용하게 정의될 수도 있다. 이와 같은 정의에 기반하는 접근법은 수용자 진화의 다양한 수준에 적응하기 위해 필수적인 유연성을 제공할 것이다. 이와 같은 정의(定義)를 따르는 입장이 채택되면, 단지 우리는 미디어 수용자가 노출을 따라 드러내는 상업화가 가능한 대안적 기준〔회상(*recall*), 참여(*engagement*), 평가(*appreciation*)와 같이〕이 오랫동안 시청률 분석에 관련되어 대규모로 판매되었던 같은 종류의 상업 데이터베이스와 연동되는 학술적 시·청취율 분석에서 진화단계 초창기에 머물 뿐임을 알게 된다. 이러한 관점에서 '시·청취율'의 본질은 변화하고 있다. 아니 더 정확하게는 확장되고 있다. 또한 시·청취율 분석을 통해서 연구되어야 할 연구문제의 본질 역시 이에 걸맞게 확장될 수 있다. 이 관점에서 현재는 시

· 청취율 분석과 연계된 매우 흥미로운 시점이며, 시 · 청취율 연구전통은 본질적으로 재창조의 단계에 있다.

전통적으로 미디어 산업의 접근법에서 상당히 벗어난 수용자 연구에서의 학술적 접근법은 어떻게 수용자가 미디어 콘텐트를 해석하고 상호작용하며 반응하는가와 같은 사안들에 주력하는 경향이 있다(Nightingale, 1996 참고). 특히 이러한 접근들은 종종 미디어 산업의 수용자 개념화에 내재된 수용자 모습에 대한 과도한 단순화와 대립해 왔다(Ang, 1991; Bielby & Harrington, 1994; Mosco & Kaye, 2000 참고). 또한 이러한 맥락에서는 수용자를 이해하기 위한 접근방법으로 정성적 연구방법보다는 정량적 연구방법을 사용하는 이해를 위한 접근법에 강력히 반대하는 입장을 취해왔다. 그렇다면 방법론적 관점에서, 정성적 연구방법을 취하는 학술적 수용자 연구와 미디어 산업에서 활용하는 수용자 정보시스템 사이의 간극(間隙)은 여전히 엄청나게 메워지지 않을 것이다. 그 이유는 평가, 참여, 반응 등과 같은 수용자의 여러 측면들을 점검하기 위한 접근법들이 상당히 정량적인 방법론적 접근법에 계속 의존하고 있으며 또한 전반적으로 산업계의 이해당사자들이 수용자 이해에 대한 정성적 접근에 계속 저항하기 때문이다. 데이비스와 스턴버그(Davis & Sternberg, 2007)에 따르면, 수용자를 이해하기 위한 정성적 접근은 "업계에 의해 저평가되고 있다. 기껏해야 초점집단 조사(*focus groups*)처럼 대안적 형태의 연구가 시청률에 흥미로운 보충자료로 나타날 뿐이다. 최악의 경우 … 정성적 접근은 시 · 청취율의 권위에 대한 도전으로 인식된다(Davies & Sternberg, 2007: 38)."

하지만, 학술개념이라는 측면에서 수용자에 대한 미디어 산업의 접근법과, 전통적으로 산업의 접근법에 적대적이지 않으면 최소 비판적이었던 학술적인 수용자 연구자들의 접근법 간에 더욱 긴밀한 연결이 가능할 수도 있다. 학술적 수용자 연구자와 라자스펠트가 영화와 라디오 산업과 공동으로 작업했던 시기 이후부터 발전을 거듭한 산업적 연구자 사이의 간극을 연결지을 수 있는 가능성을 궁금해 하지 않는 사람은 없다(Livingstone, 1998). 예를 들면, 현재 진행중인 제도화된 미디어 수용자의 특성 변화가 전통적으로 미디어 업계의 주목을 받지 못했던 수용자 행동의 이러한 양상들을 이미 검토해온 학자들에게 미디어 산업에서 현재 진행중인 미디어 수용자에 대한 재개념화가 어떻게 구체화되어야 하는지에 관해 조언을 제공할 수 있는 기회를 줄 수 있지 않을까?

또한 순수한 학문적 관점에서 이러한 변화들은 (최소한 피상적으로나마) 연구의 대상인 수용자 행위의 측면들에서의 변화상황이 역사적으로 다른 연구 전통에서 수렴하고 있다는 점에서 정량적 시·청취율 분석에 참여하는 수용자 연구자들과 수용자 행동에 관해 더 정성적 접근법을 채택하는 사람들 간에 심해진 간극을 연결하는 기회를 나타내는 것처럼 보일 것이다. 만약 이 같은 간극의 본질이 순전히 방법론적이라면〔가령, 정량적 방법 대 정성적 방법〕, '새로운' 수용자 정보시스템이 정량적 데이터와 성과 측정치에 대한 기존의 (아마도 불변의) 욕구를 충족시켜 줄 것이기 때문에 현재 일어나는 변화는 수용자 연구분야를 통합한다는 측면에서 별 효과가 없을 것이다. 비슷하게 만약 이 간극의 본질이 주로 이념적이라면 (즉, 상업적 미디어 조직의 이해에 반대하는가 아니면 협력하는가), 시·청취율 분석에서 활용되는 데이터는 여전히 미디어 산업의 상업적 필요를 반영할 것이기 때문에 이러한 연구 전통들이 하나로 합치는 것을 볼 가능성은, 다시 말하는데, 비교적 거의 없을 것이다.

하지만, 이 간극의 본질이 더 이론적(즉, 수용자의 미디어 소비에 대한 타당한 개념화를 포함하는)이라면, 미디어 산업 및 수용자 측정

조직 내부에서 노출을 넘어서는 것을 보려는 움직임은 최소한 어느 정도는 이러한 연구 전통들 간의 분열을 좁힐 가능성이 있다. 이러한 예측에 따르면 현재의 시·청취율 분석에 참여하는 학자들이 수용자 측정의 영역에서 현재 일어나는 변화에 대해 유연하게 적응할 것이며, 쇠퇴하는 노출 측정법을 대신하여 새로운 수용자 측정법을 받아들일 수 있게 될 것이라고 추정할 수 있다. 이들 연구자들은 종종 자신들의 주제에 미디어 산업의 경제학이나 미디어 기관들의 행동에 근거를 둔 시각에서 접근하려는 경향이 있기 때문에 이는 실현가능한 추정처럼 보일 것이다. 그러한 분석적 지향(指向)을 가진 학자들은 수용자 그 자체를 이해하기보다, 수용자의 참여(혹은 콘텐트에 대해 수용자가 택하고 있는 특정한 방식)를 통해 미디어 산업과 조직을 이해하는 것에 관심을 갖게 될 것이다.

미디어와 수용자 간의 관계에 관한 관점이 바로 이 책의 핵심주제이다. 이 책에서는 미디어 조직이 수용자라는 의미를 만들어가는 과정이 특별한 의미를 띠고 수용자를 이해하는 것만큼이나 중요하다는 점을 명확히 보여준다.

참고문헌

Abbate, J. (2000). *Inventing the Internet*. Cambridge, MA: MIT Press.

Abels, J. E. (2008). "I want my non-Nielsen TV". *Forbes*, Retrieved February 19, 2009 from: http://www.forbes.com/2008/10/30/media-television-ratings-biz-media-cx_jea_1030ratings.html.

Adams, W. B. (1953). "A definition of motion-picture research". *Quarterly Journal of Film, Radio and Television*, 7(4), 408~421.

Adams, W. J. (1994). "Changes in ratings patterns for prime time before, during, and after the introduction of the people meter". *Journal of Media Economics*, 7(2), 15~28.

Advertising Research Foundation (2005). *Accountability in Audience Measurement: A Global Examination*. New York: Author.

______(2006a). *Engagement: Definitions and Anatomy*. New York: Author.

______(2006b). *Measures of Engagement*. New York: Author

______(2007). *Measures of Engagement, vol. II*. New York: Author.

Ahlkvist, J. A. & Faulkner, R. (2002). "'Will this record work for us?': Managing music formats in commercial radio". *Qualitative Sociology*, 25(2), 189~215.

Ahlkvist, J. A. & Fisher, G. (2000). "And the hits just keep on coming: Music programming standardization in commercial radio". *Poetics*, 27, 301~325.

Ahlkvist, J. A. (2001). "Programming philosophies and the rationalization of music radio". *Media, Culture & Society*, 23, 339~358.

Aigrain, P. (2006). "Diversity, attention and symmetry in a many-to-many information society". *First Monday*, 11(6). Retrieved January 2, 2009 from: http://firstmonday.org/issues/issue11_6/aigrain/index.html.

Albiniak, P. (2007). "Measuring 'engagement': Beyond ratings, advertisers are after TV's hot new metric". *Broadcasting & Cable*, Oct(1), 16.

Allen, C. (2005). "Discovering 'Joe Six Pack' content in television news: The hidden history of audience research, news consultants, and the Warner Class model". *Journal of Broadcasting & Electronic Media*, 49(4), 363~382.

______(2007). "News directors and consultants: RTNDA's endorsement of TV journalism's 'greatest tool'". *Journal of Broadcasting & Electronic Media*, 51(3), 424~437.

Allen, C. L. (1965). "Photographing the TV audience". *Journal of Advertising Research*, 5(1), 2~8.

Allor, M. (1988). "Relocating the site of the audience". *Critical Studies in Mass Communication*, 5, 217~233.

American Advertising Federation(2008, April 9). "Re: Online behavioral advertising proposed self-regulatory principles". Letter to Donald S. Clark, Secretary, Federal Trade Commission, April 9. Retrieved June 14, 2008 from: http://www.ftc.gov/os/comments/behavioraladprinciples/080409associations.pdf.

Anand, N. & Peterson, R. A. (2000). "When market information constitutes fields: Sensemaking of markets in the commercial music field". *Organization Science*, 11, 270~284.

Anderson, C. (2004). "The long tail". *Wired*, Oct. Retrieved August 5, 2008 from http://www.wired.com/wired/ archive/12.10/tail.html.

______(2006). *The Long Tail: Why the Future of Business is Selling Less of More*. New York: Hyperion.

Andrejevic, M. (2002). "The work of being watched: Interactive media and the exploitation of self-disclosure". *Critical Studies in Media Communication*, 19(2), 230~248.

______(2007a). "Surveillance in the digital enclosure". *The Communication Review*, 10, 295~317.

______(2007b). *iSpy: Surveillance and Power in the Interactive Era*. Lawrence, KS: University Press of Kansas.

Andrews, K. & Napoli, P. M. (2006). "Changing market information regimes: A case study of the transition to the BookScan audience measurement system in the U.S. book publishing industry". *Journal of Media Economics*, 19(1), 33~54.

Ang, I. (1991). *Desperately Seeking the Audience*. London: Routledge.

Angus, I. (1994). "Democracy and the constitution of audiences: A comparative media theory perspective". In J. Cruz & J. Lewis(Eds.), *Viewing, Reading, Listening: Audiences and Cultural Reception* (pp. 233~252). Boulder, CO: Westview Press.

Anne Milgram v. Arbitron(2009). *Final Consent Judgment, Superior Court of New Jersey*. January 7. Retrieved March 22, 2009, from: http://www.nj.gov/oag/newsreleases08/pr20090107c-Arbitron-ConsentJudgment.pdf.

Appel, V. (1993). "Anatomy of a magazine audience estimate: The ARF compatibility study revisited". *Journal of Advertising Research*, 33(1), 11~17.

Arango, T. (2008). "Cable firms join forces to attract focused ads". *New York Times*, March 10. Retrieved March 4, 2009 from: http://www.nytimes.com/2008/03/10/business/media/10cable.html?_r=1.

Arbitron(2006). "The infinite dial: Radio's digital platforms". Retrieved March 1, 2009 from: http://www.daily-journal.com/podcast/arbitronstudy.pdf.

______(2007a). *Description of PPM Methodology*. New York: Author.

______(2007b). "Arbitron receives Media Rating Council accreditation for the portable people meter radio ratings data in Houston". *News Release*. Retrieved September 29, 2008, from: http://www.onlinepressroom.net/arbitron.

______(2008). "Planning and buying radio advertising in a PPM world". Retrieved July 25, 2008 from: http://www.arbitron.com/downloads/arbitron2008mediaplan.pdf.

Arbitron v. Andrew Cuomo(2008b). "Plaintiff's corrected memorandum of law in opposition to defendant's motion to dismiss and in further support of its motion for a preliminary injunction". *United States District Court*, Southern District of New York. October 23.

______(2008c). "Plaintiff's proposed findings of fact and conclusions of law". *United States District Court*, Southern District of New York. October 24.

______(2008d). "Defendant's memorandum of law in reply to plaintiff's opposition to motion to dismiss the complaint". *United States District Court*, Southern District of New York. October 24.

______(2008a). "Complaint". *United States District Court*, Southern District of New York. October 6.

Artz, L. (2008). "Media relations and media product: Audience commodity". *Democratic Communique*, 22(1), 60~74.

Askwith, I. D. (2007). "Television 2.0: Reconceptualizing TV as an engagement medium". *Unpublished Master's Thesis*, Massachusetts Institute of Technology.

Assael, H. & Poltrack, D. F. (2006). "Using viewer attitudes to evaluate TV program effectiveness". *Journal of Advertising Research*, 46(1), 93~101.

Associated Press v. U. S. 326 U. S. 1(1945).

Association of Hispanic Advertising Agencies(2008). "Association of Hispanic Advertising Agencies rallies industry leaders to tackle portable people meter challenges". *News release*, May 19.

Atkinson, C. (2008). "How commercial ratings changed the $70B TV market". *Advertising Age*, Oct. 13. Retrieved March 13, 2009 from: http://adage.com/article?article_id=131426.

Atlas Institute(2008). "Engagement mapping: A new measurement standard is emerging for advertisers". Retrieved February 24, 2009 from: http://www.atlassolutions.com/uploadedFiles/Atlas/Atlas_Institute/Engagement_Mapping/eMapping-TP.pdf.

Auletta, K. (1992). *Three Blind Mice: How the TV Networks Lost Their Way*. New York: Vintage Books.

Austin, B. A. (1989). *Immediate Seating: A Look at Movie Audiences*. Belmont, CA: Wadsworth.

Ayres, I. (2007). *Super Crunchers*. New York: Bantam Dell.

Bachman, K. (2002a). "Boston balks at Nielsen". *Mediaweek*, Feb. 4, 8.

______(2002b). "A sweeps without ratings". *Mediaweek*, April 22, 8.

______(2004). "If I can make it there…". *Broadcasting & Cable*, April 5, 6.

Baker, S. (2008). *The Numerati*. New York: Houghton Mifflin.

Bakker, G. (2003). "Building knowledge about the consumer: The emergence of market research in the motion picture industry". *Business History*, 45(1), 101~127.

Balkin, J. M. (2004). "Digital speech and democratic culture: A Theory of freedom of expression for the information society". *NYU Law Review*, 79, 1~55.

Balnaves, M. & O'Regan, T. (2002). "The ratings in transition: The politics and technologies of counting". In M. Balnaves, T. O'Regan & J. Sternberg (Eds.), *Mobilising the Audience* (pp. 28~64). Queensland, Australia: University of Queensland Press.

Balnaves, M. & O'Regan, T. (2008). "Constructing an audience ratings convention". Paper presented at the ANZCA 08 Conference, Power and Place, Wellington, New Zealand.

Banks, J. & Humphreys, S. (2008). "The labour of user co-creators: Emergent social network markets?". *Convergence*, 14(4), 401~418.

Banks, J. (2002). "Gamers as co-creators: Enlisting the virtual audience — a report form the Net Face". In M. Balnaves, T. O'Regan & J. Sternberg (Eds.), *Mobilising the Audience* (pp. 188~212). Queensland, Australia: University of Queensland Press.

Banks, M. J. (1981). "A history of broadcast audience research in the United States, 1920~1980 with an emphasis on the rating services". Unpublished doctoral dissertation, University of Tennessee.

Barker, M. (1998). "Film audience research: Making a virtue out of a necessity". *Iris*, 26, 131~147.

Barnes, B. E. & Thomson, L. M. (1988). "The impact of audience information sources on media evolution". *Journal of Advertising Research*, 28(5), RC9~RC14.

Barnes, B. E. & Thomson, L. M. (1994). "Power to the people (meter): Audience measurement technology and media specialization". In J. S. Ettema & D. C. Whitney (Eds.), *Audiencemaking: How the Media Create the Audience* (pp. 75~94). Thousand Oaks, CA: Sage.

Barr, P. S., Stimpert, J. L. & Huff, A. S. (1992). "Cognitive change, strategic action, and organizational behavior". *Strategic Management Journal*, 13(special issue), 15~36.

Barron, J. (1967). "Access to the press: A new first amendment right". *Harvard Law Review*, 80, 1641~1678.

______ (2007). "Access to the media: A contemporary appraisal". *Hofstra*

Law Review, 35, 937~953.

Barwise, P. & Ehrenberg, A. S. C. (1988). *Television and Its Audience*. Beverly Hills, CA: Sage.

Barzel, Y. (1982). "Measurement cost and the organization of markets". *Journal of Law & Economics*, 25(1), 27~48.

Battais, L. & Stehle, J. (2007, June). "A powerful mix: Fusing audience data with consumer behaviour to measure advertising effects". Paper presented at the ESOMAR Worldwide Multi Media Measurement Conference, Dublin, Ireland.

Baughman, J. L. (1997). *The Republic of Mass Culture: Journalism, Film Making, and Broadcasting in America since* 1941(2nd ed.). Baltimore, MD: Johns Hopkins University Press.

Baumann, S. (2007). *Hollywood Highbrow: From Entertainment to Art*. Princeton, NJ: Princeton University Press.

Beam, R. (1995). "How newspapers use readership research". *Newspaper Research Journal*, 16(2), 28~38.

Beer, D. & Burrows, R. (2007). "Sociology and, of and in web 2.0: Some initial considerations". *Sociological Research Online*, 12(5). Retrieved August 21, 2008, from: http://www.socresonline.org.uk/ 12/517.html.

Beniger, J. (1987). *The control revolution: Technological and Economic Origins of the Information Society*. Cambridge, MA: Harvard University Press.

Benkler, Y. (2000). "From consumers to users: Shifting the deeper structures of regulation toward sustainable commons and user access". *Federal Communications Law Journal*, 52(3), 561~579.

______(2006). *The Wealth of Networks: How Social Production Transforms Markets and Freedom*. New Haven, CT: Yale University Press.

Bergstrom, A. (2008). "The reluctant audience: Online participation in the Swedish journalistic context". *Westminster Papers in Communication and Culture*, 5(2), 60~79.

Berkowitz, D. & Allen, C. (1996). "Exploring newsroom views about consultants in local TV: The effect of work roles and socialization". *Journal of Broadcasting & Electronic Media*, 40(4), 447~459.

Berman, S., Battino, B. & Feldman, K. (2009). "Beyond advertising: Choosing a strategic path to the digital consumer". *IBM Global Business*

Services, Retrieved April 2, 2009, from: ftp://ftp.software.ibm.com/common/ssi/pm/xb/n/gbe03189usen/GBE03189USEN.PDF.

Berman, S.J., Abraham, S., Battino, B., Shipnuk, L. & Neus, A. (2007). "Navigating the media divide: Innovating and enabling new business models". *IBM Global Business Services*, Retrieved March 16, 2009, from: http://www-935.ibm.com/services/us/gbs/bus/pdf/g510-6579-03-mediadivide.pdf.

Bermejo, F. (2007). *The Internet Audience: Constitution and Measurement*. New York: Peter Lang.

Bernt, J.P., Fee, F.E., Gifford, J., Stempel, G.H., III(2000). "How well can editors predict reader interest in news?". *Newspaper Research Journal*, 21(2), 2~10.

Berrios, R. & Moyano, P. (2005). "Dealing with commercial avoidance". Paper presented at the ESOMAR Cross Media/Television Conference, Montreal, June

Berry, R. (2006). "Will the iPod kill the radio star?: Profiling podcasting as radio". *Convergence*, 12(2), 143~162.

Beville, H.M., Jr. (1940). "The ABCD's of radio audiences". *Public Opinion Quarterly*, 4(2), 195~206.

Beville, H.M., Jr. (1988). *Audience Ratings: Radio, Television, Cable*. Hillsdale, NJ: Lawrence Erlbaum Associates.

Bhattacharjee, S., Gopal, R.D., Lertwachara, K. & Marsden, J.R. (2006). "Impact of legal threats on online music sharing activity: An analysis of music industry legal actions". *Journal of Law & Economics*, 49, 91~113.

Bielby, D. & Harrington, C.L. (1994). In J. Cruz & J. Lewis(Eds.), *Viewing, Reading, Listening: Audiences and Cultural Reception*(pp. 81~100). Boulder, CO: Westview Press.

Bielby, W.T. & Bielby, D.D. (1994). "'All hits are flukes': Institutionalized decision making and the rhetoric of network prime-time program development". *American Journal of Sociology*, 99(5), 1287~1313.

Billings, V. (1986). "Culture by the millions: Audience as innovator". In S.J. Ball-Rokeach & M.G. Cantor(Eds.), *Media, Audience, and Social Structure*(pp. 206~213). Beverly Hills, CA: Sage.

Bimber, B. A. (1996). *The Politics of Expertise: The Rise and Fall of the Office of Technology Assessment*. Albany, NY: State University of New York Press.

Black, L. (2005). "Whose finger on the button?: British television and the politics of cultural control". *Historical Journal of Film, Radio and Television*, 25(4), 547~575.

Boczkowski, P. J. (2004a). "The process of adopting multimedia and interactivity in three online newsrooms". *Journal of Communication*, 54(2), 197~213.

______(2004b). *Digitizing the News: Innovation in Online Newspapers*. Cambridge, MA: MIT Press.

Boedecker, K. A., Morgan, F. W. & Wright, L. B. (1995). "The evolving application of first amendment protection for commercial speech". *Journal of Marketing*, 59(January), 39~47.

Bogart, L. (1956). "Media research: A tool for effective advertising". *Journal of Marketing*, 20(4), 347~355.

______(1957). "Opinion research and marketing". *Public Opinion Quarterly*, 27(1), 129~140.

______(1966). "Is it time to discard the audience concept?". *Journal of Marketing*, 30(1), 47~54.

______(1969). "Where does advertising research go from here?". *Journal of Advertising Research*, 9(1), 3~12.

______(1976). "Mass advertising: the message, not the measure". *Harvard Business Review*, September/October, 107~116.

______(1986a). "What forces shape the future of advertising research?". *Journal of Advertising Research*, 26(1), 99~104.

______(1986b). "Progress in advertising research?". *Journal of Advertising Research*, 26(3), 11~15.

______(1988/1989). "Advertising: Art, science, or business?". *Journal of Advertising Research*, 28(6), 47~52.

Bolter, J. D. & Grusin, R. (2000). *Remediation: Understanding New Media*. Cambridge, MA: MIT Press.

Born, G. (2002). "Reflexivity and ambivalence: Culture, creativity and government in the BBC". *Cultural Values*, 6(1), 65~90.

Borneman, E. (1947). "The public opinion myth". *Harper's*, July, 30~40.

Bracha, O. & Pasquale, F. (2008). "Federal Search Commission?: Access, fairness, and accountability in the law of search". *Cornell Law Review*, 93, 1149~1210.

Bratich, J. Z. (2005). "Amassing the multitude: Revisiting early audience studies". *Communication Theory*, 15(3), 242~265.

Brill, S. A., Bloxham, M., Holmes, M., Moult, B., Spaeth, J. (2007). "Understanding audience consumption of media to further its measurement". Paper presented at the Advertising Research Foundation Audience Measurement Symposium, New York, June 29.

Brubaker(1984). *The Limits of Rationality*. London: Allen and Unwin.

Bryant, J. (2008). *Media Effects: Advances in Theory and Research*(3rd ed.). New York: Routledge.

Brynjolfsson, E., Hu, Y. J. & Smith, M. D. (2006). "From niches to riches: Anatomy of the long tail". *MIT Sloan Management Review*, 47(4), 67~71.

Brynjolfsson, E., Hu, Y. J., Simester, D. (2007). "Goodbye Pareto principle, hello long tail: The effect of search costs on the concentration of product sales". Retrieved January 20, 2009 from: http://ssrn.com/abstract=953587.

Buck, S. (1987). "Television audience measurement research: Yesterday, today and tomorrow". *Journal of the Market Research Society*, 29(3), 265~278.

Bucy, E. P. (2004). "Interactivity in society: Locating an elusive concept". *The Information Society*, 20, 373~383.

Bughin, J. R. (2007, August). "How companies can make the most of user-generated content". *The McKinsey Quarterly*. Retrieved April 10, 2009, from: http://www.mckinseyquarterly.com/How_companies_can_make_the_most_of_user-generated_content_2041.

Burns, C. (2004). "Letter to Deborah Platt Majoras, Chairman, Federal Trade Commission", Oct. 7. Retrieved April 26, 2005, from: http://www.dontcountusout.com/resources/100704Burnsltr.pdf.

Butche, R. (2007). "Beware new media metrics". *Newsroom Magazine*, December 26. Retrieved January 10, 2008 from: http://newsroom.

lookie. us/?p=305&print=1.

______(2000). *The Making of American Audiences: From Stage to Television, 1750~1990*. New York: Cambridge University Press.

______(2008). *The Citizen Audience: Crowds, Publics, and Individuals*. New York: Routledge.

Buxton, W. J. (1994). "The political economy of communications research". In R. E. Babe, (Ed.), *Information and Communication in Economics* (pp. 147~175), Norwell, Mass.: Kluwer Academic Publishers.

Buzzard, K. S. (1990). *Chains of gold: Marketing the Ratings and Rating the Markets*. Metuchen, NJ: Scarecrow Press.

______(2002). "The peoplemeter wars: A case study of technological innovation and diffusion in the ratings industry". *Journal of Media Economics*, 15(4), 273~291.

______(2003a). "James W. Seiler of the American Research Bureau". *Journal of Radio Studies*, 10(2), 186~201.

______(2003b). "Net ratings: Defining a new medium by the old, measuring Internet audiences". In J. T. Caldwell & A. Everett (Eds.), *New Media: Theories and Practices of Digitextuality* (pp. 197~208). New York: Routledge.

Cable Communications Policy Act of 1984, 47 USC §551.

Calder, B. J. & Malthause, E. C. (2005). "Managing media and advertising change with integrated marketing". *Journal of Advertising Research*, 45(4), 356~361.

Caldwell, J. T. (2006). "Critical industrial practice: Branding, repurposing, and the migratory patterns of industrial texts". *Television & New Media*, 7(2), 99~134.

Callius, P., Lithner, A., Svanfeldt, S. (2005). "Changing the internet audience measurement standard". Paper presented at the ESOMAR Cross Media Measurement Conference, Montreal.

Campbell, J. E. & Carlson, M. (2002). "Panopticon. com: Online surveillance and the commodification of privacy". *Journal of Broadcasting & Electronic Media*, 46(4), 586~606.

Cantor, M. G. & Cantor, J. M. (1986). "Audience composition and television content: The mass audience revisited". In S. J. Ball-Rokeach &

M. G. Cantor (Eds.), *Media, Audience, and Social Structure* (pp. 214~225). Beverly Hills, CA: Sage.

Cappo, J. (2003). *The Future of Advertising: New Media, New Clients, New Consumers in the Post-television Age.* New York: McGraw-Hill.

Carey, J. W. (1980). "Changing communications technology and the nature of the audience". *Journal of Advertising,* 9(2), 3~43.

Carlson, M. (2006). "Tapping into TiVo: Digital video recorders and the transition from schedules to surveillance in television". *New Media & Society,* 8(1), 97~115.

Carr, D. (2008a). "Newspapers' new owners turn grim". *New York Times,* March 24. Retrieved April 27, 2009, from: http://www.nytimes.com/2008/03/24/business/media/24carr.html?_r=1&scp=1&sq=Newspapers'%20new%20owners%20turn%20grim&st=cse.

______ (2008b). "Now on the endangered species list: Movie critics in print". *New York Times,* April 1. Retrieved April 27, 2009, from: http://www.nytimes.com/2008/04/01/movies/01crit.html?scp=1&sq=Now+on+the+endangered+species+list%3A+Movie+critics+in+print&st=nyt.

Caves, R. E. (2000). *Creative Industries: Contracts between Art and Commerce.* Cambridge, MA: Harvard University Press.

Central Hudson v. Public Service Commission of New York, 447 U. S. 557, 562-63 (1980)

Cha, M., Kwak, H., Rodriguez, P., Ahn, Y. & Moon, S. (2007). "I tube, you tube, everybody tubes: Analyzing the world's largest user generated content video system". Paper presented at the Internet Measurement Conference, San Diego, CA, Oct.

Chaffee, S. H. (2000). "George Gallup and Ralph Nafziger: Pioneers of audience research". *Mass Communication & Society,* 3(2/3), 317~327.

Chagrin, C. (2005). Testimony before the United States Senate Committee on Commerce, Science, and Transportation on the FAIR Ratings Act (S. 1372), July 27.

Chambers, R. W. (1947). "Need for statistical research". *Annals of the American Academy of Political and Social Science,* 254, 169~172.

Chan, T. W. (2004). "A traitor in our midst: Is it your TiVo?". *Vanderbilt*

Journal of Entertainment Law & Practice, 7, 166~181.

Chandler, J. A. (2007). "A right to reach an audience: An approach to intermediary bias on the Internet". *Hofstra Law Review*, 35(3), 1095~1138.

Chandler-Pepelnjak, J. (2008). *Measuring ROI beyond the Last Ad*. Seattle, WA: Atlas Institute.

Chappell, M. N. & Hooper, C. E. (1944). *Radio Audience Measurement*. New York: Stephen Daye.

Cheong & Morrison(2008). "Consumers' reliance on product information and recommendations found in UGC". *Journal of Interactive Advertising*, 8(2), Retrieved April 29, 2009, from: http://www.jiad.org/article103.

Cheong, Y. & Leckenby, J. D. (2003). "The media type interaction cycle". *Center for Interactive Advertising Working Paper*, Retrieved February 4, 2009 from http://www.ciadvertising.org/studies/reports/presentation/AAA_2004_Cheong_Leckenby_MediaTypeInteraction.pdf.

Chester, G. (1949). "The press-radio war: 1933~1935". *Public Opinion Quarterly*, 13(2), 252~264.

Chris, C. (2006). "Can you repeat that?: Patterns of media ownership and the 'repurposing' trend". *The Communication Review*, 9, 63~84.

Chung, D. S. (2007). "Profits and perils: Online news producers' perceptions of interactivity and uses of interactive features". *Convergence*, 13(1), 43~61.

Cirlin, B. D. & Peterman, J. N. (1947). "Pre-testing a motion picture: A case history". *Journal of Social Issues*, 3(3), 39~41.

Clancey, M. (1993). "To be or not to be(counted)?". *Journal of Advertising Research*, 33(3), RC3~RC5.

Clark, J. & Aufderheide, P. (2009). "Public media 2.0: Dynamic, engaged publics". *Center for Social Media white paper*. Retrieved March 14, 2009, from: http://www.centerforsocialmedia.org/resources/publications/public_media_2_0_dynamic_engaged_publics.

Clarke, D. (2000). "The active pursuit of active viewers: Directions in audience research". *Canadian Journal of Communication*, 25(1), Retrieved January 20, 2009 from http://www.cjc-online.ca/viewarti cle.php?id=561.

Clifford, S. (2008). "Web privacy on the radar in Congress". *New York Times*, August 11. Retrieved April 27, 2009, from: http://www.nytimes.com/2008/08/11/technology/11privacy.html?_r=1&scp=1&sq=Web%20privacy%20on%20the%20radar%20in%20Congress&st=cse.

______(2009a). "Cable companies target commercials to audience". *New York Times*, March 4. Retrieved March 5, 2009, from: http://www.nytimes.com/2009/03/04/business/04cable.html?scp=1&sq=%22cable+companies+target+commercials+to+audience%22&st=nyt.

______(2009b). "Advertisers get a trove of clues in smartphones". *New York Times*, March 11. Retrieved April 27, 2009, from: http://tech2.nytimes.com/technology/personaltech/gps/overview.html?scp=1&sq=Advertisers%20get%20a%20trove%20of%20clues%20in%20smartphones&st=Search.

______(2001). "Internet audience measurement: A practitioner's view". *Journal of Interactive Advertising*, 1(2), Retrieved March 15, 2008, from: http://www.jiad.org/vol1/no2/coffey/index.htm.

Cohen, A. J-J. (2001). "Virtual Hollywood and the genealogy of its hyper-spectator". In M. Stokes & R. Maltby(Eds.), *Hollywood Spectatorship: Changing Perceptions of Cinema Audiences* (pp. 152~163). London: British Film Institute.

Cohen, J. E. (1996). "A right to read anonymously: A closer look at 'copyright management' in cyberspace". *Connecticut Law Review*, 28, 981~1039.

______(2000). "Examined lives: Informational privacy and the subject as object". *Stanford Law Review*, 52, 1373~1437.

______(2005). "The place of the user in copyright law". *Fordham Law Review*, 74, 347~374.

Cohen, N. S. (2008). "The valorization of surveillance: Towards a political economy of Facebook". *Democratic Communique*, 22(1), 5~22.

Collins, S. (2009). "Television is starting to look beyond the 18-49-year-old demographic". *Los Angeles Times*, January 11. Retrieved January 11, 2009 from: http://www.latimes.com/entertainment/news/busi ness/la-et-demographic11-2009jan11,0,5034868.story.

Consumer Federation of America(2008). "Re: Behavioral marketing principles". Letter to Donald S. Clark, Secretary, Federal Trade Commission. April

11. Retrieved June 14, 2008 from: http://www.ftc.gov/os/comments/behavioraladprinciples/080411cfacu.pdf.

Cook, T. E. (2005). *Governing with the News: The News Media as a Political Institution*. Chicago: University of Chicago Press.

Cooper, A. C. & Schendel, D. (1976). "Strategic responses to technological threats". *Business Horizons*, 19(1), 61~69.

Cooper, A. C. & Smith, C. G. (1992). "How established firms respond to threatening technologies". *Academy of Management Executive*, 6(2), 55~70.

Cooper, M., Grant, S. & Murray, C. (2008). "Re: Behavioral marketing principles". Letter from the Consumer Federation of America to Donald S. Clark, Secretary, Federal Trade Commission, April 11. On file with author.

Couldry, N. (2004). "The productive 'consumer' and the dispersed 'citizen'". *International Journal of Cultural Studies*, 7(1), 21~32.

Council for Research Excellence(2006). *Report of the Marketplace Practices Committee*, December 1. On file with author.

Coutant, F. R. (1939). "Determining the appeal of special features of a radio program". *Journal of Applied Psychology*, 23(1), 54~57.

Cover, R. (2004). "New media theory: Electronic games, democracy and reconfiguring the author-audience relationship". *Social Semiotics*, 14(2), 173~191.

______(2006). "Audience inter/active: Interactive media, narrative control and reconceiving audience history". *New Media & Society*, 8(1), 139~158.

Croteau, D. (2006). "The growth of self-produced media content and the challenge to media studies". *Critical Studies in Media Communication*, 23(4), 340~344.

Crupi, A. (2008a). "It pays to be gay: Logo tops key demos in Simmons engagement study". *Mediaweek*, April 28, 10~11.

Currah, A. (2006). "Hollywood versus the Internet: The media and entertainment industries in a digital networked economy". *Journal of Economic Geography*, 6(4), 439~468.

Dahlberg, L. (2004). "Cyberpublics and the corporate control of online communication". *Javnost-The Public*, 11(3), 77~92.

______(2005). "The corporate colonization of online attention and the marginalization of critical communication?". *Journal of Communication Inquiry*, 29(2), 160~180.

Dahlgren, P. (1998). "Critique: Elusive audiences". In R. Dickinson, R. Harindranath & O. Linne(Eds.), *Approaches to Audiences: A Reader* (pp. 298~310). London: Arnold.

Danaher, P. J. & Lawrie, J. M. (1998). "Behavioral measures of television audience appreciation". *Journal of Advertising Research*, 38(1), 54~65.

Daneels, E. (2004). "Disruptive technology reconsidered: A critique and research agenda". *Journal of Product Innovation Management*, 21, 246~258.

Davenport, T. H. & Beck, J. C. (2002). *The Attention Economy: Understanding the New Currency of Business*. Cambridge, MA: Harvard Business School Press.

Davies, C. L. & Sternberg, J. (2007). "The spaces and places of audience research in Australian television". *Media International Australia Incorporating Culture and Policy*, 122, 28~42.

De Vany, A. (2004). *Hollywood Economics: How Extreme Uncertainty Shapes the Film Industry*. New York: Routledge.

Dekom, P. & Sealey, P. (2003). *Not on My Watch: Hollywood versus the Future*. Beverly Hills, CA: New Millennium Press.

Dellarocas, C. & Narayan, R. (2007). "Tall heads vs. long tails: Do consumer reviews increase the informational inequality between hit and niche products". Retrieved April 29, 2009, from: http://papers.ssrn.com/sol3/papers.cfm?abstract_id=1105956.

Desilva + Phillips, LLC(2008, March). *Online Ad Networks: Monetizing the Long Tail*. New York: Author.

Deuze, M. (2003). "The web and its journalisms: Considering the consequences of different types of newsmedia online". *New Media & Society*, 5(2), 203~230.

______(2006). "Participation, remediation, bricolage: Considering principal components of a digital culture". *The Information Society*, 22(2), 63~75.

______(2007). "Convergence culture in the creative industries". *International Journal of Cultural Studies*, 10(2), 243~263.

______(2008). "Corporate appropriation of participatory culture". In N. Carpentier & B. De Cleen(Eds.), *Participation and Media Production: Critical Reflections on Content Creation*(pp. 27~40). Newcastle, UK: Cambridge Scholars Publishing.

DeWerth-Pallmeyer, D. (1997). *The Audience in the News*. Mahwah, NJ: Erlbaum.

DiMaggio, P. & Useem, M. (1979). "Decentralized applied research: Factors affecting the use of audience research by arts organizations". *Journal of Applied Behavioral Science*, 15(1), 79~94.

Dimling, J. (1985). "Measuring future electronic media audiences". *Journal of Advertising Research*, 25, RC3~RC7.

Dimmick, J. (2002). *Media Competition and Coexistence: The Theory of the Niche*. Mahwah, NJ: Erlbaum.

Doe, P. & Connolly, J. (2007). "Billboards, buses and malls(and other media too)". Paper presented at the Advertising Research Foundation's Audience Measurement 2.0 Conference, New York.

Don't Count Us Out Coalition(2004). "Press release: Leading New York state lawmakers committed to stop Nielsen from undercounting minority and young adult viewers", March 28. Retrieved June 15, 2004, from: http://www.dontcountusout.com/pr032804/.

Donaton, S. (2004). *Madison & Vine: Why the Entertainment and Advertising Industries must Converge to Survive*. New York: McGraw-Hill.

Doscher, L. (1947). "The significance of audience measurement in motion pictures". *Journal of Social Issues*, 33(3), 51~57.

Dovey, J. (2008). "Dinosaurs and butterflies: Media practice research in new media ecologies". *Journal of Media Practice*, 9(3), 243~256.

Downey, K. (2008,). "Arbitron: The PPM rollout will proceed". *Media Life Magazine*, Oct. 3. Retrieved October 3, 2008, from: http://www.medialifemagazine.com/artman2/publish/Radio_46/Arbitron_The_PPM_rollout_will_proceed.asp.

Downing, J. D. H. (2003). "Audiences and readers of alternative media: The absent lure of the virtually unknown". *Media, Culture & Society*, 25,

625～645.

Dreyfuss, R.C. (1990). "Expressive genericity: Trademarks as language in the Pepsi Generation". *Notre Dame Law Review*, 65, 397～424.

Duarte, L.G. & Beauchamp, J.P. (2007). "Single-source audience & consumption measurement in a non-linear world: A case study". Paper presented at the ARF Audience Measurement 2.0 Conference, New York, June.

Dykes, B. (2009). "Testimony of Bob Dykes, CEO NebuAd, Inc. before the Senate Committee on Commerce, Science & Transportation", July 9. Retrieved April 2, 2009, from: http://commerce.senate.gov/public/_files/RobertDykesNebuAdOnlinePrivacyTestimony.pdf.

Eadie, W. (2007). "Return on engagement: Quantifying the impact of reader engagement on ad effectiveness". Paper presented at the Advertising Research Foundation Audience Measurement 2.0 Conference, New York, June.

Eaman, R. (1994). *Channels of Influence: CBC Audience Research and the Canadian Public*. Toronto: University of Toronto Press.

Earnheardt, J.W. (2004). "Nike, Inc. v. Kasky: A golden opportunity to define commercial speech—why wouldn't the Supreme Court finally 'just do it?'". *North Carolina Law Review*, 82, 797～810.

Eastman, S.T. (1998). "Programming theory under stress: The active industry and the active audience". *Communication Yearbook*, 21, 323～378.

Edmunds, A. & Morris, A. (2000). "The problem of information overload in business organisations: A review of the literature". *International Journal of Information Management*, 20(1), 17～28.

Ehrenberg, A. (1996). "Measuring TV audiences: Reinventing the wheel again". *Journal of the Market Research Society*, 38(4), 549～551.

Ehrenberg, A.S.C. (1968). "The time and the place for readership panels". *Journal of Advertising Research*, 8(2), 19～22.

Elberse, A. & Oberholzer-Gee, F. (2008). "Superstars and underdogs: An examination of the long-tail phenomenon in video sales", July. Retrieved January 29, 2008 from: http://www.people.hbs.edu/aelberse/papers/hbs_07-015.pdf.

______(2008). "Should you invest in the long tail?". *Harvard Business Review*, July/August, 88~96.

Electronic Communications Privacy Act of 1986, Pub. L. 99~508, Oct. 21, 1986, 100 Stat. 1848, 18 U.S.C. § 2510.

Electronic Privacy Information Center(2009). *Facebook Privacy*. Retrieved April 4, 2009, from: http://epic.org/privacy/facebook/default.html.

Elms, S. (2007). "The long media tail: Are you wagging it or is it wagging you?" Paper presented at the ESOMAR Worldwide Multi Media Measurement Conference, Dublin, Ireland, June.

Elsbach, K.D. & Kramer, R.M. (1996). "Members' responses to organizational identity threats: Encountering the Business Week rankings". *Administrative Science Quarterly*, 41, 442~476.

Emmett, B.P. (1968). "A new role for research in broadcasting". *Public Opinion Quarterly*, 32(4), 654~665.

Ephron, E. & Philport, J.C. (2005). "Creative heresy in audience measurement". Paper presented at the ESOMAR Worldwide Audience Measurement Conference, Montreal.

Ephron, E. (2008). "A blast from the past: Nielsen's new fused data may be a better way to target television". *The Ephron Letter*, June. Retrieved April 27, 2009, from: http://www.ephrononmedia.com/article_archive/article_pdf/blast_06_08.pdf.

______(2009). "How PPM could rescue radio". *The Ephron Letter*, March. Retrieved March 29, 2009, from: http://www.ephrononme dia.com/article_archive/article_pdf/arbitron_03_09.pdf.

Espeland, W.N. & Sauder, M. (2007). "Rankings and reactivity: How public measures recreate social worlds". *American Journal of Sociology*, 113(1), 1~40.

Ettema, J.S. & Whitney, D.C. (1994). "The money arrow: An introduction to audiencemaking". In J.S. Ettema & D.C. Whitney(Eds.), *Audience Making: How the Media Create the Audience*(pp. 1~18). Thousand Oaks, CA: Sage.

Eubank, S. & Griffiths, H. (2007a). "Linking media engagement to sales". Presentation at the Advertising Research Foundation Audience Measurement 2.0 Conference, New York, June.

Eubank, S. & Griffiths, H. (2007b). "Exploring media engagement". Paper presented at the Advertising Research Foundation Audience Measurement 2.0 Conference, New York, June.

Faasse, J. (2007). "This could be heaven: How to measure media in a fragmented universe". Paper presented at the ESOMAR Worldwide Multi Media Measurement Conference, Dublin, Ireland, June.

Fairness and Accuracy in Ratings Act (2005). S. 1372. 109th Congress, 1st Session, July 1. Retrieved October 14, 2005, from: http:// thomas. loc. gov/cgi-bin/query/z?c109:S. 1372.

Federal Communications Commission (2008). "PPM coalition files petition seeking commission inquiry pursuant to section 403 of the Communications Act of 1934". Media Bureau Action, MB Docket No. 08-187, September 4.

Federal Trade Commission (2007). "Online behavioral advertising: Moving the discussion forward to possible self-regulatory principles", December 20. Retrieved June 14, 2008, from: http://www. ftc. gov/os/2007/12/P859900stmt. pdf.

______(2009). "Self-regulatory principles for online behavioral advertising". *FTC Staff Report*, February. Retrieved March 5, 2009, from: http:// www. ftc. gov/opa/2009/02/behavad. shtm.

Feldman, M. S. & March, J. G. (1981). "Information in organizations as signal and symbol". *Administrative Science Quarterly*, 26, 171~186.

Ferrier, L. (2002). "Bring out the 'backroom boys': The role of media planners and buyers in the knowledge economy". *Media International Australia Incorporating Culture and Policy*, 105, 66~76.

Finin, T., Joshi, A., Kolari, P., Java, A., Kale, A. & Karandikar, A. (2008). "The information ecology of social media and online communities". *AI Magazine*, 28(3), 77~92.

Finkelstein, S. (2008). "Google, links, and popularity versus authority". In J. Turow & L. Tsui (Eds.), *The Hyperlinked Society: Questioning Connections in the Digital Age* (pp. 104~120) Ann Arbor: University of Michigan Press.

Fiske, M. & Handel, L. (1946). "Motion picture research: Content and audience analysis". *Journal of Marketing*, 11(2), 129~134.

Fiske, M. & Handel, L. (1947a). "Motion picture research: Response analysis". *Journal of Marketing*, 11(3), 273~280.

Fiske, M. & Handel, L. (1947b). "New techniques for studying the effectiveness of films". *Journal of Marketing*, 11(4), 390~393.

Fitzgerald, T. (2007). "In fall, Nielsen will deliver the bar set". *Media Life Magazine*, April 13. Retrieved January 20, 2009, from http://www.medialifemagazine.com/artman/publish/printer_11409.asp.

______(2009a). "'Gossip' effect: Real value of web buzz". *Media Life Magazine*, February 13. Retrieved February 16, 2009, from: http://www.medialifemagazine.com/artman2/publish/New_media_23/Gossip_effect_Real_value_of_web_buzz.asp.

______(2009b). "Cable recap: Another year and cable's bite deepens". *Media Life Magazine*, April 1. Retrieved April 1, 2009, from: http://www.medialifemagazine.com/artman2/publish/Cable_65recap/Another_year_and_cable_s_bite_deepens.asp.

Fleder, D. & Hosanagar, K. (2008). "Blockbuster culture's next rise or fall: The impact of recommender systems on sales diversity". *Management Science*, 55(5): 697~712.

Fligstein, N. (1996). "Markets as politics: A political-cultural approach to market institutions". *American Sociological Review*, 61(4), 656~673.

Fonio, C., et al. (2007). "Eyes on you: Analyzing user generated content for social science". Paper presented at the Towards a Social Science of Web 2.0 conference, York, UK, May.

Foote, J. (2002). "Cultural consumption and participation". *Canadian Journal of Communication*, 27(2). Retrieved May 2, 2009, from: http://www.cjc-online.ca/viewarticle.php?id=718.

For Nielsen, Fear and Loathing in LA(2004). *Media Life Magazine*. Retrieved May 11, 2004, from: http://69.20.6.242/news 2004/may04/may10/2_tues/news1tuesday.html.

Fox, S. & Livingston, G. (2007). "Latinos online: Pew internet and American life project". Retrieved March 1, 2009 from: http://www.pewinternet.org/pdfs/Latinos_Online_March_14_2007. pdf.

Freidson, E. (1953). "Communications research and the concept of the mass". *American Sociological Review*, 18(3), 313~317.

Friedman, W. (2008). "Station victory: TVB endorses L3 ratings". *Media Daily News*, November 14. Retrieved November 15, 2008, from: http://www.mediapost.com/publications/index.cfm?fa=Articles.showArticle&art_aid=94849.

______(2009a). "L3 sounds like C3-but advertisers' ears hear the difference". *Media Post's TV Watch*, January 8. Retrieved January 8, 2009 from: http://www.mediapost.com/publications/index.cfm?fa=Articles.showArticle&art_aid=97939.

______(2009b). "Which web-based TV shows are up, down-our out?". *Media Post's TV Watch*, January 20. Retrieved January 21, 2009 from: http://www.mediapost.com/publications/?fa=Articles.showArticle&art_aid=98706.

______(2009c). Ad-on: "Q" score may suggest better TV performance. *Media Daily News*, January 21. Retrieved January 21, 2009 from http://www.mediapost.com/publications/?fa=Articles.printFriendly&art_aid=98834.

Furchtgott-Roth, H., Hahn, R. W. & Layne-Farrar, A. (2007). "Regulating the raters: The law and economics of ratings firms". *Journal of Competition Law and Economics*, 3(1), 49~96.

Furhof, L. (1973). "Some reflections on newspaper concentration". *Scandinavian Economic History Review*, 21(1), 1~27.

Gabler, N. (2003). "The tyranny of 18-49: American culture held hostage". Retrieved August 5, 2008 from: http://www.learcenter.org/pdf/18to49.pdf.

Gallup, G. (1928). "A new technique for objective methods for measuring reader interest in newspapers". Unpublished doctoral dissertation, University of Iowa.

Galperin, H. (2004). *New Television, Old Politics: The Transition to Digital TV in the United States and Britain*. New York: Cambridge University Press.

Gandy, O. H., Jr. (1996). Legitimate business interest: No end in sight? An inquiry into the status of privacy in cyberspace. *University of Chicago Legal Forum*, 1996, 77~137.

______(2000). "Exploring identity and identification in cyberspace". *Notre*

Dame Journal of Law, Ethics & Public Policy, 14, 1085～1110.

______(2002). "The real digital divide: Citizens v. consumers". In L. Lievrow & S. Livingstone(Eds.), *The Handbook of New media*(pp. 448～460). Thousand Oaks, CA: Sage.

Gans, H. J. (1979/2005). *Deciding What's News: A Study of CBS Evening News, NBC Nightly News, Newsweek, and Time*. Evanston, IL: Northwestern University Press.

Garfield, B. (2005). "Bob Garfield's chaos scenario". *Advertising Age*, April 13. Retrieved April 29, 2009, from: http://adage.com/article?article_id=45561.

______(2007). "Bob Garfield's chaos scenario 2.0: The post advertising age". *Advertising Age*, April 24. Retrieved April 29, 2009, from: http://www.jingleman.com/clients/ChaosScenario2.0.pdf.

______(2008). "Your data with destiny". *Advertising Age*, September 15. Retrieved April 29, 2009, from: http://adage.com/digital/article?article_id=130969

Garrison, L. C. (1972). "The needs of motion picture audiences". *California Management Review*, 15(2), 144～152.

Gertner, J. (2005). "Our ratings, ourselves". *New York Times Magazine*, April 10. Retrieved April 27, 2009, from: http://www.nytimes.com/2005/04/10/magazine/10NIELSENS.html?_r=1&scp=1&sq=Our%20ratings,%20ourselves&st=cse.

Gertz v. Robert Welch, Inc., 418 U.S. 323(1974).

Gillmor, D. (2004). *We the Media: Grassroots Journalism by the People, for the People*. Sebastopol, CA: O'Reilly Media.

Gitlin, T. (1983/2000). *Inside Prime Time*. Berkeley, CA: University of California Press.

Glickman, L. B. (2006). "The consumer and the citizen in Personal Influence". *Annals of the American Academy of Political and Social Science*, 608, 205～212.

Gluck, M. & Sales, M. R. (2008). "The future of television?: Advertising, technology, and the pursuit of audiences". The Norman Lear Center, University of Southern California, September. Retrieved February 27, 2009 from: http://www.learcenter.org/pdf/FutureofTV.pdf.

Goetzl, D. (2008). "On eve of TV upfront, Nielsen ratings remain unaccredited". *Media Daily News*, May 12. Retrieved March 25, 2009, from: http://www.mediapost/com/publications/?fa=Articles.printFriendly&art_aid82374.

______(2009). "ABC has ad metric to prove effectiveness, but marketers won't share data". *Media Daily News*, April 23. Retrieved April 23, 2009, from: http://www.mediapost.com/publications/?fa=Articles.showArticle&art_aid=104746.

Goldberg, M.A. (1989). "Broadcast ratings and ethics". *Review of Business*, 11, 19~20, 27.

Goldhaber, M.H. (1997). "The attention economy and the Net". *First Monday*, Retrieved April 29, 2009, from: http://firstmonday.org/htbin/cgiwrap/bin/ojs/index.php/fm/article/viewArticle/519/440.

Goldman, W. (1983). *Adventures in the Screen Trade*. New York: Warner Books.

Gomes, L. (2006). "It may be a long time before the long tail is wagging the Web". *Wall Street Journal*, July 26. Retrieved April 29, 2009, from: http://online.wsj.com/public/article/SB115387606762117314-WwmoACNV7rjYDAvcwtpe8vMpMYs_20070725.html?mod=rss_free.

Goolsbee, A. (2007). "'American Idol' is the price we may for a menu of so many channels". *New York Times*, April 26. Retrieved April 28, 2009, from: http://www.nytimes.com/2007/04/26/business/26scene.html?scp=2&sq=).%20"American%20Idol"%20is%20the%20price%20we%20may%20for%20a%20menu%20of%20so%20many%20channels.%20New%20York%20Times&st=cse.

Goosey, R.W. (2005). "Advanced techniques in panel and server data integration". Paper presented at the ESOMAR Worldwide Audience Measurement Conference, Montreal, June.

Goran v. Atkins, 464 F. Supp.2d 315(S.D.N.Y. 2006), aff'd 279 Fed. Appx. 40 2008 WL 2164656(2d Cir. 2008).

Gordon, W.J. (1992). "Reality as artifact: From Feist to fair use". *Law & Contemporary Problems*, 55, 93~107.

Goss, J. (1995). "'We know who you are and we know where you live': The instrumental rationality of geodemographic systems". *Economic Geography*,

71(2), 171~198.

Green, K.(2002). "Mobilising readers: Newspapers, copy-tasters and readerships". In M. Balnaves, T. O'Regan & J. Sternberg(Eds.), *Mobilizing the Audience*(pp. 213~234). Queensland, Australia: University of Queensland Press.

Greenberg, J.(2008). *From Betamax to Blockbuster: Video Stores and the Invention of Movies on Video*. Cambridge, MA: MIT Press.

Grillo, J.(2009). "Ad buyers opposed to local L3 ratings". *TV News Day*, January 7. Retrieved January 8, 2009 from http://www. newsday. com /articles/2009/01/07/daily. 1/

Grimmelmann, J.(2009). "Facebook and the social dynamics of privacy". *Iowa Law Review*, 94, 1137~1206.

Gunter, B. & Wober, M.(1992). *The Reactive Viewer: Review of Research on Audience Reaction Measurement*. Cornwall, UK: John Libbey & Company.

Gunzerath, D.(2001). "An analysis of the proposed use of Arbitron data to define radio markets". Comments of the National Association of Broadcasters, Definition of Radio Markets, Attachment B(MM Docket 00-244), February 26.

Hackley, C.(2002). "The panoptic role of advertising agencies in the production of consumer culture". *Consumption Markets & Culture*, 5(3), 211~229.

Hagen, I.(1999). "Slaves of the ratings tyranny: Media images of the audience". In P. Alasuutari(Eds.), *Rethinking the Media Audience: The New Agenda*(pp. 130~150). London: Sage.

Handel, L.(1950). *Hollywood Looks at its Audience: A Report of Film Audience Research*. Urbana, IL: University of Illinois Press.

______(1953). "Hollywood market research". *Quarterly Journal of Film, Radio and Television*, 7(3), 304~310.

Hannan, M.T. & Freeman, J.(1984). "Structural inertia and organizational change". *American Sociological Review*, 49(2), 149~164.

Hansell, S.(2006). "As Internet TV aims at niche audiences, the slivercast is born". *New York Times*, March 12. Retrieved April 29, 2009, from: http://www. nytimes. com/2006/03/12/business/yourmoney/12 sliver. html.

Hargittai, E. & Walejko, G. (2008). The participation divide: Content creation and sharing in the digital age. *Information, Communication & Society*, 11(2), 239~256.

Harris, C. D. & Chasin, J. (2006). "The impact of technological innovation on media exposure tracking: In search of 'The New Traditional'". Paper presented at the ARF Audience Measurement Symposium, New York, June.

Harris, L. (2008). Statement of Leslie Harris, President/CEO, Center for Democracy & Technology, before the Senate Commerce, Science & Transportation Committee, July 9. Retrieved March 31, 2009, from: http://www. cdt. org/testimony/20080709harris. pdf.

Hartley, J. (1988). "Critical response: The real world of audiences". *Critical Studies in Mass Communication*, 5, 234~238.

Harvey, B. (2009). "Flight to accountability". *Adweek*, January 7. Retrieved February 18, 2009, from: http://www. adweek. com/aw/content_display/community/columns/other-columns/e3i7e37e50c920eaa55f076ab3a63c1ecc4.

Hayes, D. & Bing, J. (2006). *Open Wide: How Hollywood Box Office Became a National Obsession*. New York: Miramax.

Heath, R. (2007). "How do we predict attention and engagement?". Paper presented at the Advertising Research Foundation Annual Convention, New York, June. Retrieved March 1, 2009, from: http://opus. bath. ac. uk/286/1/2007-09. pdf.

Helft, M. (2008). "Is Google a media company?". *New York Times*, August 10. Retrieved April 29, 2009, from: http://www. nytimes. com/2008/08/11/technology/11google. html?_r=1&em.

Herbig, P. A. & Kramer, H. (1994). "The effect of information overload on the innovation choice process". *Journal of Consumer Marketing*, 11(2), 45~54.

Herbst, S. & Beniger, J. R. (1994). "The changing infrastructure of public opinion". In J. G. Ettema & D. C. Whitney (Eds.), *Audiencemaking: How the Media Create the Audience* (pp. 95~114). Thousand Oaks, CA: Sage.

Herbst, S. (1995). *Numbered Voices: How Opinion Polling Has Shaped American Politics.* Chicago: University of Chicago Press.

Hernandez, R. & Elliott, S. (2004a). "Planned Nielsen changes criticized". *New York Times*, March 31, C3.

Hernandez, R. & Elliott, S. (2004b). "The odd couple vs. Nielsen". *New York Times*, June 14, C1.

Hesbacher, P., Downing, R. & Berger, D. G. (1975). "Record roulette: What makes it spin?". *Journal of Communication*, 25, 74~85.

Hesmondhalgh, D. (2007). *The Cultural Industries* (2nd. Ed.). Los Angeles: Sage.

Hilderbrand, L. (2007). "Youtube: Where cultural memory and copyright converge". *Film Quarterly*, 61(1), 48~57.

Hillesund, T. (2007). "Reading books in the Digital Age subsequent to Amazon, Google and the long tail". *First Monday*, 12(9). Retrieved February 13, 2008 from http://firstmonday/org/issues/issue12_9/hillesund/index.html.

Hindman, M. (2009). *The Myth of Digital Democracy.* Princeton, NJ: Princeton University Press.

Hinman, M. (2008). "Nielsen, erinMedia, settle antitrust suit". *Tampa Bay Business Journal*, April 1. Retrieved April 3, 2009, from: http://www.bizjournals.com/tampabay/stories/2008/03/31/daily16.html.

Hirsch, P. M. (1972). "Processing fads and fashions: An organization-set analysis of cultural industry systems". *American Journal of Sociology*, 77(4), 639~659.

Hodgkinson, G. P. (1997). "Cognitive inertia in a turbulent market: The case of UK residential estate agents". *Journal of Management Studies*, 34(6), 921~945.

Hoffman, D. L. & Batra, R. (1991). "Viewer response to programs: Dimensionality and concurrent behavior". *Journal of Advertising Research*, 31(4), 46~56.

Hoheb, M. (2004). "So what's the Don't Count Us Out Coalition anyhow?". *Media Life Magazine*, June 17. Retrieved June 17, 2004, from: http://69.20.6.242/news2004/june04/june14/4_thurs/news1thursday.html.

Holden, J. & North, N. (2008). "Audience value across media: Beyond a measure of exposure". Paper presented at the ESOMAR Worldwide Multi Media Measurement Conference, Budapest, Hungary, June.

Holmes, M. E., Papper, R. A., Popovich, M. N. & Bloxham, M. (2006). "Engaging the ad-supported media". Middletown Media Studies White-paper, Ball State University.

Hong, T., McLaughlin, M. L., Pryor, L., Beaudoin, C. E. & Grabowicz, P. (2005). "Internet privacy practices of news media and implications for online journalism". *Journalism Studies*, 6(1), 15~28.

Hughes, J. (2007). "Created facts and the flawed ontology of copyright law". *Notre Dame Law Review*, 83, 43~108.

Hujanen, J. (2008). "RISC Monitor audience rating and its implications for journalistic practice". *Journalism*, 9(2), 182~199.

Hurwitz, D. (1983). "Broadcast 'ratings': The rise and development of commercial audience research and measurement in American broad-casting". Unpublished doctoral dissertation, University of Illiniois at Urbana-Champaign.

______(1984). "Broadcasting ratings: The missing dimension". *Critical Studies in Mass Communication*, 1(2), 205~215.

______(1988). "Market research and the study of the U. S. radio audience". *Communication*, 10, 223~241.

IBM Global Business Services(2008). "The end of advertising as we know it". Retrieved January 22, 2009, from http://www-03.ibm.com/industries/global/files/media_ibv_advertisingv2.pdf?re=media&sa_message=title=download_complete_ibm_institute_for_business_value_study.

Igo, S. E. (2007). *The Averaged American: Surveys, Citizens, and the Making of a Mass Public.* Cambridge, MA: Harvard University Press.

Integrated Media Measurement, Inc. (2008). *Understanding the True Value of Multi-platform Advertising.* New York: Author.

Interactive Advertising Bureau(2008a). *User Generated Content, Social Media, and Advertising-an Overview.* New York: Author.

______(2008b). "Use of 'ad networks' surges six-fold as media companies step up monetization of unsold online advertising inventory". *News Release*, August 11.

______(2008c). *Interactive Advertising Bureau Audience Reach Measurement*

Guidelines, Version 1.0. New York: Author.

Jackaway, G. (1995). *Media at War: Radio's Challenge to Newspapers*, 1924~1939. Westport, CT: Praeger.

Jackson, S. E. & Dutton, J. E. (1988). "Discerning threats and opportunities". *Administrative Science Quarterly*, 33(3), 370~387.

Jaffe, J. (2005). *Life after the 30-second Spot: Energize Your brand with a Bold Mix of Alternatives to Traditional Advertising*. Hoboken, NJ: John Wiley & Sons.

James, E. P. H. (1937). "The development of research in broadcast advertising". *Journal of Marketing*, 2(2), 141~145.

James, M. (2008). "Charter to sell L.A. TV viewing data". *Los Angeles Times*, March 13. Retrieved February 3, 2009 from http://www.latimes.com/business/la-fi-nielsen13mar13,1,6670886.story.

Jealous, B. T. (2008). "Letter to Kevin Martin, Chairman, Federal Communications Commission". On file with author, October 3.

Jeffrey, L. (1994). "Rethinking audiences for cultural industries: Implications for Canadian research". *Canadian Journal of Communication*, 19(3). Retrieved January 19, 2008, from: http://www.cjc-online.ca/viewarticle.php?id=253.

Jenkins, H. (2006). *Convergence Culture: Where Old and New Media Collide*. New York: New York University Press.

Jenkins, H., Purushotma, R., Clinton, K., Weigel, M. & Robinson, A. J. (2006). *Confronting the Challenges of Participatory Culture: Media Education for the 21st Century*. Chicago, IL: John D. and Catherine T. MacArthur Foundation.

Jesdanun, A. (2006). "Imbalance in net speeds impedes sharing". *Washington Post*, December 18. Retrieved September 18, 2008 from: http://www.washingtonpost.com/wp-dyn/content/article/2006/12/18/AR2006121800610.html.

Jhally, S. & Livant, B. (1986). "Watching as working: The valorization of audience consciousness". *Journal of Communication*, 36, 124~143.

Jhally, S. (1982). "Probing the blindspot: The audience commodity". *Canadian Journal of Political and Social Theory*, 6(1/2), 204~210.

Johnson, D. (2007). "Inviting audiences in: The spatial reorganization of production and consumption in 'TVIII'". *New Review of Film and Television Studies*, 5(1), 61~80.

Kanaracus, C. (2008). "Service aims to mine social networks for consumer insight". *Washington Post*, March 27. Retrieved February 21, 2009, from: http://www.washingtonpost.com/wp-dyn/content/article/2008/03/27/AR2008032701427_pf.html.

Kang, S. & Vranica, S. (2008). "New ABC show: Ad dollars at work; marketers get a tool to target viewership". *Wall Street Journal*, May 13, B6.

Kang, S. (2008a). "TNS aims to take bite out of Nielsen". *Wall Street Journal*, January 31.

______(2008b). "Ad firm tracks consumers across media". *Wall Street Journal*, October 14. Retrieved October 14, 2008 from http://onlne.wsj.com/article/SB122394454320231201.html?mod=dis_smartbrief.

Kaplan, D. (2008). "Interview: Canoe Ventures' Verklin: Google TV ads is a potential partner". *Paidcontent*, September 24. Retrieved March 10, 2009, from: http://www.paidcontent.org/entry/419-interview-canoe-ventures-verklin-google-tv-ads-is-a-potential-partner/.

Karol, J. J. (1938). "Analyzing the radio market". *Journal of Marketing*, 2(4), 309~313.

Kasky v. Nike, 27 Cal.4th 939, 961(2002).

Keegan, C. A. V. (1980). "Qualitative audience research in public television". *Journal of Communication*, 30(3), 164~172.

Keller, P. (1966). "Patterns of media-audience accumulation". *Journal of Marketing*, 30(2), 32~37.

Kelly, C. (2008). Testimony before the United States Senate Committee on Commerce, Science and Transportation, hearing on the Privacy Implications of Online Advertising, July 9. Retrieved March 22, 2009, from: http://www.microsoft.com/presspass/exec/hintze/testimony-070908.mspx.

Kennedy, R., Driesener, C., Goodhardt, G., McDonald, C. & Wood, L. (2008). "How does advertising affect loyalty?: Using Project Apollo data to investigate the relationship in a new way". Paper presented at the ESOMAR Worldwide Multi Media Measurement Conference,

Budapest, Hungary, June.

Kent, R. (Ed.) (1994). *Measuring Media Audiences*. London: Routledge.

Kent, R. J. (2002). "Second-by-second looks at the television commercial audience". *Journal of Advertising Research*, January/February, 71~78.

Kilger, M. & Romer, E. (2007). "Do measures of media engagement correlate with product purchase likelihood?". *Journal of Advertising Research*, 47(3), 313~325.

Kilger, M. (2008). "Media engagement: Developing consistent measures across multiple media channels". Paper presented at the ESOMAR Worldwide Multi Media Measurement Conference, Budapest, Hungary, June.

Kilkki, K. (2007). A practical model for analyzing long tails. *First Monday*, 12(5). Retrieved January 2, 2009 from http://firstmonday.org/issues/issue12_5/kilkki/index.html.

Kim, P. & Sawhney, H. (2002). "A machine-like new medium-theoretical examination of interactive TV". *Media, Culture & Society*, 24, 217~233.

Kingson, W. K. (1953). "Measuring the broadcast audience". *Quarterly Journal of Film, Radio and Television*, 7(3), 291~303.

Kinsley, M. (2006). "Do newspapers have a future?". *Time*, September 25. Retrieved April 28, 2009, from: http://www.time.com/time/magazine/article/0,9171,1538652,00.html.

Kirkham, M. (1996). "Measuring the fragmenting television audience". *Journal of the Market Research Society*, 38(3), 219~226.

Klaassen, A. (2006a). "TiVo: An advertiser's best friend?". *Advertising Age*, August 30. Retrieved August 31, 2006 from http://adage.com/print?article_id=111572.

______(2006b). "The short tail: How the 'democratized' medium ended up in the hands of the few-at least in terms of ad dollars". *Advertising Age*, November 27, 1.

______(2007). "Economics 101: Web giants rule 'democratized' medium". *Advertising Age*, April 8. Retrieved April 29, 2009, from: http://adage.com/digital/article?article_id=115986.

Klopfenstein, B. (1990). "Audience measurement in the VCR environment: An examination of ratings methodologies". In J. Dobrow(Ed.), *Social and cultural aspects of VCR use*(pp. 45~72). Hillsdale, NJ: Lawrence Erlbaum Associates.

Knight, J. (2007). "DVD, video and reaching audiences: Experiments in moving-image distribution". *Convergence*, 13(1), 19~41.

Kok, F. & de Vos, B. (2005). "Appreciation scores!" Paper presented at the ESOMAR Worldwide Audience Measurement Conference, Montreal, Canada, June.

Korda, M. (2001). *Making the List: A Cultural History of the American Bestseller*, 1900~1999. New York: Barnes & Noble Books.

Kramer, S. D. (2002). "Content's king". *Cable World*, April 29, 24, 32.

Kreshel, P. J. (1990). "John B. Watson at J. Walter Thompson: The legitimation of 'science' in advertising". *Journal of Advertising*, 19(2), 45~59.

______(1993). "Advertising research in the pre-depression years: A cultural history". *Journal of Current Issues and Research in Advertising*, 15(1), 59~75.

Kung, M. (2008). "The marketing of Cloverfield has been as mysterious as the movie itself". *Boston Globe*, January 13. Retrieved April 27. 2009, from: http://www. boston. com/ae/movies/articles/2008/01/12/the_marketing_of_cloverfield_has_been_as_mysterious_as_the_movie_itself.

Kuttner, R. (2007). "The race: Newspapers have a bright future as print-digital hybrids after all-but they'd better hurry". *Columbia Journalism Review*, 45(6), 24~32.

Lafayette, J. (2006). "How ads are measuring up: Broadcast nets grow angry over commercial ratings". *Television Week*, October 30.

______(2008a). "'Craking the code' to put online dollars where they belong". *TV Week*, October 29. Retrieved February 21, 2009 from http://www. tvweek. com/news/2008/10/cracking_the_code_to_put_online. php.

______(2008b). "Chart: Most watched vs. most discussed: Measuring engagement". *TV Week*, December 9. Retrieved April 10, 2009, from: http://www. tvweek. com/news/2008/12/chart_most_watched_vs_most _dis. php.

Laird, P. W. (1998). *Advertising Progress: American Business and the Rise of Consumer Marketing*. Baltimore, MD: Johns Hopkins University Press.

Lanham, R. A. (2006). *Economics of Attention: Style and Substance in the Age of Information*. Chicago: University of Chicago Press.

Lardner, J. (1987). *Fast Forward: Hollywood, the Japanese, and the Onslaught of the VCR*. New York: W. W. Norton.

Lasica, J. D. (2005). *Darknet: Hollywood's War against the Digital Generation*. Hoboken, NJ: John Wiley & Sons.

Lazarsefeld, P. F. & Field, H. (1946). *The People Look at Radio*. Chapel Hill, NC: University of North Carolina Press.

Lazarsefeld, P. F. (1939). "Radio research and applied psychology: Introduction by the guest editor". *Journal of Applied Psychology*, 23(1), 1~7.

______. (1947). Audience research in the movie field. *Annals of the American Academy of Political and Social Science*, 254, 160~168.

Learmonth, M. (2007). Rentrak hopes to crack ratings: Digital information offers more detailed info. *Variety*, October 19. Retrieved November 19, 2008, from: http://www.variety.com/index.asp?layout=print_story&articleid=VR1117974343&categoryid=1019.

Leblebici, H., Slancik, G. R., Copay, A. & King, T. (1991). "Institutional change and the transformation of interorganizational fields: An organizational history of the U. S. radio broadcasting industry". *Administrative Science Quarterly*, 36, 333~363.

Lee, G. (1972). "The needs of motion picture audiences". *California Management Review*, 15, 144~152.

Lee, H. C., Ma, D. H. & Lee, T. K. (2007). "Program quality evaluation: Experience of a new assessment tool". Paper presented at the ESOMAR Worldwide Multi Media Measurement Conference, Dublin, Ireland, June.

Lehman-Wilzig, S. & Cohen-Avigdor, N. (2004). "The natural life cycle of new media evolution". *New Media & Society*, 6(6), 707~730.

Lenert, E. (2004). "A social shaping perspective on the development of the world wide web: The case of iCraveTV". *New Media & Society*, 6(2), 235~258.

Lenthall, B. (2007). *Radio's America: The Great Depression and the Rise of Modern Mass Culture*. Chicago: University of Chicago Press.

Lessig, L. (2004). *Free Culture: How Big Media Uses Technology and the Law to Lock down Culture and Control Creativity*. New York: Penguin.

______(2008). *Remix: Making Art and Commerce Thrive in the Hybrid Economy*. New York: Penguin.

Levy(1982). "The Lazarsfeld-Stanton program analyzer: A historical note". *Journal of Communication*, 32(4), 30~38.

Li, K.(2007). "Big media videos play small role on YouTube: study". *Reuters*, April 4. Retrieved March 18, 2009, from: http://www.reuters.com/articlePrint?articleID=USN0436270020070404.

Likert, R.(1936). "A method for measuring the sales influence of a radio program". *Journal of Applied Psychology*, 20(2), 175~182.

Litman, B.R.(1983). U.S. "TV networks response to new technology". *Telecommunications Policy*, 7(2), 163~177.

Livant, B.(1979). "The audience commodity: On the blindspot debate". *Canadian Journal of Political and Social Theory*, 3(1), 91~106.

______(1982). "Working at watching: A reply to Sut Jhally". *Canadian Journal of Political and Social Theory*, 6(1/2), 211~215.

Livingstone, S. & Lunt, P.(2007). "Representing citizens and consumers in media and communications regulation". *Annals of the American Academy of Political and Social Science*, 611, 51~65.

Livingstone, S.(1996). "Rethinking audiences: Towards a new research agenda". Paper presented at the annual meeting of the International Communication Association, Chicago, IL, May/

______(1998). "Audience research at the crossroads: The 'implied audience' in media and cultural theory". *European Journal of Cultural Studies*, 1(2), 193~217.

______(1999). "New media, new audiences?". *New Media and Society*, 1(1), 59~66.

______(2003). "The changing nature of audiences: From the mass audience to the interactive media user". In A. Valdivia(Ed.), *Companion to Media Studies*(pp. 337~359). Oxford, UK: Blackwell.

Livingstone, S., Lunt, P. & Miller, L.(2007a). "Citizens, consumers and the citizen-consumer: Articulating the citizen interest in media and communications regulation". *Discourse & Communication*, 1(1), 63~89.

Livingstone, S., Lunt, P. & Miller, L.(2007b). "Citizens and consumers: Discursive debates during and after the Communications Act of 2003".

Media, Culture & Society, 29(4), 613~638.

Lloyd, D.W. & Clancy, K.J.(1991). "CPMs versus CPMIs: Implications for media planning". *Journal of Advertising Research*, 31(4), 34~44.

Lo, B.W.N. & Sedhain, R.S.(2006). "How reliable are website rankings? Implications for e-business advertising and Internet search". *Issues in Information Systems*, 7(2), 233~238.

Longstaff, H.P.(1939). "A method for determining the entertainment value of radio programs". *Journal of Applied Psychology*, 23(1), 46~54.

Lotoski, A.(2000). "The Nielsen local people meter initiative: Implications for Boston and future local markets"(unpublished manuscript, WCVB-TV).

Lotz, A.D. & Ross, S.M.(2004). "Toward ethical cyberspace audience research: Strategies for using the Internet for television audience studies". *Journal of Broadcasting & Electronic Media*, 48(3), 501~512.

Lowrey, W.(2006). "Mapping the journalism-blogging relationship". *Journalism*, 7(4), 477~500.

Lu, X. & Lo, H.(2007). "Television audience satisfaction: Antecedents and consequences". *Journal of Advertising Research*, 47(3), 354~363.

Lull, J.(1988). Critical response: "The audience as nuisance". *Critical Studies in Mass Communication*, 5, 239~243.

Lyons, D.(2009). Old media strikes back. *Newsweek*, March 2. Retrieved April 21, 2009, from: http://www.newsweek.com/id/185790/output/print.

Mabillot, D.(2007). "User generated content: Web 2.0 taking the video sector by storm". *Communications & Strategies*, 65, 39~49.

Madden, M., Fox, S., Smith, A. & Vitak, J.(2007). Digital footprints: Online identity management and search in the age of transparency. Pew Internet & American Life Project. Retrieved April 2, 2009, from: http://www.pewinternet.org/~/media/Files/Reports/2007/PIP_Digital_Footprints.pdf.pdf.

Magazine Marketing Coalition(2007). *New Accountability Guide Helps You Make the Case for Magazines*, October. New York: Magazine Publishers of America.

Magazine Publishers of America(2005). *Accountability: A Guide to Measuring*

ROI and ROO across Media. New York: Author.

______(2006). *Engagement: Understanding Consumers' Relationships with Media*. New York: Author.

Maiville, M. S. & Engel, B. (2007). "A 'thin sliced world' requires new methods, models and systems for media audience analysis". Paper presented at the Advertising Research Foundation Audience Measurement Symposium, New York, June.

Maltby, R. (1999). "Sticks, hicks, and flaps: Classical Hollywood's generic conception of its audience". In M. Stokes & R. Maltby(Eds.), *Identifying Hollywood's Audiences: Cultural Identity and the Movies* (pp. 24~41). London: British Film Institute.

Malthouse, E. C. & Calder, B. J. (2007). "Measuring involvement with editorial content". Paper presented at the ESOMAR Worldwide Multi Media Measurement Conference, Dublin, Ireland, June.

Malthouse, E. C., Calder, B. J. & Eadie, W. P. (2003). "Conceptualizing and measuring magazine reader experiences", December. Retrieved February 25, 2009, from: http://www.mediamanagementcenter.org/research/magazineconcept.pdf.

Malthouse, E. C., Calder, B. J. & Tamhane, A. (2007). "The effects of media context experiences on advertising effectiveness". *Journal of Advertising*, 36(3), 7~18.

Malthouse, E. C., Calder, B. J., Ware, B. C. & Bahary, J. (2008). "A day in the life: Leveraging media-advertisement experiential congruence". Paper presented at the ESOMAR Worldwide Multi Media Measurement Conference, Budapest, Hungary, June.

Mandese, J. (2006). "Nielsen extends its reach". *Broadcasting & Cable*, April 17. Retrieved April 28, 2009, from: http://www.broadcastingcable.com/article/103713-Nielsen_Extends_Its_Reach.php.

______(2008). "Nielsen Media chief: We now control three-quarters of world's TV currency data". *Media Post*, November 17. Retrieved November 18, 2008, from: http://www.tvrd.org/showthread.php?t =932.

______(2008a). "Nielsen launches controversial 'convergence' panel, tracks both TV and Internet usage". *Media Daily News*, October 9. Retrieved April 29, 2009, from: http://www.mediapost.com/publications/?fa=

Articles. showArticle&art_aid=92342.

Mandese, J. (2008b). "Nielsen makes hey, plans to shut it down: Replacing social network with new consumer site". *Online Media Daily*, October 17. Retrieved February 26, 2009, from: http://www. mediapost/com/publications/?fa=Articles. printFriendly&art_aid=92860.

Marich, R. (2008). "New audience metrics aim to leapfrog web buzz: Advancements attempt to connect measurements of viewing with purchasing". *Broadcasting & Cable*, June 9, 14.

Marriott, M. (2006). "Digital divide closing as blacks turn to Internet". *New York Times*, March 31. Retrieved March 1, 2009 from: http://www. nytimes. com/2006/03/31/us/31divide. html.

Mast, F. & Zaltman, G. (2006). "Anatomy of engagement". Paper presented at the Advertising Research Foundation Re: Think 2006 Conference, New York.

Mattelart, A. (1991). *Advertising International: The Privatization of Public Space*. London: Routledge.

Mattlin, J. (2008). "Experiments with passive measurement of print". *Admap*, April, 6~8.

Maxwell, R. (2000). "Picturing the audience". *Television & New Media*, 1(2), 135~157.

Mayle, A. (2008). "The Facebook economy: Deficits in data privacy". Center for Digital Democracy. Retrieved April 6, 2009, from: http://www. democraticmedia. org/files/Facebookwid. pdf.

McBride, S. (2007). "New way to count listeners shakes up radio". *Wall Street Journal*, September 6. Retrieved May 2, 2009, from: http://online. wsj. com/article/SB118903798218018792. html.

McChesney, R. (1993). *Telecommunications, Mass Media and Democracy: The Battle for the Control of U. S. Broadcasting*, 1928~1935. New York: Oxford University Press.

McClellan, S. (2008a). "Arbitron, Nielsen end Project Apollo". *Adweek*, February 25. Retrieved April 29, 2009, from http://www. adweek. com/aw/content_display/news/media/e3i3da710641ca059c5b688dba1db227bf9.

______(2008b). "MSOs look to capitalize on STB data: Cable and satellite boxes may hold the key to highly targeted, addressable ads". *Adweek*, May 19. Retrieved April 29, 2009, from: http://www. adweek. com/aw/content_display/news/media/e3idda2f1661c03a55f8d521201eabec4e.

______(2008c). "Demo-based TV buys not enough: New research shows networks must tie in consumer-buying behavior". *Adweek*, December 8. Retrieved February 18, 2009, from: http://www. adweek. com/aw/content_display/news/media/e3ie8946cda1b3f6da2387093a22958dc54.

McCourt, T. & Rothenbuhler, E. (1997). "SoundScan and the consolidation of control in the popular music industry". *Media, Culture & Society*, 19(2), 201~218.

McDonald, S. & Collins, J. (2007). "Internet site measurement developments and print". Paper presented at the Worldwide Readership Research Symposium, Vienna. Retrieved April 29, 2009, from: http://www. readershipsymposium. org/node/2299.

McDonald, S. (2008). "The long tail and its implications for media audience measurement". *Journal of Advertising Research*, September, 313~319.

McKenna, W. J. (1988). "The future of electronic measurement technology in U. S. media research". *Journal of Advertising Research*, 28(3), RC3 ~RC7.

McManus, J. H. (1994). *Market-driven journalism: Let the citizen beware?*. Thousand Oaks, CA: Sage.

McQuail, D. (1969). Uncertainty about the audience and the organization of mass communications. *The Sociological Review Monograph* 13, *The Sociology of Mass Media Communicators*, 75~84.

Meadows, M. (2002). "'Tell me what you want and I'll give you what you need': Perspectives on indigenous media audience research". In M. Balnaves, T. O'Regan & J. Sternberg(Eds.), *Mobilising the Audience* (pp. 253~265). Queensland, Australia: University of Queensland Press.

Media Rating Council(2007). A guide to understanding Internet measurement alternatives, August. Retrieved February 13, 2009 from http://www. mediaratingcouncil. org/MRC%20POV%20General%20Internet%20080307. pdf.

Meehan, E. (1993). "Heads of households and ladies of the house: Gender, genre, and broadcast ratings, 1929~1990". In W. S. Solomon & R. W.

McChesney (Eds.), *Ruthless criticism: New Perspectives in U.S. Communication History* (pp. 204~221). Minneapolis: University of Minnesota Press.

Meehan, E.R. (1984). "Ratings and the institutional approach: A third answer to the commodity question". *Critical Studies in Mass Communication*, 1(2), 216~225.

Menneer, P. (1987). Audience appreciation: A different story from audience numbers. *Annual Review of BBC Broadcasting Research Findings #13.*

Mermigas, D. (2008). "Do the math: Broadcast, cable network parity play". *Diane Mermigas: On Media*, September 24. Retrieved Setpember 25, 2008 from: http://www.mediapost.com/blogs/on_ media/?p=262.

Merrill, J.C. & Lowenstein, R.L. (1971). *Media, Messages, and Men: New Perspectives in Communication.* New York: David McKay Company.

Micu, A.C., Plummer, J.T. & Cook, W.A. (2007). On the road to a new effectiveness model: Measuring emotional responses to television advertising. *Advertising Research Foundation White Paper*, January.

Miller, J.S. (2008). Testimony before the New York City Council, September 10. Retrieved March 24, 2009, from: www.mmtconline.org/file manager/fileview/173.

Mitgang, L. (2002). *Big Bird and Beyond: The New Media and the Markle Foundation.* New York: Fordham University Press.

Moe, H. & Syvertsen, T. (2007). "Media institutions as a research field: Three phases of Norwegian broadcasting research". *Nordicom Review*, 28(Jubilee Issue), 149~167.

Montgomery, K.C. (2007). *Generation Digital: Politics, Commerce, and Childhood in the Age of the Internet.* Cambridge, MA: MIT Press.

Moorman, M., Neijens, P.C. & Smit, E.G. (2007). "The effects of program involvement on commercial exposure and recall in a naturalistic setting". *Journal of Advertising*, 46(1), 121~137.

Morrison, D.E. (1978). "Kultur and culture: The case of Theodor W. Adorno and Paul F. Lazarsfeld". *Social Research*, 45(2), 331~355.

Morrison, V. & Gomy, P. (2008). "Should we forget advertising awareness? Measuring emotions and implicit attitudes". Paper presented at the ESOMAR Worldwide Multi Media Measurement Conference, Budapest,

Hungary, June.

Mosco, V. & Kaye, L. (2000). "Questioning the concept of the audience". In I. Hagen & J. Wasko (Eds.), *Consuming Audiences?: Production and Reception in Media Research* (pp. 31~46). Cresskill, NJ: Hampton Press.

Mullarkey, G. W. (2004). "Internet measurement data: Practical and technical issues". *Marketing Intelligence & Planning*, 22(1), 42~58.

Mullen, M. (2003). *The rise of cable programming in the United States: Revolution or evolution?*. Austin, TX: University of Texas Press.

Murdock, G. (1978). "Blindspots about Western Marxism: A reply to Dallas Smythe". *Canadian Journal of Political and Social Theory*, 2(2), 109~119.

Myers, J. (2007). "Upfront perspective: Commercial ratings are an end run around the future". *Media Village*, May 30. Retrieved November 29, 2007, from: http://www.mediavillage.com/jmr/2007/05/30/jmr-05-30-07.

Mytton, G. (2007). *Handbook on Radio and Television Audience Research*. Paris: UNICEF/UNESCO.

Nakashima, R. (2008). "TV networks search for perfect formula for ad-supported shows online". *AP News*, April 12. Retrieved April 29, 2009, from: http://www.blnz.com/news/2008/04/11/networks_seek_formul a_online_9179.html.

Naples, M. J. (1984). "Electronic media research: An update and a look at the future". *Journal of Advertising Research*, 24(4), 39~46.

Napoli, P. M. & Gillis, N. (2006). "Reassessing the potential contribution of communications research to communications policy: The case of media ownership". *Journal of Broadcasting & Electronic Media*, 50(4), 671~691.

Napoli, P. M. & Sybblis, S. (2007). "Access to audiences as a first amendment right: Its relevance and implications for electronic media policy". *Virginia Journal of Law & Technology*, 12(1), 1~31.

Napoli, P. M. (1998a). "Evolutionary theories of media institutions and their responses to new technologies". In L. Lederman (Ed.), *Communication Theory: A Teader* (pp. 315~329). Dubuqe, IA: Kendall/ Hunt.

______ (1998b). "Government assessment of FCC performance: Recurring patterns and implications for recent reform efforts". *Telecommunications Policy*, 22(4/5), 409~418.

_____ (1998c). "The Internet and the forces of 'massification'". *Electronic Journal of Communication*, 8(2).

_____ (2001). "The unpredictable audience: An exploratory analysis of the determinants of forecasting error for new prime-time network television programs". *Journal of Advertising*, 30(2), 53~60.

_____ (2003a). *Audience economics: Media institutions and the audience marketplace*. New York: Columbia University Press.

_____ (2003b). "Environmental assessment in a dual-product marketplace: A participant-observation perspective on the broadcast television industry". *International Journal on Media Management*, 5(2), 100~108.

_____ (2005). "Audience measurement and media policy: Audience economics, the diversity principle, and the local people meter". *Communication Law & Policy*, 10(4), 349~382.

_____ (2008). "Hyperlinking and the forces of massification". In J. Turow & L. Tsui(Eds.), *The Hyperlinked Society: Questioning Connections in the Digital Age*(pp. 56~69). Ann Arbor, MI: University of Michigan Press.

_____ (in press). "Audience measurement, the diversity principle, and the First Amendment right to construct the audience". *St. John's Journal of Legal Commentary*.

National Cable and Telecommunications Association(2008). Industry data. Retrieved May 2, 2009, from: http://www.ncta.com/Statistics.aspx.

Neely, D. (2008). "The real value of engagement". *Online Media Daily*, August 20. Retrieved August 20, 2008 from: http://www.mediapost.com/publications/?fa=Articles.printfriendly&art_aid=8858.

Neff, J. (2007). "NBC to guarantee audience engagement for its programming". *Advertising Age*, February 28, 28.

Negus, K. (1999). *Music Genres and Corporate Cultures*. London: Routledge.

Nemirovsky, P. (2003). "Redefining digital audience: Models and actions". In M. Rauterberg, et al. (Eds.), *Human-computer Interaction*(pp. 391~398). Amsterdam: IOS Press.

Netcraft(2009). December, 2008 web server survey. Retrieved January 15,

2009, from: http://news.netcraft.com/archives/web_server_survey.html.
Networked Insights(2008). "Measuring the social report #1: Network television ratings". Retrieved February 21, 2009, from: http://www.socialsights.com/post/56628872/measuring-the-social-tv.
Neuman, W. R. (1991). *The Future of the Mass Audience*. New York: Cambridge University Press.
New York City Council(2008). Resolution No. 1583-A, September 24.
New York v. Arbitron(2009). Stipulated Order on Consent, Supreme Court of the State of New York, County of New York, January 7. Retrieved March 22, 2009, from: http://www.oag.state.ny.us/bureaus/civil_rights/ pdfs/Arbitron%20Consent%20Order%2001-07-08.pdf.
Newman, K. M. (2004). *Radio Active: Advertising and Consumer Activism, 1935~1947*. Berkeley, CA: University of California Press.
NewMediaMetrics(2007). *Emotional Attachment Study*. New York: Author.
News Corp. (2004). "Press release: Statement regarding 'Don't Count Us Out' Coalition", June 20. Retrieved September 8, 2004, from: http://www.newscorp.com/news/news_210.html.
Nielsen IAG(2009). Solutions: IAG. Retrieved February 26, 2009, from http://www.iagr.net/sln_iagprogramengage.jsp.
Nielsen Makes Strategic Investment in NeuroFocus, an Innovative Leader in Neuromarketing Research(2008). *PR Newswire*, February 7. Retrieved February 21, 2009, from: http://www.prnewswire.com.
Nielsen Media Research(2006a). "News release: Nielsen to offer integrated, all-electronic television measurement across multiple media platforms", June 14. Retrieved July 25, 2006, from: http://www.every onecounts.tv/news/documents/A2M2_061406.pdf.
______(2006b). "Anytime anywhere audience measurement". Retrieved July 25, 2006, from: http://www.everyonecounts.tv/news/documents/A2M2_newsrelease_061406.pdf.
______(2008). "Average U.S. home now receives record 118.6 TV channels, according to Nielsen. News Release", June 6. Retrieved May 2, 2009, from: http://www.nielsenmedia.com/nc/portal/site/Public/menuitem.55dc65b4a7d5adff3f65936147a062a0/?vgnextoid=fa7e220af4e5a110VgnVCM100000ac0a260aRCRD.

Nielsen Online(2008). *Listening to consumers* 101: *How Marketers Can Leverage Consumer-generated Media.* New York: Author.

______(2009). "BuzzMetrics: The global measurement standard in consumer-generated media". Retrieved February 19, 2009 from http://www.nielsen-online.com/downloads/us/BuzzMetrics_7x11_Single_Final.pdf.

Nielsen to Acquire IAG Research(2008). News release, April 7. Retrieved February 27, 2009, from: http://www.nielsenmedia.com/nc/portal/site/Public/menuitem.55dc65b4a7d5adff3f65936147a062a0/?vgnextoid=ed599cfb65829110VgnVCM100000ac0a260aRCRD.

Nielsen Unveils Hey! Nielsen, Online Social Network for Popular Culture (2007). News release, September 24. Retrieved February 26, 2009, from: http://www.prnewswire.com/cgi-bin/stories.pl?ACCT= 109&STORY=/www/story/09-24-2007/0004668548&EDATE=.

Nightingale, V. & Dwyer, T.(2006). "The audience politics of 'enhanced' television formats". *International Journal of Media and Cultural Politics*, 2(1), 25~42.

Nightingale, V.(1996). *Studying audiences: The Shock of the Real.* New York: Routledge.

Noll, A. M.(2006). *The Evolution of Media.* Lanham, MD: Rowman & Littlefield.

Norris, P.(2001). *Digital Divide: Civil Engagement, Information Poverty, and the Internet Worldwide.* New York: Cambridge University Press.

Notkin, E. O.(2006). "Television remixed: The controversy over commercial-skipping". *Fordham Intellectual Property, Media & Entertainment Law Journal*, 16, 899~938.

O'Malley, G.(2008). Networked Insight's music chart challenges traditional. *Online Media Daily*, November 19. Retrieved February 21, 2009 from http://www.mediapost.com/publications/?fa=Articles.printFriendly&art_aid=95034.

O'Regan, T.(2002). "Arts audiences: Becoming audience-minded". In M. Balnaves, T. O'Regan & J. Sternberg(Eds.), *Mobilising the Audience* (pp. 104~130). Queensland, Australia: University of Queensland Press.

Ohmer, S.(1999). "The science of pleasure: George Gallup and audience research in Hollywood". In M. Stokes & R. Maltby(Eds.), *Identifying*

Hollywood Audiences: Cultural Identity and the Movies(pp. 61~80). London: British Film Institute.

______(2006). *George Gallup in Hollywood*. New York: Columbia University Press.

Optimedia U.S. launches Content Power Ratings report(2008). *PR Newswire*, March 4. Retrieved June 12, 2008, from: http://www.prnewswire.com/cgi-bin/stories.pl?ACCT=104&STORY=/www/story/03-04-2008/0004767600&EDATE=.

Ornebrink, H. (2008). "The consumer as producer-of what?". *Journalism Studies*, 9(5), 771~785.

Oscar, M. (2008). "A set top box set-up". *TV Board*, December 23. Retrieved February 3, 2009 from: http://www.mediapost.com/publications/?fa=Articles.showArticle&art_aid=97247.

Oswell, D. (2002). *Television, Childhood, and the Home: A History of the Making of the Child Television Audience in Britain*. Oxford: Oxford University Press.

Owen, B.M. & Wildman, S.S. (1992). *Video Economics*. Cambridge, MA: Harvard University Press.

Pace, M. & Moores, L.S. (2008). "Face time: Measuring emerging media effectiveness". Presentation at the Advertising Research Foundation's Audience Measurement 3.0 Conference, New York, June.

Pappachen, G. & Manatt, K. (2008). "The mobile brand: Measuring advertising effectiveness on the mobile web". Paper presented at the ESOMAR World Wide Multimedia Measurement Conference, Budapest, Hungary, June.

Paramount Pictures Corp v. Replay TV, 298 F. Supp. 2d 921(C.D. Cal. 2004).

Pascu, C., Osimo, D., Ulbrich, M., Turlea, G. & Burgelman, J.C. (2007). "The potential disruptive impact of Internet 2 based technologies". *First Monday*, 12(3). Retrieved August 26, 2008, from: http://firstmonday.org/issues/issue12_3/pascu/index.html.

Passikoff, R. & Schultz, D.E. (2007). "C-MEEs: Cross-media engagement evaluations". Paper presented at the ARF Audience Measurement 2.0 Conference, New York, June.

Passikoff, R. & Weisler, C. (2006). "Engagement of the future: Brand bonding as predictor of future purchases". Paper presented at the ESOMAR Latin America Conference, Rio de Janeiro, Brazil. Retrieved March 1, 2009 from: http://www.brandkeys.com/news/press/ESOMAR.2006.Rio.pdf.

Paulussen, S. & Ugille, P. (2008). "User generated content in the newsroom: Professional and organizational constraints on participatory journalism". *Westminster Papers in Communication and Culture*, 5(2), 24~41.

Paulussen, S., Heinonen, A., Domingo, D. & Quandt, T. (2007). "Doing it together: Citizen participation in the professional news making process". *Observatorio(OBS) Journal*, 1(3), 131~154.

Peacock, J., Purvis, S. & Hazlett, R. (2007). "Radio and TV ad engagement in context". Paper presented at the ARF Audience Measurement 2.0 conference, New York, June.

Peer, L., Malthouse, E., Nesbitt, M. & Calder, B. (2007). "The local TV news experience: How to win viewers by focusing on engagement". Retrieved February 23, 2009 from http://www.mediamanagement-center.org/localTV/localTV.pdf.

Pekurny, R. (1982). "Coping with television production". In J.S. Ettema & D.C. Whitney(Eds.), *Individuals in Mass Media Organizations: Creativity and Constraint*(pp. 131~144). Beverly Hills, CA: Sage.

Pellegrini, P. & Gluck, A. (2007). "All possible worlds: Advancing passive electronic measurement of readership". Paper presented at the World-wide Readership Research Symposium, Vienna, Austria, October.

People of the State of New York v. Arbitron, Notice of Verified Petition, Supreme Court of the State of New York, County of New York, 11 (October 10, 2008).

Pérez-Peña, R. (2009). "A.P. seeks to rein in sites using its content". *New York Times*, April 7. Retrieved April 7, 2009, from: http://www.nytimes.com/2009/04/07/business/media/07paper.html?_r=2&ref=technology.

Peters, J.D. (1996). "The uncanniness of mass communication in interwar social thought". *Journal of Communication*, 46(3), 108~123.

Peterson, E.T. & Berger, M. (2008). "Measuring multimedia content in a Web 2.0 world". Retrieved January 10, 2009, from: http://www.

nedstat.nl/uk/publications/measuring_multimedia_content.pdf.

Peterson, E.T. & Carrabis, J. (2008). "Measuring the immeasurable: Visitor engagement". Retrieved January 15, 2009, from: http://www.webanalyticsdemystified.com/sample/Web_Analytics_Demystified_and_NextStage_Global_-_Measuring_the_Immeasurable_-_Visitor_Engagement.pdf.

Peterson, R.A. & Anand (2004). "The production of culture perspective". *Annual Review of Sociology*, 30, 311~334.

Peterson, R.A. (1994). "Measured markets and unknown audiences: Case studies from the production and consumption of music". In J.S. Ettema & D.C. Whitney (Eds.), *Audience Making: How the Media Create the Audience* (pp. 171~185). Thousand Oaks, CA: Sage.

Phalen, P.F. (1996). "Information and markets and the market for information: An analysis of the market for television audiences". Unpublished doctoral dissertation, Northwestern University, Evanston, IL.

Philport, J.C. (1993). "New insights into reader quality measures". *Journal of Advertising Research*, 35(5), RC5~RC12.

Piccalo, G. (2004). "TiVo will no longer skip past advertisers". *Los Angeles Times*, Nov. 17, A1.

Picker, R.C. (2004). "The digital video recorder: Unbundling of advertising and content". *University of Chicago Law Review*, 71(1), 205~222.

Pilotta, J.J. (2008). "Why ratings no longer matter". *Radio Business Report /Television Business Report Intelligence Brief*, Feb. 15.

Plunkett, L. (2008). "Top-sellers? Bah, let's look at the 10 most 'engaging' games". *Kotaku*, December 17. Retrieved February 21, 2009 from http://kotaku.com/5112876/top+sellers-bah-lets-look-at-the-10-most-engaging-games.

Politz, A. (1943). "Family versus individual in measurement of audiences". *Journal of the American Statistical Association*, 38, 233~237.

Poovey, M. (1998). *A History of the Modern Fact: Problems of Knowledge in the Sciences of Wealth and Society*. Chicago: University of Chicago Press.

Porac, J.F. & Thomas, H. (1994). "Cognitive categorization and subjective rivalry among retailers in a small city". *Journal of Applied Psychology*,

79(1), 54~66.

Post, R. (2000). "The constitutional status of commercial speech". *UCLA Law Review*, 48, 1~57.

______(2005). "Recuperating First Amendment doctrine". *Stanford Law Review*, 47, 1269~1374.

Powell, W. W. (1978). "Publishers' decision-making: What criteria do they use in deciding which books to publish?". *Social Research*, 45(2), 227~252.

PR Newswire(2007, March 4). Media industry's first multi-media ratings report measures total value of television shows across all platforms, reveals surprise winners. Retrieved June 12, 2008 from: http://www.prnewswire.com/cgi-bin/stories.pl?ACCT=104&STORY=/www/story/03-04-2008/0004767600&EDATE.

Pratt, A. (2004). "The cultural economy: A call for spatialized 'production of culture' perspectives". *International Journal of Cultural Studies*, 7(1), 117~128.

Prescott, L. (2006). *Hitwise US Consumer Generated Media Report*, Nov. New York: Author.

Prior, M. (2007). *Post-broadcast Democracy: How Media Choice Increases Inequality in Political Involvement and Polarizes Elections*. New York: Cambridge University Press.

Project for Excellence in Journalism(2008). "The changing newsroom". Retrieved May 2, 2009, from: http://www.journalism.org/node/11961.

Quantcast(2008). *Quantcast Methodology Overview: Delivering an Actionable Audience Service*. San Francisco: Author.

Raboy, M., Abramson, B. D., Proulx, S. & Welters, R. (2001). "Media policy, audiences, and social demand: Research at the interface of policy studies and audience studies". *Television & New Media*, 2(2), 95~115.

Radio Business Report(2008). "Arbitron exec bonuses tied to PPM". January 31. Retrieved March 27, 2009, from: http://www.rbr.com/ epaper/issue21- 08-dpf.html.

Rasmussen, A., Ude, C., Landry, E. (2007). "HD marketing 2010: Sharpening the conversation". *Booz Allen Hamilton*, Retrieved February

4, 2009, from: http://www.boozallen.com/media/file/HD_ Marketing _2010.pdf.

Razlogova, E. (1995). "The voice of the listener: Americans and the radio industry, 1920~1950". Unpublished doctoral dissertation, George Mason University.

Reese, R. M. & Stanton, W. W. (1980). "'Home-grown' audience research for small radio stations". *Journal of Small Business Management*, 18, 24~30.

Reese, S. D., Rutigliano, L., Hyun, K. & Jeong, J. (2007). "Mapping the blogosphere: The professional and citizen based media in the global news arena". *Journalism*, 8, 235~261.

Reinhard, C. L. (2008). "The Internet's role transforming the relationship between media producers and consumers: The collecting and co-opting of audience activity". Paper presented at the annual meeting of the International Association for Media and Communications Research, Stockholm, Sweden, July.

Reynolds, M. (2000, May 8). "Repurposing with a purpose". *Cable World*. Retrieved April 29, 2009, from: http://www.highbeam.com/doc/1G1-62400615.html.

Richards, N. M. (2004). "Reconciling data protection and the First Amendment". *UCLA Law Review*, 52, 1149~1222.

Robinson, L. & Turner, D. (2007). "Delivering the dream: The IPA Touch-points Initiative". Paper presented at the ESOMAR Worldwide Multi Media Measurement Conference, Dublin, Ireland, June.

Robinson, L. (2002). "Radio research in transition". *International Journal of Market Research*, 42(4), 381~394.

Robinson, W. S. (1947). "Radio audience measurement: and its limitations". *Journal of Social Issues*, 3(3), 42~50.

Rochet, L. R. (2006/2007). "The 'data slant': Why lack of media generated by minority users online is an offline problem". *Harvard Journal of Hispanic Policy*, 19, 39~49.

Rohle, T. (2007). "Desperately seeking the consumer: Personalized search engines and the commercial exploitation of user data". *First Monday*, 12(9), Retrieved May 1, 2009, from: http://firstmonday.org/htbin

/cgiwrap/bin/ojs/index. php/fm/article/view/2008/1883.
Roscoe, T. (1999). "The construction of the World Wide Web audience". *Media, Culture & Society*, 21, 673~684.
Rose, B. & Lenski, J. (2007). *The Infinite Dial 2007: Radio's Digital Platforms*. New York: Arbitron.
Roslo, L. (1989). "Audience research: Pragmatism at work". *Review of Business*, 11(1), 15~18.
Ross, K. & Nightingale, V. (2003). *Media and Audiences: New Perspectives*. Berkshire, UK: Open University Press.
Ross, S. J. (1999). "The revolt of the audience: Reconsidering audiences and reception during the silent era". In M. Stokes & R. Maltby(1999), *American Movie Audiences: From the Turn of the Century to the Early Sound Era*(pp. 92~111). London: British Film Institute.
Ross, S. M. (2008). *Beyond the Box: Television and the Internet*. Malden, MA: Blackwell.
Rosse, J. N. (1980). "The decline of direct newspaper competition". *Journal of Competition*, 30, 65~71.
Rossman, G. (2008). "By the numbers: Lessons from radio". In S. J. Tepper & B. Ivey(Eds.), *Engaging Art: The Next Great Transformation of America's Cultural Life*(pp. 257~270). New York: Routledge.
Rowson, J. A., Gossweiler, R., MacDonald, K. (2005). "PHIZ: Discovering TV's long tail through a channel-centric model". Paper presented at the 3rd European Conference on Interactive Television, Aalborg University, Denmark, March/April. Retrieved May 2, 2009, from: http://www. hpl. hp. com/techreports/2005/HPL-2005-84. pdf.
Ruane, K. A. (2009). " Privacy law and online advertising: Legal analysis of data gathering by online advertisers such as Double Click and NebuAd". Congressional Research Service Report for Congress.
Rubens, W. S. (1984). "High-tech audience measurement for new-tech audiences". *Critical Studies in Mass Communication*, 1(2), 195~205.
Russell, C. A. & Puto, C. P. (1999). "Rethinking television audience measures: An exploration into the construct of audience connectedness". *Marketing Letters*, 10(4), 393~407.
Sandoval, G. (2008). "Could peace be near for YouTube and Hollywood?".

CNET News, July 23. Retrieved July 23, 2008, from: http://news.cnet.com/8301-1023_3-9996905-93.html.

Saphir, A. (2008). "Trib buries news in redesign test". *Crain's Chicago Business*, July 21. Retrieved April 29, 2009, from: http://www.chicagobusiness.com/cgi-bin/news.pl?id=30261&seenIt=1.

Savage, P. (2006). "The audience massage: Audience research and Canadian public broadcasting". Paper presented at the RIPE@2006 conference, Amsterdam, October.

Schauer, F. (1988). "Commercial speech and the architecture of the First Amendment". *University of Cincinnati Law Review*, 56, 1181~1203.

Schiavone, N. P. (1988). "Lessons from the radio research experience for all electronic media". *Journal of Advertising Research*, 28(3), RC11~RC15.

Schley, S. (2007). "New ratings era may be out of the box: Researchers look to set-tops for clearer picture". *Multichannel News*, May 7. Retrieved April 22, 2009, from: http://www.multichannel.com/article/128890-New_Ratings_Era_May_Be_Out_of_the_Box.php.

Schudson, M. (2006). "The troubling equivalence of citizen and consumer". *Annals of the American Academy of Political and Social Science*, 608, 193~204.

Schultz, D. E. (1979). "Media research users want". *Journal of Advertising Research*, 19(6), 13~17.

Schultz, t. (2000). "Mass media and the concept of interactivity: An exploratory study of online forums and reader email". *Media, Culture & Society*, 22(2), 205~222.

Schwoch, J. (1990). "Selling the sight/site of sound: Broadcast advertising and the transition form radio to television". *Cinema Journal*, 30(1), 55~66.

Scott, A. J. (2005). *On Hollywood: The place, the industry*. Princeton, NJ: Princeton University Press.

Searle, J. R. (1995). *The Construction of Social Reality*. New York: Free Press.

Seldes, G. V. (1950). *The Great Audience*. New York: Viking.

Sen, S., Padmanabhan, B., Tuzhilin, A., White, N. H & Stein, R. (1998). "The identification and satisfaction of consumer analysis-driven information needs of marketers on the WWW". *European Journal of*

Marketing, 32(7/8), 688~702.

Shapo, M. S. (1997). "Fact / opinion = evidence / argument". *Northwestern University Law Review*, 91, 1108~1113.

Shields, M. (2008). "Quantcast heats up online video metrics space". *Mediaweek*, December 15, 7.

______(2009). "YouTube plays partner". *Mediaweek*, March 16, 7.

Shimpach, S. (2005). "Working watching: The creative and cultural labor of the media audience". *Social Semiotics*, 15(3), 343~360.

Siapera, E. (2004). "From couch potatoes to cybernauts? The expanding notion of the audience on TV channels' websites". *New Media & Society*, 6(2), 155~172.

Silver, B. (n. d.). "Collective intelligence: Understanding the mindset of the online consumer through predictive insight". Retrieved February 19, 2009 from http://www.brandintel.com/resources/Collective%20Intelligence%20Whitepaper%20Feb%202008.pdf.

Silvey, R. (1944). "Methods of listener research employed by the British Broadcasting Corporation". *Journal of the Royal Statistical Society*, 107 (3/4), 190~230.

______(1951). "Methods of viewer research employed by the British Broadcasting Corporation". *Public Opinion Quarterly*, 15(1), 89~94.

______(1974). *Who's Listening?: The Story of BBC Audience Research.* London: George Allen & Unwin Ltd.

Simmons Market Research Bureau(2007). *Multi-media Engagement Study.* New York: Author.

Singer, J. B. (2004). "Strange bedfellows?: The diffusion of convergence in four news organizations". *Journalism Studies*, 5(1), 3~18.

Slot, M. & Frissen, V. (2007). "Users in the 'golden' age of the Information Society". *Observatorio Journal*, 3, 201~224.

Smith, R. L. (1972). *The Wired Nation.* New York: Harper & Row.

Smith, S. & North, N. (2006). "Finger on the pulse: How the BBC is revolutionizing audience relationships". Paper presented at the ESOMAR Worldwide Multi Media Measurement Conference, Shanghai, China, June.

Smith-Shomade, B. E. (2004). "Narrowcasting in the new world information order: A space for the audience?". *Television & New Media*, 5(1), 69~81.

Smythe, D. (1977). "Communications: Blindspot of Western Marxism". *Canadian Journal of Political and Social Theory*, 1(3), 1~27.

______(1978). "A rejoinder to Graham Murdock". *Canadian Journal of Political and Social Theory*, 2(2), 120~129.

Smythe, T. C. (1986). "The advertisers' war to verify newspaper circulation, 1870~1914". *American Journalism*, 3(3), 167~180.

Socolow, M. (2004). "Psyche and society: Radio advertising and social psychology in America, 1923~1936". *Historical Journal of Film, Radio and Television*, 24(4), 517~534.

Sorce, P. & Dewitz, A. (2006). "The case for print media advertising in the Internet age". Research Monograph of the Printing Industry Center, Rochester Institute of Technology. Retrieved January 20, 2009 from: http://print.rit.edu/pubs/picrm200602-ch2.pdf.

Spangler, T. (2009a). "Comcast 'TV warehouse' to collect STB clicks". *Multichannel News*, January 9. Retrieved January 9, 2009, from: http://www.multichannel.com/article/161894-Comcast_TV_Warehouse_To_Collect_STB_Clicks.php.

______(2009). "Interactive TV begins to bloom". *Multichannel News*, March 1. Retrieved March 5, 2009, from: http://www.multichannel.com/article/print/18294-Interactive_TV_Begins_To_Bloom.php.

Spangler, W. E., Gal-Or, M. & May, J. (2003). "Using data mining to profile TV viewers". *Communications of the ACM*, 46(12), 67~83.

Spangler, W. E., Hartzel, K. S. & Gal-Or, M. (2006). "Exploring the privacy implicatiosn of addressable advertising and viewer profiling". *Communications of the ACM*, 49(5), 119~123.

Spanish Radio Association(2008). "Leading Spanish-language radio broadcasters join forces to express concerns about Arbitron's flawed portable people meter". News release, June 11.

Spence v. Washington, 418 U.S. 405(1974).

Sprague, J. D. (1981). "Exaggerated and understated newspaper reach". *Journal of Advertising Research*, 21(6), 39~44.

Springel, S. (1999). "The new media paradigm: Users as creators of content".

Personal Technologies, 3, 153~159.

Spurgeon(2008). *Advertising and New Media*. London: Routledge.

Starkey, G. (2002). "Radio audience research: Challenging the 'gold standard'". *Cultural Trends*, 45, 45~68.

______(2004). "Estimating audiences: Sampling in television and radio audience research". *Cultural Trends*, 49, 3~25.

Starr, P. & Corson, R. (1987). "Who will have the numbers?: The rise of the statistical services industry and the politics of public data". In W. Alonso & P. Starr(Eds.), *The Politics of Numbers*(pp. 415~447). New York: Russell Sage Foundation.

Starr, P. (1987). "The sociology of official statistics". In W. Alonso & P. Starr(Eds.), *The Politics of Numbers*(pp. 7~57). New York: Russell Sage Foundation.

______(2009, March 4). "Goodbye to the age of newspapers(hello to a new era of corruption)". *The New Republic*. Retrieved April 29, 2009, from: http://www.tnr.com/politics/story.html?id=a4e2aafc-cc92-4e79-90d1-db3946a6d119.

Stavitsky, A. G. (1993). "Listening for listeners: Educational radio and audience research". *Journalism History*, 19(1), 11~18.

______(1995) "'Guys in suits with charts': Audience research in U.S. public radio". *Journal of Broadcasting & Electronic Media*, 39(2), 177~189.

______(1998). "Counting the house in public television: A history of ratings use, 1953~1980". *Journal of Broadcasting & Electronic Media*, 42(4), 520~534.

Steinberg, B. (2006). "More cable networks decline commercial-ratings system". *Wall Street Journal*, October 25, B3.

______(2007a). "C3 ratings show 3% decline between ads and program audience". *Advertising Age*, October 16. Retrieved May 2, 2009, from: http://adage.com/print?article_id=121186.

______(2007b). "ESPN, Nielsen take step toward 'total audience' measurement". *Advertising Age*, October 17. Retrieved October 17, 2007, from: http://adage.com/print?article_id=121219.

______(2008a). "Olympics give NBC universal first crack at cross-media metric". *Advertising Age*, August 13. Retrieved August 14, 2008, from: http://adage.com/mediaworks/article?article_id=130314.

______(2008b). "The broadcast ad model is broken: Now what?". *Advertising Age*, October 27. Retrieved May 2, 2009, from: http://adage.com/mediaworks/article?article_id=132006.

Steiner, G. A. (1963). *The People Look at Television: A Study of Audience Attitudes*. New York: Alfred A. Knopf.

Stelter, B. (2008a). "Some media companies choose to profit from pirated YouTube clips". *New York Times*, August 16. Retrieved April 29, 2009, from: http://www.nytimes.com/2008/08/16/technology/16tube.html?scp=1&sq=Some%20media%20companies%20choose%20to%20profit%20from%20pirated%20YouTube%20clips&st=cse.

______(2008b). "YouTube videos pull in real money". *New York Times*, December 11. Retrieved April 29, 2009, from: http://www.nytimes.com/2008/12/11/business/media/11youtube.html?scp=1&sq=YouTube%20videos%20pull%20in%20real%20money&st=cse.

______(2009a). "Copyright challenges for sites that exerpt". *New York Times*, March 2. Retrieved April 29, 2009, from: http://www.nytimes.com/2009/03/02/business/media/02scrape.html?_r=1&8dpc.

______(2009b). "Disney's TV unit will make short videos available on YouTube". *New York Times*, March 31. Retrieved March 31, 2009, from: http://www.nytimes.com/2009/03/31/business/media/31youtube.html?scp=1&sq=Disney's%20TV%20unit%20will%20make%20short%20videos%20available%20on%20YouTube&st=cse.

Stewart, D. W. & Pavlou, P. A. (2002). "From consumer response to active consumer: Measuring the effectiveness of interactive media". *Academy of Marketing Science Journal*, 30(4), 376~396.

Stober, R. (2004). "What media evolution is: A theoretical approach to the history of new media". *European Journal of Communication*, 19(4), 483~505.

Stone, D. (2001). *Policy paradox: The Art of Political Decision-making* (3rd ed.). New York: Norton.

Story, L. (2008a). "How do they track you?: Let us count the ways". *New York Times*, March 9. Retrieved March 10, 2008, from: http://bits.blogs.nytimes.com/2008/03/09/how-do-they-track-you-let-us-c

ount-the-ways/.

______(2008b). "To aim ads, Web is keeping closer eye on you". *New York Times*, March 10. Retrieved March 10, 2008, from: http://www.nytimes.com/2008/03/10/technology/10privacy.html.

Strasser, S. (1989). *Satisfaction Guaranteed: The Making of the American Mass Market*. Washington, DC: Smithsonian Books.

Sumpter, R.S. (2000). "Daily newspaper editors' audience construction routines: A case study". *Critical Studies in Media Communication*, 17(3), 334~346.

Sunstein, C. (2007). *Republic.Com* 2.0. Princeton, NJ: Princeton University Press.

Svoen, B. (2007). "Consumers, participants, and creators: Young people's diverse use of television and new media". *ACM Computers in Entertainment*, 5(2), 1~16.

Swisher, P.S. (2007). "The managed web: A look at the impact of Web 2.0 on media asset management for the enterprise". *Journal of Digital Asset Management*, 3(1), 32~42.

Syvertsen, T. (2004). "Citizens, audiences, customers and players: A conceptual discussion of the relationship between broadcasters and their publics". *European Journal of Cultural Studies*, 7(3), 363~380.

Terranova, T. (2000). "Producing culture for the digital economy". *Social Text*, 18(2), 33~58.

Thompson, C. (2008). "If you liked this, you're sure to love that". *New York Times*, November 23. Retrieved April 29, 2009, from: http://www.nytimes.com/2008/11/23/magazine/23Netflix-t.html?scp=1&sq=If%20you%20liked%20this,%20you're%20sure%20to%20love%20that&st=Search.

Thurman, N. (2008). "Forums for citizen journalists?: Adoption of user generated content initiatives by online news media". *New Media & Society*, 10(1), 139~157.

Tinic, S. (2006). "(En)visioning the televisual audience: Revisiting questions of power in the age of interactive television". In Haggerty, D. & Ericson, R.V. (Eds.), *The New Politics of Surveillance and Visibility* (pp.308~326). Toronto: University of Toronto Press.

______(2006). "(En)visioning the televisual audience: Revisiting questions of power in the age of interactive television". In K. D. Haggerty & R. V. Ericson(Eds.), *The New Politics of Surveillance and Visibility*(pp. 308~326). Toronto: University of Toronto Press.

TNS Media Research(2008). "The largest national audience measurement service in the United States: DirecTV and TNS Media Research unveil DirecTView". *Audience Matters*, Spring. New York: Author.

Townely, B., Cooper, D. J. & Oakes, L. (1999). "Performance measures and the dialectic of rationalization". Paper presented at the Critical Management Studies Conference, Manchester, England.

TRA(2008). "2008 TRA fact shee"t. Retrieved February 15, 2009 from: http://www.traglobal.com/Brochures/TRAGlobalBrochure.pdf.

Tucker, C. & Zhang, J. (2007). "Long tail or steep tail?: A field investigation into how online popularity information affects the distribution of customer choices". MIT Sloan School Working Paper 4655-07. Retrieved January 20, 2009 from tp://ssrn.com/abstract= 1003286.

Turow, J. (1977/1978). "Another view of 'citizen feedback' to the mass media". *Public Opinion Quarterly*, 41(4), 534~543.

______(1997). *Breaking up America: Advertisers and the New Media World*. Chicago: University of Chicago Press.

______(2006). *Niche Envy: Marketing Discrimination in the Digital Age*. Cambridge, MA: MIT Press.

Tushman, M. L., & Anderson, P. (1986). "Technological discontinuities and organizational environments". *Administrative Science Quarterly*, 31(3), 439~465.

U. S. House of Representatives(2008). "Committee on Energy and Commerce: Hearing on what your broadband provider knows about your web use: Deep packet inspection and communications laws and policies", July 17. Retrieved April 2, 2009, from: http://energycommerce.house/gov/cmte_mtgs/110-ti-hrg.071708.DeepPacket.shtml.

U. S. Senate(2004). "Committee on Commerce, Science, and Transportation: Hearing on the implementation of Nielsen local people meter TV rating system", July 15. Retrieved October 15, 2005, from: http://commerce. senate.gov/hearings/witnesslist.cfm?id=1269.

______(2008a). Committee on Commerce, Science, and Transportation: Hearing on the privacy implications of online advertising, July 9. Retrieved April 2, 2009, from: http://commerce.senate.gov/public/index.cfm?FuseAction=Hearings.Hearing&Hearing_ID=e46b0d9f-562e-41a6-b460-a714bf37017.

______(2008b). Committee on Commerce, Science, and Transportation: Hearing on broadband providers and consumer privacy, September 25. Retrieved April 2, 2009, from: http://commerce.senate.gov/public/index.cfm?FuseAction=Hearings.Hearing&Hearing_ID=778594fe-a171-4906-a585-15fl9e2d602a.

Univision Communications, Inc. v. Nielsen Media Research, Inc., No. BC 316833, 2004 WL 30507099 (Ca. Super. July 7, 2004).

Uricchio, W. & Pearson, R. (1994). "Constructing the audience: Competing discourses of morality and rationalization during the Nickelodeon period". *Iris*, 17 (Autumn), 43~54.

Uricchio, W. (2004). "Beyond the great divide: Collaborative networks and the challenge to dominant conceptions of creative industries". *International Journal of Cultural Studies*, 7(1), 79~90.

van Dijk, J. & de Vos, L. (2001). "Searching for the holy grail: Images of interactive television". *New Media & Society*, 3(4), 443~465.

van Dijk, J. & Hacker, K. (2003). "The digital divide as a complex and dynamic phenomenon". *The Information Society*, 19, 315~326.

Vasquez, D. (2007). "What shows are getting the web buzz". *Media Life Magazine*, September 6. Retrieved September 6, 2008, from: http://www.medialifemagazine.com/artman2/publish/Research_25/What_shows_are_getting_the_web_buzz.asp.

______(2008a). "Ranking TV shows by their buzz factor". *Media Life Magazine*, March 11. Retrieved March 11, 2008 from: http://www.medialifemagazine.com/artman2/publish/Research_25/Ranking_TV_shows_by_their_buzz_factor.asp.

______(2008b). "Why folks love the TV shows they do". *Media Life Magazine*, September 25. Retrieved April 29, 2009, from: http://www.medialifemagazine.com/artman2/publish/Research_25/Why_folks_love_the_TV_shows_they_do.asp.

Verhaeghe, A., Schillewaert, N., Van Belleghem, S., Vergult, C. & Claus, D. (2007). "A new approach for measuring 'buzz': Word of mouth and word of mouse". Paper presented at the ESOMAR World-wide Multi Media Measurement Conference, Dublin, Ireland, June.

Viacom v. YouTube(2007). "Compaint for declaratory and injunctive relief and damages". United States District Court for the Southern District of New York.

Vidmeter.com(2007). "Analysis of copyrighted videos on YouTube.com". Retrieved March 19, 2009, from: http://www.vidmeter.com/i/vidmeter_copyright_report.pdf.

Virginia State Board of Pharmacy v. Virginia Citizen's Consumer Council, Inc., 425 U.S. 748, 762(1976).

Vogt, C. & Knapman, S. (2007). "Personal web spaces and social networks: Understanding what it means for marketers". Paper presented at the ESOMAR Wordwide Multi Media Measurement Conference, Dublin, Ireland, June.

Wang, A. (2006). "Advertising engagement: A driver of message involvement on message effects". *Journal of Advertising Research*, 46(4), 355~368.

Ward, D.B. (1996). *Tracking the Culture of Consumption: Curtis Publishing Company, Charles Coolidge Parlin, and the Origins of Market Research*, 1911~1930. Unpublished doctoral dissertation, University of Maryland.

Wasserman, E. (2008). "Journalism becoming a consumer product". *Miami Herald*, January 7. Retrieved January 8, 2009, from: http://www.miamiherald.com/430/v-print/story/369434.html.

Waterman, D. (2004). "Business models and program content". In E. Noam, J. Groebel, D. Gerbarg(Eds.), *Internet Television*(pp.61~80). Mahwah, NJ: Erlbaum.

Waterman, D., Ji, S.W. & Rochet, L.R. (2007). "Enforcement and control of piracy, copying, and sharing in the movie industry". *Review of Industrial Organization*, 30, 255~289.

Weaver, D.H., Beam, R.A., Brownlee, B.J., Voakes, P.S. & Wilhoit, G.C. (2006). *The American Journalist in the 21st Century: U.S. News People at the Dawn of a New Millennium*. Mahwah, NJ: Lawrence Erlbaum Associates.

Weber, M. (1978). *Economy and Society*. Berkeley, CA: University of California Press.

Webster, J. G. & Lin, S. F. (2002). "The Internet audience: Web use as mass behavior". *Journal of Broadcasting & Electronic Media*, 46(1), 1~12.

Webster, J. G. & Phalen, P. F. (1994). "Victim, consumer, or commodity? Audience models in communication policy". In J. S. Ettema & D. C. Whitney(Eds.), *Audience Making: How the Media Create the Audience* (pp. 19~37). Thousand Oaks, CA: Sage.

Webster, J. G. & Phalen, P. F. (1997). *The Mass Audience: Rediscovering the Dominant Model*. Mahwah, NJ: Lawrence Erlbaum Associates.

Webster, J. G. (1998). "The audience". *Journal of Broadcasting & Electronic Media*, 42(2), 190~208.

______(2006). "Beneath the veneer of fragmentation: Television audience polarization in a multichannel world". *Journal of Communication*, 55(2), 366~382.

______(2008). "Developments in audience measurement and research". In B. Calder(ed.), *Kellogg on Advertising and Media*(pp. 123~138). New York, Wiley.

Webster, J. G., Phalen, P. F. & Lichty, L. L. (2006). *Ratings analysis: The Theory and Practice of Audience Tesearch*(3rd ed.). Mahwah, NJ: Lawrence Erlbaum Associates.

Wehner, P. (2002). "No place like home?: Media audience research and its social imaginaries". Working paper, the Emory Center for Myth and Ritual in American Life. Retrieved September 30, 2008, from: http://www.marial.emory.edu/pdfs/wp015_02.pdf.

Weinstein, J. (2002). "Database protection and the first amendment". *Dayton Law Review*, 28, 305~350.

Weisler, C. (2009). "Set-top-box data: Next steps". *TV Board*, February 4. Retrieved February 9, 2009 from: http://www.mediapost.com/publications/?fa=Articles.showArticle&art_aid=99745.

Wenthe, J. F. & Wenthe, L. S. (2001). "Who is surfing the Net?: An analysis of web measurement, rating, and auditing services". *Journal of Promotion Management*, 6(1/2), 19~30.

White, T. R. (1990). "Hollywood's attempt at appropriating television: The case of Paramount Pictures". In T. Balio (Ed.), *Hollywood in the Age of Television* (pp. 145~163). Boston: Unwin Hyman.

Wiebe, G. D. (1939). "A comparison of various rating scales used in judging the merits of popular songs". *Journal of Applied Psychology*, 23(1), 18~22.

Wilbur, K. C. (2008). "How the digital video recorder (DVR) changes traditional television advertising". *Journal of Advertising*, 37(1), 143~149.

Wilcox, S. (2000). "Sampling and controlling a TV audience measurement panel". *International Journal of Market Research*, 42(4), 413~430.

Williams, R. & Edge, D. (1996). "The social shaping of technology". *Research Policy*, 25, 865~899.

Winfield, B. H. (Ed.) (2008). *Journalism*, 1908: *Birth of a Profession*. Columbia, MO: University of Missouri Press.

Winseck, D. (2002). "Netscapes of power: Convergence, consolidation and power in the Canadian mediascape". *Media, Culture & Society*, 24, 795~819.

Winston, B. (1999). *Media Technology and Society: A History from the Telegraph to the Internet*. New York: Routledge.

Wood, J. P. (1962). "George Gallup". *Journal of Marketing*, 26(4), 78~80.

Wood, L. & Gloeckler, D. C. (2007). "Project Apollo: Consumer centric insights". Paper presented at the ESOMAR Worldwide Multi Media Measurement Conference, Dublin, Ireland, June.

Wood, L. & Spaeth, J. (2008). "Scoring media for ROI potential". Paper presented at the ESOMAR Worldwide Multi Media Measurement Conference, Budapest, Hungary, June.

Wood, O. (2008). "Measuring emotional engagement in advertising". Paper presented at the Advertising Research Foundation Re:Think Conference, New York, June.

Woodard, B. (2006). "Building 'engagement', one brick at a time." *Journal of Advertising Research*, 46(4), 353~354.

Wunsch-Vincent, S. & Vickery, G. (2007). "Participative web: User-created content". Report prepared for the OECD Committee for Information, Computer and Communications Policy.

Yim, J. (2003). "Audience concentration in the media: Cross-media comparisons and the introduction of the uncertainty measure". *Communication Monographs*, 70(2), 114~128.

Young, A. (2008). "Beyond Nielsen: A new rating for TV shows". *Advertising Age*, March 4. Retrieved March 5, 2008, from: http://adage.com/print?article_id=125466.

Zittrain, J. (2008). *The Future of the Internet: And How to Stop It*. New Haven, CT: Yale University Press.

Zornow, D. (2008). "Nielsen to measure 50 radio markets next spring". *Media News and Views*, November 18. Retrieved March 31, 2009, from: http://www.medianewsandviews.com/2008/11/nielsenradiocumulu/.

찾아보기

ㅊ · ㅋ

ㅌ

ㅍ

ㅎ

기 타

지은이 약력

필립 M. 나폴리(Philip M. Napoli)

미국 노스웨스턴대학에서 매스컴 및 통신학 박사학위를 받은 후, 미국 럿거스대학 커뮤니케이션학과 교수를 거쳐 현재 미국 뉴욕의 포담대학 경영대학원 커뮤니케이션 및 미디어 경영분과 교수와 도널드 맥거넌 연구소 소장을 겸하고 있다. 2010년부터는 New America Foundation에서 Knight Media Policy Fellow로 활동하며 미국의회, 회계감사원, FCC 등에서 미디어 정책 관련 사안에 대해 증언한 바 있다. 주요 저서로는 미디어 경영 및 경제 분야 최고의 저서로 로버트 피커드 상을 수상한 *Audience Economics: Media Institutions and the Audience Marketplace*(2003)와 *Foundations of Communication Policy: Principles and Process in the Regulation of Electronic Media*(2001) 등이 있고, 관심분야는 미디어 기관 및 정책 연구이다.

옮긴이 약력

백 영 민

연세대 신문방송학과에서 학사학위를, 서울대 언론정보학과 대학원에서 언론학 석사학위를, 그리고 2011년 7월 미국 펜실베이니아대학에서 커뮤니케이션학 박사학위를 받았다. 대전의 한국과학기술원(KAIST) 웹사이언스 공학전공 조교수를 거쳐, 2013년 7월 현재 연세대 언론홍보영상학부 조교수로 재직중이다. 2013년 6월 현재까지 "자기응답방식에서 나타나는 인터넷이용시간 과도응답과 그 원인: 인터넷 연구의 가설검증시 함의를 중심으로"(공저), "대안적 여론조사의 표본편파(*sample bias*) 문제점과 가중치를 사용한 보정방법"(공저), "Automating Content Analysis of Open-ended Responses"(공저), "Do Not Expect Too Much!: Learning from Late-night Comedy and Knowledge Item Difficulty"(공저) 등 10편의 해외학술지 논문과 5편의 국내학술지 논문을 출판하였다. 관심분야는 기존의 여론 및 시장조사, 시・청취율 조사, 웹메트릭스의 활용 등과 같은 계량적 연구방법이다.

오 현 경

서울대 사회과학대학 언론정보학과에서 학사학위를, 동 대학원에서 언론학 석사학위를 받은 후, 미국 뉴욕의 포담대학에서 커뮤니케이션 및 미디어 연구 석사학위를 받았다. 2013년 7월 현재 버지니아 주의 조지매이슨 대학 커뮤니케이션 박사과정에 재학중이다. 포담대학의 도널드 맥거넌 연구소에서 저자 나폴리 교수의 연구조교로 함께 일했던 인연으로 이 책의 번역에 참여하게 되었다.

강 남 준

서울대 사범대학 교육학과에서 학사학위를 받았고, 서울대 대학원 신문학과를 수료했으며, 미국 시라큐스대학에서 방송학 석사, 박사학위를 받았다. 충남대, 한양대 신문방송학과 교수를 거쳐 현재 서울대 사회과학대학 언론정보학과 교수로 재직중이다. 2009년부터 서울대 융합과학기술대학원에 겸무교수로 근무하였으며, 2012년 10월부터 대학원장직을 겸직하고 있다. 주요 저서로는 《회귀분석: 기초와 응용》(2008), 《컨버전스와 다중미디어 이용》(공저, 2011) 등이 있고, 주 전공분야는 방송효과, 계량분석이며, 관심분야는 인문 / 사회과학과 과학 / 기술 간의 융합연구이다.

융합과 통섭: 다중매체환경에서의 언론학 연구방법

한국언론학회 엮음

'융합'과 '통섭'의 이름으로 젊은 언론학자 19명이 모였다. 급변하는 다중매체환경 속 인간과 사회를 능동적으로 이해하고 설명하는 것은 언론학 연구의 임무이자 과제다. 이를 위해서는 관례와 고정관념을 탈피하려는 다양한 고민과 시도가 연구방법으로 이어져야 한다. 38대 한국언론학회 기획연구 워크숍 발표자료를 엮은 이 책은 참신하고 다양한 언론학 연구방법을 고민하는 이들에게 소중한 지침서가 될 것이다. 크라운판 변형 | 520면 | 32,000원

정치적 소통과 SNS

한국언론학회 엮음

뉴스, 광고, 인간관계에까지 우리 일상 어디에나 SNS가 있다. 그렇다면 과연 우리는 SNS에 대해 얼마나 알고 있을까? 커뮤니케이션 연구와 교육의 최전선에 있는 한국언론학회 필진이 뜻을 모아 집필한 이 책은 SNS에 관한 국내외의 사례와 이론을 폭넓게 아우른다. 왜 우리는 SNS를 사용하게 되었나부터, 어떻게 사용하고 있나, 또 앞으로 어떻게 사용해야 하나까지 과거, 현재, 미래에 대한 통찰이 담겨 있다. 크라운판 변형 | 456면 | 27,000원

SNS 혁명의 신화와 실제: 'ᄐ크, 플레이, 러브'의 진화

김은미(서울대) · 이동후(인천대) · 임영호(부산대) · 정일권(광운대)

요즈음 전성기를 구가하고 있는 소셜미디어는 사람들 간 진지한 관계나 대화를 담보할 수 있는가? 인류의 오래된 희망인 관계의 수평화 · 평등화를 가능케 할 것인가? 이 책은 내로라하는 커뮤니케이션 소장학자들이 발랄하면서도 진지한 작업 끝에 내놓은 결과물이다. 소셜미디어의 모든 것을 분해하고, 다시 종합하는 이 책을 통해 독자들은 소셜미디어 혁명의 허와 실을 간파하게 될 것이다.
크라운판 변형 | 320면 | 20,000원

사회과학 통계분석: SPSS/PC+ Windows 20.0

최현철(고려대) 지음

문항 간 교차비교분석, t 검증, 일원변량분석, 다원변량분석, 상관관계분석, 단순 회귀분석, 다변인 회귀분석, 가변인 회귀분석, 통로분석, 인자분석, Q 방법론, 판별분석, 로지스틱 회귀분석, 반복측정 ANOVA, MANOVA, LISREL, 군집분석, 다차원척도법, 신뢰도분석 총 30장에 걸쳐 신문방송학에서 주로 쓰이는 통계방법을 총망라했다. 일반 통계분석의 경우 SPSS/PC+ 프로그램의 최신 버전인 20.0(한글판)의 실행방법을 설명했으며, Q 방법론과 LISREL의 경우에는 CENSORT와 SIMPLIS의 실행방법을 설명했다.
4×6배판 변형 | 730면 | 35,000원

미디어 효과이론 (제3판)

제닝스 브라이언트 · 메리 베스 올리버 편저
김춘식(한국외대) · 양승찬(숙명여대) · 이강형(경북대) · 황용석(건국대) 옮김

이 책은 이용과 충족이론, 의제 설정이론, 문화계발효과이론 등 고전이론의 최신 업데이트된 연구결과를 비롯해 빠르게 진화하는 미디어 세계의 이슈들에 대해서도 다뤘다. 미디어 효과연구 영역을 폭넓게 다룬 포괄적인 참고도서이자 최근의 미디어 효과연구의 진행방향을 정리한 보기 드문 교재로 미디어 이론 연구를 위한 기준을 제공할 것이다. 4×6배판 | 712면 | 38,000원

뉴미디어와 정보사회

오택섭(前 고려대) · 강현두(前 서울대) · 최정호(前 연세대) · 안재현(KAIST) 공저

이 책은 매스미디어 현상을 일반교양으로 이해하고자 하는 독자들에게 체계적 이해의 틀을 제공한다. 언론학자들과 함께 IT경영학자인 KAIST의 안재현 교수가 공동으로 참여하여 학문적 컨버전스를 이루면서 미디어 빅뱅의 내용을 담아냈다. 특히 최근의 디지털화/멀티미디어화를 통한 뉴미디어의 등장과 방송통신의 융합의 이슈들을 다루었고, E-Journalism을 통해 변화하는 언론의 역할을 조명했다. 4×6배판 변형 | 444면 | 25,000원